西北大学"双一流"建设项目资助
Sponsored by First-class Universities and Academic
Programs of Northwest University

经济增长理论

郭 晗 主编

西北大学出版社
·西安·

图书在版编目（CIP）数据

经济增长理论 / 郭晗主编. —西安：西北大学出版社，2023.12
ISBN 978-7-5604-5293-7

Ⅰ. ①经… Ⅱ. 郭… Ⅲ. ①经济增长理论 Ⅳ. ①F061.2

中国国家版本馆 CIP 数据核字（2023）第 256432 号

经济增长理论
JINGJI ZENGZHANG LILUN

主编 郭 晗

出版发行 西北大学出版社
（西北大学校内　邮编：710069　电话：029-88302621　88303593）
http://nwupress.nwu.edu.cn　E-mail: xdpress@nwu.edu.cn

经	销	全国新华书店
印	刷	西安博睿印刷有限公司
开	本	787 毫米×1092 毫米　1/16
印	张	20.75
版	次	2023 年 12 月第 1 版
印	次	2023 年 12 月第 1 次印刷
字	数	380 千字
书	号	ISBN 978-7-5604-5293-7
定	价	62.00 元

本版图书如有印装质量问题，请拨打 029-88302966 予以调换。

目 录

第一篇 经济增长理论的源流

第一章 经济增长的典型化事实与理论脉络 ………………… 3
第一节 经济增长的历史经验与典型化事实 …………………… 3
第二节 经济增长理论的思想渊源与演进脉络 ………………… 9
第三节 现代经济增长理论的前沿进展与主要领域 …………… 14
第四节 现代经济增长理论的存在问题与发展趋势 …………… 20

第二章 古典经济增长理论 ……………………………………… 28
第一节 亚当·斯密的经济增长理论：资本、劳动与分工 …… 28
第二节 李嘉图的经济增长理论：资本积累与扩大生产 ……… 31
第三节 马尔萨斯的经济增长理论：人口陷阱理论 …………… 33
第四节 "静态的插曲"中的收益递增思想 …………………… 35
第五节 古典经济增长理论的地位及其特点 …………………… 41

第二篇 政治经济学经济增长理论

第三章 马克思的经济增长理论 ………………………………… 47
第一节 资本主义生产方式对经济增长的双重作用 …………… 47
第二节 马克思的资本积累理论 ………………………………… 51
第三节 马克思的社会资本再生产和流通理论 ………………… 56
第四节 马克思主义经济增长理论的特点 ……………………… 62

第四章 卡莱茨基的经济增长理论……………………………………… 66

    第一节 社会主义经济增长的决定………………………………… 66

    第二节 社会主义经济增长的限制因素…………………………… 69

    第三节 社会主义经济增长的途径………………………………… 76

    第四节 投资结构与经济增长理论………………………………… 78

    第五节 卡莱茨基增长理论的影响和特点………………………… 80

第五章 调节学派经济增长理论…………………………………………… 85

    第一节 调节学派经济增长理论的主要内容……………………… 86

    第二节 调节学派经济增长理论对积累体制的分析……………… 88

    第三节 新中国成立以来积累体制的动态演进与当前困境…… 93

    第四节 调节学派经济增长理论对我国积累体制变革的启示… 102

第三篇 西方经济学经济增长理论

第六章 哈罗德—多马经济增长理论…………………………………… 109

    第一节 哈罗德对增长理论的复兴………………………………… 109

    第二节 哈罗德—多马经济增长模型……………………………… 110

    第三节 哈罗德—多马模型的长期均衡与增长的不稳定性… 114

    第四节 哈罗德—多马模型的地位及其特点……………………… 116

第七章 新古典经济增长理论…………………………………………… 120

    第一节 索洛—斯旺模型：现代经济增长理论的基石………… 120

    第二节 有限期界的拉姆齐—卡斯—库普曼斯经济增长模型 131

    第三节 无限期界的戴蒙德世代交叠模型………………………… 144

    第四节 新古典经济增长理论的地位及其特点………………… 152

第八章 内生增长理论…………………………………………………… 157

    第一节 基于阿罗模型的干中学增长理论……………………… 157

第二节　基于知识的两部门研究与开发模型 …………………… 162

　　第三节　基于卢卡斯模型的人力资本经济增长理论 …………… 170

　　第四节　基于新熊彼特增长模型的创新经济增长理论 ………… 179

　　第五节　新增长理论的地位及其特点 …………………………… 186

第九章　新剑桥经济增长理论 ……………………………………… 192

　　第一节　新剑桥学派的理论渊源 ………………………………… 192

　　第二节　新剑桥经济增长理论的基本模型 ……………………… 193

　　第三节　新剑桥经济增长理论与新古典经济增长理论的比较 … 196

　　第四节　新剑桥经济增长理论的地位及其特点 ………………… 198

第四篇　结构主义经济增长理论

第十章　结构主义的报酬递增经济增长理论 ……………………… 205

　　第一节　规模报酬递增的经济增长机制 ………………………… 206

　　第二节　利本斯坦和罗森斯坦—罗丹经济增长模型 …………… 209

　　第三节　基于纳克斯模型和赫尔希曼模型的经济增长理论 …… 216

第十一章　城乡二元结构的经济增长理论 ………………………… 225

　　第一节　基于刘易斯模型的经济增长理论 ……………………… 225

　　第二节　基于拉尼斯—费景汉模型的经济增长理论 …………… 231

　　第三节　基于乔根森模型的经济增长理论 ……………………… 236

第五篇　经济增长理论的新发展

第十二章　新兴古典经济增长理论 ………………………………… 247

　　第一节　分工、专业化与超边际分析的应用 …………………… 248

　　第二节　基于杨小凯—博兰德模型的经济增长理论 …………… 250

　　第三节　新兴古典经济增长理论的评价 ………………………… 253

第四节　新兴古典经济增长理论的地位及其特点……………　255

第十三章　制度与经济增长理论………………………………　258
　　第一节　新制度经济学前的制度与经济增长理论…………　258
　　第二节　新制度经济学的经济增长理论……………………　263
　　第三节　制度与经济增长理论的新进展……………………　270

第十四章　统一增长理论………………………………………　279
　　第一节　统一增长理论对发展阶段的划分…………………　279
　　第二节　统一增长理论的基础构成要件……………………　285
　　第三节　统一增长理论的基准模型与演化特征……………　293
　　第四节　统一增长理论对重大现实问题的理论阐释………　305

参考文献…………………………………………………………　310

第一篇

经济增长理论的源流

第一章 经济增长的典型化事实与理论脉络

经济增长理论产生于世界经济增长的历史演进与当前格局,是从经典的经验事实中抽象出的一般性规律。从亚当·斯密(Adam Smith)的《国富论》开始,增长问题一直是宏观经济学的核心论题之一。纵观世界经济增长的历史,从19世纪开始,伴随着工业革命的发生,一些国家开始出现人均意义上的经济增长,走上了经济起飞的道路,而另一些国家经济增长速度缓慢甚至停滞,陷入"贫困陷阱"或"中等收入陷阱"。整体来看,全球经济增长的历史与格局呈现出"大增长"与"大分流"并存的特征。那么,在世界各国经济的沉浮变迁中,为什么有的国家走向富裕,而另一些国家一直贫穷?穷国能否追上富国,实现落后对先进的赶超,进而实现经济发展水平趋同?这些问题都有赖于经济增长理论的解释。

人类世界的发展历经了"农耕文明时代—工业文明时代—数字文明时代"多个阶段,经济增长理论也在不断发展。本章重点介绍一些关于经济增长的特征事实,并就经济增长理论的发展脉络进行总结和梳理。

第一节 经济增长的历史经验与典型化事实

(一)经济增长的概念

美国经济学家库兹涅茨(Kuznets)在1971年荣获诺贝尔经济奖时,曾对经济增长给出这样一个定义:"一个国家的经济增长,可以定义为给居民提供种类日益繁多的经济产品的能力长期上升,这种不断增长的能力是建立在对先进技术以及所需要的制度和思想意识作出相应调整的基础上的。"

在这一定义中，包含三个含义。第一，经济增长集中表现在经济实力的增长上，而这种经济实力的增长就是商品和劳务总量的增加。第二，技术进步是实现经济增长的必要条件。第三，经济增长的充分条件是对制度与意识作出的相应调整。

库兹涅茨给出的经济增长的定义属于广义上的经济增长，狭义上的经济增长指的仅包括第一层含义，也可以简单理解为经济总量的扩张。狭义的经济增长通常以GDP增长率和人均GDP增长率来衡量，这两个指标在短期内高度相关，但从长期来看，GDP增长率还受到人口变化的巨大影响。因此，人均GDP增长率更适宜于度量一个经济体的经济增长水平。即使总的GDP增长，但如果被人口的增长抵消，人均收入也不会增长。通常讲的经济增长用人均GDP的增长率来度量。

（二）经济增长的全球视角

从全球视角来看经济增长的历史，可以发现两个重要的经验特征，即"大增长"和"大分流"同时并存。

所谓"大增长"，其含义是说经济增长只是近200年的事情。经济增长在历史上从来就不是一个线性增长的历史过程，而是在工业革命后出现了一个非线性的爆发式增长。根据麦迪逊（Maddison）统计的历史数据，从公元1年到公元1820年，全世界人均实际GDP从445国际元（1990年为基期）提高到667国际元。从公元1820年到公元2001年，全世界人均实际GDP从667国际元提高到6049国际元。通过简单计算可知，以公元1820年为界，我们将样本分成两个区间：之前的1820年里，全世界人均实际GDP只增加了222国际元；之后的180年里，全世界人均实际GDP增加了5382国际元。后一个区间的时间长度不到前者的1/10，但人均实际GDP的增幅是前者的24倍。因此，1820年后人均实际GDP的年均增长率是之前年份年均增长率的240倍。因此，在人类发展的历史长河中，人均产出的增长仅仅是一种近代经济现象。那么，1820年之前的经济增长为什么是停滞的？1820年后经济为什么又出现了快速增长？

所谓"大分流"，指的是1820年后的"大增长"并不是全球所有国家共同出现的现象，而是在少部分西方国家发生的现象。在出现"大增长"以前，东、西方的人均收入基本都处于同一水平，而伴随着"大增长"的出现，东、西方国家之间的经济增长产生了巨大的差距。这一现象被加州学派称为"大分流"。加州学派的代表人物之一是美国加利福尼亚大学历史与东亚语言文学教授彭慕兰，他的代表作《大分流：欧洲、中国及现代世界经济的发展》获得过2000年美国历史学会东亚研究最高奖——费正清奖和世界历史学会年度奖。在这本书中,彭慕兰对比西欧(主要是英格兰地区)和中国江南,认为18世纪以前,东、西方处在基本相同的发展水平上,西方并没有任何明显的和独有的内生优势。到18世纪末19世纪初,东、西方之间开始逐渐背离,西方就此走向了现代化而东方却没有。东、西方历史这一分道扬镳的过程,彭慕兰称之为"大分流"。

"大增长"和"大分流"的现象不仅在东、西方之间的宏观视野和长达两百年的历史视野中才会出现,在数十年间的中短时段也会出现。美国经济学家卢卡斯(Lucas)在1993年曾经给出过一个经典案例。他提出,1960年,韩国和菲律宾的生活水平基本相当,按照1975年美元衡量的人均实际GDP都是640美元,两个国家在其他方面也很相似。从1960年到1988年,菲律宾人均实际GDP的年均增长率是1.8%,与全世界人均实际GDP的增长率相当。但韩国同期人均实际GDP的年均增长率是6.2%,按照此速度,每11年生活水平就可以翻一番。对这一现象,我们需要去思考"为什么韩国能产生经济增长奇迹,而菲律宾不能产生经济增长奇迹"。经济增长理论尝试对以上经济现象进行解释,经济增长理论的发展旨在更好地解释经济增长的源泉,解释不同国家之间经济发展水平的差异。

(三)经济增长的中国视角

1. 经济增长的中国视角:历史维度

从历史维度来看中国长期经济增长的兴衰探源,一个绕不开的话题是"李约瑟之谜",这是英国著名学者李约瑟在1976年提出的一个问题。他指出,在14世纪时,中国已经达到了全面科学革命和工业革命的阈值,在前现代社会中国在科学和技术上遥遥领先于其他文明。但后来为什么中国没有出现工业革命反而变得落后?这个问题的实质,是从中国视角出发的世界增长"大分流"的另一个版本。对这个问题的回答,需要解释中国历史上经济增长为什么出现近代以来相对于西方的落后,以及未来中国经济发展如何实现伟大复兴。

从中国古代经济发展的历史事实来看,中国在经济、科技、制度和文化方面曾经长期处于领先。首先,从经济方面来看,在前现代社会中,中国曾经是世界最富裕的国家,按法国经济学家麦迪逊的研究,在公元1年,中国的汉朝和欧洲的罗马帝国处于同一发展水平,一直到19世纪中叶,中国仍是全世界最大的经济体。其次,从科技方面来看,在工业革命以前的一千多年的时间里,中国是世界上科技最先进的国家。培根(Bacon)曾认为使欧洲从黑暗的中世纪转变为现代世纪的发明是纸张、印刷术、火药和指南针,但他并不知道这些都是中国发明的;从制度方面来看,在前现代社会,中国也有当时世界上最发达的市场制度,有高效运行的要素市场和产品市场,也已经发现了市场经济运行的规律和原则，如司马迁在《史记·货殖列传》中记载范蠡说的话，"论其有余不足，则知贵贱，贵上极则反贱，贱下极则反贵。贵出如粪土，贱取如珠玉"。这本质上是对现代经济学中价格理论的核心思想的总结。

无论从历史上的经济发展、制度建构还是文化发展来看，中国在几千年的历史时段中都长期处于领先地位。但为什么近代以来，西方伴随着工业革命快速崛起，而中国则逐渐处于落后。长期的大历史视角下，中国如何实现伟大复兴？这个问题，需要从历史视角对长期的经济增长进行阐释。

2. 经济增长的中国视角：现实维度

从现实维度来看中国的经济增长，在 1949 年新中国成立时，是一个典型的贫穷的低收入国家。进入 21 世纪后，中国经济发展进入快车道，人均 GDP 于 2001 年首次突破 1000 美元，到 2011 年则突破 5000 美元，到 2015 年首次超过 8000 美元，而到 2019 年中国人均 GDP 达到 10276 美元（按当年汇率折算）。按照世界银行划分标准，当年高收入经济体的门槛为人均 GNI 高于 12375 美元，中国已经非常接近世界银行的高收入国家标准，如果中国进入高收入国家，将是人类历史上第一个 10 亿级的经济体成为高收入国家。

实现从低收入经济体向高收入经济体的转变与跨越并不容易，自 1950 年以来，只有 2 个经济体从低收入经济体跨越成为高收入经济体，即韩国和中国台湾。如果将这一标准放松一些，即将经济体发展的起点从低收入经济体变为中等收入经济体，考察 1950 年以来中等收入经济体实现向高收入经济体的成功跨越，也仅有 13 个经济体实现这一目标，这 13 个经济体包括赤道几内亚、希腊、爱尔兰、以色列、毛里求斯、葡萄牙、西班牙、波多黎各、日本、新加坡、韩国、中国台湾和中国香港。这 13 个经济体中除了亚洲几个国家和地区为代表的发展型经济体之外，其余均是在 20 世纪 50 年代就已经非常接近于高收入的欧洲国家和资源型国家。对于绝大多数中等收入经济体而言，则未能实现这样的跨越，即便有一些经济体曾经接近甚至超过高收入的门槛，但最终并未成功实现这一目标。例如俄罗斯 2012 年的人均收入就已经跨过高收入门槛，正式成为高收入国家，当时很多人对俄罗斯总统普京提出的 2020 年实现人均 GDP 达到 3 万美元的目标充满信心，但俄罗斯 2015 年却再度滑落到高收入门槛之下，直到 2023 年还在"降级"过程中。与之类似的是土耳其，其人均 GDP 在 2013 年达到 1.25 万美元，已经无限接近于世界银行当年高收入标准，可以说是一个准高收入国家。但从 2014 年开始，土耳其的人均 GDP 掉头向下，2018 年降到 1 万美元之下，此后距离高收入经济体的门槛则越来越远。

结合所有曾经经历过中等收入阶段的国家的经济增长史来看，从低收入向中等收入的跨越和从中等收入向高收入的跨越，都不是自然而然或者必然会发生的现象。在经济增长的历史经验中确实客观存在着"贫困陷阱"和"中等收入陷阱"。中国过去的高速增长，已经成功实现对"贫困陷阱"的跨越，并且在 2020 年实现了全面建成小康社会的目标，彻底解决了绝对贫困，目前正处于全面开启社会主义现代化建设的新征程中，也正处于从中等收入经济体向高收入经济体跨越的临界点上。而要完成这一跨越，成功跨越"中等收入陷阱"，就要维持一段较长时间的中高速增长，这就必须要将经济增长理论与中国经济增长的本土化经验充分结合起来，研究清楚中国经济增长的源泉在哪里，未来增长的障碍在哪里？为了尽可能长地延续高增长，应该采用什么样的政策？只有研究清楚这些问题，才能为中国未来的经济增长提供理论上的指引与参考。

（四）经济增长的典型化事实

经济学者基于经济现象和数据提炼经济特征事实（stylized facts），对经济特征事实的把握体现了经济学者的洞察力。经济特征事实为经济增长理论提供研究对象，经济增长理论需要精准地拟合和解释经济特征事实。

经济增长理论发展过程中影响较大的有"库兹涅茨事实"、卡尔多（Kaldor）在 1961 年提出的"卡尔多特征事实"，以及琼斯（Jones）和罗默（Romer）在 2010 年提出的"新卡尔多特征事实"。

1. 库兹涅茨事实

库兹涅茨在《现代经济的增长：事实和思考》中针对现代经济增长总结出六大特征：

（1）人均产量和人口的高增长率；
（2）生产率的高速增长；
（3）经济结构的转变；
（4）社会结构和意识形态的迅速改变；
（5）增长在世界范围的迅速扩大；
（6）世界经济增长的不平衡性。

库兹涅茨关于经济增长特征事实的判断，其中的一个特点是加入了结构变化的特征分析。他所指的结构变化主要包括 5 个特征，即农业转移到非农业、工业向服务业转移、生产单位生产规模的变化、劳动力职业状况的变化、消费结构变化。如果分析现代经济增长的六个特征的性质，可以发现，第 1、2 个特征是数量特征，属于总和的比率，而第 3、4 个特征属于结构的转变，第 5、6 个特征则属于国际间扩散。这六个特征密切相关，标志着一个特定的经济时代。

2. 卡尔多特征事实

1961年，尼古拉斯·卡尔多提出了六个"典型化事实"，解释了增长的现实，并论证了在现代经济中各国依然存在较大的收入和全要素生产率（TFP）差异的合理性。卡尔多特征事实包括：

（1）人均产出随着时间的推移持续增长；

（2）劳均资本持续增长；

（3）资本回报率几乎为常数；

（4）资本产出比总体稳定；

（5）国民收入中资本收入份额和劳动收入份额总体稳定；

（6）不同国家之间的经济增长率差别较大，随着收入水平的提高，经济增长呈现出一些新的态势。

卡尔多特征事实概括来看，第一，对于大多数主要工业化国家而言，在过去一个世纪中，劳动、资本、产量的增长率大体上都是常数，这一说法是一个合理的初步近似。第二，产量和资本的增长率大致相等（从而资本—产量比都近似为常数），且大于劳动的增长率（从而每工人平均产量和每工人平均资本是上升的）。第三，在总产量的构成中，工资和利润的分配份额相当稳定。

3. 新卡尔多特征事实

相较于卡尔多特征事实主要强调资本对经济增长的作用，新卡尔多特征事实更多地强调知识、制度、人口和人力资本在经济增长中的重要性。根据琼斯和罗默的研究，新卡尔多特征事实主要包括以下特征：

（1）随着全球化和城市化进程的加快，物品、知识、金融和人口流动增加，使得市场范围得以扩张；

（2）在过去的一个多世纪中，总人口和人均GDP的增长率呈不断增加趋势；

（3）一国距离技术前沿越远，其人均实际GDP增长率的方差越大；

（4）相对于要素投入，全要素生产率在解释跨国人均实际GDP差异中发挥着更为重要的作用；

（5）劳动力人力资本水平不断上升；

（6）技术性劳动力相对于非技术性劳动力人力资本水平上升并没有引起相对工资大的变化，即相对工资长期保持稳定。

新卡尔多特征事实拓展了人们关于经济增长问题的认识，也为经济增长理论提供了更多研究话题。

第二节 经济增长理论的思想渊源与演进脉络

(一) 经济增长理论与经济周期理论

经济增长理论是对各个国家经济增长历史和特征事实研究的一般规律的总结。经济增长理论研究的主要问题包括三个问题。第一是存在性问题，即一个国家的经济是否存在着一种长期增长的可能性？第二是稳定性问题，即一个国家的经济是否存在着一种稳定增长的可能性？第三是恢复性问题，即一个国家的经济如果偏离正常的增长轨道，怎样才能使其恢复？

经济增长理论和经济周期理论有所区别。经济增长理论研究的是国民收入的长期增长的趋势问题，是国民收入决定理论的长期化和动态化。经济周期理论研究的主要是国民收入围绕长期趋势波动的问题。

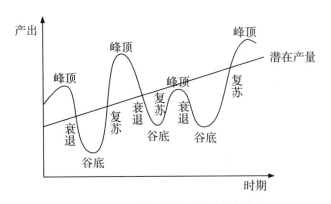

图 1-1 国民收入长期增长趋势和波动

(二) 经济增长理论的演进脉络

1. 古典时期之前的经济增长思想

经济增长是经济学家关注的永恒主题。西方最早关注经济增长问题的学派可以追溯到英国的重商主义和法国的重农学派。

重商主义是自 17 世纪后英国的农业和工业迅速发展后产生的,伴随着地理大发现带来的市场范围扩大和分工深化,英国经济从停滞进入发展的快车道,重商主义学说也由此产生,其主要强调的是如何快速实现商业资本增加和货币资本积累,并认为贵金属数量是衡量一国财富的标准,从这个意义上说,重商主义将经济增长与货币财富积累等同,忽视了国内农业发展的重要性。

在这一时期,作为农业大国的法国诞生了重农学派,以魁奈(Quesnay)为代表的重农学派认为农业是唯一可以提供剩余产品的领域,国民经济各部门是相互联系的整体,但重心仍在农业,农业才是财富的源泉,只有农业生产发展了,工商业才能得到发展。因此他们提倡加强农业的生产力,以推动国家经济的繁荣。重商主义学说和重农学派的经济思想虽具有一定的局限性,但也为后续的古典经济增长理论的诞生奠定了基础。

2. 古典时期的经济增长理论研究

随着第一次工业革命的出现,英国等欧洲国家的经济快速增长,出现了早期的古典经济增长理论。古典经济增长理论批判重商主义不重视物质生产领域,他们从实体经济出发寻求经济增长的长期动力和源泉。古典经济增长理论的代表人物是亚当·斯密、马尔萨斯(Malthus)、李嘉图(Ricardo)和穆勒(Mill),他们丰富的经济思想对现代经济增长理论特别是内生增长理论产生了重要的影响。在古典时期后,马克思(Marx)在批判和继承英法古典经济学相关研究的基础上提出了社会资本再生产和流通的理论体系,形成了第一个两部类增长模型,为现代社会主义经济增长理论提供了框架和基础。

亚当·斯密是经济增长理论的先驱,他非常重视资本积累和劳动分工在一个经济体经济增长过程中的作用,斯密的分工思想给后期的内生增长理论带来了很大的影响,更加值得一提的是,斯密的经济增长理论也是后来的新兴古典经济学的思想渊源。但是,由于时代的局限性,斯密的经济增长理论虽然重点关注国民财富的性质,但是对资本内涵的认识仍存在一定的局限性。斯密所提出的劳动分工理论和资本积累理论为后续经济增长理论奠定了基础。面对英国经济的急剧变迁和国际环境的变化,马尔萨斯重在关注人口因素对经济增长的作用效果,认为人口以几何级数增长,而生活资料以算术级数增长,从长期来看,一个国家的人均收入将收敛到其静态的均衡水平。李嘉图则重点关注分配领域,认为资本、劳动和土地是产出的重要影响因素,但在缺乏技术进步的情况下生产要素的边际报酬递减将可能导致一国经济增长的停滞。穆勒在基本经济增长方程下,探讨人口增长率、资本增长率和生产技术在不同情形下的动态变化,认为若综合考虑土地报酬递减规律、马尔萨斯人口规律、利润率下降规律等,人类社会将处于静止状态。

同期，马克思在批判和继承英法古典经济学有关理论成果的基础上确立了社会资本再生产和流通的理论体系，构建了第一个两部类增长模型，实现了静态分析动态化、短期分析长期化。马克思通过对两部类增长模型分析发现，社会总资本的分配比例会通过影响两大部类的增长速度进而影响经济增长，资本有机构成是影响总体经济增长的关键因素。资本、劳动、科学技术和制度在经济增长中发挥着重要作用，但资本主义的生产方式无法满足生产力发展的需要，资本主义经济增长并不具备可持续性。要想实现经济持久平衡的增长，社会变革和制度变迁是关键因素。可以说，基于劳动价值论和剩余价值理论，马克思创建了一个科学而又严密的社会资本再生产理论体系，为经济增长理论提供了新的视角。与古典经济增长理论相比，马克思将经济增长问题数理化，构建了经济增长理论史上第一个两部类增长模型。

3. 现代经济增长理论的起源和发展

（1）哈罗德—多马模型与现代增长模型的起源

一般认为现代经济增长理论的起源是哈罗德（Harrod）和多马（Domar）的研究。由于第二次世界大战给世界经济带来的不确定性，20世纪30年代的经济大萧条可能会再次上演。因此，在经济系统脆弱性下探讨经济能否长期均衡增长尤显重要。在这一背景下，哈罗德在1939年和1942年分别发表了《关于动态理论的一篇文章》和《走向动态经济学》，多马于1946年和1947年分别发表了《资本扩张、增长率和就业》和《扩张与就业》，他们提出的形式化增长模型被称之为哈罗德—多马模型，该模型将凯恩斯框架的短期分析拓展到长期分析，哈罗德—多马模型的构建被视为现代经济增长理论的开端。

哈罗德模型以凯恩斯的收入决定论作为自己的理论基础，通过假定不存在技术进步、资本存量的折旧不变、生产函数具有固定系数的性质等进而研究产出增长率、储蓄率和资本产出三者之间的关系，提出一国经济只有当实际增长率、有保证的增长率和自然增长率三者相等时，才能实现经济长期均衡增长。多马模型以凯恩斯理论为基础，重在强调投资的双重性，认为长期内存在一种实际产出增量与最高潜在产出增量相等、总产量的均衡增长率与投资增长率相等的均衡增长率。哈罗德—多马模型克服了凯恩斯理论的局限性，从供给与需求相结合的角度对经济增长的影响因素加以分析，但由于三种增长率的影响因素不同，想实现一致很难。这种过分强调资本积累在经济增长中的决定性作用，从而形成"刃锋式增长"，均衡路径不具有稳定性。在这一模型被提出后的数十年中，其暗含经济系统脆弱性的假设前提也并不相符。战前的先进工业国家在二战之后都实现了比较快的经济增长。美国进入了大规模消费时代，欧洲在马歇尔计划后进入历史上经济增长最快的时期，日本也历经了被称为"神武景气"的奇迹般的增长。

(2)新古典经济增长模型的产生和发展

面对哈罗德不稳定性与现实经验的差异,索洛(Solow)和斯旺(Swan)突破了古典经济增长理论模型中生产函数具有固定系数的假设前提,将凯恩斯的总量分析与生产要素可以充分替代的新古典生产函数相结合,在边际产出递减、规模报酬不变、稻田条件等基本条件下,建立了一个局部均衡的新古典增长模型。他们假定技术进步具有不变的增长率,而经济增长取决于资本、劳动力和技术进步的综合作用。最终研究发现,长期经济增长只取决于技术进步增长率,储蓄率的提升和资本投入的增加只有水平效应而没有增长效应。

在索洛—斯旺经济增长模型中,由于投入的要素边际收益递减,经济将趋于稳态,在不考虑技术进步的情况下,长期上的人均经济增长率将趋于零,而处于不同发展水平的经济体最终也会出现经济趋同的现象。但经济增长的经验事实表明,各经济体的经济增长并未按照索洛模型走向经济趋同,相反出现了经济的持续增长和经济发展的巨大分化。并且,由于索洛—斯旺经济增长模型是一个局部均衡模型,其并未纳入居民的最优化决策,因此对储蓄率只能给出一个外生的假定,这与现实状况存在比较大的差异,也可能会出现过度储蓄的动态无效率。

针对索洛模型没有解释储蓄率的决定因素及其可能出现的动态无效率问题,卡斯(Cass)、库普曼斯(Koopmans)通过将拉姆齐(Ramsey)的研究引入模型中,进一步将储蓄率内生化,利用连续时变函数,在市场出清的状态下从消费者和厂商的角度分析了消费率与资本存量之间的动态变化关系,被称之为卡斯—库普曼斯—拉姆齐模型(简称拉姆齐模型)。

拉姆齐模型回答了最优储蓄率受到贴现率、技术进步、人口增长等因素的影响,是经济增长模型中的一个非常重要的动态一般均衡模型,但由于人的寿命是无限期的假设前提而备受质疑。因此,戴蒙德(Diamond)通过假设家庭人员存在新老交替现象,将个人生命周期分为青年期和老年期,从离散角度分析经济增长过程中储蓄、消费、产出等之间的动态变化关系。拉姆齐模型与戴蒙德模型由此也演化成为新古典经济增长理论的两大基础性模型。但是,这两个模型都没有能够解决索洛—斯旺经济增长模型存在的固有问题——"技术外生化"。由于新古典经济增长模型最终的结论是到达平衡增长路径后,经济增长率仅仅取决于技术进步率,因此,如果对技术进步的解释仅仅依赖于技术性的假定,而不能够阐释其来源,那么经济增长就会陷入逻辑上的"莫比乌斯环",即"模型中经济会增长是因为有技术进步,而技术会进步是因为模型假设技术会进步"。

(3) 内生经济增长理论的出现和发展

新古典经济增长模型中技术外生化的缺陷，导致经济增长理论研究在 20 世纪 70 年代至 80 年代中期基本处于停滞状态。20 世纪 80 年代中期，以罗默、卢卡斯等为代表的经济学家们发表了一组"内生技术变化"为核心的论文，使得经济增长理论重新得到学术界的关注。在这一阶段中，经济学家通过将技术内生化，将知识和人力资本等因素引入经济增长模型中，将规模报酬不变的假设拓展到规模报酬递增，去解决收益递减规律与长期经济可持续增长之间的矛盾，对增长模型进行再修正，提出了内生增长理论。

内生增长理论是相对于外生增长理论而言的，外生增长理论指的就是新古典增长理论，其强调长期经济增长完全由理论本身的外生决定的技术进步因素决定。而内生增长理论将技术进步引入其中认为经济能否实现长期稳定增长由经济系统内部力量作用所决定。为此，经济学家们开始围绕着知识外部性、人力资本、研究和开发等问题开展研究，试图重新解释经济增长率的高低和人均收入的跨国差异。

围绕知识外部性这一方向，阿罗（Arrow）构建了"干中学"模型，将技术进步作为资本积累的副产品，公共产品只是具有"外溢效应"等，作为其基本假设。认为进行投资的厂商可以通过生产经验提高生产率，不进行投资的厂商也可以在学习中提高生产率。谢辛斯基（Sheshinski）则对阿罗模型的结构进行简化和扩展，提出了一个简化的阿罗—谢辛斯基模型，认为均衡增长率取决于人口或劳动力的自然增长率，但也取决于学习效应。如果人口或劳动力的自然增长率为零或出现负值，长期经济增长将陷入停滞或者出现负增长。为了解决这一缺陷，罗默在阿罗的研究思路基础上建立了阿罗—罗默模型。在阿罗—罗默模型的基本框架下，假定技术变化源于人们针对市场刺激而采用的有目的行动，技术的增加与人们对其投入的资源成比例，知识具有非竞争性和部分排他性等，有资本、劳动、竞争性人力资本和非竞争性知识存量等四种基本投入，存在研究部门、中间品部门、最终产品三个部门，研究发现均衡产出率取决于人力资本总存量、研究部门的设计产出率、时间贴现率和跨时替代弹性等。由于不同的中间品是对称的，存在最优增长率，且与均衡增长率有所差异。在模型中，主要采用物质资本外部性来解释长期经济增长问题，认为知识或技术是物质资本投资的副产品，在提高自身企业生产力的同时，也不可避免地提高了其他厂商的生产率，进而造成整体社会生产率的提高。为了实现最优增长率，物质资本外部性需要政府通过政策加以解决。

围绕人力资本这一研究方向，宇泽弘文（Uzawa）通过建立一个包含物质生产部门和人力资本生产部门的两部门经济增长模型，试图从人力资本不断积累的角度来解释长期经济增长。而卢卡斯基于人力资本理论，采用宇泽弘文的分析框架，假设在一个竞争性市场的封闭经济中有同质性的经济主体，物质资本积累满足新古典公式等，构建了以人力资本的外在效应为核心的内生增长模型。研究发现人力资本增长率与人力资本投资的有效程度和贴现率有关，即使人力资本增长率为零，经济增长仍然存在。此外，还发现在考虑技能水平增长的情况下，工资增长率等于人均物质资本存量的增长率，这也能在一定程度上解释不同经济发展水平国家下工人工资率的差异性问题。不少学者也采用人力资本外部性来解释长期增长问题，认为人力资本才是经济增长的重要源泉。

围绕研究和开发这一方向，其拓展主要来自熊彼特（Schumpeter）所提出的"创造性破坏"思想。如何将创新引致的新产品在经济增长中的作用阐释清楚，是经济学家应当回答的重点问题。之前的学者主要从产品数量和产品质量两个维度来探讨其在经济增长中的作用效果。在产品数量层面，贾德（Judd）做了开创性研究，探讨了产品数量增加与经济增长之间的关系。后续学者进一步从不同类型产品数量的角度加以深化分析，如新产品数量、质量改进型产品数量。在产品质量方面，格罗斯曼（Grossman）和赫尔普曼（Helpman）做了开创性研究，后续阿吉翁（Aghion）和豪伊特（Howitt）遵循熊彼特的"创造性破坏"思想，通过假定经济中存在着劳动、消费品和中间品三类可交易商品，来考察以产品质量提高为主要内容的产业创新过程，构建了一个基于创新的内生增长模型，并认为经济增长的根本源泉是竞争性厂商的垂直产品创新。

第三节　现代经济增长理论的前沿进展与主要领域

（一）纳入人口变化因素的经济增长理论

进入 20 世纪以来，世界人口增长率呈现出"倒 U 型"特征。特别是从 20 世纪 80 年代开始，世界人口增长率开始呈现下降态势，部分发达国家相继出现人口下滑的情况。从传统的经济增长理论出发，人口下滑将不利于长期经济增长。但这些国家经济仍呈现出良好的发展态势，且与发展中国家的收入差距还在进一步拉大。这种传统经济增长理论与现实情况的差距如何科学合理地加以解释？从传统经济理论分析来看，不仅人口变化会影响经济增长，经济增长也会受到一国经济发展水平、市场化程度、教育水平等因素的影响，根本上是经济系统内生决定的。

人口变化与技术进步、经济增长的相互作用也催生了将人口变化视为内生变量的内生增长理论。目前，关于人口如何被经济系统内生决定的文献主要集中在两个方面：一方面是探讨出生率如何由经济系统内生决定的模型，而出生率则主要有父母生育子女数量意愿和父母生育子女的时间选择所决定。父母生育子女数量意愿是经济学家们关注的重点。一般假设前提是生育孩子如同投资耐用消费品，既有成本也有相应的收益。父母的子女数量越多，则这种成本是不断增加，但这种收益的边际效应是递减的。贝克尔（Becker）和巴罗（Barro）在新古典经济增长模型框架下发现一个国家经济发展水平越高，生育率反而下降，这与经济发展过程中的一般性规律相吻合。进一步说，生育率的下降意味着父母生育子女数量在减少，那父母如何追求自身效用最大化呢？为此，注重子女的质量、增加对子女的人力资本投资尤显关键，而人力资本投资的增加则会促进经济增长，这为现实和理论间的差异性提供了新的解释方案。在父母生育子女的时间选择上，父母选择生育子女的年龄将通过代际间的时间跨度，进而影响生育率。因此，在交叠世代理论基础上来构建内生增长模型，探讨代际间时间跨度所带来的经济社会变化，具有重要的现实意义。另一方面，探讨劳动力跨国流动对经济增长的影响。一般而言，劳动力流动的动机在于不同国家或地区间工资收入水平的高低，劳动力流动性的增强将有利于国家间收入趋同。而现实生活中，劳动力市场分割现象是长期存在的，在流动过程中容易受到较多的制度等因素约束，进而影响一国经济的增长进程。

对人口变化与经济增长关系做出的最系统论述，当属盖勒（Golar）提出的"统一增长理论"，盖勒于2005年发表了《从停滞到增长——一致增长理论》，系统对内生人口的新增长理论进行了论述，阐释了如何在人口下降时实现平衡增长路径均衡。同时也指出，在经济发展过程中，从停滞到增长的转型是不可避免的副产品，认为经济将收敛在稳定唯一的平衡增长路径水平，纵向和横向的创新活动相互作用可以支持经济实现可持续内生增长。

（二）基于制度变迁视角的经济增长理论

20世纪80年代兴起的内生增长理论对经济增长的动力分析仍聚焦在资本、劳动和技术知识上，制度被视为外生因素。这表明内生增长理论仍重在强调经济增长过程中资源配置的运行层面，而并未探究长期增长中的深层次制度原因。但是，回顾世界经济发展史，自中世纪以来，城镇经济活动相对活跃，生产进一步市场化等有利于经济增长的因素开始在欧洲凸显，但工业革命和现代经济增长并未同时在欧洲国家出现。在此期间，随着国家的信念差异的出现，制度开始出现分化，提出明确界定和保障财产权利制度的国家的经济绩效明显更高一些，这才是工业革命和现代经济增长在这些国家兴起的深层次原因。换言之，对于资本、技术等要素的积累而言，与其说是经济增长的原因，还不如说是经济增长本身。因此，从一个长期视角来看待增长，则不能不研究制度。

旧制度学派关注制度对人类经济生活的影响，凡勃伦（Veblen）认为作为经济学研究对象的各种制度应是关注的重点，只有研究好制度才能更好地理解人类行为。人类经济生活中主要有满足人类物质生活的生产制度和私有制度两种制度，应从制度层面来改良社会以与技术进步相匹配。康芒斯（Commons）认为经济关系的本质是交易，当交易过程面临冲突时，只有依靠法律制度才能加以解决。舒尔茨（Schultz）认为经济制度与经济增长之间存在内在的联系，并根据制度在经济增长中的作用和地位，将增长理论分为三类：第一类是不考虑制度因素的经济增长理论，认为其仅适用于短期经济增长；第二类是将制度视为外生变量，认为制度变迁与经济增长无关，但特定制度与经济增长有关；第三类是将制度视为内生变量，认为制度是某些服务的供给者，因经济增长的需求而生。经济从非均衡向均衡转变过程中，制度也会进行相应的调整，进而促进经济增长。

新制度学派主要是依据交易费用的理论分析框架来研究增长，科斯（Coase）提出了交易费用的概念，并构建了交易费用的理论分析框架，这为新制度经济学的经济增长理论研究奠定了基础。以诺思（North）等为代表的新制度经济学派开始在交易费用分析框架下来研究制度变迁与经济增长之间的关系。诺思的经济增长理论是以产权为基础，以制度变迁为核心，涵盖产权、国家理论和意识形态的理论体系，认为制度变迁才是引起经济增长的真正原因。作为提供有效激励的产权制度是促进经济增长的关键因素，国家能以较低的成本提供产权保护和强制力的制度安排，进而有利于国家的长期经济增长，意识形态作为一种非正式制度可以通过影响机会主义行为，进而影响交易费用来作用经济增长，总之，制度和经济政策质量差异才是国家经济水平不同的根源。

杨小凯（Yang）和柏兰德（Borland）基于古典经济学相关理论，采用超边际分析法来研究交易费用、分工与经济增长之间的关系，发现制度安排将通过专业化水平带来国家间经济绩效的差异。格雷夫（Greif）提出了历史比较制度分析（HCIA），为分析制度和经济增长的关系提供了新视角，他以中世纪后期欧洲和亚洲部分地区的制度和合约发展为研究对象，采用历史比较制度分析研究了热那亚政治制度的自我强化的要素、内在变迁等。阿西莫格鲁（Acemoglu）通过构建一个解释经济绩效的一般性分析框架，以政治制度和资源分配为恒量，将制度区分为包容性制度和攫取型制度，进而发现制度才是长期经济增长的根本决定因素。

(三) 纳入结构变化视角的经济增长理论

在经济增长的理论研究中，为了更好地解释卡尔多事实，经济学家们往往较多地关注经济增长的总量研究，而忽视了经济增长过程中的结构性变化问题。但是，从世界各国经济发展进程来看，往往会出现生产要素从农业部门向工业部门和服务业部门转移的结构变化过程。第二次世界大战后发达国家的典型事实也表明，农业占比日益下降，而服务业占比渐趋上升。这表明，结构变化是经济增长过程中不可忽视的问题。

关于结构变化问题，库兹涅茨通过收集统计资料，展开了经济增长中结构变化的国际比较研究。他发现三次产业结构在经济增长过程中也进行了相应的调整，农业部门所占比重逐渐减少，工业部门所占比重逐渐增大，服务业部门所占比重也在稳步增长。他通过总结1958年57个国家三个主要生产部门及其细分部门在国内生产总值中份额变化来分析经济增长过程中经济结构变化规律及其内在原因，认为不同人均收入水平对各种商品的需求也不同，进而造成经济结构的差异性。在长期趋势上，通过对部分发达国家的考察，发现三大部门在时序上也存在增长过程中的结构性变化。可以说，库兹涅茨重点关注西欧、北美等发达国家的增长形态，试图用尽可能长的时间序列数据来阐释经济增长过程中的结构变化。而钱纳里（Chenery）则重在关注1945年后的发展中国家，采用横截面分析对发展中国家的结构和发展政策等进行研究，认为产出主要来源于国内需求的增长、出口的增加、技术变迁和进口替代效应。

如何实现经济增长过程中结构转变以及探寻结构转变的条件，是经济学家们关注的重要主题。面对第二次世界大战后发达国家服务业所占比重进一步提升、产业内的跨国分工及服务外包加剧等现实情况，阿西莫格鲁等通过构建一个非均衡经济增长模型，认为经济增长的力量来自要素比例和资本深化的差异。资本密集程度较低的部门的就业增长快，而资本密集程度较高的部门的实际产出增长快，总体行为符合卡尔多事实，其动力学也与美国的情况相似。阿吉翁和豪伊特通过简化模型，假定制造业部门需要劳动力和资本两种要素同时投入，服务业部门仅需劳动力投入，而最终产品需要制造品和服务以互补的方式进入生产函数，求解劳动力如何在两部门配置实现产出相等，发现当长期资本劳动比无限扩大，制造业就业份额将下降，人均收入将趋于技术进步的长期增长率。

经济增长理论发展至今，长期关注解答卡尔多事实，其暗含的假定条件是资本和劳动的报酬份额几乎恒定。而事实上，身处不同发展阶段的国家，由于禀赋结构不同，其经济结构也将有所差异。对于发展中国家而言，其要素禀赋结构一般呈现出资本相对稀缺，而劳动力相对丰富或自然资源相对丰裕，在从事劳动密集型产业或者资源加工型产业上具有明显优势；对于发达国家而言，其要素禀赋结构则明显不同，其资本相对丰裕，而劳动力相对匮乏或自然资源相对稀缺，在从事资本密集型产业上具有明显优势。在经济增长过程中，不同发展阶段的经济体之间的产业结构也不一样，而已有的库兹涅茨事实及其多部门的非平衡增长理论并没有对此展开深入分析。从经验事实也可看到，20世纪50年代至20世纪末，最富裕的收敛群体与最贫穷的收敛群体之间的收入差距扩大了1.75倍，经济体间的收入不平等在加剧。面对照搬西方主流理论却无法成功实现转型发展与违背西方主流理论根据自身实际情况深化改革取得快速稳定增长之间的巨大实践反差，林毅夫首次系统阐释了新结构经济学理论的基本框架和核心观点，采用新古典经济学的分析方法，从要素禀赋结构视角来研究经济发展过程中经济结构的演变过程及其影响的决定因素。

（四）纳入需求因素的经济增长理论

传统经济增长理论一般认为，短期经济增长取决于需求因素，而长期经济增长则取决于供给因素。现代主流经济增长理论重点从供给因素来探讨长期经济增长问题，而忽视了需求因素在长期经济增长中的重要作用。但正如硬币具有两面性一样，供给层面固然重要，但总需求对长期需求路径的影响也非常重要。只不过在主流的新古典增长理论中，需求对经济增长没有直接的影响。从各国经验事实来看，需求因素在经济增长过程中也发挥着重要作用。第二次世界大战后美国因大规模进入汽车等大宗消费品时代而实现经济的快速增长，日本"失去的十年"的出现也与当时储蓄率高消费过低密不可分。

关于需求因素与经济增长的关系，早在马克思的两部类经济增长模型中便强调需求因素在经济增长中的重要作用。但主流的新古典增长理论并未按照马克思的思路进一步展开研究。

关注需求因素在经济增长中作用的是新剑桥经济学派，也称为后凯恩斯主义学派。他们融合了马克思与凯恩斯的思想，针对新古典增长理论中承认萨伊定律的假设前提，在哈罗德模型的基础上另辟蹊径，认为凯恩斯假定即长期内投资决定储蓄成立，试图建立以价值理论和分配理论为基础的理论体系，为有效需求拉动经济增长提供理论依据。他们将需求因素在经济增长中的作用从短期扩展至长期，强调需求导向长期经济增长。

卡尔多以凯恩斯的投资—储蓄分析为基础，假定国民收入包括利润和工资两部分、社会成员中资本家储蓄倾向大于劳动者等，发现长期稳定的经济增长率受利润率、储蓄倾向和收入分配关系影响。帕西内蒂（Pasinetti）在卡尔多模型基础上，进一步放松只有资本家获得利润的前提，假定资本家和工人均可获得利润，并将其代入哈罗德模型中，发现保持充分就业的稳定经济增长率取决于利润率、资本家和工人的储蓄倾向等。罗宾逊（Robinson）主张从斯拉法（Sraffa）的价值理论出发，在卡莱茨基的宏观经济模型基础上，假定社会成员可分为资本家和工人，工人的工资全部用于消费，资本家的利润用于储蓄等，发现只有当经济增长率等于利润率与资本家储蓄倾向的乘积时才能实现稳定。虽然新剑桥经济增长理论修正了萨伊定律的假定前提，但其关于凯恩斯假定成立的逻辑缺乏经验支持，将投资视为独立变量并不符合现实情况。

需求导向经济增长理论的另一条路径是沿着对卡莱茨基理论的深化研究展开的。卡莱茨基的增长模型以国民收入为切入点，假定存在两大阶级和两大部类，并引入政府决策曲线等，在边际分析框架下将经济增长率、生产性积累率、投资结构等经济增长的核心要素进行有机结合，研究发现生产性积累率和投资结构是影响国民收入变动和分配的关键性因素。面对西方资本主义国家出现的滞胀现象、发展中国家自由化改革失败等现实情况，新卡莱茨基模型在继承卡莱茨基经济方法基础上，针对旧模型加以改进，试图对当前经济社会现象给出更加科学合理的解释，新卡莱茨基增长模型用来反映实际利润率与利润在实际净产出中的占比、实际产能利用率与投资增长率等之间的关系。从模型的均衡状态来看，其稳定条件是投资要小于储蓄受到实际产能利用率的影响，被称之为凯恩斯稳定。但事实上，新卡莱茨基增长模型决定的均衡并不具有哈罗德稳定性，即在参数发生变化后，经济增长率和产能利用率并不会回归到最初的均衡状态。哈罗德不稳定性使得新卡莱茨基均衡缺乏现实指导意义。

为了解决哈罗德不稳定性问题，并实现凯恩斯假定与古典收入分配理论的兼容性等，塞拉诺（Serrano）提出斯拉法超级乘数，强调自主性需求的重要性。按照古典理论，通过假设工人获得工资并将其全部用于消费、资本家获得利润并用于引致性投资和自主需求等，将最终需求分为引致性消费、引致性投资和自主性需求，发现净产出与自主性需求之间存在一种乘数关系，在超级乘数稳定的情况下，经济增长率取决于自主性需求增长率。虽然斯拉法超级乘数模型重新发现了自主性需求，但仅仅将长期经济增长归结于外生性自主性需求增长率并不能较好地解释经济增长的深层次原因。同时，出口、政府支出等自主性需求的影响因素也是在长期中处于动态调整，这将导致斯拉法超级乘数充满不确定性。

第四节　现代经济增长理论的存在问题与发展趋势

一、现代经济增长理论存在的五大问题

从经济增长理论的起源和发展来看，可以认为现代经济增长理论基本遵循从技术外生到技术内生的逻辑主线。哈罗德—多马模型的建立，标志着现代经济增长理论的诞生，索洛模型、拉姆齐模型和戴蒙德模型则使得新古典增长模型日趋完善，后来的内生增长理论则从技术进步方面提供了经济增长理论的新视角。随后现代经济增长理论呈现出多元化发展趋势，开始纳入人口因素、制度变迁、结构变化、需求因素等不同角度来解读长期经济增长的根本动力。现代经济增长理论发展至今，已经取得了长足的进步与发展。

但总体看来，现代经济增长理论在研究思路方面还至少存在以下五大方面的问题。这五大问题导致现代经济增长理论对经济现实的解释力度不够，要深化对经济增长理论的研究，就必须要深入思考这五大问题，并研究解决的思路。

第一，重视生产效率，忽视分配公平。现代经济增长理论的一个重要问题是没有把增长和分配有效统一起来。在现代增长理论诞生以前，马克思就已经讨论了分配不均造成资本主义生产相对过剩危机的影响。但后来的新古典增长理论并未就这一思路进行拓展，在新古典增长理论乃至后来的内生增长理论中，对于分配问题完全是忽视的，他们主要关注如何产生经济增长，如何使得经济增长率极大化，但对经济增长成果分配关注不够。增长和分配本身是相互影响的，分配绝不仅仅是增长的一种被动结果，不合理的分配结构也会对增长产生制约。经济增长的成果如果不能被大多数人所分享，那么长期增长一定无法持续。因此，在现实经济中，不仅要关注做大"蛋糕"，而且也要关注分好"蛋糕"。分好"蛋糕"通过调动劳动者积极性、促进消费需求升级等机制做大"蛋糕"。

第二，重视总量增长，忽视结构变化。现代经济增长理论侧重从总量视角研究经济增长的动力，从结构视角解释经济增长动力的理论研究还较薄弱。结构层面主要强调经济结构，包括产业结构、收入分配结构、消费结构、区域结构、城乡结构等。经济结构优化是经济增长的动力，例如，服务业内部结构优化升级、消费结构升级、收入分配结构优化以及区域协调发展都是驱动经济增长的动力。当经济发展到高级阶段后，从经济

结构视角理解经济增长更加重要。此外，主流的新古典增长理论和内生增长理论关注卡尔多事实，而结构增长理论关注库兹涅茨事实。事实上，长期经济增长不仅应关注经济总量，也应关注经济结构，这是实现经济高质量发展的关键。因此，积极构建卡尔多事实和库兹涅茨事实相兼容的理论和经验研究将成为现代经济增长理论的重要研究方向。

第三，重视供给因素，忽视需求因素。现代经济增长理论过度强调供给侧对经济增长的决定性作用，长期以来很多人认为经济增长的决定因素就是"资本、劳动和技术"等供给面，而需求侧对经济增长的作用被弱化，这与现实经济不相符。之所以会出现这样的情况，主要是认为在新古典和内生增长理论中都遵循了萨依定律，认为"供给能够自动创造需求"。因此，后来的新古典经济学者就基于同质性假设前提的总量生产函数将需求因素间接引入或视为短期干扰因素被抽象掉，忽视了长期总需求的影响。但是，在现实中，供给侧和需求侧是相互联系、相互作用的，需求不足也可引致供给乏力。供给侧和需求侧的匹配程度决定了经济增长路径。需求总量增加和需求升级通过扩大市场、增加企业利润等渠道带动经济增长。现实经济中，扩张性财政政策带来的收入增加、收入分配结构改革使得中等收入群体扩大，以及人口结构变化等都是消费升级的重要原因。因此，在未来增长理论中，可以考虑将马克思和凯恩斯的思想融入内生增长模型，强调超额需求对供给的反向拉动，并探究消费升级对经济增长的带动作用。

第四，重视传统要素，忽视新型要素。随着新一轮科技革命和产业变革的不断推进，当今世界正从工业时代逐渐步入数字时代。作为工业时代诞生的现代经济增长理论，在解释数字时代的经济增长过程中难免会出现问题。即便是作为当前现代经济增长理论主流方向的内生增长理论，在解释数字时代的经济增长新现象上也存在片面性。首先，在注重资本、劳动力、知识技术等要素的前提下，如何在经济增长模型中纳入数据要素，是现代经济增长理论要考虑的首要问题；其次，作为数字化产品形态具有和其他传统产品截然不同的特征，其打破了传统经济增长理论中生产的边际成本递增的约束，呈现出生产边际成本为零的特征，如何有效地构建符合当前现实的假设前提下的现代经济增长模型，形成数字时代的现代经济增长理论，将是未来经济增长理论演化的方向。

第五，重视先发国家，忽视后发国家。当前主流的经济增长理论均是建立在发达国家的经验事实基础之上，但其假设前提明显与发展中国家的实际情况有所不同。在发展中国家中，往往并不存在主流经济增长理论中的"平衡增长路径"。因此，充分吸收现代经济增长理论的有益成果，积极构建基于发展中国家现实情况或符合自身经济特色的经济增长理论尤显重要。在这个过程中，构建发展中国家的经济增长理论需要考虑几个问题：一是要考虑转型问题，发展中国家相对于发达国家而言往往体现出一种非平衡增长的特征，经济中往往存在一些制度性扭曲，因此可在模型中假设同时存在正规部门和非正规部门，或区分国有部门和非国有部门等。二是要考虑结构问题，发展中国家在经济增长的过程中往往历经快速的工业化和城市化进程，如何基于这一背景来理解经济增长，是需要考虑的问题。三是不平等问题，收入不平等一直在全球各国家之间持续加剧，仅仅依靠经济增长中的涓滴效应，无法消除经济增长中的不平等，如何实现益贫式增长或是包容性增长，也将是发展中国家经济增长中需要回应的重大现实问题。

二、现代经济增长理论的发展趋势

（一）对全要素生产率的认识清晰化

在传统增长理论中全要素生产率也被称为"索洛黑箱"，指的是不能被要素投入增加所解释的部分。在现代经济增长理论中对全要素生产率的解释越来越清晰化。具体来说，影响全要素生产率的因素包括两大层面：一是技术层，包括技术创新和技术引进；二是效率层，主要指资源配置效率。

关于技术创新方面，就是在传统的增长模型中突破总量技术中性设定，假设不同生产部门的技术不同，或是不同生产要素面临不同的技术进步，这可以更好地解释经济增长现象。技术进步有两种密切相关的划分：一是基于要素边际生产率变化界定的要素增强型（factor-augmenting）技术进步，它促进了要素的生产效率；二是基于要素相对边际生产率变化的要素偏向型（factor-biased）技术进步，它提高了要素的相对边际产出。此外还有投资专有型（investment-specific）技术进步，有研究发现投资专有型技术进步对经济增长的贡献度超过希克斯中性技术对经济增长的贡献度。还有从知识生产过程给出的更加微观的解释，例如重组增长（recombinant growth），即认为新知识的生产是一个递归的多阶段组合过程，通过新知识与旧知识的重组生产出更新的知识。此外，区分基础研究和应用研究在技术创新中的作用，考虑模仿和知识产权保护对知识创新的影响，这些都是从技术创新角度来作出的对全要素生产率的解释。

关于技术引进方面，关于发展中国家引进发达国家技术影响较大的研究包括两个方面。一是技术壁垒（barrier-to-adoption），即认为发展中国家存在阻碍技术采用的壁垒，这使得发展中国家企业采用先进技术的成本上升，这可以解释发展中国家与发达国家之间的收入差异；二是适宜技术（appropriate technology），即一个国家应采取与其禀赋相当的技术，如果发展中国家劳动力技能与其引进的发达国家先进技术不匹配，则导致发展中国家生产率较低。

关于资源配置效率方面,资源错配与全要素生产率的关系是一个重要的方向。根据新古典经济学的要素配置原则,部门之间生产要素的边际生产率相等,对应最优资源配置。现实经济中存在的各种摩擦和扭曲使得生产要素配置并不满足等边际原则,这会造成效率损失。资源错配对全要素生产率影响的研究是学术界关注的热点,包括物质资本错配对全要素生产率的影响、人力资本错配对全要素生产率的影响、研发投入错配对全要素生产率的影响等。

(二)对经济增长框架的设定逐渐微观化

构建经济增长模型的微观基础,是提高经济增长模型解释力的关键。在新古典经济增长模型中,作为基准模型的拉姆齐模型初步构建了微观基础,其假设经济中存在代表性家庭和代表性企业,家庭通过选择消费和储蓄极大化福利,企业通过选择资本和劳动数量使利润极大化,市场为完全竞争市场。但是,这些假设过于宏观和理想化,微观基础比较薄弱。经济增长理论的发展,就是不断放宽这些假定,考虑更加微观化和具体化的设定,具体可以从家庭、企业和市场结构等多个方面来考虑放款这些假定。

关于家庭视角方面,首先,是对家庭效用函数的微观化拓展,包括内生化闲暇、内生化子女数量和质量、内生化职业选择、内生化社会资本,与之对应的家庭预算约束方程也发生变化。其次,将代表性个体框架拓展为异质性个体框架,包括考虑初始财富的异质性、能力的异质性、风险态度的异质性、耐心程度的异质性、天生人力资本的异质性。相对于代表性个体框架,异质性个体框架可以更精准地反映现实,也可以研究更多的问题。此外,基于跨期迭代模型,更加强调代与代之间的策略互动,包括父母的生育决策、子女对父母的转移支付决策等。

关于企业视角方面,首先,是关于生产函数的微观化拓展,将企业家管理能力、金融发展水平、劳动者健康水平、ICT 资本等引入生产函数,区分高技术劳动力和低技术劳动力。其次,将代表性企业框架拓展为异质性企业框架,考虑企业生产率异质性、企业家管理能力异质性、融资约束异质性。再次,丰富企业结构设定。在不完全信息框架下,引入委托代理问题,考虑最优契约设计;内生化企业动态,考虑企业进入与退出,内生化企业数量和规模。

关于市场结构方面,新古典经济学假定市场完全竞争,生产要素获得等于边际产量的支付。现有研究将产业组织理论分析方法引入经济增长模型,突破完全竞争市场的假设,探究市场结构对经济增长的影响。

(三) 涉及经济增长的学科交叉融合化

经济增长理论为学科交叉融合提供了重要框架，这主要是在经济增长模型中引入其他学科的设定。学科交叉融合可以深化我们对经济增长问题的认识，也可以从经济增长视角研究其他学科的问题。特别是现代经济增长与经济政策紧密相关，因此，如何将经济政策理论中的财政理论、货币理论、环境理论和社会保障理论与经济增长理论相融合，是一个重要的发展趋势。

在经济增长理论与财政理论的交叉融合方面，现有的研究往往在经济增长框架下引入财政支出和税收，研究使得分散经济下经济增长率极大化的二次最优（second-best）财税政策，以及使得分散经济复制社会计划经济的一次最优（first-best）财税政策。巴罗基于这一融合的研究框架发现，财政支出规模和财政支出结构对经济增长的影响呈倒 U 型，最优财政支出设计依赖于财政支出产出弹性。查姆利（Chamley）在这一框架下发现资本收入税的扭曲性高于劳动收入税，最优资本收入税率为零。

在经济增长理论与货币理论的交叉融合方面，现有的研究往往通过货币进入效用函数（money in utility，MIU）、货币优先（cash in advance，CIA）以及交易成本（transaction cost，TC）方式将货币引入经济增长模型。这些设定的依据分别是，持有货币能带来效用，消费和投资受到持有货币的限制，持有货币更便于交易，从而降低交易成本。货币供给增长使得通货膨胀率上升，这使得名义利率和持有货币的机会成本上升，家庭会减少持有的货币、增加储蓄和资本形成。这对收入有促进作用，被称为托宾（Tobin）效应。

在经济增长理论与环境经济学理论的交叉融合方面，生产和消费会产生环境污染，这又会使得环境质量和人们的健康状况下降，现有研究将环境质量和健康水平引入生产函数或效用函数。环境库兹涅茨曲线是环境与经济增长关系的经典研究，随着收入水平的提高，环境污染先不断增加，超过某一阈值后，环境污染不断减少。环境税可以产生二次红利（double dividends），具体是指环境税可以改善环境质量，产生绿色红利（green dividend）。同时，环境税也可以使得均衡状态收入提高或是促进经济增长，产生效率红利（efficiency dividend）。

在经济增长理论与社会保障理论的交叉融合方面，现有的研究主要基于跨期迭代模型引入社会保障政策，个体在年轻时期需要交纳社保税，老年时期获得社保收入。研究现收现付社会保障制度和完全基金社会保障制度通过储蓄率、人口出生率、人力资本积累等渠道对经济增长的影响。在基本的跨期迭代模型中，完全基金社保制度更多地体现强制储蓄功能。经济中存在动态无效（dynamic inefficiency）的可能性，现收现付社保制度使得资本存量下降，实现帕累托改进。

本章提要

本章对经济增长的典型化事实、思想渊源、理论脉络以及现代经济增长理论的前沿进展与发展趋势进行了较为系统、全面地梳理。

经济增长理论产生于世界经济增长的历史演进与当前格局，是从经典的经验事实中抽象出的一般性规律。狭义的经济增长通常以 GDP 增长率和人均 GDP 增长率来衡量，长期来看，GDP 增长率受到人口变化的巨大影响。因此，人均 GDP 增长率更适宜于度量一个经济体的经济增长水平。从全球视角来看经济增长的历史，可以发现两个重要的经验特征，即"大增长"和"大分流"同时并存。经济学者基于经济现象和数据提炼经济特征事实，为经济增长理论提供研究对象，经济增长理论需要精准地拟合和解释经济特征事实。经济增长理论发展过程中影响较大的有"库兹涅茨事实"、卡尔多在 1961 年提出的"卡尔多特征事实"，以及琼斯和罗默在 2010 年提出的"新卡尔多特征事实"。

从中国古代经济发展的历史事实来看，中国在经济、科技、制度和文化方面曾经长期处于领先。但为什么近代以来，西方在工业革命后快速崛起，而中国则逐渐处于落后，这个问题需要从历史视角对长期的经济增长进行阐释。在经济增长的历史经验中客观存在着"贫困陷阱"和"中等收入陷阱"。中国已经实现对"贫困陷阱"的跨越，彻底解决了绝对贫困，目前正处于从中等收入经济体向高收入经济体跨越的临界点上。而要成功跨越"中等收入陷阱"，就必须维持较长时间的中高速增长，这就必须要将经济增长理论与中国经济增长的本土化经验充分结合起来，研究清楚中国经济增长的源泉与未来发展的方向。

经济增长理论的演进脉络最初经历了古典时期之前以重商主义、重农学派等为主的经济增长思想阶段。随着第一次工业革命的出现，英国等欧洲国家的经济快速增长，出现了早期的古典经济增长理论，代表人物是斯密、马尔萨斯、李嘉图和穆勒，他们从实体经济出发寻求经济增长的长期动力和源泉。由于第二次世界大战给世界经济带来的不确定性，20 世纪 30 年代的经济大萧条可能会再次上演。因此，在经济系统脆弱性下探讨经济能否长期均衡增长尤显重要，被视为现代经济增长理论开端的哈罗德—多马模型在此时提出；面对哈罗德不稳定性与现实经验的差异，索洛和斯旺建立了一个局部均衡的新古典增长模型；针对索洛模型没有解释储蓄率的决定因素及其可能出现的动态无效率问题，卡斯、库普曼斯通过将拉姆齐的研究引入模型中，进一步将储蓄率内生化，建立了卡斯—库普曼斯—拉姆齐模型（简称R—C—K模型）；拉姆齐模型因人的寿命是无限期的假设前提而备受质疑，因此戴蒙德通过假设家庭人员存在新老交替现象，从离散角度分析经济增长过程中储蓄、消费、产出等之间的动态变化关系。新古典经济增长模型中技术外生化的缺陷，导致经济增长理论研究在20世纪70年代至80年代中期基本处于停滞状态。20世纪80年代中期，以罗默、卢卡斯等为代表的经济学家们发表了一组"内生技术变化"为核心的论文，重新使得经济增长理论得到学术界的关注。进入20世纪以来，随着理论和现实之间差距的产生，经济增长理论的发展纳入了更多现实因素从而呈现出多元化发展趋势，例如人口变化、制度变迁、结构转化、需求因素等。

现代经济增长理论发展至今，已经取得了长足的进步与发展。但总体来看，现代经济增长理论在研究思路方面还至少存在五大方面的问题：重视生产效率，忽视分配公平；重视总量增长，忽视结构变化；重视供给因素，忽视需求因素；重视传统要素，忽视新型要素；重视先发国家，忽视后发国家。此外，现代经济增长理论的发展趋势具有以下三个特征：对全要素生产率的认识清晰化、对经济增长框架的设定逐渐微观化、涉及经济增长的学科交叉融合化。

关键概念

经济增长 广义上，一个国家的经济增长，可以定义为给居民提供种类日益繁多的经济产品的能力长期上升，这种不断增长的能力是建立在先进技术以及所需要的制度和思想意识之相应的调整的基础上的。狭义上的经济增长可以简单理解为经济总量的扩张。

大增长 经济增长在历史上从来就不是一个线性增长的历史过程，而是在工业革命后出现了一个非线性的爆发式增长。

大分流 指的是1820年后的"大增长"并不是全球所有国家共同出现的现象，而是在少数西方国家发生的现象。

李约瑟之谜 英国著名学者李约瑟在1976年提出的一个问题。在14世纪时，中国已经达到了全面科学革命和工业革命的阈值，但为何在前现代社会中国在科学和技术上遥遥领先于其他文明？为什么中国没有出现工业革命而变为落后？

中等收入陷阱　指一个国家从低收入阶段进入中等收入阶段后，经济长期徘徊在中等收入区间，普遍表现为经济的持续减速或保持缓慢增长。

库兹涅茨事实　库兹涅茨在《现代经济的增长：事实和思考》中针对现代经济增长总结出六大特征：人均产量和人口的高增长率；生产率的高速增长；经济结构的转变；社会结构和意识形态的迅速改变；增长在世界范围的迅速扩大；世界经济增长的不平衡性。

卡尔多特征事实　卡尔多特征事实包括：人均产出随着时间的推移持续增长；劳均资本持续增长；资本回报率几乎为常数；资本产出比总体稳定；国民收入中资本收入份额和劳动收入份额总体稳定；不同国家之间的经济增长率差别较大。随着收入水平的提高，经济增长呈现出一些新的态势。

思考题

1. 请解释什么事库兹涅茨事实、卡尔多特征事实和新卡尔多特征事实。
2. 请说明现代经济增长理论的演进脉络。
3. 请说明现代经济增长理论的发展趋势与方向。
4. 请说明现代经济增长理论存在的问题。

第二章 古典经济增长理论

古典经济增长理论是现代经济增长理论的思想渊源与理论基石，其建立在重商主义的基础之上，并突破了重商主义对国民财富的货币幻觉，从而将研究重心转向实际物质生产领域，开始探索影响长期经济增长的因素与机制。古典经济增长理论以亚当·斯密为创始人，并经大卫·李嘉图和马尔萨斯进一步发展。从19世纪中期至20世纪中期，经济学家们的研究重心从经济增长转向了资源配置，但在这段"静态的插曲"中，马歇尔、阿林·杨格和熊彼特则分别从不同角度探讨了长期经济增长的收益递增，从而进一步拓展了古典经济增长理论。

第一节 亚当·斯密的经济增长理论：资本、劳动与分工

亚当·斯密（1723—1790）是英国古典时代最杰出的经济学家之一，是古典经济学的奠基者，是古典经济学的集大成者和古典经济学体系最杰出的代表。他的主要著作《国民财富的性质和原因的研究》（1776）的核心问题就是研究国民财富的增加，即经济增长，斯密在这本著作中明确提出了较为系统的经济增长理论，从而成了现代经济增长理论的先驱。

走近经济学家：亚当·斯密

亚当·斯密是18世纪著名的苏格兰经济学家、哲学家和政治理论家。他是现代经济学的奠基人之一，被称为"经济学之父"。他主要的贡献包括创立了自

由放任主义经济学派别，提出了劳动分工原理，对市场经济和国家干预经济的关系作出了深刻的思考和探讨。

在他的著作《国富论》中，斯密阐述了市场经济的基本原理和运行机制，并强调了市场自由竞争对经济发展和个人自由的重要性。同时，他也提出了政府应该保障公共利益、维持社会秩序、维护法律和秩序等职责。

斯密还在其另一著作《道德情操论》中，对人类道德观念和行为规范进行了深刻的探讨，认为人类的道德和行为规范来源于我们对他人的同情心和责任感。

斯密对于经济增长过程的理解有两点特征：一是对生产性劳动和非生产性劳动进行区别，从而确立了经济增长研究应集中于实际生产领域；二是将增长与资本和分工的概念相联系，即强调资本积累和劳动分工对增长的重要性。从《国富论》的整体逻辑主线就可以看出：斯密认为劳动分工和资本积累是一国国民财富增长的主要动力，因此可以说，斯密的经济增长理论是建立在其劳动分工理论和资本积累理论基础之上的。

第一，劳动分工理论。斯密的分工理论建立在其利己主义假设的基础上，他认为，人作为利己主义者，必须在互利的基础上互相帮助，而人们互相帮助最合理的办法就是交换，交换是从人的本性产生的，从交换又引出了分工。由此分工、交换、价值、货币等经济现象便应运而生。关于劳动分工对经济增长的推动作用，斯密指出："劳动生产力上最大的增进，以及运用劳动时所表现的最大熟练、技巧和判断力，似乎都是分工的结果。"他通过列举分析扣针制造业的事例，说明劳动分工提高产量主要通过三种方式：一是每个工人重复完成一项工作提高了熟练程度；二是如果工人不需要从一项工作转向另一项工作，可以节省劳动时间；三是各项工作由于分工而被简化和程序化，有可能产生提高生产率的机械发明。斯密同时强调，劳动分工受市场范围限制。因此劳动生产率与需求之间建立了相互促进的关系，构成了经济增长推动力。

第二，资本积累理论。斯密在《国富论》的第二篇集中讨论了如何提高储蓄率，增加资本积累。在资本积累的必要性方面，斯密认为，经济增长取决于分工程度的增进和劳动人数的增加，后两者又取决于资本积累，因为分工需要使用许多特殊的设备与工具，这些都需要以资本来购取。分工愈细，工具的需要愈多，资本显得愈重要。从这个角度来说，资本积累与劳动分工是同时进行的。同时，斯密根据资本在生产过程中是否变更形态，将资本分为两类，一是流动资本，如原材料等；二是固定资本，如机械、建筑等。斯密论证了资本积累与经济增长的关系，他指出，劳动分为生产性劳动和非生产性劳动，前者产生价值增加而后者不产生价值增加。当资本开始累积，特别是工资部分增加时，只有使原失业的劳动者加入生产队列，或者把原有的非生产性劳动转移到生产性劳动，才能够加速经济增长，一旦失业不存在，且非生产性劳动与生产性劳动之间的转移停止，那么工资将会上涨。工资提升在短期内通过提高劳动效率而使经济增长，在长期内通过促进人口和生产力增加以使经济增长。由于斯密极为强调资本积累对增长的意义，因此他也就十分重视资本积累的动因，他提出资本由于节俭而增加，由于浪费而减少，资本的积累主要源于富人们储蓄的增加，富人将储蓄购买投资品，成为流动资本与固定资本进而促进经济发展。

第三，经济增长理论。斯密的经济增长理论包括两部分：第一部分是斯密对于经济增长实质的确定，在斯密以前，重商主义者虽然也强调经济增长，但其并不能区分经济增长与货币财富增加的区别，而斯密则发展了重农学派的观点，正确地转向本国物质生产领域去寻找一国国民财富的源泉。第二部分是斯密对于经济增长推动力的分析。斯密认为经济增长是一个前进的过程，以劳动分工为起点，由于劳动分工水平的提升，产出增加，从而资本利润和劳动者工资均增加，引起人均收入和消费水平提升，国民财富增加。而国民财富的增加又会进一步提高储蓄率，从而形成更大的资本积累，资本积累率的提高又会促进分工进一步深化，从而形成经济增长的循环过程。

斯密的增长理论对后来的经济增长理论研究有两项重大贡献：一是由于斯密确立了经济增长的实质，使经济增长理论其后的发展完全集中在研究实际生产领域。二是斯密对于资本积累和劳动分工的论述成为现代经济增长理论的思想渊源，从逻辑线索上说，斯密的经济增长理论把资本与劳动的关系放在经济运行的核心地位，其资本积累理论特别强调资本的重要性，而这正形成了哈罗德—多马模型和索洛模型的思想特征，而其劳动分工理论又成为近年来新增长理论的思想特征。

虽然如此，斯密的经济增长理论与现代经济增长理论仍存在很大不同。一是理论形式上的不同，斯密有关经济增长的论述都是通过文字表述的，没有使用数学公式和数学推导，而现代经济增长理论则是以完善的数学模型的形式存在的；二是对于资本内涵认识的不同，在斯密的增长理论中，资本并不是一个非常明确的概念，虽然斯密也提出了固定资本和流动资本的区分，但他在论述经济运行过程时，却将资本看成资本家对生产的预付，而这种预付最终会转化为工资，并体现为劳动者的消费品。而在现代经济增长理论中，资本很明确地被定义为生产中一种投入要素，即机器设备一类的投资品，这与斯密的界定是有所区别的。

第二节 李嘉图的经济增长理论：资本积累与扩大生产

大卫·李嘉图（1772—1823）是英国产业革命高潮时期的资产阶级经济学家，他继承和发展了斯密经济理论中的精华，是英国资产阶级古典政治经济学的杰出代表和完成者。他的代表作《政治经济学及其赋税原理》的中心思想是发展资本主义生产力，该书阐述了资本主义社会国民收入在工资、利润与地租之间的分配比例的规律，并提出了关于经济增长未来预期的基本观点。

> **走近经济学家：大卫·李嘉图**
>
> 大卫·李嘉图，是英国著名的经济学家和政治家，被誉为古典经济学派的代表人物之一。他的经济思想对于现代经济体系的发展具有深远的影响。
>
> 他在青年时代曾是一位很出色的股票投资者，甚至曾在短短几年里从一位小店老板成为富有的股票交易商。不过，他也因此而赔掉了一笔巨款，最终放弃了股票交易事业，转而投身经济学研究。
>
> 李嘉图的主要贡献是提出了比较优势理论，这是国际贸易理论中最重要的成就之一。他认为，如果两个国家都生产同样的商品，但其中一个国家可以以更低的机会成本生产某些商品，那么这个国家就应该专注于生产这些更具比较优势的商品，从而通过贸易变得更加富裕。这一理论至今仍然广泛应用于国际贸易和全球化的研究中。此外，李嘉图还提出了所谓的"土地租金理论"，认为土地所有权对于经济发展起到了重要的作用，这一理论对于土地使用和收益分配的研究产生了深刻的影响。

李嘉图经济增长理论的特点是十分强调收入分配与经济增长的联系，他关于经济增长的思想体系建立在其提出的边际生产力递减规律基础上，他运用这一规律形成级差地租理论和分配理论，并发展了资本积累理论，从而形成了关于经济增长长期趋势的思想。

（1）级差地租理论。李嘉图认为经济体中同时存在两个部门，即农业部门和工业部门。工业品增加值被分为工资和利润两部分,而农产品增加值却被分为工资、地租和利润三部分。但农产品增加值中的地租概念的内涵不过是一种"剩余",其逻辑在于:如果将投入到土地上的劳动的边际产量与投入在土地上进行生产的全部劳动相乘,得到的值是在土地上进行生产的全部资本和劳动所得的报酬总量,由于给定土地上追加劳动的边际生产力递减,因此这个报酬总量必然不等于给定土地上的全部农产品增加值。如果将给定土地上全部农产品增加值减去这个报酬总量,就能够得到全部地租总量,而这也就是整个经济中的级差地租。

(2)分配理论与工农产品相对价格的确定。在分析了级差地租概念后,李嘉图又进一步分析了农产品与工业品的相对价格和收入在工资和利润间的分配规律。他提出工农产品相对价格取决于工业劳动生产率和农业劳动生产率之比,但由于级差地租的存在,李嘉图所说的农产品劳动生产率并不是劳动平均产量概念,而是指投入在土地上进行生产的劳动边际产量。当给定生产工业品的劳动生产率,投入在土地上生产的农业劳动生产率将呈现递减规律,而农业劳动生产率越低,农产品相对于工业品的相对价格就会越高。由于工资必须维持在一个能够保证固定农产品需求的水平上,因此,农产品相对价格的提高意味着在国民收入分配格局中工资份额的提升和利润份额的降低。

(3)资本积累理论与经济增长停滞。与斯密相同,李嘉图强调资本积累对经济增长的关键作用,他认为资本积累有两个主要途径,增加收入或减少支出。如果支出不变,积累就要靠提高利润率增加收入;如果收入不变,积累就要靠减少支出,主要不是通过节约,而是通过机器的使用,提高劳动生产率,从而降低消费商品的价格。另外,他也主张改进税制,减少赋税,以促进资本的积累。

但与斯密有所不同的是,李嘉图在他的《政治经济学及赋税原理》一书中明确指出了资本积累将由于利润率下降而出现停滞的后果。其理论逻辑正是与级差地租和工农产品相对价格的确定有着重要的关系。他指出,在资本积累和扩大生产的过程中,就业和工资将增加,从而对农产品的需求将会提升。在农产品总产量增加的过程中,由于土地资源给定,投入到土地上进行生产的劳动会出现边际产量递减,从而农产品相对于工业品的价格会不断上升。但工资却必须不能低于维持劳动力再生产的必要水平,因此农产品相对工业品的价格上升,最终只会导致每工业增加值中分配给工资的份额不断上升,而分配给利润的份额则不断下降,由于利润的平均化趋势,整个经济的利润率将会降低。利润率的降低最终将消除资本积累的动力,从而导致经济陷入停滞。李嘉图的理论表明,经济增长是有过程的,不可能永久增长,而会收敛于某一静止水平。从这个角度上看,李嘉图对于经济增长长期预期的判断是悲观的。

李嘉图的经济增长理论继承了斯密经济增长理论的传统，一是强调资本积累和生产率改进对经济增长的决定意义，二是将经济增长的理论研究集中在实际生产领域中，这些思想传统成为后来经济增长理论研究所共同遵守的思想规则。而李嘉图对斯密增长理论的发展在于，他提出给定土地上追加劳动的边际生产力递减规律，并将其应用于经济增长理论。这形成了后来的新古典生产函数强调的边际生产力递减规律的最初形式，并确立了后来的经济增长理论模型都使用这一规律的思想传统。同时，李嘉图的增长理论的缺陷在于两点，一是过于强调了收益递减在农业中的应用，并不切实际地假设土地只有一种用途；二是他通过边际生产力递减规律得出了经济增长最终会陷入停滞的结论。这事实上属于典型的对于经济增长问题的悲观主义，但反过来看，这种悲观主义却使后来的人们更加充分地认识到劳动生产率提高对于经济持续增长的关键作用，从而对现代经济增长理论的发展做出了卓越贡献。

第三节　马尔萨斯的经济增长理论：人口陷阱理论

马尔萨斯（1766—1834）是人口理论的创立者，是古典经济学时代英国人口学家和古典政治经济学家，他的学术思想悲观但影响深远。马尔萨斯经济增长理论的特征是他非常强调人口增长因素在经济增长过程中的重要性。他在1798年出版的《人口原理》中论述了人口增长与经济增长之间的关系，并提出了人口陷阱理论。

走近经济学家：马尔萨斯

托马斯·罗伯特·马尔萨斯，英国经济学家，出生于一个富有的家庭，他的父亲丹尼尔是哲学家、怀疑论者大卫·休谟和让－雅克·卢梭的朋友。马尔萨斯年幼时在家接受教育，直到1784年被剑桥大学耶稣学院录取。他在那里学习了许多课程，并且在辩论、拉丁文和希腊文课程中获奖。他的主修科目是数学。

1791年他获得硕士学位，并且在两年后当选为耶稣学院院士。

1797年他担任圣公会的乡村牧师。他是英国人口学家和经济学家。他的学术思想深刻而影响深远。马尔萨斯于1804年结婚，并且养育了三个孩子。

1805年他成为英国第一位（或许是世界上第一位）经济学教授，执教于东印度公司学院。

  1833 年以前，马尔萨斯拒绝肖像绘画，因为他有兔唇，这个缺陷后通过手术矫正，这一先天缺陷在他的家族中很常见。马尔萨斯死后葬于英格兰的贝斯修道院。

马尔萨斯的人口陷阱理论建立在两个规律的基础之上，即生活资料增长规律和人口增长规律。他认为人口以几何比率增加，生活资料以算术比率增长，人口增长有经常超过生活资料增长的趋势，而抑制人口增长可通过积极抑制和预防抑制。

（1）人口增长规律。马尔萨斯对于人口增长规律的论证主要依据两大基本假设。他指出："我可以正当地提出两条公理。第一，食物为人类生存所必须。第二，两性间的情欲是必然的，而且几乎会保持现状。这两条法则，自从我们对人类有所了解以来，似乎一直是有关人类本性的固定法则。"在这两个基本假设之下，马尔萨斯指出，当人口增长不受限制时，人口是按几何级数增长的，对于这个命题，马尔萨斯试图以美国的人口经验使其精确化，但统计意义上并没有提供多少经验支持。

（2）生活资料增长规律。由于固定生产要素和劳动在有限土地上的边际产量递减，而对土地进行改良虽然可能会提高产出，但这种产出的边际增量是递减的。因此，即便是在最好的情况下，食物供给等生存资料也只能以算术级数增长，不可能以快于算术级数的速度增加，但这个命题没有得到事实的支持。

（3）人口陷阱理论。将生活资料增长规律与人口增长规律结合起来，就形成了马尔萨斯关于潜在人口增长和食物供给之间不协调的认识，即人口陷阱理论。马尔萨斯认为，由于人口以几何级数增长，而食物供给等生活资料以算术级数增长，因此，人口的增长率会超过生活资料的增长率，导致人均收入下降，而经济增长出现停滞甚至倒退。但马尔萨斯同时指出，通过人口抑制可以使人口增长和生活资料增长趋于平衡。人口抑制的方法有两种：一是预防性限制，主要是从减少出生的因素方面进行限制，马尔萨斯认为这是道德的约束，这些措施包括延迟结婚和不结婚；二是积极控制，主要从增加死亡的因素方面进行限制，包括传染病、提高死亡率、饥荒、战争、瘟疫等。虽然人口抑制可以改变人口增长率，但马尔萨斯又指出人口增长率与经济增长率之间存在一种均衡，在这种均衡下，人均收入处于最小值，所有收入都用于消费，没有储蓄存在，从而相应人口增长率为零，这种状态被称为人口陷阱。一旦经济增长率超过人口增长率，人均收入就会高于均衡水平，从而推动出生率上升和死亡率下降。而人口增长率一旦使人口规模达到与人均收入最大值相对应的极限点后，又会使人均收入下降，从而推动死亡率上升和出生率下降。最终结果就是人口增长率、经济增长率形成一种稳定的均衡，在这种稳定均衡下会出现一种稳定的生存收入水平，即人口陷阱。

马尔萨斯对于经济增长的悲观预期，在今天看来被证明是不正确的。科学技术的进步使人类能够避免马尔萨斯式的人口陷阱。但马尔萨斯的理论贡献不应当被忽视，他的理论贡献就在于第一次把人口增长作为经济增长理论的重要组成部分，因此在研究人均收入增长时，人口变化不能视为外生变量，其与人均收入增长一样都是待解释的变量。这一思想在新古典增长的传统理论中被忽视，但在后来的统一经济增长理论模型中又被重视起来。

马尔萨斯的思想对后来的经济增长理论产生了巨大的影响。特别是在二战后，随着世界人口的激增，马尔萨斯主义开始以现代形式盛行起来。诸如"人类生存论""人口爆炸论""自然资源枯竭论"等都从资源枯竭的角度论述人口问题的严重性。1968 年佩切伊组织成立罗马俱乐部，专门研究人类现在和未来的危急形势，美国麻省技术研究所的一批专家利用现代科学知识和计算机技术，得出报告《增长的极限》，宣称 2100 年人口和经济将走向崩溃，除非停止人口增长。20 世纪 70 年代之后，世界人口增长率有所下降，一些经济增长领域的学者以新的形式宣扬马尔萨斯主义，其中最具代表性的是美国经济学家萨缪尔森的"零值人口增长论"，马尔萨斯的人口理论因此得到进一步的发展。

第四节 "静态的插曲"中的收益递增思想

亚当·斯密在《国富论》中为后来的经济学者们提供了两种经济研究思路，一条是从劳动分工、资本积累与增长出发，研究经济的动态演进，另一条是从商品的市场价格与自然价格的关系出发，研究经济的静态均衡。但从新古典经济学开始，经济学家们只是继承了后一条思路，经济理论完全从动态研究转变到静态研究，分工以及由此所导致的经济增长从经济学家的视野中消失。经济思想的主流出现了一种明显的转变，即由古典主义经济学家把经济进步视为由积累力量形成的动态模式的看法，转变为新古典主义经济学家对既定资源的静态配置的特别关心。这种现象，被称为"静态的插曲"(the static interlude)。

"静态的插曲"的出现，与工业革命后经济的爆发式增长有着重要的关系。从19世纪中期至20世纪中期，西方世界的经济增长并没有陷入马尔萨斯的"人口陷阱"，也没有出现李嘉图式的悲观主义增长趋势。在持续的一百年中，技术进步和资源开发速度远远超过人口增长，而人均收入也由此不断提升，这些使得经济学理论研究者们不再担心古典经济学家所预言的经济增长停滞，而他们也将理论研究的重心转向经济周期和市场机制等问题，从而在经济学的主流中几乎看不到对经济增长理论的讨论。当然，也有些例外，有一些学者仍然从报酬递增的角度，来研究长期经济增长问题，这其中主要包括马歇尔的外部性理论、阿林·杨格的劳动分工理论和熊彼特的创新理论。

一、马歇尔的外部经济与收益递增思想

走近经济学家：阿尔弗雷德·马歇尔

阿尔弗雷德·马歇尔（Alfred Marshall，1842—1924）是英国古典经济学的继承和发展者，现代微观经济学体系的奠基人，剑桥学派和新古典学派的创始人，也是19世纪末20世纪初英国乃至世界最著名的经济学家。在马歇尔的努力下，经济学从仅仅是人文科学和历史学科的一门必修课发展成为一门独立的学科，具有与物理学相似的科学性。剑桥大学在他的影响下建立了世界上第一个经济学系。他于1890年发表的《经济学原理》，被看作是与斯密《国富论》、李嘉图《赋税原理》齐名的划时代著作。

在《经济学原理》中，马歇尔对收益递增问题给予了大量的关注。马歇尔收益递增思想的特征是他极为强调外部经济的作用。在马歇尔看来，在经济增长过程中，除了以往人们多次提出过的土地、劳动和资本这三种生产要素外，还有一种要素，就是工业组织。工业组织的内容相当丰富，包括分工、机器的改良，有关产业的相对集中、大规模生产，以及企业管理。马歇尔的外部经济概念，正是用以说明第四类生产要素的变化如何能导致产量的增加。

他在《经济学原理》中指出，对于经济中出现的生产规模扩大，可以把它区分为两种类型，第一类即生产的扩大依赖于产业的普遍发展；第二类即生产的扩大来源于单个企业自身资源组织和管理的效率。前一类称作外部经济，后一类称作内部经济。

进一步，马歇尔提出"产业区"（industrial districts）的概念来论述外部经济与收益递

增的关系，在马歇尔看来，在一个产业区内，集中了大量种类相似、规模经济较低，但专业化程度高并且联系密切的中小企业。而导致产业集聚的原因正在于社会层面的外部经济性，这种外部经济性主要包括三个方面：第一是劳动力市场共享，即几个企业集中于一个区位，能够提供特定产业技能的劳动力市场，从而降低了失业和劳动力出现短缺的可能性；第二是中间投入品共享，即地方产业通过产业的前后向关联效应可以支持非贸易的专业化投入品的生产；第三是知识溢出效应，即信息的溢出可以使集聚企业的生产函数优于单个企业的生产函数。并且，这种产业集聚体产生了一种区域协同创新的环境，从而促进产业区的经济持续增长，更加激励着相关产业的新企业的加盟。马歇尔认为，这三方面的外部经济性，正是经济能够实现规模收益递增的根本原因。

马歇尔外部经济理论实际是对斯密劳动分工理论的进一步发展，他事实上提出了分工网络经济组织的规模收益递增。虽然马歇尔这一思想极富洞见且意义深远，但在当时的历史环境下，他无法将这种丰富的分工思想组织在一个数学框架之下，因为这种数学化处理必须涉及个人选择职业和专业化水平的决策，而这涉及数量惊人的角点解。为此，马歇尔只能作出一个在技术上易于处理的纯消费者与纯生产者二分的假定，即消费者是具有多样化消费偏好、准凹效用函数的纯粹的产品需求者；而生产者是生产集合为凸集、不存在规模经济的纯粹的产品供给者。这样应用边际分析，内点解便在供求均衡中出现。这一分析框架虽然精致，但是劳动分工所导致的经济发展和报酬递增的古典经济学主题至此却也从经济学的视野消失。虽然马歇尔也意识到了这一问题，但在一个静态的框架中，试图通过外部经济这样一个模糊的概念将动态的报酬递增纳入新古典经济学的静态分析体系中，显然是不可能的。所以，马歇尔收益递增理论逐渐被人遗忘，以至于后来的主流经济学完全成为一个没有报酬递增和动态演进的静态均衡世界，经济组织几乎从经济学的主流中消失。

二、阿林·杨格的劳动分工与收益递增思想

走近经济学家：阿林·杨格

阿林·杨格（Allyn Abbott Young，1876—1929）是美国经济学家，1928年在英国科学促进协会F分部主席的就职演说的《报酬递增与经济进步》一文提供了一条与马歇尔不同的发展古典经济学思想的思路。然而，正如舒尔茨所指出的："令人不解的是，在杨格精辟的文章之后，经济学界竟对这个问题长期保

持沉默。"

在 20 世纪 50 年代以后，报酬递增的思想才对经济发展理论产生了很重要的影响。

在《报酬递增与经济进步》这篇论文中，杨格重新阐述了斯密关于劳动分工受制于市场规模的思想，第一次论证了市场规模与迂回生产、产业间分工相互作用、自我演进的机制，从而发展并超越了斯密定理。因此他的这篇论文也成为继亚当·斯密《国富论》之后，又一篇论述劳动分工与收益递增的经典之作。

杨格的收益递增思想是对斯密劳动分工理论的重要发展，其特征在于非常强调迂回生产的重要性，他认为最重要的分工形式就是生产迂回程度的加强及新行业的出现。在他看来，马歇尔的内部经济和外部经济的划分虽有其贡献，但以新古典理论框架研究分工与收益递增有着重要的缺陷，而如果以此来考察产业进步的性质则必然带有片面性。他指出，某些企业的内部经济可以看作是其他企业的外部经济，但不能把所有独立企业的内部经济加在一起称为外部经济。外部领域既有质的变化，又有量的变化。在衍生出外部经济的领域中，会有新的产品和产业出现，从而产生新的外部经济，这是一种自我演进的收益递增现象，因此必须回归到"斯密定理"，即分工取决于市场范围，杨格从间接或迂回生产方式的增加与产业间的分工两个相关的方面对这一原理进行了阐释和发展。

首先，杨格采取了区别于马歇尔的研究视角，他认为，只从研究静态均衡的力量着手，通过观察个别产业和个别企业和规模变化效应，是弄不清楚收益递增机制的，因为产业的分工和专业化水平的不断提升是收益递增实现过程中的一个基本组成部分，所以必须把产业经营看作是相互联系的整体。

其次，杨格指出，收益递增取决于劳动分工，现代形式的劳动分工的主要经济，是以迂回或间接方式使用劳动所取得的经济。劳动分工水平的大小是由个人专业化水平、间接生产链条的长度、此链条上每个环节中产品的种类数综合决定的。随着产业间劳动分工的扩大，一个企业及以它作为部分构成的产业，失去了其统一性。这个企业的内部经济分解成为专业化程度更高的各个企业的内部经济和外部经济。这些专业化程度更高的企业是其后继者，并且由新的经济所补充。这种分解是对工业最终产品市场的增长所创造的新形势的调整，因而，产业间的分工是收益递增的媒介。在大部分工业领域中，在原料生产者和最终产品的消费者之间所插入的专业化企业的网络越来越复杂。

最后，杨格论证了劳动分工与市场规模的互动关系。他指出，劳动分工取决于市场规模，而市场规模又取决于劳动分工，即分工水平取决于分工水平演进本身。这意味着经济增长最终将不会出现一种稳态均衡。这种劳动分工水平自我演进的思想被后人称为"杨格定理"。"杨格定理"的出现使劳动分工真正实现了动态化。

杨格的劳动分工与收益递增思想对20世纪中期的发展经济学思想形成产生了巨大的影响。在很多早期发展经济学家的论著中，都能够发现杨格的思想渊源，这些著作包括罗森斯坦-罗丹的《东南欧国家的工业化问题》(1943)、罗格纳·纳克斯（Ragnar Nurkse）的《不发达国家的资本形成问题》(1952)、贡纳尔·默达尔（Gunnar Myrdal）的《经济理论与不发达地区》(1957)等。而《报酬递增的源泉》一书的著者舒尔茨更是对杨格的思想推崇备至，并在《为实现收益递增进行的专业化人力资本投资》(1986)中发展了他的理论。由此可见，杨格的收益递增思想对发展经济学的发展起了重要的作用。

三、熊彼特的创新与经济增长思想

走近经济学家：熊彼特

约瑟夫·熊彼特（1883—1950），1901年至1906年在维也纳大学攻读法学和社会学，1906年获法学博士学位，是一位有深远影响的美籍奥地利政治经济学家（尽管他并非是奥地利学派成员，但在早期他受到了奥地利学派的深刻影响）。其后移居美国，一直任教于哈佛大学。

熊彼特被誉为创新理论的鼻祖。1912年，其出版《经济发展理论》一书，提出了创新的概念，从而形成了现代创新理论，此后又相继在《经济周期》和《资本主义、社会主义和民主主义》两书中加以运用和发挥，形成了以创新理论为基础的独特的理论体系。熊彼特的理论从技术与经济相结合的角度，探讨了创新在经济发展过程中作用。创新理论奠定了熊彼特在经济思想发展史研究领域的独特地位，也成为他经济思想发展史研究的主要成就。

熊彼特创新理论的最大特征，就是强调生产技术的革新和生产方法的变革在经济发展过程中的决定性作用。他指出，所谓创新就是指建立一种新的生产函数，把一种从来没有过的关于生产要素和生产条件的新组合引入生产体系，即生产要素的新组合，资本主义的经济发展就是这种不断创新的结果，创新是经济增长和发展的动力，没有创新就没有经济发展。

（1）创新是发展的本质规定。熊彼特将创新归结为五种情况：一是引进新产品或产出新质量的产品，二是使用新的生产方法，三是开辟新的商品市场，四是获得原料或半成品的新的供应来源，五是实行新的企业组织形式。他将影响经济发展的因素划分为内在因素和外在因素，认为人口、经济和生产组织的变动都是引起生产扩张的外在因素，而只有技术创新才是内在因素。熊彼特通过对经济增长内外因素的区分来论证创新对经济发展的决定性作用，他认为，如果经济增长是由人口和资本等要素增长所导致的，则不能称作发展，因为它没有产生在本质上是新的现象。而发展是对均衡的干扰，是新的要素组合，也就是实现了创新，因此创新是经济发展的本质规定。

（2）创新与经济周期。经济增长的过程是通过周期波动来实现的，熊彼特从创新理论出发对经济周期进行了划分，并论证了创新引起经济周期与增长的具体机制。他认为，一种创新通过扩散，会刺激大规模的投资，从而引起信贷扩张，推动经济产出增长，一旦投资机会消灭，便会转入经济衰退，由于创新的引进不是连续和平稳的，就形成了经济波动周期。熊彼特将经济周期分为长、中、短三种。他认为经济周期的变动，特别是长周期的变动，同各个周期内的生产技术革命呈现着相当密切的关系，经济的发展是技术革新的一种变动。熊彼特的理论从技术创新的角度解释了经济增长的原因。

（3）企业家对创新的作用。熊彼特指出，创新的主体是企业家，是企业家主动打破常规行为形成了创新，从而实现了经济的周期波动与增长。因此，企业家的核心职能不是经营或管理，而是进行持续创新活动。这个核心职能把真正的企业家活动与其他活动区别开来，每个企业家只有当其实际上实现了创新时才是一个名副其实的企业家。熊彼特对企业家的这种独特的界定，更加突出创新活动在经济增长过程中的特殊价值。

熊彼特以创新理论解释资本主义的本质特征，解释资本主义发生、发展和趋于灭亡的结局，从而闻名于经济学界。但由于熊彼特的理论基本都是以语言论证，缺乏严谨的数学模型，因此在一段时期内并没有对主流经济学形成较大影响，但随着后来新一代内生增长理论的兴起，熊彼特的思想开始对整个经济学界产生重大影响。

第五节　古典经济增长理论的地位及其特点

一、古典经济增长理论的地位

古典经济增长理论是最早的系统经济增长理论，经济增长理论研究的主要问题有两个：一是研究哪些因素决定了一国产出水平，二是研究如何提升一国的产出水平。古典经济增长理论正是完整地回答了这两个问题。其建立在重商主义对经济的研究基础上，并且在批判重商主义的过程中产生。重商主义研究的核心问题也是如何促进经济增长，但其将经济增长和货币财富积累混为一谈，以斯密为代表的古典经济学家则打破了重商主义者对国民财富的货币幻觉，从而转向实际的物质产品生产领域去寻找增加一国国民财富的源泉，从而使确立了经济增长理论研究的根本性质与目的。同时，古典经济学家也最早探索了经济增长的核心问题，他们从资本积累、劳动分工等角度完整地论述了决定总产出的各项因素，并回答了如何增加一个国家的总产出。这实际上为后来的经济增长理论提供了一些非常重要的思想传统，如资本积累和生产率的重要性等，因此可以说，古典经济增长理论是现代经济增长理论的思想渊源和理论基石。

二、古典经济增长理论的特点

古典经济增长理论的特点主要有三个方面：

第一，古典经济学家并没有设立专门的分支学科来研究经济增长问题，他们是把经济体系看成一个整体，着重研究经济体系的长期运行规律。

第二，受限于技术水平的发展，古典经济增长理论大多是以自然语言来描述，基本没有涉及数理模型，这种自然语言的研究范式使得古典经济增长理论与现代经济增长理论存在明显的形式区别。

第三，古典经济增长理论虽然在经济增长的决定因素上形成了一些基本的共识，如都重视资本和劳动力等要素的数量与质量，但他们在长期经济增长的最主要机制上存在区别，例如，斯密非常强调资本积累与劳动分工的重要作用；李嘉图提出土地边际生产力递减规律，强调收入分配与增长的关系；马尔萨斯则注重人口增长与经济增长的关系；

马歇尔、杨格和熊彼特则分别从外部性、迂回生产和创新的角度解释了长期经济增长的收益递增。这种对影响增长最主要因素的不同认识也形成了各位经济学家对未来经济增长前景的不同预期。

从古典经济学到如今的现代经济增长理论，经济学界对经济增长问题的研究经历了一个从蓬勃到消失再到复兴的过程。虽然古典经济学已经形成了比较系统的增长理论，但自新古典经济学诞生后，主流经济学界出现了所谓"静态的插曲"，忽视了对经济增长的研究，转而研究资本配置的效率问题，直到哈罗德—多马经济增长模型出现，后来的经济学家们才开始重新注重对经济增长问题的研究。而后来所形成的一系列新增长理论，从根本上说并没有脱离古典经济增长理论的思想范畴，而仅仅是通过数学语言和将古典经济增长理论的思想加以模型化，因此可以说，现代经济增长理论是古典经济增长理论思想的再度复兴。

本章提要

本章介绍了对经济增长理论具有重要学术意义和深远影响的理论——古典经济增长理论，其内容包含了经济学界对于长期经济增长问题的探讨。该理论突破了重商主义思想，将研究重点转向实际物质生产领域，并深入探讨了长期经济增长的因素与机制。古典经济增长理论以亚当·斯密为创始人，并经大卫·李嘉图和马尔萨斯进一步发展。从19世纪中期至20世纪中期，经济学家们的研究重心从经济增长转向资源配置，但在这段"静态的插曲"中，马歇尔、阿林·杨格和熊彼特则分别从不同角度探讨了长期经济增长的收益递增，从而进一步拓展了古典经济增长理论。

斯密对于经济增长过程的理解有两个特征：一是对生产性劳动和非生产性劳动进行区别，从而确立了经济增长研究应集中于实际生产领域；二是将增长与资本和分工的概念相联系，即强调资本积累和劳动分工对增长的重要性。从《国富论》的整体逻辑主线就可以看出：斯密认为劳动分工和资本积累是一国国民财富增长的主要动力，因此可以说，斯密的经济增长理论是建立在其劳动分工理论和资本积累理论基础之上的。

李嘉图经济增长理论的特点是十分强调收入分配与经济增长的联系，他关于经济增长的思想体系建立在其提出的边际生产力递减规律基础上，他运用这一规律形成级差地租理论和分配理论，并发展了资本积累理论，从而形成了关于经济增长长期趋势的思想。

马尔萨斯则从人口角度探讨了经济增长问题,认为人口的增长会带来资源供给的短缺,从而限制了经济增长的速度。他主张限制人口增长、提高生产率,并通过保护农业和加强土地管理等措施,促进经济增长。

此外,马歇尔、杨格和熊彼特等学者在经济增长的收益递增方面进行了深入探讨,并提出了新的理论与观点,进一步拓展了古典经济增长理论的研究范畴。

总之,古典经济增长理论体系是经济学界对于长期经济增长问题的探索和思考,其对于现代经济学的发展具有不可替代的作用。

关键概念

"静态的插曲" 经济思想的主流出现了一种明显的转变,即由古典主义经济学家把经济进步视为由积累力量形成的动态模式的看法,转变为新古典主义经济学家对既定资源的静态配置的特别关心。

级差地租 指地主从不同等级的土地上获取的不同租金。土地的生产力并不是固定的,而是有所不同的,因为土地的品质和位置等因素不同。当需求上升时,先利用的是品质相对较高的土地,随着需求的增加,必须使用品质较低的土地,因此生产在较低品质的土地上的成本就会增加。这种情况下,品质高的土地上的地主就会获得更高的租金,而品质低的土地上的租金则会很低或者没有。

人口陷阱理论 建立在两个规律基础之上,即生活资料增长规律和人口增长规律。认为人口以几何比率增加,生活资料以算术比率增长,人口增长有经常超过生活资料增长的趋势,而抑制人口增长可通过积极抑制和预防抑制。

马歇尔产业区 在一个产业区内,集中了大量种类相似、规模经济较低、但专业化程度高并且联系密切的中小企业。而导致产业集聚的原因正在于社会层面的外部经济性,这种外部经济性主要包括三个方面:劳动力市场共享、中间投入品共享、知识溢出效应。

思考题

1. 请解释斯密经济增长理论与李嘉图经济增长理论的联系和区别。
2. 请解释斯密的经济增长理论与现代经济增长理论的区别。
3. 请说明斯密经济增长模型中是否存在增长极限并说明原因。
4. 请说明马尔萨斯的人口与经济增长的思想。
5. 请说明古典经济增长理论为现代经济增长理论提供了什么思想渊源？

第二篇

政治经济学经济增长理论

第三章 马克思的经济增长理论

在经济增长理论史上，马克思第一次系统地制定了科学的经济增长理论。美国著名经济增长理论家多马曾表示："增长模型……可以追溯到马克思。"马克思在其倾注一生心血所著的《资本论》中，系统地阐述了其经济思想，其中劳动价值理论、剩余价值理论、资本积累理论分析了资本主义经济增长的性质，而资本主义再生产理论、社会总资本的再生产和流通理论则分析了实现经济增长的基本条件。在西方经济学家看来，马克思的增长模型就是马克思的社会资本再生产和流通理论。

在本章中，我们首先站在马克思主义的角度简要介绍资本主义生产方式对经济增长的双重作用；其次介绍马克思经济增长理论的基础即资本积累理论；再次，主要介绍以社会资本再生产和流通理论体系为主要内容的马克思的经济增长理论体系；最后，对马克思经济增长理论的特点作一简单总结。

第一节 资本主义生产方式对经济增长的双重作用

资本主义生产的目的是获取剩余价值，实现利润最大化，对整个社会发展有着双重影响。获取剩余价值不仅成为资本主义经济增长的动力，而且也决定着资本主义经济增长的剥削性质，决定着资本主义经济增长是在资产阶级不断加重对无产阶级剥削的基础上实现的。总体来看，资本主义之间的竞争和资本家对剩余价值的贪欲促进了资本主义经济的发展，但同时也为资本主义的长期衰退和停滞埋下了伏笔。

一、资本主义生产方式对经济增长的促进作用

一个社会的经济增长的性质取决于该社会的生产目的,而一个社会的生产目的又取决于该社会的性质。资本主义社会是资本家占有生产资料,对雇佣工人进行剥削的社会,剩余价值规律是资本主义的基本经济规律。因此,资本主义社会中的经济增长是以获取剩余价值为目的的。按照马克思的再生产理论,经济增长是由资本主义扩大再生产带来的,资本主义扩大再生产的唯一源泉则是剩余价值转化为资本。资本家把剩余价值的一部分用来购买新的生产资料和劳动力,使投入生产过程的资本数量增大,便实现了资本主义扩大再生产,进而促进了经济增长。因此,资本主义经济增长的性质可以从以下几方面概括:

1. 资本积累是资本主义经济增长和经济发展的源泉

资本积累(capital accumulation)是剩余价值转化为资本,即剩余价值的资本化。资本家把从雇佣劳动那里剥削来的剩余价值的一部分用于个人消费,另一部分转化为资本,用于购买扩大生产规模所需追加的生产资料和劳动力。从资本主义的生产过程看,资本积累是资本主义扩大再生产的源泉,而剩余价值是资本积累的源泉。资本积累的规模与剩余价值的量成正比,资本家占有的剩余价值越多,资本积累的规模就越大;而资本积累的规模越大,资本家可以获得的剩余价值也就越多。资本积累的实质其实就是资本家将其无偿占有的剩余价值的一部分再转化为资本,用来购买追加的生产资料和劳动力,扩大生产规模,从而进一步无偿地占有更多的剩余价值。如果说在简单再生产条件下,经过一段时间后,资本家的资本全部为剩余价值所代替,那么在扩大再生产条件下,追加资本一开始就是资本化的剩余价值,"积累就是资本的规模不断扩大的再生产。"资本积累是扩大再生产的前提,而扩大再生产是资本积累的结果,通过扩大再生产实现了资本主义的经济增长与发展。

2. 对剩余价值的绝对追求是资本主义经济增长与经济发展的动力

剩余价值的生产反映了资本主义生产方式的本质,决定着资本主义的生产、分配、交换和消费的各个方面,决定着资本主义生产方式的产生、发展和灭亡的全过程。第一,剩余价值的生产是资本主义赖以产生和存在的根本条件,没有剩余价值的生产,货币就不能现实地转化为资本,因此也就没有资本主义生产和资本主义生产方式。可以说,资本积累和扩大再生产的基本物质基础就是从工人身上榨取的剩余价值,工人总是用他们的剩余劳动创造着资本家雇用追加劳动力的资本。马克思说:"现在,对过去无酬劳动的所

有权,成为现今以日益扩大的规模占有活的无酬劳动的唯一条件。资本家已经积累得越多,就越能更多地积累。"第二,对剩余价值的追求,是资本主义生产方式发展的内在动力。资本家为了榨取更多的剩余价值,一方面尽力采用先进生产技术,另一方面不断地把剩余价值的一部分用于扩大生产规模,从而促进了资本主义社会的生产力和生产关系的发展。

3. 对外殖民扩张是资本主义经济增长与经济发展的手段之一

为了加速货币财富的积累,新兴资产阶级采用暴力手段在国外劫掠殖民地,进行奴隶贸易、贩卖商品和殖民贸易;在国内利用国家权力掠夺人民,如发行公债、实行现代税收制度和保护关税制度等,聚敛大量财富。逐渐将分散的地方市场汇合成为统一的国内市场,不断打破民族界限,促使世界市场的形成。

马克思主义经济增长理论从历史唯物主义的方法论出发,从资本主义最基本的劳动雇佣关系中审视了资本主义经济增长的秘密。在资本主义制度下,随着资本积累的不断增长,造成的后果只能是与财富积累同时发生的贫困积累。在《资本论》第二卷中,马克思对资本主义的资本、劳动、科学技术、制度等因素在经济增长中所起的作用作了大量研究,指出由于资本主义生产的分散性和社会经济运动的无政府状态,资本主义经济增长具有不稳定性。厉以宁也认为,"在资本主义社会,社会的理智总是事后才起作用,因此可能并且必然会不断发生巨大的紊乱。"①因此在进入 20 世纪之后,资本主义经济开始实行自我调整维持了其经济增长,并利用较高的生产力和科学技术水平完成了新的科技革命,推动了资本主义经济的进一步增长和发展。

二、资本主义生产方式对经济增长的阻碍作用

资本主义促进经济快速增长的同时,加剧了社会贫富两极分化,加深了社会生产的无政府状态,导致了经济危机的爆发。资本主义生产方式对经济增长的阻碍作用主要体现在以下方面:

1. 无止境地追逐超额利润将带来平均利润率的下降

首先,为获得超额剩余价值,各资本企业竞相改进生产技术,使越来越多的生产活动能够用机器来代替手工,技术水平提高意味着资本有机构成提高。单个企业的资本有

---

① 厉以宁. 关于经济问题的通信 [M]. 上海:上海人民出版社,1984:54.

机构成提高，会使得整个社会的平均资本有机构成提高，这意味着不变资本所占的比例相对增加，可变资本所占的比例相对减少。由于劳动力是创造剩余价值的唯一源泉，可变资本相对减少会使得剩余价值的创造相对减少，因此单个企业的利润率便呈现下降趋势。从整个社会来讲，所有单个企业利润率的下降，整个社会平均利润率也必然下降。

此外，资本家获得超额利润的另一种方式便是压低工人工资，这也会使整个社会的平均资本有机构成提高。然而，长期来看，压低工人工资势必导致工人消费能力降低，甚至当工资水平不足以维持基本生活需要时，还会导致工人健康状况恶化。因此长期来看，压低工人工资必然会导致社会平均利润率下降。因此，无止境地追求超额利润，必然会使得平均利润率下降，这是资本家最不愿意看到的，会使资本家丧失继续投资生产的信心，导致整个社会经济增长处于低迷状态，社会生产更为缓慢，甚至停滞。

2. 追逐资本的无限增殖将会导致经济陷入停滞

资本积累的逐渐深入，最终会产生两个对立的阶级：资产阶级和无产阶级，两极分化便是在这个过程中产生的，资本积累越快，资产阶级就会拥有越多的财富，无产阶级便会越来越贫困。当社会财富都集中在占比较小的资产阶级手中时，无产阶级群体就会变得更庞大，从而造成产业后备军数量的增多。在资本主义社会里，产业后备军越多，意味着会有更多人面临失业风险。由于资本主义竞争带来的两极分化和过度积累，必然会导致资本主义经济平衡越来越难以实现，使经济陷于长期停滞。

3. 追逐超额利润的资本积累不断进行，自由竞争逐渐消失，最终被垄断竞争所取代

各资本企业为了在市场竞争中占有绝对优势，会采取不道德手段打压其他企业以获取高比例市场份额，形成恶性竞争。工业上有一种名为"计划报废"的策略，这一策略最早被提出是在1924年，尽管当时已经能够生产出使用寿命长达2500小时的灯泡，但是主流灯泡厂商为了获取更多的利润，组建联盟约定将灯泡的使用寿命限制在1000小时以内，如果有厂商违反这一约定，就要受到惩罚，像这样为了追求利润，故意制造劣质产品，使产品在使用一定时间后自动报废，从而迫使消费者购买新产品的策略就被称为"计划报废"，也叫"计划淘汰"。因此，追求资本无限增殖带来的恶性竞争、无序竞争将严重危害社会发展，严重阻碍技术的创新和交流，势必拖慢整个社会经济的发展速度。

第二节 马克思的资本积累理论

资本积累作为资本主义生产的本质特征，其本身就是资本规模不断扩大的再生产。不断的积累资本，即不断地把剩余价值转化为资本以扩大剩余价值的生产，这是资本家作为人格化的资本的动机，也是资本主义生产方式的内在规律，"而竞争使资本主义生产方式的内在规律作为外在的强制规律支配着每个资本家。竞争迫使资本家不断扩大自己的资本来维持自己的资本，而资本家扩大资本只能是累进的积累"①。可以看出，资本积累理论是马克思经济增长理论的基础。马克思的资本积累理论从以下四个方面进行了论述：

一、资本主义的简单再生产

在《资本论》第一卷第七章的第一篇，马克思论述了简单再生产理论。首先，再生产是指不管生产过程的社会的形式怎样，生产过程必须是连续不断的，或者说，必须周而复始地经过同样一些阶段。"一个社会不能停止消费，同样，它也不能停止生产。因此，每一个社会生产过程，从经常的联系和它不断更新来看，同时也就是再生产过程。"②同时，"生产的条件同时也就是再生产的条件"③，需要生产资料的提供。其次，如果剩余价值"只是充当资本家的消费基金，或者说，它周期地获得，也周期地消费掉，那么，在其他条件不变的情况下，这就是简单再生产"④。简单再生产的概念包含了以下几点性质：

①工人所获得的工资是由工人自己再生产出来的；
②不仅可变资本，而且资本家的全部资本，都是工人再生产出来的；
③连续不断的资本主义再生产，把工人不断地当作雇佣工人来生产并使之永久化；

---

① 马克思，恩格斯. 马克思恩格斯全集：第44卷 [M]. 第2版. 北京：人民出版社，2001：67.
② 马克思，恩格斯. 马克思恩格斯全集：第44卷 [M]. 第2版. 北京：人民出版社，2001：653.
③ 马克思，恩格斯. 马克思恩格斯全集：第44卷 [M]. 第2版. 北京：人民出版社，2001：653.
④ 马克思，恩格斯. 马克思恩格斯全集：第44卷 [M]. 第2版. 北京：人民出版社，2001：654.

④从连续的资本主义再生产过程来看，工人的个人消费成为资本生产和再生产的一个要素；

⑤工人对于资本的附属关系进一步加强了；

⑥资本主义简单再生产不仅是物质资料的再生产，而且是资本关系的再生产。"资本主义生产过程在本身的进行中，再生产出劳动力和劳动条件的分离。这样，它就再生产出剥削工人的条件，并使之永久化。"①

二、剩余价值转化为资本

资本积累的过程就是剩余价值转化为资本的过程，是生产规模不断扩大的过程。首先，针对资本积累的概念，马克思指出："把剩余价值当作资本使用，或者说，把剩余价值再转化为资本，叫资本积累。"其次，资本积累所需要的三个条件分别为：①资本家在前一个生产过程中所生产的商品，必须已经转化为货币；②资本家能够在市场上买到生产资料商品；③资本家还必须在市场上找到追加的劳动力。可以说，马克思对扩大再生产实现条件的分析，也就是资本主义经济实现稳定增长条件的分析。

在资本主义扩大再生产的过程中，剩余价值的资本化是一个连续不断进行的过程，同时资本化了的剩余价值又成为进一步剥削工人所创造的剩余价值的手段，再次转化为资本的剩余价值中"没有一个价值原子不是由无酬的他人劳动产生的"。之后，马克思对资产阶级经济学家在扩大再生产问题上持有的"把积累仅仅看成剩余产品由生产工人消费，或者说，把剩余价值的资本化仅仅看成剩余价值转变为劳动力"，以及"节欲论"的错误观点进行了批判。

最后，马克思阐述了资本积累量的决定因素，剩余价值是资本积累的唯一源泉，凡能影响剩余价值的因素也会影响资本积累。在社会资本扩大再生产过程中，资本积累的影响因素主要有以下几个：

第一，对雇佣工人的剥削程度。剥削工人是资本主义经济的一个基本特征，在短期内剥削工人必然会创造更多的剩余价值促进资本积累，但长期来看，不断从雇员身上榨取利润很难维持企业的健康发展。如果工人处于极端的剥削状态，工人的生产积极性就可能会受到挫伤，工人流失和罢工等情况也有可能出现。这些都会阻碍资本积累。

---

① 马克思，恩格斯. 马克思恩格斯全集：第 44 卷 [M]. 第 2 版. 北京：人民出版社，2001：665.

第二，劳动生产率的高低。劳动生产率越高，雇佣工人在单位时间内的劳动产出就越多，一方面会导致剩余价值增加，故而资本积累自然也就提升；另一方面，当单位时间产出越多，单位产品的价值量就会越低，由于劳动力价值通常与劳动力个人日常生活消费相适应，单位产品价值量降低，劳动力价值也会降低，即人工成本降低，这时剩余价值便能得到更多的积累，资本积累的规模也就越大。

第三，所用资本与所耗费资本的差额。两者的差额取决于固定资产（如厂房、机器设备等）的总价值。在社会生产过程中，固定资产在生产一开始便被投入使用，但其价值并不是一次性全部被消耗掉，而是在各期进行摊销，摊销后的余额则继续用于下一期的生产。当这个余额越大，意味着进入下一期继续工作的固定资产越多，因而下一期的生产规模便会更大，创造的剩余价值也就更多。

第四，预付资本的多少。预付资本是企业为了开展经营活动而提前支付的货币资金，它影响企业的资本规模和资金流动状况。预付资本越多，意味着本期所能产生的剩余价值越多，故而资本积累也越多。

第五，资本周转的速度。资本周转速度越快，意味着资本的运营效率越高，等量预付资本带来的收益也会更多，产生的剩余价值量也就越多，故而资本积累也越多。

三、资本主义积累的一般规律

首先，马克思对资本的有机构成，即资本的技术构成和价值构成两方面进行了分析，并认为资本的有机构成就是"由资本技术构成决定并反映技术构成变化的资本价值构成"[①]。在资本积累的过程中，假定资本有机构成不变，即使工人工资有所提高，也丝毫不会改变资本主义生产的基本性质，"规模扩大的再生产或积累再生产出规模扩大的资本关系：一极是更多的或更大的资本家，另一极是更多的雇佣工人。劳动力必须不断地作为价值增值的手段并入资本，不能脱离资本，他对资本的从属关系只是由于他时而卖给这个资本家，时而卖给那个资本家才被掩盖起来，所以，劳动力的再生产实际上是资本本身再生产的一个因素"[②]。资本积累只能使工人的工资维持在适合资本增殖需要的水平上。总的来说，在资本有机构成不变的情况下，对劳动力的需求会随积累的增长而增长。

---

① 马克思，恩格斯. 马克思恩格斯全集：第 44 卷［M］. 第 2 版. 北京：人民出版社，2001：707.
② 马克思，恩格斯. 马克思恩格斯全集：第 44 卷［M］. 第 2 版. 北京：人民出版社，2001：708.

资本有机构成

资本的技术构成和资本的价值构成之间存在密切关系。资本的技术构成决定资本的价值构成，并通过价值构成来表现出来。为了表现它们之间的关系，马克思把这种由资本技术构成决定并能反映技术构成变化的资本价值构成，叫资本的有机构成。

它的公式是：C（不变资本）/V（可变资本）。

其次，马克思改变了资本有机构成不变的假设，认为在资本积累的过程中，劳动生产率的提高表现为资本有机构成的提高；而资本有机构成的提高，会导致可变资本相对量的减少。同时资本积累和劳动生产力的提高会相互刺激，使得可变资本的比例越来越小。

再次，对于相对过剩人口的考察。马克思认为，"资本主义积累不断地并且同它的能力和规模成比例地生产出相对的，即超过资本增殖的平均需要的，因而是过剩的或追加的工人人口。"①过剩人口的产生与存在正是资本主义生产方式所特有的，也是"资本主义积累的杠杆，甚至成为资本主义生产方式存在的一个条件"②。"相对过剩人口"则是指工人所处的半失业或全失业的时期，其表现形式有流动、潜在和停滞三种，处于相对过剩人口最底层的则是需要救济的赤贫人群。

马克思从以上的分析中得出的资本主义积累的一般规律是："社会的财富即执行职能的资本越大，它的增长的规模和能力越大，从而无产阶级的绝对数量和他们的劳动生产力越大，产业后备军也就越大。可供支配的劳动力同资本的膨胀力一样，是由同一些原因发展起来的。因此，产业后备军的相对量和财富的力量一同增长。但是同现役劳动军相比，这种后备军越大，常备的过剩人口也就越多，他们的贫困同他们所受的劳动折磨成反比。最后，工人阶级中贫苦阶层和产业后备军越大，官方认为需要救济的贫民也就越多。这就是资本主义积累的绝对的、一般的规律。"③

---

① 马克思，恩格斯. 马克思恩格斯全集：第44卷[M]. 第2版. 北京：人民出版社，2001：726.
② 马克思，恩格斯. 马克思恩格斯全集：第44卷[M]. 第2版. 北京：人民出版社，2001：728.
③ 马克思，恩格斯. 马克思恩格斯全集：第44卷[M]. 第2版. 北京：人民出版社，2001：742.

四、原始积累的秘密

为了摆脱"资本积累以剩余价值为前提,剩余价值以资本主义生产为前提,而资本主义生产又以商品生产者握有大量的资本和劳动力为前提"这一循环,"就只有假定资本主义积累之前有一种'原始'积累",这一积累"不是资本主义生产方式的结果,而是它的起点"[①]。原始资本积累以极其暴力的手段,攫取着社会的极大财富,使得生产者与生产资料分离。原始积累的过程促成了资本家阶级的形成,但是更重要的是,"大量的人突然被强制地同自己的生产资料分离,被当作不受法律保护的无产者抛向劳动市场。对农业生产者及农民的土地的剥夺,形成全部过程的基础"[②]。

马克思在阐述资本主义积累一般规律的基础上,对资本主义经济发展的前景进行了展望,认为随着资本积累的进行,由于资本主义积累的一般规律,资本主义必将被社会主义所取代,实现从资本主义私有制向社会主义公有制的转化。"在资本主义积累过程中,随着资本的积聚和集中,一方面企业规模扩大,社会生产力大发展,使生产进一步社会化;另一方面,生产资料越来越集中到少数大资本家手中,导致资本主义的基本矛盾日益尖锐化;由于资本积累的一般作用,一方面是少数资本家占有大量的资本,另一方面是工人阶级的贫困,受压迫奴役。工人阶级的地位使他们具有高度的组织纪律性。阶级斗争的实践使他们的阶级觉悟不断提高。这样,工人反对资本的力量也逐步增强,资本的垄断成了与这种垄断一起并在这种垄断之下繁盛起来的生产方式的桎梏。生产资料的集中和劳动的社会化,达到了同它们的资本主义外壳不能相容的地步。"

资本积累是经济增长的内部动力,决定着社会生产的目的和方向。马克思在分析资本的本质和作用时,指出"资本是能够带来剩余价值的价值"。市场机制下的企业有一个共同的目标,那就是追求资本积累、实现自身利润最大化。这种共同追求本身就是一种无形的向心力,能够使所有资本持有者心往一处想、劲往一处使,能够将市场上的大部分资本汇聚到一起。资本的广泛聚集,为市场经济的发展提供了引进和造就现代化管理人才的社会基础和物质基础,由此产生的高效能人才集约效应,极大地推动了社会生产力的发展。资本积累过程也是资本向市场渗透的过程,从市场经济学的角度来看,资本渗透过程遍布于产品生产和经营的全过程,遍布于社会经济生活的方方面面。资本实现

---

① 马克思,恩格斯. 马克思恩格斯全集:第44卷[M]. 第2版. 北京:人民出版社,2001:820.
② 马克思,恩格斯. 马克思恩格斯全集:第44卷[M]. 第2版. 北京:人民出版社,2001:823.

增殖意味着，资本每循环一次，其价值都应大于其原有的价值。资本循环越快，资本积累的速度也就越快。作为生产经营者，要加快资本循环，不仅要解决好经营、生产过程中的困难和障碍，而且还要深入研究市场，研究资本在市场中的渗透程度，积极扩大生产经营规模，着力提升产品质量，有效降低生产成本，合理拟定经营决策，才能提高资本积累速度。

第三节　马克思的社会资本再生产和流通理论

资本积累理论为马克思的社会资本再生产和流通理论的提出提供了必要的理论基础和准备，社会资本再生产和流通理论体系即马克思的经济增长理论体系。马克思的社会资本再生产理论主要研究的是一个社会经济整体得以持续发展的条件，即社会总产品得以再生产的实现过程与实现条件。这里的"再生产"指的就是在上一轮生产结束后，如何恢复和实现下一轮生产所需要的生产资料和劳动力的过程。

一、社会总产品的分类

马克思通过对英国和法国古典经济学家的社会资本再生产理论的批判和继承，彻底弄清楚了研究社会资本再生产时必须同时考察"以产品补偿产品"和"以价值补偿价值"这一关键问题。从实物形式来考察，可以"分为两大部类：Ⅰ.生产资料：具有必须进入或至少能够进入生产消费的形式的商品。Ⅱ.消费资料：具有进入资本家阶级和工人阶级的个人消费的形式的商品。这两个部类中，每一部类拥有的所有不同生产部门，总合起来都形成一个单一的大的生产部门：一个是生产资料的生产部门，另一个是消费资料的生产部门。两个生产部门各自使用的全部资本，都形成社会资本的一个特殊的大部类。"[1]每一个部类的资本又都由可变资本和不变资本两部分组成。前者指生产上使用的劳动力的价值（等于所支付的工资总额），后者指生产上使用的生产资料的价值，包括固定资本和

---

[1] 马克思，恩格斯. 马克思恩格斯全集：第44卷［M］. 第2版. 北京：人民出版社，2001：439.

流动不变资本。从价值形式来考察，马克思则是把社会总产品划分为三个组成部分：不变资本 c、可变资本 v 和剩余价值 m。每一部类所生产的全部产品都可以用价值（$c+v+m$）表示。

第Ⅰ部类基础性原则

第Ⅰ部类的生产不仅影响本部类未来的生产规模，也影响第Ⅱ部类未来的生产规模，总的来说，从整个社会的角度来看，第Ⅰ部类处于基础性地位，决定经济增长的水平。

第一，生产首要性原则。在马克思的经济理论中，生产在经济运行过程中占据首要地位。生产是一切社会得以存在的根本前提，是人类获得自己生存所需的物质资料的手段；人们的经济关系主要体现为他们在生产过程中的关系，人与人之间的其他社会关系，则是由人与人之间的生产关系所决定的；在社会经济运行的四个环节中生产是社会经济运行的起点，决定着分配、交换和消费的对象和它们的性质，因而生产在社会经济活动中居于首要性的地位。

第二，马克思将社会生产区分为两大部类，其中第Ⅰ部类是"为了生产而生产"的部类，第Ⅱ部类是"为了消费而生产"的部类。广义上讲，第Ⅰ部类并不仅限于生产物质生产资料的部门，事实上，一切为生产提供产品和服务的部门都可以认为是属于第Ⅰ部类。生产资料生产的增长之所以必须占优先地位，不仅是因为这种生产提供了自己的企业以及国民经济其他一切部门的企业所需要的装备，而且是因为如果没有这种生产就根本不可能实现扩大再生产。

基于生产的首要性，"为了生产而生产"的部类由于对生产本身的重要作用，在两个部类之间就具有了首要性的地位。

第三，经济增长的源泉就是生产过程中所使用的生产资料随时间的推移而不断积累。在这个过程中，由于第Ⅰ部类的扩张而要求投入更多的预付可变资本并创造出更多的剩余价值，因而需要第Ⅱ部类的扩张实现为第Ⅰ部类的扩张提供消费资料，以补偿预付可变资本的投入，并满足剩余价值中的消费所需。因此，经济的增长本质上是"第Ⅰ部类的积累导致第Ⅱ部类的积累"而非相反的过程。只有积累更多的生产资料，并在以后各期使用更多的生产资料，才能够实现经济的持续增长；消费品的增长必须适应生产资料的增长，否则就会对经济增长产生不同的影响。

二、社会总产品简单再生产的实现条件

社会总产品再生产的实现条件也就是两大部类交换的平衡条件。首先,由于简单再生产是扩大再生产的起点和基础,马克思首先分析了简单再生产的实现条件。简单再生产就是指没有资本积累从而生产规模不发生变化的再生产。

社会总产品的简单再生产需要满足以下几个条件:

(1) $I(v+m) = IIc$

"在简单再生产中,第 I 部类的商品资本中的 $v+m$ 价值额(也就是第 I 部类的总商品产品中与此相应的比例部分),必须等于不变资本 IIc,也就是第 II 部类的总商品产品中分出来的与此相应的部分;或者说,$I(v+m) = IIc$"[①]。这一公式作为简单再生产实现的基本条件,体现了两大部类间的内在比例关系,即第 I 部类对于消费资料的需求应该在价值量上与第 II 部类对生产资料的需求相等。

(2) $I(c+v+m) = Ic + IIc$

由条件(1)可以导出这一基本条件,即第 I 部类全部产品的价值之和等于两部类的不变资本价值之和,表明了生产资料的生产与两大部类对生产资料的需求之间的关系。

(3) $II(c+v+m) = I(v+m) + II(v+m)$

由条件(1)和条件(2)可以导出这一基本条件,即第 II 部类全部产品的价值应该等于两大部类可变资本与剩余价值之和,表明了消费资料的生产与两大部类工人和资本家个人消费之间的关系。

三、社会总产品扩大再生产的实现条件

扩大再生产就是指发生资本积累从而生产规模扩大了的再生产。在扩大再生产过程中,剩余价值并不像在简单再生产过程中那样被全部消费掉,而是分成了两个部分:一部分 m/x ($x>1$) 转化为资本家的个人消费,另一部分 $m-m/x$ 转化为用于投资的资本。

社会总产品的扩大再生产需要使得两大部类的供求达到均衡,即要满足以下两个条件:

[①] 马克思,恩格斯. 马克思恩格斯全集:第 44 卷 [M]. 第 2 版. 北京:人民出版社,2001:446.

(1) $\text{I}(c+v+m) = \text{I}(c+\Delta c) + \text{II}(c+\Delta c)$

即第Ⅰ部类全部产品的价值等于两大部类原有的不变资本价值与追加的不变资本价值之和。其中，$\text{I}(c+v+m)$ 表示由第Ⅰ部类生产出来的生产资料，作为供给；$\text{I}(c+\Delta c)$ 和 $\text{II}(c+\Delta c)$ 表示第Ⅰ和第Ⅱ部类对生产资料的需求。只有实现这一均衡条件，才能保证第Ⅰ部类产品生产的实现，此时，两大部类已消耗的生产资料才能够得到完全的补偿，其扩大再生产所需要追加的生产资料也得到满足。

(2) $\text{II}(c+v+m) = \text{I}(v+\Delta v+\frac{m}{x}) + \text{II}(v+\Delta v+\frac{m}{x})$

即第Ⅱ部类全部产品的价值等于两大部类原有的可变资本价值、追加的可变资本价值以及用于资本家个人消费的剩余价值总量之和。其中，$\text{II}(c+v+m)$ 表示由第Ⅱ部类生产出来的消费资料，作为供给；$\text{I}(v+\Delta v+\frac{m}{x})$ 和 $\text{II}(v+\Delta v+\frac{m}{x})$ 表示第Ⅰ和第Ⅱ部类对消费资料的需求。

综合上述两个条件而言，两个部类的产品要满足以下平衡公式，才能在第二年（以及以后各年）实现生产：

$$\text{I}(v+\Delta v+\frac{m}{x}) = \text{II}(c+\Delta c) \qquad (3-1)$$

即第Ⅰ部类的产品除了满足补偿本部类所消耗和扩大再生产时所追加的生产资料的需要（即 $\text{I}(c+\Delta c)$）外，余下的部分（即 $\text{I}(v+\Delta v+\frac{m}{x})$）通过在两部类之间的交换，要既能换回本部类扩大再生产时所需要的消费资料，又要能满足第Ⅱ部类所消耗和扩大再生产时所追加的生产资料的需要（即 $\text{II}(c+\Delta c)$）。而对第Ⅱ部类来说，除了满足本部类在扩大再生产时对消费资料的需要（即 $\text{II}(v+\Delta v+\frac{m}{x})$）外，余下部分（即 $\text{II}(c+\Delta c)$）通过在两部类之间的交换，要既能换回本部类扩大再生产时所消耗和扩大再生产时所追加的生产资料，又要能满足第Ⅰ部类在扩大再生产过程中所需要的消费资料（即 $\text{I}(v+\Delta v+\frac{m}{x})$）。也就是说，$\text{I}(v+\Delta v+\frac{m}{x})$ 要恰好与 $\text{II}(c+\Delta c)$ 相等。这便是社会资本扩大再生产的实现条件，也是资本主义经济能够不断增长的基本条件。

可以看出，社会资本扩大再生产的顺利实现，关键在于前一期生产过程结束后的积累和交换两个过程。积累是在上一期所生产的剩余价值中提取出的相应的部分，用于追加下一期的不变资本和可变资本；交换为两部类的生产过程得以顺利进行提供了必要条件。这就是说，社会资本的扩大再生产，需要两部类所生产的新产品不但要补偿当年消耗掉的生产资料和消费资料，而且还要适应两部类扩大再生产即追加生产资料和消费资料的要求。由于两部类各自生产的产品只可以满足整个生产过程的一部分需求，所以要想顺利实现扩大再生产，就需要将两部类所相互供应的产品都维持供需上的均衡，即第Ⅰ

部类的产品除满足自身扩大再生产的生产资料所需外，还需要满足第Ⅱ部类补偿和追加生产资料的需要；第Ⅱ部类的产品除满足第Ⅱ部类的需要以外，还需要满足第Ⅰ部类追加可变资本和实现剩余价值中的消费部分的需要。

四、社会总产品再生产条件的转变

在前文讨论社会总产品再生产的实现条件时，是以技术不变为前提的，假定资本的有机构成是不变的。我们将第Ⅰ部类和第Ⅱ部类在t时期的不变资本、可变资本和剩余价值分别设为c_{1t}、c_{2t}、v_{1t}、v_{2t}、m_{1t}、m_{2t}。资本有机构成，即不变资本与可变资本之比为$k_i = c_{it}/v_{it}(i=1,2)$；剩余价值率，即工人生产的剩余价值与可变资本之比为$e_i = m_{it}/v_{it}$（$i=1，2$）。

资本家每期将以一个固定的比例α_i用于积累和投资，因而每个部类的投资额为：

$$I_{it} = \alpha_i \cdot m_{it} \tag{3-2}$$

生产的扩大需要同时增加劳动力和生产资料，有：

$$I_{it} = \Delta c_{it} + \Delta v_{it} \tag{3-3}$$

又因为资本的有机构成在追加的劳动力和生产资料中也是不变的，则有：

$$\frac{\Delta c_{it}}{\Delta v_{it}} = \frac{c_{it}}{v_{it}} = k_i \tag{3-4}$$

由以上三式可得：

$$\Delta v_{it} = \frac{\alpha_i}{1 + k_i} \cdot m_{it} \tag{3-5}$$

进一步得到：

$$\Delta c_{it} = \frac{k_i \alpha_i}{1 + k_i} \cdot m_{it} \tag{3-6}$$

设g_{v_i}、g_{c_i}分别为可变资本和不变资本的增长率，即，

$$g_{v_i} = \frac{\Delta v_{it}}{v_{it}} = \frac{\alpha_i}{1 + k_i} \cdot e_i \tag{3-7}$$

$$g_{c_i} = \frac{\Delta c_{it}}{c_{it}} = \frac{\alpha_i}{1 + k_i} \cdot e_i \tag{3-8}$$

可以看到，$g_{v_i} = g_{c_i}$，并且二者均取决于剩余价值率e_i和资本有机构成k_i。

只有两部门的经济增长率相等，即$g_{v_1} = g_{v_2}$时，资本主义经济才能保持均衡增长。此时有：

$$\frac{\alpha_1}{1+k_1} \cdot e_1 = \frac{\alpha_2}{1+k_2} \cdot e_2 \tag{3-9}$$

如果假定剩余价值率相等，即 $e_1 = e_2$，那么可知：

$$\frac{\alpha_1}{\alpha_2} = \frac{1+k_1}{1+k_2} \tag{3-10}$$

上式表明，要使资本主义经济达到均衡状态，两部类资本家的积累——投资率必须保持相应的比例。但在资本主义经济的运行过程中，并没有能够使得资本有机构成始终保持相应比例的机制存在；另外，要使得各部门的剩余价值率相等是难以保证的。所以，一般来说，$g_{v_1} = g_{v_2}$ 始终不能成立，即资本主义的生产方式不可能长时间的保持均衡稳定的发展，"平衡本身就是一种偶然现象"。

五、技术进步与经济增长

马克思主义的生产力思想深刻揭示了社会发展的根本动力在于技术创新以及技术生产者的伦理素养的提升。先进技术对于生产力的作用在历史和现实中不断得到验证。传统工业技术的大机器生产创造了前所未有的物质财富，正如马克思所说，在不到一百年的时间内，大机器这种生产方式的应用，所创造的生产力超越了过去一切时代创造的全部生产力的总和。因此，技术进步是促进扩大再生产、促进经济增长的必要手段。科学技术的进步对经济增长的作用体现在以下三个方面：

第一，技术进步能够改进生产力要素的功能，以促进经济增长。马克思认为，科技生产力作为一种知识形态的生产力一旦被物化，可以有效地改善生产工具的使用效率，同时促进工人个人素质的提高，进而对经济增长有着巨大的推动作用。通常用不变资本与可变资本的比值来表示资本有机构成。资本有机构成提高意味着不变资本的资本投入比例提高，机器使用的比率更高，意味着会有更多的机器代替人力，商品生产效率也就更高。值得注意的是，单纯的生产率提高，会使产品快速实现饱和，从而阻碍生产率的进一步增长。

第二，技术进步可以有效提高剩余价值率，缩短资本周转时间。首先，技术进步对劳动者的素质提出了更高的要求。为了适应先进技术的要求，工人需要通过培训等方式提高个人能力。劳动者素质的提升，使得劳动力在单位时间内能够运用更多的资源生产更多的产品，劳动生产率和剩余价值率得到提高。其次，技术进步使生产要素流向利润率更高的部门，这不仅使资源配置更有效，而且也带来了更高的投入产出率。最后，先进的科学技术带来设备的更新换代，同样的资本投入可以购买到更高效的生产设备，可以有效缩短资金周转时间，促进社会物质财富的增加。

第三，技术进步可以提高资本的有机构成从而促进经济增长。马克思认为，由于市场竞争的作用及资本家对剩余价值的无限追逐，各部门的资本家会争相采用先进的生产技术扩大生产以获得超额剩余价值，他们购置先进的机器设备，提高企业装备水平，改进生产技术，提高劳动生产率，这意味着 c 提高，v 相应减少。所以资本有机构成提高。资本有机构成提高是资本积累的必然结果，是资本主义经济发展的必然趋势。在资本主义经济中，资本有机构成提高会导致相对人口过剩，但是资本积累也促进了资本集中，推动了科学技术的发展，推动了劳动力素质的提高，从而推动了资本家及其国家经济实力的增强。

第四节 马克思主义经济增长理论的特点

在经济思想史上，马克思是第一个把静态分析动态化，把短期分析长期化，提出了系统的、科学的经济增长理论，并建立了经济增长模型的经济学家；也第一次通过批判地继承法国和英国古典经济学有关理论遗产的成果，确立了社会总资本再生产和流通的科学理论体系。而在这一领域，罗宾逊在20世纪40年代初通过对马克思经济学和西方经济学的比较发现：第一，马克思关心长期动态分析；第二，西方经济学正统派的学院式分析，对此未有贡献；第三，现代学说（凯恩斯经济学）尚未很好地摆脱短期分析难以解释长期经济增长的桎梏。[①]

因而，马克思主义经济增长理论的最突出的贡献，也是最引人瞩目的特点，是社会资本在生产理论方面，由马克思本人进行了长达20多年的科学拓荒，并独立地开辟了后来被称为经济增长理论的新领域。马克思创造性地在建立了两个基本前提在基础上创立了严密的、完整的社会资本再生产理论体系。马克思的经济增长模型是经济增长理论史上第一个两部类增长模型，与哈罗德—多马模型、新古典增长模型等单部类模型相比，两

---

① 罗宾逊. 马克思、马歇尔和凯恩斯 [M]. 北京：商务印书馆，1963：20.

部类模型具有更加贴近经济现实、更利于建立计量模型、更利于分析经济增长的动力因素等优势。马克思在经济增长领域的成就不仅在他自己的时代全然是开创性的，并且罕见地在半个多世纪中几乎还无人进入。

其次，从经济分析的视角和方法上来看，马克思在其经济增长理论中既重视总量分析，又重视结构分析；既有需求分析，又考虑到了供给。例如，在扩大再生产的实现条件中既指出了要在两大部类之间保持比例平衡，又指出两大部类的总供给要与两大部类的总需求相等。并且，能够将静态分析动态化、短期分析长期化，主要体现在马克思将扩大再生产模型中资本量及资本有机构成等因素作为动态量来考量，以及在以后各年的类推分析中运用了长期动态的方法。

最后，从增长理论的微观基础来看，马克思经济增长理论将价值作为增长理论的微观基础，整个分析都是建立在价值层面上的。他区分了商品的使用价值和价值、价值和价格，从价值补偿和实物替换两个角度分析，并提出生产生产资料和生产消费资料的两个部类所应具备的比例关系。另外，马克思还对经济增长方式问题予以重视，提出了级差地租产生的两种方式（粗放经营方式和集约经营方式）、社会资本扩大再生产的两种方式（外延扩大再生产和内涵扩大再生产）等。

可以说，马克思的经济增长理论是对资本主义经济运行本质的分析，它的目的就是要揭示资本主义再生产的经济规律，并提出资本主义经济增长所固有的矛盾和缺陷，这使得社会资本再生产只能在经济的动荡和危机中逐渐实现。

本章提要

作为马克思主义政治经济学的主要部分，马克思经济增长理论对后世学者深入研究经济增长问题，有着重要的借鉴意义。马克思经济增长理论结合了马克思的劳动价值论、剩余价值理论、两大部类模型、简单再生产和扩大再生产公式以及利润率平均化等理论，其中在社会总资本的再生产理论中详细论述了经济增长思想。马克思在两大部类剥削率相同且资本有机构成不变的假定下讨论了扩大再生产的实现条件，即两大部类对不变和可变资本的相互需求必须得到满足。从该条件很容易推导出资本主义经济实现均衡增长的条件为两部类的资本积累率应当与资本有机构成保持相应比例。马克思主义增长理论也确定了技术进步是促进扩大再生产、促进经济增长的必要手段。

在马克思主义增长理论中，工人阶级与资产阶级的利益始终是对立的，资本家只有以损害工人的利益为代价才能获取更大的剩余价值，资本主义任何形式的增长都建立在一定的阶级力量对比之上。马克思的经济增长理论就是要揭示资本主义再生产的经济规律，并提出资本主义经济增长所固有的矛盾和缺陷，这使得社会资本再生产只能在经济的动荡和危机中逐渐实现。

关键概念

简单再生产　指在原有规模上重复进行的生产过程。在简单再生产条件下，剩余产品或剩余价值全部用于非生产性消费。

扩大再生产　指在扩大的规模上进行的再生产过程。其基础是剩余价值中的一部分用于个人消费，一部分用于生产性积累。

剩余价值　指在剥削制度下被统治阶级剥削的工人所产生的新价值中，劳动创造的价值与劳动报酬之间的差异，即"工人创造的、被资产阶级无偿占有的劳动"。

资本积累　资本积累的过程就是剩余价值转化为资本的过程，是生产规模不断扩大的过程。

资本有机构成　由资本技术构成决定并能反映技术构成变化的资本价值构成叫资本的有机构成，它的公式是C（不变资本）/V（可变资本）。

生产资料　具有必须进入或至少能够进入生产消费的形式的商品。

消费资料　具有进入资本家阶级和工人阶级的个人消费的形式的商品。

思考题

1. 资本主义生产方式对经济增长的双重作用是什么？
2. 资本主义经济增长的性质包括哪些方面？
3. 马克思的积累理论的特征是什么？
4. 资本积累所需要的三个条件是什么？
5. 马克思社会资本再生产和流通理论是如何解释经济增长的？
6. 简单再生产及扩大再生产的实现条件是什么？

7. 为什么"平衡本身就是一种偶然现象"?
8. 马克思经济增长理论中技术进步对经济增长的作用是什么?
9. 如何理解"第Ⅰ部类处于基础性地位,决定经济增长的水平"?
10. 马克思主义经济增长理论的特点是什么?

第四章　卡莱茨基的经济增长理论

米哈尔·卡莱茨基（Michal Kalecki）是波兰著名经济学家，由于对社会主义经济增长理论、资本主义经济动态理论和发展经济学做出了开拓性的贡献，在经济学界享有极高的学术声誉。卡莱茨基早于凯恩斯发表了与《就业、利息与货币通论》类似的结论，有学者就把凯恩斯和卡莱茨基称为经济学中"牛顿—莱布尼茨"。克莱因更明确指出卡莱茨基理论在许多方面超过了凯恩斯，而琼·罗宾逊则认为卡莱茨基的理论是"通论"的"通论"。

卡莱茨基最主要的理论贡献在于，阐述了以经济增长率和投资率为核心的社会主义经济增长理论，其所建立的社会主义经济增长模型揭示了社会主义经济增长的内在机制，并引入了政府决策控制的因素，为计划经济决策者调节经济提供了诸多具有操作性的选择。在本章中，我们首先从社会主义经济增长的决定、限制因素、增长途径和投资结构与经济增长等方面来介绍卡莱茨基的社会主义经济增长理论体系，然后对卡莱茨基的经济增长理论的特点以及做出的理论贡献进行评述。

第一节　社会主义经济增长的决定

如同绝大多数宏观经济学研究学者一样，卡莱茨基以国民收入作为经济增长的分析对象，研究国民经济增长速度，即经济增长率变化的内在规律。卡莱茨基对国民收入的基本界定和常规的经济学理论一致，他认为国民收入反映的是一年内生产的产品价值减去生产过程中使用的原材料和半成品价值，并且国民收入仅核算商品生产，不包括劳务生产，因此国民收入也不涵盖政府的行政开支以及在教育、健康方面的公共开支等政府的行政劳务。

卡莱茨基指出国民收入包含六个组成部分：（1）生产性投资；（2）存货增加；（3）非生产性投资；（4）集体消费；（5）个人消费；（6）净出口。从用途来看，卡莱茨基将国民收入分为两大类：（1）用来增加国民收入手段的部分，即生产性投资和存货增加称为生产性积累；（2）成为商品生产目的的部分，即非生产性投资、集体消费和个人消费称为消费。此外，他假定经济运行中不会发生国与国之间的借贷行为，即不存在跨国资本流动。如果进出口平衡，国民收入等于消费加生产性积累。对于既定的国民收入，消费和生产性积累互为反比例变化。这一等式蕴含了卡莱茨基经济增长理论所关心的主要问题，即消费和积累的矛盾。

社会主义经济增长决定的分析，以社会主义国民收入核算与经济增长模型为基础，这是卡莱茨基社会主义经济增长理论的出发点。卡莱茨基认为，社会主义经济增长主要决定于三个因素。

第一，投资的生产效应。首先我们先来得到基本方程。卡莱茨基在研究中，给出了基本的国民收入方程：

$$Y = I + S + C \tag{4-1}$$

其中，Y 表示国民收入，I 是生产性投资，S 为存货增加，C 代表广义消费。这里，$I+S$ 是生产性积累。

ΔY 表示国民收入的增量，国民收入的增长首先归因于投资 I 的生产性效应。m 代表资本—产出比，即每单位国民收入增量的资本支出。投资的生产性效应，即因投资而引起的国民收入增量，故 $\Delta Y = \frac{1}{m}I$，即对于一定的投资系数（资本—产出比）$m = I/\Delta Y$，因此生产性固定资本投资引起的国民收入的增加为 $\Delta Y = \frac{1}{m}I$。

第二，设备损耗的负效应。即机器设备的使用会产生折旧，陈旧、过时的资本设备会退出生产领域，从而导致生产能力缩减。由于折旧，第二年年初国民收入下降了 aY，其中 a 是折旧参数，表明国民收入减量占国民收入的一个固定比例。

第三，改善设备利用程度的效应。设备利用的改善也会影响国民收入。企业借助完善劳动组织、改进原材料利用效率以及消除次品率，而无须大规模的资本支出，就能够提高国民收入。经过设备利用改善，会使国民收入增加 μY，μ 是改进效应系数。

因此，国民收入的变动量 ΔY 可以表示为投资 I 和国民收入 Y 的函数：

$$\Delta Y = \frac{1}{m}I - aY + \mu Y \tag{4-2}$$

进一步地，我们开始推导卡莱茨基的一般增长模型。

式（4-2）两边同除以 Y，可得国民收入增长率（即经济增长率 r）的表达式：

$$r = \frac{\Delta Y}{Y} = \frac{1}{m}\frac{I}{Y} - a + \mu \tag{4-3}$$

卡莱茨基认为，计划经济（社会主义制度）和市场经济（资本主义制度）在改进效应系数 μ 方面具有不同的解释。在计划经济体制下设备的利用由行政配给所决定，改进效应系数 μ 才能反映组织和技术改进的影响。在市场经济体制下，设备利用程度首先取决于有效需求与生产能力数量之间的关系，因此 μ 由市场化程度决定。

当 m、a 和 μ 保持不变时，如果投资占国民收入的比重 I/Y 保持不变，即投资与国民收入同比增长，国民收入增长率 r 将保持不变。如果投资扩张比国民收入更快，投资占国民收入的份额随之上升，导致国民收入增长率稳定提高，即经济加速增长。

假定存货增加 S 与国民收入增量成比例：

$$S = v\Delta Y \tag{4-4}$$

v 表示存货量和国民收入间的比率，即存货的平均周转期。式（4-3）可以重写如下：

$$\frac{I}{Y} = (r + a - \mu)m$$

式（4-4）可以改写为：

$$\frac{S}{Y} = \frac{v\Delta Y}{Y} = vr$$

以上两式相加可得：

$$\frac{I+S}{Y} = (m+v)r + (a-\mu)m$$

从而：

$$r = \frac{1}{m+v}\frac{I+S}{Y} - \frac{m}{m+v}(a-\mu) \tag{4-5}$$

其中，$I+S$ 是生产性积累，i 是生产性积累占国民收入的相对份额（生产性积累率），因为国民收入是生产性积累和广义消费的总和，则消费占国民收入的份额 $C/Y = 1 - i$。令 $k = m + v$，即总资本的资本—产出比率，即增加以单位国民收入所需增加的固定资本和存货的数量，从而形成了卡莱茨基的一般增长模型：

$$r = \frac{i}{k} - \frac{m}{k}(a-\mu) \tag{4-6}$$

进一步分析不难发现，当 m、a、μ 和 k 保持不变时，为了维持稳定的国民收入增长率，生产性积累率需要保持不变。换言之，生产性积累和经济同步增长。值得注意的是，如果经济加速增长，生产性积累率必然上升，与之对应消费的相对比率必然降低。

第二节　社会主义经济增长的限制因素

上述增长模型表明：决定社会主义经济增长的主要因素是：生产性积累率 i、投资产出系数 k、生产性固定资本投资系数 m、折旧系数 a 和改进系数 μ。以上各因素是决定社会主义经济增长的内生变量，它们共同决定社会主义国家的实际增长率。卡莱茨基认为，社会主义经济增长率存在一个由外生变量规定的最高限，即自然增长率，它决定于劳动生产率增长率和劳动人口的自然增长率；并指出，生产性积累率和其他内生变量决定的实际增长率，不可能突破技术进步和人口自然增长所规定的界限。实际增长率达到自然增长率水平，表示技术进步的好处、自然增长的劳动人口得到充分利用。事实上，社会在达到增长的自然界限之前，就会遇到种种限制。卡莱茨基认为，社会主义经济增长的限制主要来自三个方面。

一、积累与消费的矛盾

卡莱茨基假定企业劳动生产率按照固定的比率增长，并且生产性积累部门和广义消费部门的劳动生产率增长率相同，均为 α。按照卡莱茨基之前的假定，生产性积累及其构成以及消费均按照固定比率 r 增长。如果固定资本存量寿命为 n，现期的固定资本存量 K_t 是由前 n 年投资组成：

$$K_t = I_1 + I_2 + \cdots + I_n \tag{4-7}$$

由于投资年增长率为 r，可得：

$$K_t = I_1[1 + (1+r) + (1+r)^2 + \cdots + (1+r)^{n-1}] \tag{4-8}$$

同理可得：

$$K_{t+1} = I_2[1 + (1+r) + (1+r)^2 + \cdots + (1+r)^{n-1}] \tag{4-9}$$

$$\frac{K_{t+1}}{K_t} = \frac{I_2}{I_1} \tag{4-10}$$

因为 $I_2 = I_1(1+r)$，由式（4-10）可知固定资本存量的增长率也为 r。由于投资具有生产性效应，以投资支出代表的设备在第二年年初的产量为 $\frac{1}{m}I$。此外，随着设备的持续利用，产生了改进效应 $\frac{1}{m}I(1+\mu)$，如果企业能够连续经营 n 年，则每年的投资均会影响产量：

$$\frac{1}{m}I_1(1+\mu)^{n-1}, \frac{1}{m}I_2(1+\mu)^{n-2}, \ldots\ldots, \frac{1}{m}I_n$$

第 $t+1$ 年，国民收入可以表示为：

$$Y_{t+1} = \frac{1}{m}I_1(1+\mu)^{n-1} + \frac{1}{m}I_2(1+\mu)^{n-2} + \ldots\ldots + \frac{1}{m}I_n \quad (4-11)$$

纳入投资增长率 r，式（4-11）可以改写为：

$$Y_{t+1} = \frac{1}{m}I_1[(1+\mu)^{n-1} + (1+r)(1+\mu)^{n-2} + \cdots + (1+r)^{n-1}] \quad (4-12)$$

式（4-12）除以式（4-8）可得：

$$\frac{Y_{t+1}}{K_t} = \frac{1}{m} \frac{(1+\mu)^{n-1} + (1+r)(1+\mu)^{n-2} + \cdots + (1+r)^{n-1}}{1 + (1+r) + \cdots\ldots + (1+r)^{n-1}} \quad (4-13)$$

因为 $(1+\mu) > 1$，必然可得 $Y_{t+1}/K_t > 1/m$，如果不存在改进效应（$\mu = 0$），则 $Y_{t+1}/K_t = 1/m$。进一步，劳动生产率的增长率为 α，产出增长率为 r，资本产出比恒为 m，就业增长率为 ε，则：

$$1 + \varepsilon = \frac{1+r}{1+\alpha} \quad (4-14)$$

卡莱茨基指出如果经济处于充分就业状态，劳动力的增长率为 β，为了维持充分就业，就业增长率必然等于劳动力的增长率（$\varepsilon = \beta$），因此：

$$1 + r = (1+\alpha)(1+\beta) = 1 + \alpha + \beta + \alpha\beta \quad (4-15)$$

由于现实中劳动生产率增长率和劳动力增长率均比较小，令 $\alpha\beta = 0$，不难发现，卡莱茨基增长理论关于经济增长率决定与索洛的新古典经济增长模型的结论一致，即经济增长率等于劳动生产率的增长率（技术进步率）和人口增长率之和：

$$r = \alpha + \beta \quad (4-16)$$

由上式可知，给定 m、a、μ 和 k，经济增长率 r 唯一由生产性积累率 i 所决定，并且二者间呈线性关系。其斜率为 $1/k$，纵截距为 $-(a-\mu)m/k$，具体可见图 4-1，当经济增长率 $r = \alpha + \beta$ 时生产性积累率 $i = OA$。

卡莱茨基发现，经济增长率的最高值取决于劳动力增长率和技术进步率，即便生产性积累率超过 OA，并不会提高经济增长率只会导致设备闲置。换言之，劳动力供给会决

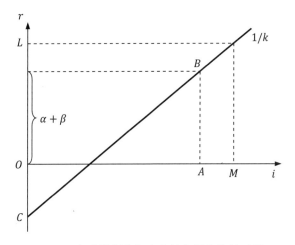

图 4-1　经济增长率与生产性积累率的关系图

定经济增长率的上限，在劳动力无限供给条件下，如农村存在大量剩余劳动力，可以通过劳动力转移实现就业增长率大于 β，从而经济增长率超过 $\alpha+\beta$。但是当剩余劳动力转移完成时，经济增长率将回落至 $\alpha+\beta$。分析简便起见，首先考虑劳动力能够无限供给条件下的经济加速增长。如图 4-1 所示，如果经济增长率 r 能够提高到 OL，则生产性积累率 i 需要增加值 OM。

值得注意的是，生产性积累率的提高必然意味着消费占国民收入份额的下降，即经济增长是以牺牲当期消费为代价实现的，然而从长期来看经济水平的提高能够提升消费总量。因此，生产性积累率的提高具有两重性：一是决定长期增长率的提高，二是导致短期消费率的下降。这就是积累与消费矛盾内含的长期利益与短期利益的冲突。

根据投资率变动结果的二重性，卡莱茨基描述了两条曲线：反映生产性积累率与增长率之间关系的长期增长利益曲线，以及反映生产性积累率与消费率之间关系的短期消费损失曲线。前者由技术关系决定，后者以消费者心理反应为基础。这种心理反应是政府决策的基础，故卡莱茨基称后者为政府决策曲线。卡莱茨基认为，生产性积累率变动带来的长期增长利益恰好弥补短期消费损失，即两条曲线的交点，决定了社会主义适度的增长率和积累率。如果生产性积累率变动带来的长期增长利益小于短期消费为之付出的代价，这种增长率和积累率决策是不适宜的，而且是不现实的。降低目标的增长率和积累率，反而有助于实际增长率的提高。

接下来，我们具体推导一下政府决策曲线。

卡莱茨基假定初始状态经济增长率和生产性积累率分别为 r 和 i，国民收入为 Y_0，消费是 $(1-i)Y_0$。如果将生产性积累率调整至 $i+\Delta i$，与之对应的经济增长率变为 $r+\Delta r$，

消费下降 $\Delta i Y_0$，相应地，消费变动率为 $\Delta i/(1-i)$。生产性积累率的提高一方面提高了经济增长率，另一方面也降低了消费，其净利益可以表示为：

$$\Delta r - \omega \Delta i/(1-i) \tag{4-17}$$

ω 代表了居民对缩减短期消费的抵制系数，给定收入 i 越大居民消费越少，因此 ω 是关于 i 的增函数，提高生产性积累率的净利益 R 写作：

$$R = \Delta r - \frac{\omega(i)}{1-i}\Delta i \tag{4-18}$$

可知，r 和 ω 都是关于 i 的函数，净利益也是关于生产性积累率的函数，即 $R = R(i)$。依据最优化理论可知，当 $\mathrm{d}R/\mathrm{d}i = 0$ 时净利益最大，即：

$$\frac{\Delta R}{\Delta i} = \frac{\Delta r - \frac{\omega(i)}{1-i}\Delta i}{\Delta i} = 0 \tag{4-19}$$

对上式进行整理不难发现，当 $\frac{\Delta r}{\Delta i} = \frac{\omega(i)}{1-i}$ 时生产性积累率处于最优水平。其中 $\frac{\omega(i)}{1-i}$，对 i 求导：

$$\mathrm{d}\left[\frac{\omega(i)}{1-i}\right]\Big/\mathrm{d}i = \frac{[(1-i)\mathrm{d}\omega/\mathrm{d}i] + \omega}{(1-i)^2} > 0 \tag{4-20}$$

ω 是关于 i 的增函数，并且 $1-i>0$，$\frac{\omega(i)}{1-i}$ 对 i 求导大于零，因此 $\frac{\omega(i)}{1-i}$ 也是关于 i 的单调递增函数。根据式（4-6）可知 $\Delta r/\Delta i = 1/k$，$\frac{1}{k} > \frac{\omega(i)}{1-i}$ 时提高生产性积累率以积累为代价提高生产率都是利大于弊，当 $\frac{1}{k} = \frac{\omega(i)}{1-i}$ 时生产性积累率处于最优水平，$\frac{1}{k} < \frac{\omega(i)}{1-i}$ 时进一步提高生产性积累率则得不偿失。生产性积累率变动的影响见图 4-2。

如图 4-2 所示，下侧图中 $B'N'$ 与原点的距离是 $1/k$，即上侧图 BN 的斜率，$D'K'$ 曲线反映了 $\omega/(1-i)$ 与 i 的单调递增关系。这条曲线具有政策启示价值，也被称为政策决策曲线。随着生产性积累率 i 的提高，$\omega/(1-i)$ 沿着 $D'K'$ 曲线移动，在 P' 前随着生产性积累率 i 的提高净利益递增，并在 P' 点净利益实现最大化，如果超过 P' 点生产性积累率 i 进一步提高，净利益将转而下降。

卡莱茨基认为，以消费者心理反应为基础的政府决策曲线，不仅受积累率变动的影响，还受积累率变动方式的影响。如果在一定时期内，积累率急剧增加，相应的消费率急剧下降，"抵制"系数比积累率缓慢增加更大。由此表明，短期消费损失程度增强，人们对生产性积累率提高的抵制强度增加。这时，社会所能容许的适度积累率和增长率界限缩小。卡莱茨基通过模型分析深刻指出：工资不涨即人们忍受低消费率的时间长度与劳动生产率成反比。如果提高增长率所需要的消费节制以上述方式进行，工资不涨的时

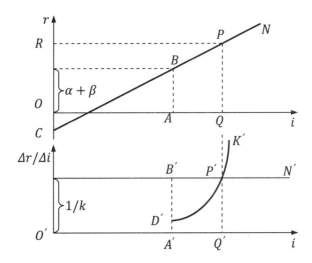

图 4-2 劳动力无限供给的政府决策曲线图

期越长，对提高生产性率的抵制越强烈，即对于给定投资率的抵制系数越大，从而劳动生产率越低。

二、劳动力供给状况

依据上文的分析，不难发现在劳动力无限供给的条件下，提高生产性积累率是以抑制短期消费实现经济加速增长。短期内大幅提升生产性积累率将导致消费急剧下降，表现为政府决策曲线更加陡峭，居民的潜在抵制效应必然增加。如果平滑地提高生产性积累率，政策遭遇的抵制相应较小。假定消费和就业保持同步增长，劳动人口不变则消费也不变，经济增长完全依赖劳动生产率提高（技术进步）实现。劳动生产率的增长率为 α，假定 t 年内劳动人口不变，则 t 年后国民收入是初期的 $(1+\alpha)^t$ 倍，即 $Y_t = (1+\alpha)^t Y_0$。如果生产性积累率由 i_0 变为 i，则消费占国民收入的份额由 $1-i_0$ 变为 $1-i$，相应地初期消费 $C_0 = (1-i_0)Y_0$，第 t 期消费 $C_t = (1-i)Y_t$：

$$C_0/Y_0 = 1-i_0, \ C_t/Y_t = 1-i \tag{4-21}$$

已经假定劳动人口不变则消费也不变，即 $C_0 = C_t$，那么一定有 $Y_t/Y_0 = (1-i_0)/(1-i)$，相应地：

$$(1+\alpha)^t = \frac{1-i_0}{1-i}, \ t\log(1+\alpha) = \log\frac{1-i_0}{1-i} \tag{4-22}$$

对式（4-22）整理可得：

$$t = \log \frac{1-i_0}{1-i} \frac{1}{\log(1+\alpha)} \tag{4-23}$$

因为现实中技术进步率 α 数值较小,$\log(1+\alpha) \approx \alpha$,则:

$$t = \frac{1}{\alpha} \log \frac{1-i_0}{1-i} \tag{4-24}$$

t 是通过提升生产性积累率实现加速经济增长的持续时间,显然增加生产性积累率的持续时间越久,消费被抑制的时间越长,政策遭受的潜在抵制越强烈。然而,t 与 α 呈反方向变动特征,即技术进步率越高,提高生产性积累率的持续时间越短,对政策的抵制越少。

卡莱茨基认为在劳动力无限供给的条件下,能够借助提升生产性积累率实现加速经济增长,但需要权衡长短期的利益得失。进一步再放松劳动力无限供给的假定,分析经济增长率的决定。在劳动力有限供给的条件下,虽然提高生产性积累率能够实现有限时期内的经济加速增长,但长期来看经济增长受到劳动力供给的制约。在经济加速增长过程中,随着剩余劳动力的逐渐缩减,生产性积累率也会回落,一旦剩余劳动力储备消耗殆尽,经济增长率将恢复到初始水平。换言之,只有在劳动力供给能够增加的有限时间内经济加速增长才有可能实现。按照前文的推导结果,我们假定每年劳动力增长率 $\beta=1.5\%$,劳动生产率增长率 $\alpha=5.5\%$,生产性积累率 $i_0=26\%$,消费占国民收入的份额为 74%,因此初始状态下经济增长率 $r_0 = \alpha + \beta = 7\%$。当利用剩余劳动力储备,使得劳动增长率提高到 $\beta=2.5\%$,相应经济增长率上升至 $r=8\%$,在这一过程中如果资本产出比 $k=3$,那么与之对应生产性积累率应提升至 $i=29\%$,消费份额降至 71%。当经济吸收完剩余劳动力之后,劳动力增长率重回 $\beta=1.5\%$,经济增长率将回到 $r=7\%$,生产性积累率恢复 $i=26\%$,消费份额也重回 74%。

在劳动力供给有限的情况下,即不存在充分的剩余劳动力储备,经济处于充分就业状态时,加速的经济增长只可能在短期内实现。从长期来看,经济唯一会回到由劳动力增长率(人口自然增长率)和劳动生产率增长率(技术进步率)所决定的初始增长率,生产性积累和消费也将恢复到初始关系。

进一步分析,在一个有限的时期内通过增加劳动力供给量可以讲将经济增长率由 r_0 提高至 r,而劳动力供给的增量可用函数 $f(r-r_0)$ 表示,并且 $f(r-r_0) < r-r_0$,上述函数具有以下性质:

(1)在劳动力无限供给条件下,不会出现劳动力枯竭问题,经济增长率 r_0 能恒久地提高到 r,$r_0 = r$,此时 $f(0) = 0$;

（2）在劳动力有限供给条件下，当劳动力枯竭只会在一个很长时期后出现，那么可以近似地认为 $r - r_0$ 等于一个极微小的数 δ，则 $f(\delta) = \delta$，结合 $f(0) = 0$，可得 $\frac{f(\delta) - f(0)}{\delta} = 1$，表明当 r_0 趋近于 r 时，函数 f 的导数等于 1；

（3）假定 f 是递增函数，即劳动力储备增长，经济增长率也会随之提高。值得注意的是，如果经济增长率提高得越高，劳动力储备消耗得越快，$f(r - r_0)$ 和 $r - r_0$ 之间的偏差越大，因此有 $0 < \frac{\Delta f(r - r_0)}{\Delta r} < 1$。

在劳动力供给有限的情况下，近似的有 $\Delta r = \Delta f(r - r_0)$，结合式（4-17）可知，经济增长率提高 Δr 的净利益表示为：

$$\frac{\Delta f(r - r_0)}{\Delta r} - \frac{\omega(i)}{1 - i} \Delta i \tag{4-25}$$

将式（4-25）变形可得经济增长率的条件：

$$\frac{\Delta r}{\Delta i} = \frac{\omega(i)}{(1 - i) \frac{\Delta f(r - r_0)}{\Delta r}} \tag{4-26}$$

而在劳动力无限供给时，经济增长的决定条件为：

$$\frac{\Delta r}{\Delta i} = \frac{\omega(i)}{1 - i} \tag{4-27}$$

依据 f 函数的性质可知 $\frac{\omega(i)}{(1 - i) \frac{\Delta f(r - r_0)}{\Delta r}} > \frac{\omega(i)}{1 - i}$，与图 4-2 类似可以做出在劳动力有限供给时的政策决策曲线，如图 4-3 所示。

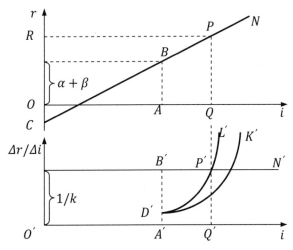

图 4-3 劳动力有限供给的政策决策曲线

$D'L'$ 是劳动力有限供给的政策决策曲线，$D'K'$ 是劳动力无限供给的政策决策曲线，根据我们的推导 $D'L'$ 在 $D'K'$ 的上方。由政策决策曲线与直线 $B'N'$ 交点决定经济增长率，可知劳动力有限供给的增长率低于劳动力无限供给的增长率，因此劳动力供给情况也会限制社会主义经济增长。

三、国际贸易状况

卡莱茨基认为，一个社会的高增长率，要求各部门必须有相应的高增长率。由于一定时期内，社会产业结构及其技术状况是既定的，各部门产出增长率提高需要更多的要素投入量。因此，要素生产部门产出必须有超速的增长。但是，由于自然资源的稀缺，随着增长率提高，要素部门的产出常会出现瓶颈，从而限制整个社会经济增长。他指出，增长过程中的瓶颈，导致进口需求增加。增长率提高，瓶颈越厉害，进口需求越大，为取得进口所需的外汇从而出口也必须越大；但是，出口扩大会遇到出口生产能力和国外市场需求的双重限制。卡莱茨基认为，克服双重限制的途径，包含了提高积累率和降低消费率的巨大代价。首先，国内自己生产一些进口替代品的方法，虽能缓和部分进口需求与进口支付能力的矛盾，但需要较高的劳动和投资支出。其次，降低汇率或通过政府补贴直接降低出口产品价格，以扩大出口。这种方法以贸易条件恶化为代价。它表示，对于同样的进口量，现在需要更多的出口品才能换到；或者说，同样的出口品，现在只能换到较少的进口货物。很显然，国际贸易状况恶化，限制了社会可能选择的增长率。

第三节 社会主义经济增长的途径

卡莱茨基认为，面临上述种种限制，加快社会主义经济增长的根本出路，在于促进技术进步。技术进步可以提高劳动生产率增长率，从而提高国民收入增长率。他指出，技术进步的基本途径是：①提高资本集约化程度，即提高生产性固定资本投资系数（m）；②缩短设备生命周期，加速折旧与更新，即提高折旧系数（a）；③改善现有生产能力利用率，即提高改进系数（μ）。

一、提高资本集约化程度

技术进步,即新技术代替旧技术,体现为旧技术设备变换为新技术设备。这常常伴随着资本集约化程度的提高,并带来劳动生产率增长以及这种增长比率的变化。根据技术进步在资本集约化程度提高时对生产率增长率的不同影响,卡莱斯基把技术进步分为三类:一是技术进步伴随着资本集约化程度提高,导致劳动生产率增加,同时增长率提高,这种技术进步是"鼓励资本集约的";二是"不鼓励资本集约的";三是技术进步伴随着资本集约化程度提高,带来劳动生产率增加,但增长率不变,这种技术进步是"中性的"。

卡莱茨基认为,具有高资本集约化程度的新技术设备代替较低资本集约化程度的旧技术设备,在社会范围内是逐步实现的。这种交换的时间长度依存于旧技术设备的生命周期。社会进行这种普遍的技术变换,是通过新投资建立起来的。假定旧技术设备报废与重置相等,如果新技术是"中性的",尽管新投资的工厂的劳动生产率增长率不变,但劳动生产率会提高;此外,新投资本身也形成一个国民收入净增量。卡莱茨基认为,资本集约化程度的提高,会带来一个额外的劳动生产率和国民收入增长率。它们的运动轨迹是:在技术变换过程开始时,这种额外的增长率最高;随着技术变换过程扩展,这种额外增长率逐渐缩小;变换过程完成时,新技术设备完全替代了旧技术设备,额外的增长率消失,整个社会增长率回到它的正常水平。如果新技术是"鼓励资本集约的",这种额外的增长率也有类似中性技术进步的运动轨迹,但水平更高;因而,技术变换过程中,平均额外的劳动生产率和平均国民收入增长率更高。

二、缩短设备生命周期

虽然借助资本集约化的技术进步能够带来加速增长,但卡莱茨基认为当更高的资本—产出比和更高的劳动生产率越来越扩散于机器设备即资本存量时,因为新机器设备与资本存量(已有机器设备)之间的技术差异越来越小,新投资对于提高总资本—产出比和劳动生产率的作用将成比例下降。此时,技术进步通过资本集约化带来的加速增长效应将逐渐弱化,而借助加速折旧、缩短设备生命周期、加快旧技术设备的废弃和新技术设备的重置则成为技术进步影响加速增长的主要途径。与提升资本集约化程度相似,缩短设备生命周期也是新机器设备取代旧机器设备、新技术替代旧技术的过程。然而二者的区别在于，实现技术进步的资金来源有所差异。资本集约化程度提高的技术进步主要资金来源于积累基金，属于新增投资。缩短机器设备生命周期、加速折旧的技术进步主要资金来源于折旧基金，属于资本重置。

与提高资本集约化程度相似，缩短机器设备生命周期也会带来劳动生产率的增长率和新增投资产生的国民收入水平提高的增长效应。同时，缩短机器设备生命周期、加速折旧对加速增长的影响也具有明显的阶段性特征。与此同时，卡莱茨基也强调了缩短机器设备生命周期、加速折旧对经济增长具有双刃剑的作用。一方面，缩短机器设备生命周期会带来正向的劳动生产率和国民收入增长；另一方面，加速折旧的实现又需要有较高的生产性积累率相配合，从而牺牲了消费率的提高，增加居民的抵制程度。因此，在充分就业条件下实现加速增长需要选择最优的适度的折旧系数，平衡缩短机器设备生命周期对经济增长带来的双重性。卡莱茨基指出，消费的额外增长率大于1，是折旧系数选择的最高限，生产性积累率变动的长期增长利益和短期消费损失平衡点决定折旧系数的选择。

三、改善现有生产能力

加速社会主义经济增长的第三条途径是，改进对现有机器设备的利用，即提高设备利用改进效应系数，改善现有生产能力利用率。企业借助完善劳动组织、改进原材料利用效率以及消除次品率，而无需大规模的资本支出，就能够提高国民收入，卡莱茨基认为这也是计划经济和市场经济的最主要区别。提高设备利改进效应系数包括，更加合理地组织和安排生产过程，改善计划工具和计划经济功能；优化通过以来计划机制配置资源的比例关系；消除资源在部门和企业间的流动障碍；更加经济地利用资源，消除浪费；减少不必要的工作停滞；改进劳动组织；等等。

第四节　投资结构与经济增长理论

在之前的分析中，卡莱茨基认为当存在劳动力有限供给时通过提升生产性积累率，即增加国民收入中投资的份额，在短期内能够实现经济加速增长。然而，在长期由于劳动力供给短缺的限制，经济增长率和生产性积累率均会下降到初始状态。为了深化研究视角，卡莱茨基进一步分析国民收入再分配中的投资结构变动问题，即生产性投资总量 I 中在不同经济增长情景下被分配给生产投资品部门的数量（即生产投资品部门的投资 I_i）。

首先，在经济增长恒定的情况下，生产投资品部门的投资占经济体总投资的相对份额（I_i/I）是保持不变的。根据式（4-3）可知，在经济恒速增长时参数 m、a、μ 固定，国民收入与总投资必然保持相同的增长速度。并且，投资品部门和非投资品部门资本存量也按照相同比例变动，各部门的投资支出比例也保持不变。

其次，在经济增长率上升的情况下，参数 m、a、μ 固定，经济增长率越高，投资占国民收入的比重 I/Y 越大，生产投资品部门的投资占经济体总投资的相对份额（I_i/I）也就越高。当 I/Y 上升到足够高的水平，为了满足经济体对投资的需求，I_i/I 也必须相应地提高。在这一时期，投资增长率高于国民收入增长率，生产投资品的部门具有比其他生产部门更快的扩张速度。

卡莱茨基认为在投资结构变动的过程中，资本产出比 m 是保持稳定的，换言之资本产出比 m 并不依赖投资结构，即便投资结构的巨大变动对资本产出比 m 的影响也相当微弱。在此基础上，卡莱茨基分析了投资结构的变动特征。借鉴前文式（4-3）可以表征生产投资品部门的增长率 r_i，因为生产投资品部门的产出 $Y_i = I$，可写出与式（4-3）类似的表达式：

$$r_i = \frac{1}{m_i}\frac{I_i}{I} - a + \mu \tag{4-28}$$

两式相减可得：

$$\frac{I_i}{I} = \frac{m_i}{m}\frac{I}{Y} + m_i(r_i - r) \tag{4-29}$$

在经济恒速增长的情况下，r 和 I/Y 均为常数，换言之 I 和 Y 具有相同的增长速度（r），即 $r = r_i$。进而可得：

$$\frac{I_i}{I} = \frac{m_i}{m}\frac{I}{Y} \tag{4-30}$$

如果各部门具有相同的资本产出比 m，则：$I_i/I = I/Y$。经济恒速增长时，生产投资品部门的投资占总投资的份额与总投资占国民收入的比重相同。

而在经济加速增长情况下，r 和 I/Y 都将增加。这意味着投资的增长速度将高于国民收入增长速度，即 $r_i > r$。因此，经济加速增长时：

$$\frac{I_i}{I} > \frac{m_i}{m}\frac{I}{Y} \tag{4-31}$$

经济加速增长时，生产投资品部门的投资占总投资的份额要高于经济恒速增长时的份额。当 $m_i = m$ 时，可得 $I_i/I > I/Y$，经济加速增长时，生产投资品部门的投资占总投资的份额超过了总投资占国民收入的比重。这也反映出当经济加速增长时，生产投资品部门的固定资本的扩张要远快于其他部门。与之对应当经济增速放缓时，I_i/I 低于增长放缓时期的 $\frac{m_i}{m}\frac{I}{Y}$，生产投资品部门的固定资本的发展慢于其他部门。

卡莱茨基的研究认为在经济加速增长过程中，不可避免地产生了生产投资品部门的过快增长，导致了投资增长率对国民收入增长率的偏离。二者间的偏离程度越大，总投资中的投资品生产部门的份额（I_i/I）也就越高。显而易见的是，I_i/I 不可能超过 1。因此，当决策部门选择经济加速增长时，不应突破投资增长率和国民收入增长率差额的上限。一旦投资增长率和国民收入增长率差额的超过既定上限，所有投资都将集中于投资品生产部门，而非投资品生产部门的生产将按照 $\mu - a$ 的比率变动。因此，为了维持非投资品生产部门工人的工资，必须有足够高的设备利用改进效应系数 μ。卡莱茨基建立的投资结构决定模型表明，投资结构即总投资在各部门的分配比例关系，决定于投资率和投资品生产增长率与国民收入增长率之间的差额。综上，卡莱茨基的经济增长理论不仅包含了经济增长率和投资结构之间的关系，还包含了经济增长和增长结构间的互动关系。

第五节　卡莱茨基增长理论的影响和特点

卡莱茨基在东西方经济学界都具有卓越的影响力。在凯恩斯的《通论》（1936）出版之前，卡莱茨基在 1935 年就发表了几乎和凯恩斯的有效需求相同的理论。他的分析以社会分为两大阶级、国民生产分为两大部类为基础，引入资本主义经济活动，把不完全竞争和垄断定价与国民收入决定理论相结合，强调投资率以及投资结构对国民收入变动和分配所起的决定作用。这些对新剑桥学派的形成产生了巨大影响。琼·罗宾逊对卡莱茨基推崇备至，她说："卡莱茨基的论述在某些方面是比凯恩斯的《就业、利息和货币通论》更为正确的通论。"不仅如此，许多东欧经济学家也从卡莱茨基身上获得了"强有力的知识财富"，卡莱茨基也被誉为东欧经济学流派当之无愧的开拓者和领军人物。

一、卡莱茨基增长理论特点

卡莱茨基对经济增长理论的阐述主要集中在其代表作《社会主义经济增长理论导论》中，同时这也是经济学史上最早完整研究社会主义经济增长理论体系的著作，是东欧马克思主义经济学家建立的社会主义动态经济学的第一个系统的理论分析体系和完整的理论模型。卡莱茨基增长理论的主要特点可以概括为：

第一，卡莱茨基构建了特色鲜明的理论模型，将经济增长率、生产性积累率（投资率）、消费率、资本产出比、劳动力供给、外贸平衡和投资结构等经济增长的核心要素进行有机结合，从短期和长期、质和量的视角全面考察了各种经济变量的选择边界和最优值，为社会主义经济增长计划的制定、实际运行和动态调控提供了强有力的理论基础。

第二，卡莱茨基以国民收入的决定为切入点，使用了与传统经济增长理论不同的动态研究方法，却得到了与新古典经济增长理论相近的观点，经济增长率取决于技术进步率和人口增长率（劳动力自然增长率）之和。卡莱茨基也发现，在经济增长过程中需要平衡积累（投资）和消费的关系，经济中存在能够使得消费最大化的投资率，这一点又与新古典增长理论的资本"黄金律"点不谋而合。

第三，卡莱茨基之所以将其理论称为社会主义经济增长理论，在于其理论模型中引入了政府决策曲线，在边际分析框架下将政府决策与投资率、投资结构和经济增长率相联系，权衡了生产性积累率提高所带来增长效应和由消费率下降所导致的抵制效应，从全面的视角阐述了政府在宏观经济的调控中可能面临的困境和选择。

卡莱茨基的增长理论体现了从简单到复杂的分析思想。卡莱茨基首先分析了劳动力无限供给条件下的经济增长，通过提高生产性积累率（投资率）持续的经济加速增长便能实现。然而劳动力无限供给条件下的假设条件过于苛刻，卡莱茨基放松了相应条件发现，劳动力有限供给即充分就业会成为经济增长的限制因素。这一结论对于目前中国经济具有深刻的启示，1978年以来中国经济增长的奇迹依赖于投资推动和大量农村剩余劳动力向城市的转移，但是在农村剩余劳动力不断缩减和资本（投资）边际报酬递减的背景下，中国经济增长需要构筑新的增长引擎，回到卡莱茨基的社会主义经济增长理论不难发现创新、技术进步才是经济持续增长的动力。

二、卡莱茨基增长理论贡献

卡莱茨基关于经济增长理论的贡献主要体现在以下几个方面：

第一，提出了关于社会主义投资膨胀原因的分析。在所有的社会主义国家，几乎都存在着投资膨胀的问题。对此存在两种基本的解释：一是从微观经济角度出发，认为投资膨胀是企业行为的结果，企业投资行为得到现有经济体制的支持。这种解释的政策要求是，改革现有经济体制，改变投资形成的制度条件。二是从宏观经济角度出发，认为投资膨胀是政府投资行为的结果，政府追求高增长率直接导致高积累率，并通过瓶颈加速投资膨胀。因为，当经济体系的实际增长结构不能支持某种高增长率时，就会发生劳动力和一些部门生产供给的短缺。这种双重的短缺使投资工期延长，从而产生额外的投资需求。卡莱茨基的思想体现了第二种解释。这种解释的政策含义是：加强社会主义宏观经济控制与协调，改善社会主义计划体制与计划方法。

第二，提出了适度积累率和增长率决定的基本方法。投资膨胀，一方面导致投资品供给相对于膨胀的投资需求显得不足；另一方面挤占消费品生产，使消费品供应相对需求也显得不足。因此，政府追求高增长率的行为是导致社会主义经济中普遍短缺和投资与消费冲突的基本诱因。很显然，选择合理的增长率和积累率是避免上述矛盾的关键。卡莱茨基以投资为中心，通过投资率两重运动，揭示了投资率变动引起的长期增长利益和短期消费损失之间的数量关系，提出了在劳动力供给、进出口平衡和投资与消费矛盾因素限制下，两者的平衡点决定适度增长率和积累率的思想方法。

第三，沟通了总增长率、投资率同增长结构、投资结构之间的联系。西方经济理论主要论及总增长量，忽略增长与投资结构协调问题，后者被认为是由市场机制来保证的；社会主义国家十分关心结构问题。卡莱茨基通过下列方式沟通了这两者之间的内在联系：设技术关系给定，实际的国民收入决定应有的投资率，后者又决定相应的各产业结构，增长结构又决定了投资结构或投资分配比例。这里包含了由技术关系决定的总量增长与结构比例之间的协调问题。

第四，提出了制定经济发展长远规划的科学方法。这种方法的基本特征是，把总体与结构联系起来，考虑总增长与增长结构、总投资与投资结构、投资率与投资分配比例之间的相互协调；并考虑种种限制因素和技术进步的因素，使经济长期发展计划建立在稳定可靠的基础上。这种方法避免了传统计划方法的严重缺点，后者片面地从某一产业（如重工业）较高增长出发，安排整个国民经济，可能会导致国民经济畸形发展与比例失调。

卡莱茨基是经济学史上最早完整研究社会主义社会经济增长理论体系的经济学家,为社会主义的宏观经济动态理论奠定了基础,同时也为社会主义宏观经济控制与协调提供了新的方法。这种方法对于我国的经济发展具有很强的借鉴意义。

本章提要

卡莱茨基的理论是马克思主义经济学在当代的新发展,为当代资本主义经济运行规律提供了新解释。卡莱茨基社会主义经济增长理论的核心,是增长率和投资率的决定。以社会主义国民收入核算与经济增长模型为基础是卡莱茨基社会主义经济增长理论的出发点。他关心的主要问题就是消费和积累的矛盾,认为社会主义经济增长的限制主要就是来自消费和积累的矛盾、劳动力供给状况和国际贸易状况。面对上述种种限制,卡莱茨基认为加快社会主义经济增长的根本出路就在于技术进步,只有技术进步才可以提高劳动生产率增长率,从而提高国民收入增长率。从卡莱茨基的模型中,不仅包含了总增长率与投资结构的相关关系,还包含了总增长率与增长结构的相互关系。在上述理论基础上,卡莱茨基形成了一套制定社会主义长远规划的科学方法,为社会主义的宏观经济动态理论奠定了坚实基础。

关键概念

生产性积累 用来增加国民收入手段的部分,即生产性投资与存货增加的总和。

消费 成为商品生产目的的部分,即非生产性投资、集体消费与个人消费的总和。

改进效应系数 设备利用的改善也会影响国民收入。企业借助完善劳动组织、改进原材料利用效率以及消除次品率,而无需大规模的资本支出,就能够提高国民收入。经过设备利用改善,会使国民收入增加 μY,μ 是改进效应系数。

政府决策曲线 反映生产性积累率与消费率之间关系的短期消费损失曲线,以消费者心理反应为基础。这种心理反应是政府决策的基础,故卡莱茨基称之为"政府决策曲线"。

抵制系数 ω 是居民对缩减短期消费的抵制系数,给定收入 i 越大居民消费越少,因此 ω 是关于 i 的增函数。

投资结构 投资结构即总投资在各部门的分配比例关系,决定于投资率和投资品生产增长率与国民收入增长率之间的差额。

思考题

1. 卡莱茨基的经济增长理论中决定社会主义经济增长的因素有哪些?
2. 请推导卡莱茨基经济增长理论基本方程。
3. 卡莱茨基经济增长理论中哪些因素限制社会主义经济增长?
4. 请推导"政府决策曲线"并对其进行简要说明。
5. 劳动供给状况为何限制社会主义经济增长?
6. 卡莱茨基经济增长理论中促进社会主义经济增长的途径是什么?
7. 投资结构与经济增长有什么关系?
8. 卡莱茨基经济增长理论的特点是什么?
9. 卡莱茨基经济增长理论做出了哪些理论贡献?

第五章　调节学派经济增长理论

20世纪60年代末70年代初，资本主义国家陷入长期经济萧条，同时，主流经济理论在解释资本主义危机时的乏力，使得资本主义经济和资本主义经济理论同时陷入危机。以米歇尔·阿格利埃塔（Micheal Aglietta）、阿兰·利比兹（Alain Lipietz）、罗伯特·博耶（Robert Boyer）等为代表的法国经济学家，在继承马克思经济学核心理论与范畴的基础上，吸收借鉴了凯恩斯主义经济学和年鉴学派的部分观点，发展出了一个分析资本主义长期经济演化过程的理论框架，为探索资本主义发展规律提供了独特的分析视角，由此形成了法国调节学派。该学派用"调节"一词，指为了实现经济体系的再生产而对资本主义制度的基础不稳定性加以控制。

在法国调节学派的分析框架中，积累体制（regime of accumulation）、调节模式（mode of regulation）以及制度形式（institutional forms）构成了调节理论的概念基础，其中，积累体制处于核心位置。法国调节学派认为积累的逻辑是资本主义经济制度的核心逻辑，积累在整个再生产过程中具有决定性作用，积累体制深刻影响着资本积累和经济发展的主要方面和主要矛盾。同时，积累并不是简单的经济过程，而是与各种制度（如经济体制、政治体制、意识形态）相联系。长期来看，资本积累呈现出的主要特征则是一整套社会制度的产物。法国调节学派经济增长理论通过分析资本积累过程和影响这一过程的社会制度关系来解释资本积累的长期模式，为理解资本主义长期转变、揭示资本主义内生规律提供了有力解释。20世纪90年代以来，法国调节学派的经济增长理论逐渐被应用于研究发展中国家、亚洲金融危机等问题，在世界范围内产生了较大影响。

在本章中，我们将简单梳理法国调节学派经济增长理论的主要内容，然后研究法国调节学派是如何对当代资本主义国家的积累体制进行分析的，接着利用法国调节学派经济增长理论对我国积累体制演变过程进行回顾概括，最后对法国调节学派经济增长理论对我国积累体制变革的启示作一简单总结。

第一节　调节学派经济增长理论的主要内容

在当代资本主义社会中，资本积累是经济发展的核心驱动力之一。法国调节学派经济增长理论的核心就是积累体制，合理的积累体制可以缓解资本主义经济的不稳定性，带来经济的长期增长，不合理的积累体制会加剧资本主义经济的不稳定性，带来经济危机。然而，资本积累的过程和绩效受到多种因素的影响，例如动态、结构、历史以及累积因果关系的考量。为了更好地理解资本积累问题，法国调节学派经济增长理论对资本主义的积累体制做了历史的、理论的、比较的分析。

一、积累体制的思想渊源

法国调节学派的积累体制思想主要源于马克思的资本积累理论和剩余价值理论。法国调节学派继承了马克思经济学的基本原则，认为积累在资本主义经济运行中具有决定性作用，但同时认为马克思所使用的一些概念过于宏大和抽象，难以直接应用于具体研究，应从中分离出如积累体制、调节模式、制度形式等若干中间概念应用到具体时期、具体形式的资本主义分析中去，以便更好地理解资本主义经济发展过程中动态且复杂的特征。

相比于积累量的大小或积累速度的快慢，调节学派更关注积累过程中质的变化，并强调积累与制度间的关系演变对利润率和价值实现的影响。以马克思剩余价值理论为基础，法国调节学派提出了内涵型积累和外延型积累的概念，这两个概念的理论基础分别是马克思的相对剩余价值理论和绝对剩余价值理论。马克思强调生产过程中的物质资料再生产和生产关系再生产的统一，而法国调节学派以积累体制概念来描绘以供求实现为内容的物质和资本的再生产，以调节模式及制度形式的概念来反映为了维持物质资料再生产而进行的社会关系再生产。积累体制与再生产图示的区别在于二者的代表性参数来源于不同的制度形式，前者来源于劳资关系，后者来源于竞争形式。

就积累问题而言，法国调节学派同马克思有较为明显的区别。马克思的积累理论实际上是关于资本主义生产关系矛盾发展的理论，而调节学派发展积累体制理论的主要目的在于通过详细地分析制度形式对工资和收益间收入分配的影响，以及变现要求与增殖要求的兼容性，构建起经济发展动力并实现对马克思主义经济术语的再利用。

二、积累体制的基本内涵

积累体制是一个宏观层面的概念，指的是维持社会扩大再生产顺利进行的宏观经济体制，法国调节学派用这一概念来描绘长期增长模型的轮廓。具体来说，积累体制是维持稳定经济生产与消费平衡类型的模式，也可以视为维持第一部类（生产部门）和第二部类（消费部门）的平衡的资本再生产模式。积累体制实质上反映了社会化大生产的规律和有规律的增长规律。阿格利埃塔较早提出积累体制是社会转型的一种形式，它是在定义绝对剩余价值的最普遍规范的稳定约束下增加相对剩余价值，是通过改变劳动组织获得相对剩余价值的制度。[1]更具体地，博耶对积累体制概念进行了界定。博耶认为积累体制是一套规则，这套规则确保了资本积累进程的普遍性和相对一致性，或者说，随着时间的推移，这套规则能够消除资本积累进程中自身不断产生的扭曲和非均衡。这些规则涉及以下五个方面：

（1）生产组织发展变化以及生产方式同雇佣工人关系发展变化的标准类型。

（2）资本基于管理准则基础增殖的时限范围。

（3）促进不同社会组群和阶层在生产动力上的价值分配。

（4）有利于生产能力发展趋势的社会需求构成。

（5）当非资本形式在研究的经济构成中占有重要地位时，与这些非资本形式的衔接方式。

前两个规则由经济因素和技术发展趋势和水平决定，后三个更直接地取决于制度形式和调节方式能否有效发挥作用。

三、影响积累体制有效性的因素和积累体制危机

资本积累不单是经济现象，还与广泛的制度变迁相联系。积累体制是以供求实现为内容的物质和资本的再生产，而调节模式及制度形式则是为了维系这种物资再生产而必须进行的社会关系的再生产。每一个稳定的积累体制都需要生产力（技术范式）与生产关系（调节模式、制度形式）之间保持系统稳定性。资本主义经历了不同的历史阶段，每

---

[1] Agiletta. *A Theory of Capitalist Regulation: The U. S. Experience* [M]. London: Verso, 1979: 42.

一阶段都以一种特定形式的积累过程为特征，进而形成特定的积累体制，而每一种积累体制又都具有特定的调节方式，这种调节方式支配着积累过程。

调节学派认为资本主义经济危机具有层次性，大致分为五种：一是由外部冲击产生的危机；二是资本主义周期性危机；三是调节方式的危机；四是积累体制的危机；五是资本主义生产方式本身的危机。积累体制危机意味着最基本的制度形式出现矛盾，积累体制自身受到质疑，从而会影响整个经济发展模式。例如博耶认为20世纪90年代的日本经济危机、1997年的亚洲金融危机都是积累体制的危机。积累体制的危机主要有三种表现：①原有的积累体制无法使已经下降的利润水平得到提升，也无法通过内生的方式恢复投资；②积累的发展使原有支持前一阶段快速发展的社会形式遭到削弱甚至破坏（如原有的生产方法不再有效、使生产发展的需求不复存在等）；③经济技术因素不再起决定作用，社会矛盾加剧，政治纷争激化。无论是何种危机，若想摆脱，都需要建立新的积累体制以及与之相适应的调节方式。而通常新的积累体制和调节方式建立的起点首先表现为资本在劳动过程中发现新的劳动组织形式。

第二节　调节学派经济增长理论对积累体制的分析

与新古典经济学只强调一种类型的资本主义和马克思强调资本主义的一种发展路径不同的是，法国调节学派提出资本主义具有多样性的观点，认为并不存在一套适用于任何时间、地点的经济理论，理论分析必须同具体的现实条件相结合。新古典经济学提供的静态的、均衡的、非历史的经济规律难以为资本主义历史进程的动态演化提供有力解释。

从理论和历史的视角出发，法国调节学派认为不同时期、不同国家的积累体制不尽相同，并且随着分析范围的扩展，多样性特征愈加明显，每种体制都在特定的调节模式框架内运作。在特定制度下，伴随着空间转换和时间推移，生产方式将在某些特征上产生差异，并且由于资本主义在制度和技术上的创新行为的存在，不同积累体制能够在时间上接连出现并在空间上共存。这些观点为我们理解资本主义提供了新框架。

基于多样性理论的思考和对美国、欧洲以及日本等资本主义经济体积累过程的长期观察，法国调节学派总结提炼出积累体制内涵的两个核心参数：积累的特点、需求的特点。其中，根据积累的不同特点可以分为以外延式为主的积累和以内涵式为主的积累；需求的特点决定了工人的消费模式，根据需求的不同特点分为有大规模群众消费和没有大规模群众消费两种类型。进一步地，根据两个核心参数不同特征的组合，法国调节学派首先总结出了三种经典的积累体制类型：外延型积累体制、泰勒积累体制、福特主义积累体制，其中后两种可统称为内涵型积累体制。这三种积累体制是法国调节学派理论中影响最大、传播和应用最广泛的部分。

此后，随着分析时间和空间的进一步扩展，法国调节学派又相继提出了后福特主义积累体制、金融主导的积累体制以及人类主导型积累体制。本节将简要介绍以上六种积累体制的内涵、主要特征和运行逻辑，对此进行回顾有助于我们掌握资本主义在其积累的历史进程中各种体制和矛盾的演变。

一、外延型积累体制

在外延型积累体制中，生产结构和劳动过程是在技术不发生重大变化的情况下运行的。资本有机构成和生产率变动不大，积累主要依靠劳动力数量和劳动时间的增加，更多表现为绝对剩余价值的增加。工会在企业内部地位较低，工人的议价能力较弱。再生产过程中较多地依赖于农民、资产阶级甚至公共支出需求，博耶认为可以将这种体制中的需求理解为利润驱动的需求。这一积累体制的典型案例是18至19世纪的英国经济，在一定程度上确保了英国工业资本主义的兴起。

二、泰勒积累体制：没有大规模群众消费的内涵式积累体制

内涵型积累以生产过程中的技术改善为前提。科学技术和管理方式的变革带来新产品的出现和劳动过程持续变化，推动劳动生产率持续提高，表现为资本有机构成的提高和相对剩余价值的增加。资本主义生产进入大规模生产阶段，享受着规模报酬带来的红利。但采用泰勒主义劳动模式的根本目的在于促进资本快速积累，这种模式导致了大生产与竞争性工资之间的矛盾：一方面工资制的发展使竞争在工资决定中起着重要作用，这种竞争使得工人工资非常容易随着产业后备军的规模变动而变动，并且排除了任何实际工资显著提高的可能，从而抑制了大规模群众消费的出现；另一方面，内涵型积累体制快速提高了劳动生产率和资本有机构成，使资本主义经济积累陷入生产能力扩张与消费相对需求不足的困境，致使积累体制产生矛盾和危机，其基本运行逻辑如图5-1所示。19世纪末20世纪初的美国是这一体制的典型代表。

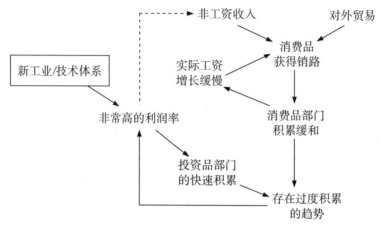

图 5-1 泰勒积累体制的循环

资料来源：Robert B. Technical Change and the Theory of 'Regulation' [D]. *CEPREMAP Working Papers (Couverture Orange)*, 1987: 24.

三、福特主义积累体制：包含大众消费的内涵式积累

自第二次世界大战结束到 20 世纪 70 年代，美国经济发展进入了黄金年代，法国调节学派用福特主义积累体制来描述战后黄金年代宏观经济体制的核心特征——消费和产出的平行增长。一方面是第一部类劳动生产率同人均资本存量平行增长，另一方面是第二部类劳动生产率同实际工资平行增长。由此带来大规模生产和大规模消费并行增长，形成生产与需求之间的"增长的良性循环"，如图 5-2 所示。

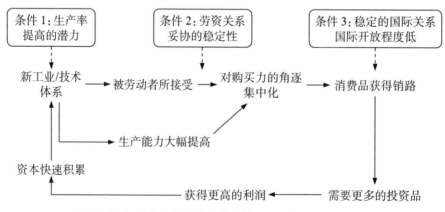

图 5-2 福特主义积累体制的良性循环及其三重条件

资料来源：罗伯特·博耶. 资本主义政治经济学：调节与危机理论 [M]. 桂泽元译. 北京：中国经济出版社，2021：63.

但这种消费和积累的良性循环并不是经济自发形成的结果。福特主义积累体制的形成和维持离不开以下三个条件：福特制劳资关系的制度化、政府干预以及稳定的国际环境。

首先，福特制劳资关系是这一积累体制形成的基础。在生产过程中，伴随着生产和分配的决定权分离，工会实力不断增强，劳动者在劳资谈判中拥有了更大话语权，而资方为了稳定大规模生产以获得高利润而选择同劳动者分享部分利润，进而带来了劳动者收入的增长。资本对于大规模稳定生产的需要也使得整个社会中长期雇佣关系比例上升，缓解了劳资矛盾，促进了劳资关系的和谐发展。同泰勒主义积累体制相比，福特主义积累体制将生产力增长收益分配制度化，使收入分配较为稳定。

其次，积累体制的顺利运行需要政府干预来维持。集体谈判和罗斯福新政促进了大规模大众消费的形成，进而促进了新增剩余价值的实现。凯恩斯主义的宏观经济政策也有助于解决价值实现的困难。国家军备扩张产生的新技术带动了民用部门，提高了劳动生产率。价格制定中的垄断寡头模式也有利于积累体制的稳定，战后货币和信用制度的发展创造了信用扩张和积累所需要的流通手段。

最后，布雷顿森林体系为美国资本积累创造了稳定的外部环境。这些都使得国家可以通过凯恩斯式的逆周期性货币政策和财政政策对宏观经济进行干预，确保由利润转化而来的投资增长和工人购买力的增长相配合。

然而，20世纪60年代之后，资本主义经济外部条件的变化激发了积累体制内部缺陷，生产和消费之间的良性循环难以为继，福特主义积累体制面临危机。一是福特制的大规模生产难以应对差异化产品需求，企业利润获取更加困难，随着生产力提升增速放缓，收入分配矛盾也变得尖锐。二是凯恩斯主义国家干预政策和福利，国家制度给国家财政带来巨大压力。三是布雷顿森林体系的崩溃加剧了国际经济环境的动荡。福特主义积累体制难以促进生产力的进一步发展，并且与之相伴的调节模式的发展潜力也已被耗尽。

四、后福特主义积累体制：不平等加剧下的外延式积累

福特主义积累体制的崩溃首先表现为福特主义劳资关系的瓦解。面对增长乏力、失业增加、企业利润下滑的情况，原有劳动生产率同实际工资平行增长的局面被打破。同时，在劳资协商过程中，作为工人集体代表的工会丧失了谈判优势。企业转而根据工人个人的生产能力进行分散管理，劳动合同和报酬标准也逐步个体化。原有集体形式的劳

资关系被打破，导致劳动者内部收入不平等加剧，甚至出现了工人内部等级斗争取代阶级斗争的倾向。在生产方面，面对多样化的产品需求，企业并没有积极改进生产技术，而是通过降低劳动工资成本的方式来应对。法国调节学派将这种积累体制称为后福特主义积累体制。

虽然从时间顺序来看，后福特主义积累体制替代了福特主义积累体制，但并不意味着新积累体制更能激发经济活力，继而带来更好的经济表现。相反，后福特主义积累体制带来了缓慢的生产力增长、更高的失业率、更不受控制的利润率变动以及社会不平等的加剧。

五、金融主导的积累体制

20世纪80年代末，伴随着金融部门的兴起和金融化的发展，发达资本主义国家在积累过程中出现了明显的偏向资本、牺牲劳动的分配状况。博耶等提出金融主导的积累体制概念来对这一积累特征进行描述，这与新卡莱茨基学派提出的金融主导的资本主义体制（finance-dominated capitalism）有许多相似之处。

首先，在企业投资方面。竞争从产品市场转到金融市场，金融逐渐成为主导产业，非金融公司也越来越多地从事金融活动而不是生产性活动。管理层与股东利益的一致性促使公司将重心转向追求短期股东价值最大化，而非长期增长目标，导致企业长期实际投资积极性降低，资本积累放缓。金融市场将资金更多地配置给潜在投机性收益率更高而非潜在利润率更高的企业，造成了大量的资源错配。

其次，在劳资关系方面。劳资关系转向金融主导性劳资关系。金融在新积累体制中的地位和作用相当于劳资关系在福特主义积累体制中的地位和作用。资本在收入分配中占比越来越高，分配体制极端不平等。工会权力不断被削弱，长期稳定的雇佣劳动关系逐步减少，合同工、短期临时工等更多灵活就业形式逐渐增多，工人的保障也随之减少，导致实际工资长期停滞，家庭消费变得更加谨慎。

最后，在政策层面，前两个方面直接导致了社会总需求不足和经济停滞的趋势。为了维持和扩大需求、克服收入不平等与潜在的经济停滞，一些发达资本主义国家逐渐放松金融市场管制，刺激家庭借贷，并以此作为推动总需求和经济增长的主要动力。金融化提高了以财富为基础的消费潜力和以债务为基础的消费潜力，在一定程度上弥补了再分配失调和实际投资萎靡造成的需求不足。

因此，整个宏观经济动态是由金融市场产生的预期、企业利润增长的实现和利率动态之间的相容性驱动的。但是这种体制导致金融部门和实体部门两极分化，无法实现持续的良性积累，经济具有很强的不稳定和脆弱性，经济泡沫不断扩大，最终为2008年国际金融危机的爆发埋下了祸根。

六、人类主导型积累体制

在对新积累体制进行探索的过程中，法国调节学派提出了人类主导型积累体制。博耶认为资本主义在历史上经历了从"物对物的生产"（福特主义积累体制）向"货币对货币的生产"（金融主导型积累体制）的转换，而下一步将向着"人对人的生产"（人类主导型积累体制）模式转变。在人类主导型积累体制中，"人"将取代"物"和"货币"成为经济发展的主要动力，增长体制集中在教育、培训、健康、休闲活动和城市规划上。①

第三节　新中国成立以来积累体制的动态演进与当前困境

新中国成立70多年以来，我国从积贫积弱的状态一路跃升为世界第二大经济体，创造了举世瞩目的增长奇迹。我国经济发展过程中一个突出的特点是具有很高的积累率。积累是一个动态演进的过程，新中国成立以来，积累体制经历了复杂的演变过程。法国调节学派经济增长理论关于积累体制的独特思想为我们理解我国的积累和发展历程提供新的思路。正如阿格利埃塔所说的，"改革开放以来四十多年中国实力的飞跃应当得到调节理论这一理论工具框架的检验"。同时，法国调节学派这一核心理论也应在中国这一世界第一大发展中国家的历史实践中得到应用。因此，在这一部分，本节将立足于新中国成立以来的积累实践，概览我国积累体制的形成逻辑、制度环境及动态演进过程，并指出未来积累体制可能的演变方向。

---

① Boyer R. The Future of Economic Growth: As New Becomes Old [J]. *Journal of Economics*, 2005, 86（2）: 195.

一、对法国调节学派一些基本概念的解释和调整

法国调节学派的基本概念和观点来自对资本主义经济体经济运行过程中的总结归纳。但我国是社会主义国家,在借鉴法国调节学派理论分析之前,应结合中国实际对一些基本概念进行说明和调整。我们主要对以下三个范畴进行说明:

第一,资本的形态问题。法国调节学派研究的是资本主义制度下的资本,在构成上以私有资本为主。在我国社会主义市场经济体制中包括国有资本、集体资本、民营资本、外国资本、混合资本等多种形态的资本。因此,我们不仅关注资本在总量上的积累,还关注各种资本在积累过程中的比例和竞争关系。

第二,积累的主体问题。法国调节学派所研究的资本主义经济体中的积累主体是私人资本家。但在我国,积累主体还包括国家和地方政府,国家作为整体在进行积累,地方政府也为当地发展进行积累,并且二者在积累过程中占有十分重要的地位。

第三,积累的动力问题。虽然法国调节学派更注重结构主义分析,但在调节学派积累体制理论中,阶级斗争是积累体制演变的动力之一。在调节积累与分配时,资本主义国家的根本目的在于为个体资本积累以获取更多剩余价值,即使短暂的向工资倾斜的分配政策也只是为了获取更多剩余价值而进行的让步。但在我国社会主义制度下,国家具有双重目标,一是促进国家整体的资本积累,二是提高人民生活水平。后者是国家积累的最终目的,即使短暂的向利润倾斜的分配政策,最终也是为了实现人民生活水平的提高。

二、新中国成立以来积累体制的演进

在我国,对资本特征及其规律的认识是随着社会主义市场经济体制的探索和改革开放进程的深入而不断深化的。从积累体制与调节模式的演化来看,新中国成立以来,我国资本积累大致经历了三个大的过程:首先,在新中国成立初期,贫穷落后的现实与快速建立工业化体系目标之间的矛盾,决定了需要通过建立一套调节模式来保障资本的快速积累;其次,当资本完成快速积累后,原有高度计划的体制不能适应积累的需要,需要更适合的调节制度的出现来进一步激发积累活力;最后,当资本积累到一定程度时,需要调整调节制度来规范积累行为,以保障积累体制的可持续稳定运行。

更具体地,我们将新中国成立以来我国积累体制的演变过程大致分为四个阶段。每个阶段积累体制的形成都是基于当时特定的发展目标、制度体系、社会条件和国际经济

形势，由此带来积累的主要动力、特征和矛盾的差异，形成了不同的积累体制。同时，每一阶段都是通过经济结构和制度设计的联合转型来实现当期的积累目标，通过建立适当的调节模式，确保将积累过程中的再生产扭曲和效率损失控制在一定范围内。

（一）第一阶段：1949—1977 年，计划主导的不平衡积累体制

要理解这一时期的资本积累体制就要先明确这一时期国家特殊的发展目标。新中国成立初期，急需大量资本来恢复生产建设，但一穷二白的现实决定了无法利用市场机制和弱化政府规制来推动中国经济起飞，必须依靠国家政策的强制调节来实现资本快速积累。遵循生产资料优先增长的原则，实行优先快速发展重工业战略，我国建立了一套不同于市场制度的调节机制来保障积累的顺利进行。在资本构成方面，资本几乎全部为国有资本或公有资本，几乎不存在私人资本。为了保障积累的顺利进行，通过实行高度集中的计划经济制度，建立了一套分配制度和流通体系，通过采取低利率、低汇率、低工资、低农产品价格等一系列措施人为降低重工业资本形成的门槛，为重工业发展提供廉价的劳动力、原材料、技术和设备。劳资关系方面，由于劳动力价格被严格控制，劳动者只能拿到仅供维持生存的基本工资，实际工资并不随着劳动生产率的增长而增长。与此相适应，通过降低农产品和其他生活必需品和服务的价格降低劳动力价值，使劳动力价值与低工资相匹配。同时，对农业生产进行集中管理，农业部门对农产品的消费维持在最低水平，将大量农业剩余转向了工业部门。

在这一系列政策的调节下，工业部门得以积累大量剩余，这些剩余的吸收并不依赖于社会消费，而是继续投入再生产，在生产领域不断循环，实现资本在工业内部的快速积累。到 20 世纪 70 年代初期，我国逐步建立起比较完整的工业体系，积累率达到了 30% 的水平，为此后经济高速增长奠定了较为坚实的物质基础。

总的来看，这一时期的积累体制是基于服务于特殊时期国家发展需要建立的，国家主导了积累的各个方面，积累的主要目标在于如何创造更多的剩余，而剩余的吸收并不依靠消费部门。因此，在带来投资部门快速发展的同时导致了消费部门发展的停滞，甚至有学者将这种积累描述为内向型自我剥夺的积累。随着积累进程的推进，居民收入水平、消费水平、生活水平长期得不到提高，人民对于物质福利改进的需要日益增加。同时，这种积累体制中的价格是由国家计划确定的，造成各主体激励不足、区域和部门之间发展不平衡等问题越来越突出，原有调节方式无法适应进一步积累需要和人民提高生活水平的需要。

（二）第二阶段：1978—1992 年，竞争主导的外延型积累体制

1978 年我国实行改革开放，由此进入改革开放和社会主义现代化建设的新时期。对内改革、对外开放的政策成为激发积累活力最大的源泉。通过改革调整了不适应生产发展和管理组织的部分，尤其改变了过去一切以计划为纲、价值规律和市场调节难以发挥作用的情况。通过社会主义制度的自我完善和发展，一方面所有制改革扩展了积累主体；另一方面，通过运行机制改革为资本创造出良好的运行条件，国家逐渐放开了对资本发展的限制，给资本积累提供了更大的发展空间。

改革首先从农村开始，家庭联产承包责任制的实施带来农业生产率的提高，创造了农业资金剩余和劳动力剩余，为乡镇企业的发展提供了基础条件。乡镇企业依靠丰富廉价的劳动力优势，进入到长期受压抑的轻工业部门，得以快速发展取得利润，企业实现了资本积累。再者，伴随着全球化浪潮的出现，我国对外关系发生变化。一方面，凭借低廉的劳动力和资源优势，劳动力密集型产品出口大量增加，国内大量剩余被国外市场吸收，为资本积累提供了新空间。另一方面，国外资本开始进入国内，伴随经济特区的设立，外资通过多种方式在国内进行投资，带来先进的技术和管理经验，拓宽了资本积累的渠道，加强了各类资本之间的合作和竞争。

同时，收入分配向劳动者倾斜。在农村，大包干和粮食统购统销政策的调节极大地调动了农民的生产积极性，带来农民纯收入连续多年高速增长。在城市部门，企业扩权改革带来工资奖金制度的松动，城乡劳动者劳动报酬增长速度超过了 GDP 增速。有研究指出，不仅是职工工资总额增长幅度远超国民收入增长幅度，而且职工平均工资增长扣除物价因素后仍超过劳动生产率提高幅度。以收入增加为基础的居民储蓄率提高在促进资本形成过程中发挥了重要作用。

总结来看，这一阶段的积累体制呈现出以下几个特点。第一，从积累主体来看，由单一向多元转变。逐步替代改革开放之前单一国家积累的结构，形成了政府、企业、居民共同积累的结构。第二，从资本形态来看，各种形态资本共存。尤其是私有资本、国外资本被承认，获得了一定的发展空间。各种所有制企业，特别是乡镇企业和民营企业异军突起，形成了竞争格局。第三，从劳资关系来看，偏向劳动的收入分配提高了居民收入增长率，为扩大国内需求和增加储蓄提供了基础。第四，从需求方面来看，消费品部门快速发展带来居民生活水平大幅提高，但巨大的生产剩余无法完全被内需吸收，大量剩余被国外市场吸收，内需不足的问题被旺盛的出口暂时掩盖。但这一时期，市场机制没有建立起来，效率问题仍然难以得到有效解决，资本依旧面临重重障碍，资本的活

力和潜力未能完全释放。已有制度难以适应经济主体进一步积累和发展的需要，需要更包容和有效的调节制度出现。

（三）第三阶段：1993—2012 年，伴随大规模出口的外延型积累体制

随着社会主义市场经济体制的建立和进一步对外开放，这一时期积累体制也更加开放，释放出巨大的积累活力。这一时期积累体制的形成主要受三个重大政策的影响：社会主义市场经济体制的建立、分税制改革以及加入世界贸易组织。

1993 年 11 月，党的十四届三中全会通过《中共中央关于建立社会主义市场经济体制若干问题的决定》，提出建立市场在国家宏观调控下对资源配置起基础性作用的社会主义市场经济体制，坚持以公有制为主体、多种经济成分共同发展的方针以及建立以按劳分配为主体，效率优先、兼顾公平的收入分配制度。我们甚至可以在一定程度上认为建立社会主义市场经济体制目标的正式提出重构了积累体制。首先，社会主义市场经济体制的建立改变了资源配置方式，从计划配置改变为要素市场化配置。其次，通过完善产权制度，很大程度上实现有效激励，尤其是激发了私有资本和私营企业的生产积极性。这些都促进了要素的自由流动，使价格能够灵活反映市场需求，促进市场主体公平有序竞争。

在市场经济条件下，为了理顺中央与地方的分配关系，同时调动中央、地方积极性，加强税收征管，保证财政收入和增强宏观调控能力，1994 年我国开始实施分税制财政管理体制。相比人力资源，土地资源更容易被资本化。分税制改革带来的央地财权事权的重新划分造成地方政府有很大的压力、动机和激励来实行土地财政。在此阶段，土地财政成为地方政府进行经济建设和资本积累的重要源泉。

2001 年中国加入世界贸易组织，充分利用比较优势积极融入全球价值链，实施低成本出口导向战略，出口贸易快速增加，迅速崛起成为"世界工厂"。国内生产出的剩余输出国外，剩余产品出口成为保障我国再生产顺利进行的重要通道。但长时期的贸易顺差，以及持续的过度积累，导致了产能过剩和企业不良贷款增加等问题。

在劳资关系方面，原有工资制度无法适应市场经济体制的需要，难以对劳动者产生有效激励。1993 年国家进行工资改革，在坚持按劳分配的基础上，克服平均主义，实行多种工资制度，解决了一直以来工资"政企不分"的问题，同时积极推动制定最低工资标准，促进个人收入的货币化和规范化。并且，国家明确提出建立正常增资机制，保障工资待遇随着经济发展而逐步提高。这一改革较为充分地发挥了工资的保障作用和激励功能，也有利于政府进行宏观调控和统一管理。

在这一时期，积累过程存在非常激烈的竞争。一方面是企业之间的竞争，一部分企

业面临成本的逐底竞争，延续以低价取胜的竞争策略。随着生产力的提高，市场供给逐渐趋于饱和，另一小部分企业开始谋求转型和创新。企业间的竞争在多个维度展开。另一方面是地方政府间的竞争。分税制改革后，地方政府为了获得更多的税收和积累、地方官员为了晋升，各地政府纷纷大力进行招商引资，通过优惠的土地价格、优惠的税收政策、配套基础设施建设等措施来吸引企业投资和落地。通过政府间的竞争，大规模基础设施建设减少了私人企业进行生产的成本。

总结来看，这一时期的积累体制在需求方面主要依靠出口提供的旺盛需求，国内居民消费需求有明显的缺口，如图5-3所示。在积累方面，企业和地方政府都是积累的主体，在激烈的市场竞争下，积累效率也逐步提升，但由此形成的积累体制并不具有可持续性。第一，在生产方面，依靠低成本取得的竞争优势难以为继，并且随着对资源的过度汲取带来一系列环境污染问题。第二，长期偏投资的经济结构，导致资本收入占比高而劳动收入占比低，劳动收入份额下降和资本收入份额的持续上升，造成居民收入和消费增速缓慢。第三，土地财政带来住房价格和工业用地的快速上涨，进一步挤压了居民消费、提升了企业生产成本。第四，我国持续大规模的对外出口带来巨大贸易顺差，深刻改变了全球贸易格局，引发了大大小小的国际贸易冲突。

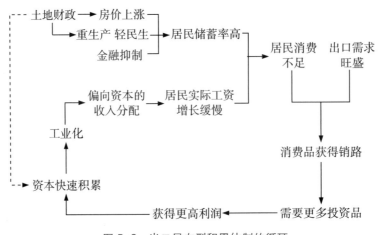

图5-3 出口导向型积累体制的循环

（四）第四阶段：2013年至今，朝可持续发展迈进的内涵型积累体制

党的十八大以来，中国特色社会主义进入新时代，我国经济发展由高速增长步入高质量发展的新阶段。积累体制面临的约束越来越强，积累目标也具有多元化特征，从过去以追求资本积累数量为主，转变为既要保障一定积累数量和速度，也要提高积累质量

和积累效率,还要综合考虑资源环境约束和实现可持续发展的多重目标。

积累体制调整的原因主要有三:一是积累动力转换和效率提升的必然要求;二是应对发生变化的积累外部环境的必然选择;三是兼顾积累过程目标多元化的必然路径。

首先,在积累动力方面,由低要素成本转向基于高水平科技创新。过去我国经济发展过度依赖劳动力、土地、资源等一般性生产要素投入,而人才、技术、知识、信息等高级要素投入比重偏低,导致积累过程中资源能源消耗较多,可持续发展能力差。同时,我国存在资本过度积累的状况,超过理想状态的资本积累规模转化成为大量过剩产能,降低了资本的使用效率和利润率。为应对过剩产能,2015 年中共中央提出供给侧结构性改革,旨在调整经济结构,实现要素优化配置。

其次,当前国际政治经济环境正在发生深刻变化,外需对剩余的吸收逐渐乏力,需要提升国内消费来稳定需求。

最后,在过去,积累过程中对自然环境的影响被忽视。当前资源环境约束越来越紧,要求我们在积累过程中重视人与自然和谐相处,实现可持续发展,既要积累金山银山,也要积累绿水青山。

这一积累体制的主要运行逻辑如图 5-4 所示,在生产过程中,提高人才、技术、知识、信息等高级要素的投入,实现内涵式积累。在生产组织中,通过构建和谐的劳资关系和偏向资本的收入分配,实现劳动收入和生产率同步增长。在消费方面,主要依靠国内居民消费来吸收生产中的剩余,对出口的依赖程度逐渐降低。同以往积累体制不同的是,将资源环境的承载力纳入体制范围内,以提高积累的可持续性。

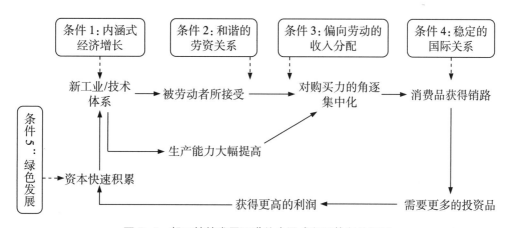

图 5-4 朝可持续发展迈进的内涵式积累体制的循环

资料来源:罗伯特·博耶. 资本主义政治经济学:调节与危机理论 [M]. 桂泽元译. 北京:中国经济出版社,2021:63.

三、我国积累体制演变的主要特征

不同发展阶段的战略目标和具体任务不同,我国积累体制表现出明显的阶段性差异。但从整个发展历程来看,不同阶段积累体制的演变具有内在统一性,每一阶段积累体制所面临的问题在很大程度上是由前一阶段积累过程累积起来的。因此,全面准确把握我国积累体制演变特征不能只着眼某一特殊阶段,而应该从整体的、动态的、演进的角度来考虑。我国积累体制演进过程既呈现出"资本的一般性"的积累规律,也体现出社会主义市场经济中积累的特殊性,主要特征可以总结为以下四点:

第一,资本积累体制是一个由不平衡逐步转向动态平衡的过程。一切事物发展都遵循均衡—失衡—均衡的发展规律,资本积累过程也是如此。新中国成立初期的特殊国情决定了选择不平衡积累战略的必然性,为了经济快速起步,只有通过市场化改革实践鼓励非平衡发展。资本逐利的性质和市场经济规律的作用又将这些初始的不平衡逐渐扩散放大,导致当前积累在城乡间、部门间呈现出不平衡特征。但积累的最终目标还是要实现城乡间、部门间的平衡发展。通过各方面关系的协调和适应,资本积累也逐渐向平衡积累的方向迈进。

第二,积累体制具有较强的灵活性和韧性。灵活性和韧性的基础在于我国特有的户籍制度和土地制度,能够维持劳动力市场供给、迎合积累体制的需要。进城工作失业后的农民工能够回到农村就业,土地制度为其提供了一份"最低保险",能够有效调节积累中最具有活力和能动性的资源——劳动力。在这种灵活性和韧性下,积累体制能够通过自组织、资源创新利用等方式,调整自身适应外部环境,提高体制包容性,增强了体制应对风险的能力,缓解了制度压力。

第三,在积累体制的形成过程中政府深度参与。我国积累体制的形成并不是纯粹市场机制的结果,而是政府同市场共同作用而成,尤其是在体制形成初期,政府的影响更大。一方面,政府通过行政命令等方式直接对资本积累进行干预。另一方面,政府不仅是规则制定者,我国地方政府同时也是资本积累的重要主体,通过各种方式积累大量资本进行基础设施建设,来降低私人资本积累的成本。因此,我们无法忽略政府在积累过程中的重要作用。

第四,积累体制由外延式逐渐向内涵式转变。资本积累的实质是剩余价值的资本化,具有量和质两个方面的含义,量的方面主要表现为资本规模的扩大,质的方面表现为技术进步。从新中国成立起,对于我国这样一个后发的发展中大国来说,资本积累始终面临着如何提高积累数量和质量这两个重要难题,只不过在发展的不同阶段,这两个目标的优先排序不同。在新中国成立初期,积累的主要目标是获得尽可能多的剩余,为经济起飞奠定基础。但随着积累进程的深入,积累面临多方面资源的约束,要兼顾的目标也越来越多,我们既要继续扩大资本积累的规模,也要通过技术进步提高积累质量和效率,还要将积累过程中可能造成的环境污染、资源损耗等负面影响降到最低,实现积累的可持续性。

四、我国积累体制变革面临的多重挑战

(一)第一重挑战:寻找新的积累动力并顺利实现动力转换

习近平总书记明确指出,"综合分析国内外形势,当前和今后一个时期,我国发展仍然处于重要战略机遇期,但机遇和挑战都有新的发展变化"。当前我国积累过程中遇到的最大挑战在于原有积累动力逐渐乏力,需要寻找新的积累动力进行动力转换。过去几十年开放的国际经济环境,为我国创造了(暂时的)兼容的积累制度,但随着当前国际政治经济秩序的变化,全球经济面临着衰退和不稳定日益严峻的情况,原有经济剩余主要依靠出口解决的方式难以为继。而同时,国内消费市场仍有较大的发展空间,国内消费能否成为需求的主力军对于价值实现至关重要。

(二)第二重挑战:新技术下构建和谐劳资关系

资本积累是一个伴随着技术进步的动态过程,随着科学技术的发展,资本形态和就业形态也在不断发生变化,在此背景下如何构建和谐劳资关系成为理论和现实共同面临的难题。例如,随着平台经济的发展,越来越多的资本进入各大平台,形成平台垄断。平台经济由于其雇佣的灵活性在一定程度上能够拉动就业,但在现实中也激化了劳资矛盾。因此,如何促进构建和谐劳资关系对于再生产能否顺利进行十分重要。

(三)第三重挑战:平衡积累与不平衡积累选择

发展中国家在发展过程中面临的最大约束是发展资源的约束,尤其是资本的约束。我国尤其如此,不平衡发展具有累积放大效应,带来区域之间、行业之间积累差距的逐渐扩大。那么,在新时期,如何平衡好资本在区域和行业之间的积累,既能发挥资本活力,又能兼顾公平,最大限度降低积累的代价,是一个极大挑战。

（四）第四重挑战：处理好政府与市场的关系

计划和市场是资源配置的两种方式，而资源配置方式在很大程度上决定了资本积累体制形成和积累效率。一方面，我国积累体制的建立离不开强有力的政府顶层设计和制度调节，这是社会主义制度优越性的体现。但政府过度干预资本运行可能会导致资本"躺平"，使资本丧失活力。另一方面，要充分发挥市场的作用，让市场在配置资源过程中起决定性作用。资本也是一种资源，但资本的特殊性决定了单纯依靠市场规律的调节会带来资本的无序扩张，产生垄断、竞争秩序遭破坏、创新被阻碍、贫富差距扩大等一系列负面影响，同时也会影响金融稳定、经济稳定和社会稳定。在资本积累过程中如何处理好政府和市场关系，既防止资本无序扩张，也防止资本"躺平"，是新时期面临的挑战。

第四节　调节学派经济增长理论对我国积累体制变革的启示

当前，我国资本积累面临新机遇、新任务、新阶段、新要求和新环境，积累过程中需要应对的风险和挑战、需要解决的矛盾和问题比以往更加错综复杂，这对我们积累体制的建设，尤其是提高积累体制的稳定性、可持续性等提出了更高要求。法国调节学派在坚持马克思基本原理和方法的基础上提出了经济增长理论，对世界一些发达经济体积累体制的特征、演变规律做出了较为科学的分析，为新时期我国积累体制建设提供了有益的借鉴。但调节理论的基本概念和观点来自对资本主义体制的考察和总结，而我国是社会主义国家，在借鉴调节学派经济增长理论、运用其基本原理时，应当结合中国现实对资本、资本积累、资本积累体制问题进行分析。借鉴发达资本主义国家在资本积累过程中的历史经验教训，新时期我国资本积累体制变革应注重以下五点。

1. 坚持党的领导，始终把握积累体制变革的正确方向

党的坚强领导，体现了我国社会主义制度能够集中力量办大事的制度优势，是实现积累行稳致远的根本保证。正如阿格利埃塔指出的，中国实行改革的优势在于有一个强有力的统一的政治体制。一方面要坚定不移地坚持党的领导，牢牢把握正确的政治方向，使资本积累始终服从和服务于人民和国家利益，这是马克思主义的根本立场，也是在我国社会主义市场经济条件下发挥资本作用的根本立场。另一方面要坚持党领导一切经济工作的核心地位，将资本积累融入经济工作的大局当中，协调积累与消费、积累与发展之间的关系，引导资本积累以适当的方式和节奏进行调整和变革，发挥资本在推进国家重大发展战略中的作用。

2. 实现有效市场和有为政府的统一，提高积累体制的运行效率和质量

计划和市场是配置资源的两种方式，而资本作为市场经济中最基本的要素，配置效率的高低直接影响积累效率。我国社会主义初级阶段基本经济制度要求市场在资源配置过程中起决定性作用，同时更好地发挥政府作用，实现有效市场和有为政府的结合。一方面，充分发挥市场在配置资本过程中的积极作用，激发资本活力，着力创造各类资本公平竞争的良性生态。另一方面，资本的逐利性决定了其在运行过程中更容易出现无序扩张的问题，带来垄断、资本脱实向虚等问题，决定了必须通过政府对资本进行合理的规范和引导，防止资本无序扩张。在有效市场和有为政府的双重作用下，保证资本积累体制的运行效率和质量。

3. 构建和谐的劳资关系，完善收入分配政策，夯实积累体制运行的基础

劳资关系是最基本的生产关系，劳资关系的调节对于积累体制的稳定具有重要作用，需要国家发挥调节作用。而马克思曾明确指出，在资本主义生产条件下，劳资关系从根本上是对立的，任何劳方状况的改善都是资方基于积累需要而进行的暂时让步。为了保障社会再生产的顺利进行，可以通过采取不同的劳动关系调节模式来缓和劳资矛盾。一方面，坚持以按劳分配为主体、多种分配方式并存的基本分配制度，在处理资本利益分配过程中，既保障资本的合法收益，更要维护人民群众的利益，促进积累效率与公平相统一，实现实际工资率同劳动生产率并行增长。另一方面，重点关注新技术雇佣关系演变条件下劳资关系的变化，尤其是在数字经济时代、新技术变革时期，在技术和劳动的变化过程中，要切实保护好劳动者权益，避免劳动条件和劳动待遇出现"向下竞争"。

4. 处理好积累和消费之间的关系，保障积累体制实现高水平动态平衡

能否处理好积累与消费之间的关系事关再生产能否顺利进行。虽然积累的源泉并非来自消费，但是积累过程的持续进行需要消费需求的相应扩张支撑，同时积累也要以提高人民生活水平为出发点和落脚点，尤其是在构建以国内大循环为主体的新发展格局中，国内有效需求起着关键作用。这要求我们在积累与消费之间寻找动态平衡。因此，要充分发挥我国超大规模市场优势，通过繁荣国内消费、畅通国内大循环为资本积累提供广阔的市场。

5. 注重同积累体制相适应的其他制度改革

积累体制的顺利运行需要与之契合的调节模式，一旦现有调节模式与积累体制不匹配，就会给积累体制带来不稳定性风险。因此，还要注重调节模式的调整和变革，建立同积累体制相适应的调节模式，增强制度间的协调性和互补性。

本章提要

新中国成立至今已走过70余载，虽然这在人类历史长河中只是瞬间，但新中国一路积累一路发展，从积贫积弱的落后农业国成长为当今世界第二大经济体的历程却是复杂曲折的。这不仅因为中国资本积累进程本身的艰难，还因为积累进程同工业化、市场化改革、全球化以及世界信息技术革命等多重进程融合叠加，各种复杂的制度因素、技术因素、环境因素综合作用于中国积累体制的形成和演变。这种复杂性一方面给理解中国积累体制带来了困难，另一方面又为我们解读中国积累体制留下了空间。

法国调节学派在继承马克思经济学核心理论与范畴的基础上强调动态、结构、历史、累积因果论述的分析方法，以资本积累过程与绩效为核心，结合资本主义发展的历史和现实，从各种制度结构及其功能上就资本积累的过程、动力、障碍以及绩效等问题进行了全面讨论，为我们理解积累体制提供了独特视角。本章从法国调节学派的经济增长理论出发，回顾、梳理和总结了新中国成立以来积累体制的形成逻辑、制度环境及动态演进过程，并根据积累的性质、目标和历史环境等差异，将我国积累体制变革过程分为四个阶段。我们发现，新中国成立以来的积累过程既体现出"资本的一般性"的积累规律，也体现出社会主义市场经济中资本特殊的积累规律。

我国积累体制变革必然是一个长期的、复杂的、整体的、动态的过程。重要的不仅在于确定具体的积累目标，还在于选择符合实际国情和需要的积累体制，并且根据不断变化的条件对体制进行逐步调整，通过积累体制不断的自我调整和变革在更大程度上适应社会再生产的要求，在稳定和发展过程中实现体制变迁，以避免由此带来的秩序失衡和经济失效。

关键概念

法国调节学派 以米歇尔·阿格利埃塔、阿兰·利比兹、罗伯特·博耶等为代表的法国经济学家在继承马克思经济学核心理论与范畴的基础上吸收借鉴了凯恩斯主义经济学和年鉴学派的部分观点，发展出了一个分析资本主义长期经济演化过程的理论框架，为探索资本主义发展规律提供了独特的分析视角，由此形成了法国调节学派。在法国调节学派的分析框架中，积累体制、调节模式以及制度形式构成了调节理论的概念基础，其中，积累体制处于核心位置。

积累体制 积累体制是一个宏观层面的概念，指的是维持社会扩大再生产顺利进行的宏观经济体制，法国调节学派用这一概念来描绘长期增长模型的轮廓。具体来说，积累体制是维持稳定经济生产与消费平衡类型的模式，也可以视为维持第一部类（生产部门）和第二部类（消费部门）的平衡的资本再生产模式。积累体制实质上反映了社会化大生产的规律和有规律的增长规律。

外延型积累体制 在外延型积累体制中，生产结构和劳动过程是在技术不发生重大变化的情况下运行的。资本有机构成和生产率变动不大，积累主要依靠劳动力数量和劳动时间的增加，更多表现为绝对剩余价值的增加。

泰勒积累体制 没有大规模群众消费的内涵式积累体制。采用泰勒主义劳动模式的根本目的在于促进资本快速积累，这种模式导致了大生产与竞争性工资之间的矛盾：一方面工资制的发展使竞争在工资决定中起着重要作用，这种竞争使得工人工资非常容易随着产业后备军的规模变动而变动，并且排除了任何实际工资显著提高的可能，从而抑制了大规模群众消费的出现；另一方面，内涵型积累体制快速提高了劳动生产率和资本有机构成，使资本主义经济积累陷入生产能力扩张与消费相对需求不足的困境，导致积累体制产生矛盾和危机。

福特主义积累体制 包含大众消费的内涵式积累。一方面是第一部类劳动生产率同人均资本存量平行增长，另一方面是第二部类劳动生产率同实际工资平行增长。由此带来大规模生产和大规模消费并行增长，形成生产与需求之间的"增长的良性循环"。

后福特主义积累体制 不平等加剧下的外延式积累。面对增长乏力、失业增加、企业利润下滑的情况，原有劳动生产率同实际工资平行增长的局面被打破；在劳资协商过程中作为工人集体代表的工会丧失了谈判优势；企业转而根据工人个人的生产能力进行分散管理，劳动合同和报酬标准也逐步个体化，导致劳动者内部收入不平等加剧，甚至出现了工人内部等级斗争取代阶级斗争的倾向。在生产方面，面对多样化的产品需求，企业并没有积极改进生产技术，而是通过降低劳动工资成本的方式来应对。法国调节学派将这种积累体制称为后福特主义积累体制。

金融主导的积累体制　首先,在企业投资方面。竞争从产品市场转到金融市场,金融逐渐成为主导产业,非金融公司也越来越多地从事金融活动而不是生产性活动。其次,在劳资关系方面。劳资关系转向金融主导性劳资关系。金融在新积累体制中的地位和作用相当于劳资关系在福特主义积累体制中的地位和作用。最后,在政策层面。前两个方面直接导致了社会总需求不足和经济停滞的趋势。为了维持和扩大需求、克服收入不平等与潜在的经济停滞,一些发达资本主义国家逐渐放松金融市场管制,刺激家庭借贷,并以此作为推动总需求和经济增长的主要动力。

人类主导型积累体制　在人类主导型积累体制中,"人"将取代"物"和"货币"成为经济发展的主要动力,增长体制集中在教育、培训、健康、休闲活动和城市规划上。

思考题

1. 请简述法国调节学派经济增长理论的主要内容。
2. 试阐述积累体制的危机的三种表现。
3. 简要介绍六种积累体制的内涵、主要特征和运行逻辑。
4. 请阐释福特主义积累体制的形成和维持需要的三个条件。
5. 请对法国调节学派一些基本概念作解释和调整。
6. 请说明新中国成立以来我国积累体制演变过程四个阶段的主要特征。
7. 请阐述我国积累体制演变的主要特征。
8. 试说明我国积累体制变革面临的多重挑战。
9. 法国调节学派经济增长理论对我国积累体制变革有何启示?

第三篇

西方经济学经济增长理论

第六章　哈罗德—多马经济增长理论

作为动态增长理论的起承转合，哈罗德—多马模型无疑在增长理论史上发挥了重要作用，1939—1952年间，哈罗德和多马相继发表的多篇文章，分别从不同角度阐述了乘数—加速数原理对产出增长的影响，并将IS—LM模型从静态分析扩展到动态，而最为重要的是分析了它对经济增长的含义，此后，经济增长理论被纳入宏观经济学，并使千百万经济学家对经济增长这一问题进行了百年的持续研究。

第一节　哈罗德对增长理论的复兴

英国经济学家哈罗德和美国经济学家多马根据凯恩斯收入决定论的思想，把凯恩斯理论动态化和长期化，差不多在同时，分别推演出极为相似的长期经济增长理论，合称为哈罗德—多马模型。这一经济增长模式的提出，不但带来了动态理论的复归，而且奠定了现代增长理论的基本框架。

如果从研究内容来看，哈罗德—多马模型奠定了现代经济增长理论的基本框架，也标志着经济增长理论在主流经济学中的复兴。英国经济学家哈罗德在《关于动态理论的一篇论文》（1939）和《走向动态经济学》（1948）中将凯恩斯的短期宏观经济分析动态化、长期化；几乎与此同时，美国经济学家多马在《资本扩张、增长率和就业》（1946）和《扩张和就业》（1947）中独立地提出了与哈罗德模型相似的主要结论，人们习惯上将这两个模型合称为哈罗德—多马模型。哈罗德模型以凯恩斯的收入决定论为理论基础，在凯恩斯的短期分析中整合进经济增长的长期因素，主要研究了产出增长率、储蓄率与资本产出比之间的相互关系，用有保证的增长率、实际增长率和自然增长率三个概念分析了一个经济在充分就业水平上连续生产所必须满足的长期条件，认为只有一个经济体的实际增长率同时等于有保证的增长率和自然增长率时，才能实现连续的充分就业，实现长期均衡的增长。这时，经济增长便进入了罗宾逊所说的"黄金时代"。

第二节 哈罗德—多马经济增长模型

一、哈罗德模型

哈罗德模型以凯恩斯的收入决定论为理论基础，在凯恩斯的短期分析中同时整合了经济增长的长期因素，主要研究了产出增长率、储蓄率与资本产出比三个变量之间的相互关系，认为资本积累是经济持续增长的决定性因素。

1. 哈罗德模型的基本假定

（1）假定消费者边际储蓄倾向为 s，且与平均储蓄倾向相等，储蓄 S 是国民收入 Y 的函数：$S = sY$。

（2）假定劳动力 L 以不变、外生的速率 n 增长，即 $n = \frac{\Delta L}{L}$。

（3）假定不存在技术进步和资本存量的折旧。

（4）假定生产函数具有固定系数的性质，生产一单位产出 Y 需要的劳动 L 和资本 K 唯一给定，即：

$$Y = \min\left[\frac{K}{v}, \frac{L}{u}\right]$$

其中，乘数 $u > 0$ 是劳动对总产出的比率，这意味着生产任何给定的产出都需要 $\frac{L}{u}$ 单位的劳动。乘数 $v > 0$ 是不变的资本产出比，即 $v = \frac{K}{Y}$。

进一步扩展假定,视平均的和边际的资本产出比（the Incremental Capital Output Ratio, ICOR）是一致的，有：

$$v = \frac{\Delta K}{\Delta Y}$$

固定比例的里昂惕夫生产函数

由于比例固定，如果 $\frac{K}{v} = \frac{L}{u}$，那么所有的工人和机器都得到充分的利用；如果 $\frac{K}{v} > \frac{L}{u}$，那么只有 $\frac{v}{u}L$ 的资本得到利用，其余被闲置；如果 $\frac{K}{v} < \frac{L}{u}$，那么只有 $\frac{u}{v}K$ 的劳动得到利用，其余的处于失业状态。

2. 哈罗德模型的基本方程

根据凯恩斯的收入决定论，只有当投资（I）与储蓄（S）相等时，经济活动才能达到均衡状态，则有：

$$I = S$$

由于假定资本存量不存在折旧，则资本存量的增量 $\Delta K = I$，从而有：

$$\Delta K = S$$

两边同除以产出增量 ΔY，可得：

$$\frac{\Delta K}{\Delta Y} = \frac{S}{\Delta Y}$$

因为 $v = \frac{\Delta K}{\Delta Y}$，且 $S = sY$，则进一步有：

$$v = \frac{sY}{\Delta Y}$$

令 $G = \frac{\Delta Y}{Y}$，可得哈罗德模型的基本方程：

$$G = \frac{s}{v}$$

3. 有保证的增长路径

经济的移动均衡增长路径（哈罗德所描述的有保证的增长路径），其目标是实现完全的经济均衡，即工业与商业投资决策在任何时候都必须遵守的必要的均衡增长路径。为了实现这种均衡增长路径，所有的净储蓄（即国民收入减去消费支出后的剩余部分）需要被连续的投资所吸收。具体来说，这种均衡增长路径要求经济系统中的生产、储蓄和投资之间达到一种动态平衡状态。在这种状态下，生产必须与投资相匹配，以确保经济保持稳健的增长，同时储蓄必须与投资相等，以避免通货膨胀或通货紧缩。

因此，哈罗德强调了净储蓄在经济增长中的作用，强调投资对于实现经济增长的重要性。只有当全部净储蓄能够被连续的投资所吸收，才能够实现经济的移动均衡增长路径。究竟在什么样的增长率上，厂商才能始终选择均衡增长所要求的等于国民收入的 s 百分比的投资量？哈罗德利用加速器原理，即厂商为追加一单位产出将需要 v_r 单位的追加投资，得出产出的有保证的增长率，有：

$$G_w = \frac{s_f}{v_r}$$

其中，G_w 表示有保证的增长率，s_f 为意愿的充分就业下的储蓄率，v_r 为追求利润极大化的企业家合意的边际资本—产出比。如果产出按国民收入的 $\frac{s_f}{v_r}$ 百分率提高，将要求一个相当于乘以 $\frac{s_f}{v_r}$ 的均衡投资，它就等于国民收入的 s_f 百分率。用哈罗德的例子来说，他建议用一个占国民收入 10% 的典型的 s_f 和等于 4 的 v_r，去产生一个等于 2.5% 的有保证的增长率。由此可见，如果存在连续的储蓄，那么为了取得均衡就要求生产也连续地按几何级数增长。

4. 经济长期均衡增长的条件

哈罗德模型用有保证的增长率、实际增长率和自然增长率三个概念分析了一个经济在充分就业水平上连续生产所必须满足的长期条件：

（1）经济必须在每一年使投资等于充分就业的储蓄，即经济的实际增长率必须等于有保证的增长率。如果投资份额低于充分就业时的储蓄率 s_f，那么有效需求相对于充分就业必然是不足的。因此，经济长期均衡增长第一个必需的条件是：

$$G_A = G_w = \frac{s_f}{v_r}$$

其中，G_A 为实际发生的增长率，即事后增长率，它由实际储蓄率 s_f 和实际的资本—产出比 v_r 所决定。这一条件的含义是，均衡增长将使充分就业的储蓄连续地被投资。

（2）为保持连续充分就业，经济增长率必须等于实际劳动力增长率加上劳动生产率的增长率，即自然增长率。因此，经济长期均衡增长第二个必需的条件就是：

$$G_A = G_N = n + a$$

其中，G_N 为自然增长率，是由人口和技术水平所决定的经济增长率，是潜在的最大经济增长率，或者是最大可能达到的经济增长率，适应于技术进步，又能保证充分就业。n 为基本假定中的劳动力增长率，a 为劳动生产率的增长率。

综上所述，一个经济只有当它的实际增长率 G_A 同时等于有保证的增长率 G_w 和自然增长率 G_N 时，才能实现连续的充分就业，实现经济长期均衡的增长。当以上三个经济增长率相等时，经济增长便进入了罗宾逊所说的"黄金时代"。

二、多马模型

在哈罗德模型出现后不久，多马也以凯恩斯理论为基础，将这一理论动态化、长期化，建立了多马经济增长模型。多马模型与哈罗德模型存在许多相似性，都产生了长期均衡增长的条件，都预见了长期充分就业均衡增长的困难，都面临着同样的刃锋问题。但是这两个模型也具有一定的差异性，其中最大的区别就在于哈罗德模型注重完全就业，而多马模型则更强调投资的双重性，即投资不仅是创造收入的工具，而且也能增加生产能力。具体表现为投资通过凯恩斯的乘数过程决定收入的实际水平，由于投资增加了资本存量的规模而增加了收入的最高潜在水平，即生产能力。

运用类似于哈罗德模型的推导过程，多马认为存在着一种均衡增长率，即能满足一个时期的实际产出增量 ΔY 恰好等于该时期最高潜在产出增量 $\Delta \bar{Y}$ 的增长率，并且总产量的均衡增长率 $\frac{\Delta Y}{Y}$ 又正好与投资增长率 $\frac{\Delta I}{I}$ 相等。假定在一定的技术条件下，用 σ 来表示已知投资水平下生产潜在能力的变化率，并设其为常数。资本的存量增量与投资相等，即有 $\Delta K = I$，则 $\frac{\Delta Y}{\Delta K} = \sigma = \frac{\Delta Y}{I}$，从而有 $\Delta Y = \sigma \cdot I$。作为均衡增长率的前提是 $\Delta Y = \Delta \bar{Y}$，所以 $\Delta \bar{Y} = \sigma \cdot I$。

根据凯恩斯的乘数理论，实际产量增量 ΔY 等于投资乘以投资乘数 $MULT$ 即 $\Delta Y = \Delta I \cdot MULT$，而 $MULT = \frac{1}{1-MPC} = \frac{1}{MPS}$，其中 MPC、MPS 分别为边际消费倾向和边际储蓄倾向。因此，实际产出的增量公式就可写为：

$$\Delta Y = \frac{1}{MPS} \cdot \Delta I$$

进而有 $\sigma \cdot I = \frac{\Delta I}{MPS}$

经变换后可得：

$$\frac{\Delta I}{I} = \sigma \cdot MPS$$

因为有 $\Delta Y = \Delta \bar{Y} = \sigma \cdot I$，且均衡时投资与储蓄相等 $I=S$，而储蓄又与实际产出和边际储蓄倾向的乘积相等，即 $S=MPS \cdot Y$，从而有下式成立：

$$\frac{\Delta Y}{Y} = \sigma \cdot MPS = \frac{\Delta I}{I}$$

我们用 G 表示均衡增长率，则其基本公式为：

$$G = \sigma \cdot MPS$$

这一方程非常类似于哈罗德模型的基本方程。

第三节　哈罗德—多马模型的长期均衡与增长的不稳定性

哈罗德模型采取长期的动态分析方法，将凯恩斯的储蓄转化为投资并加以动态化，引入了时间因素，使其理论具有说服力和应用价值，而且模型中所描述的经济增长率、储蓄率和资本产量比之间的关系是正确的，具有应用价值。除此之外，该模型从供给与需求相结合的角度上揭示了经济增长，克服了凯恩斯理论的局限性。从哈罗德—多马模型中可以看到，如果在现实经济活动中出现的实际增长率等于企业家感到满意的增长率，即有保证的增长率，那么实际资本产出比就必然等于企业家所需的资本产出比率，由于资本主义国家中的积累或者资本增量取决于资本家的意愿，那么国民收入按照有保证的增长率增长，才会使资本家保持愿意进行进一步增长的心理状态，使得国民收入不断增长，但是哈罗德模型中的论点不足以支持很多问题，或者说在他的模型中无法解决的三个经典问题：

（1）哈罗德模型中增长的均衡是否存在的问题。根据模型中的结论，只有 $G_A = G_W + G_n$ 时，才会出现稳定均衡的增长，在现实经济活动中，这一情况毕竟是有可能出现的，因此哈罗德认为，在资本主义条件下，实现充分就业均衡增长的可能性是存在的。但另一方面，储蓄率 s_f 由经济中的厂商和居民的偏好决定，资本产出比 v_r 是一个技术性的假定，而劳动增长率却由生物因素决定，因而这种情况的可能性非常小，所以长期均衡是很偶然的现象。具体而言，如果有保证的增长率大于自然增长率，就意味着投资率超过了人口增长和技术进步允许的水平，经济将往下向自然增长率偏离，陷入萧条之中；如果有保证的增长率低于自然增长率，则产出将往上向自然增长率接近，经济不断走向繁荣。于是，哈罗德认为，这种理想的充分就业的均衡增长途径是存在的，但是，一般说来，实现充分均衡增长的可能性是非常小的，这说明它只代表一种在任何实际经济中都不能达到的神话般的情况。但这也恰恰反映了那时资本主义经济发展的现实情况。正如哈罗德所说："在静态理论中，如果生产者生产的过少，他们将对他们得到的价格感到满意并觉得幸福，但这并不被认为是正确的产出；他们将被鼓励生产更多，均衡产出将被认为是刚好使他们满意并引致他们继续维持下去的这样一种产出水平，同样，有保证的增长率，也是使他们满意并使他们继续保持下去的增长率。按照我的观点，有保证的增长率与就均衡之间的差别（即动态理论与静态理论之间）是，如果他们的生产超过了有保证的增长率，他们将不仅是被满足，并且被鼓励，反之则相反，而在静态条件下均衡的场合则发生相反的情况，在环绕（静态）均衡四周中的领域包含着向心力，而在有保证的增长率的周围则包含着离心率。"

（2）均衡路径是否稳定，即一旦增长偏离了均衡路径，其本身是否能够自动回到均衡增长路径上（哈罗德模型的刃锋性质）。哈罗德模型把经济增长的路径设计为储蓄转换为投资，即资本积累，从而形成了刃锋上的增长，即经济不能自行纠正实际增长率与有保证的增长率之间的偏离，而且还会累积性地产生更大的偏离。具体来讲，有保证的增长率是建立在给定企业家预期类型基础上的加权平均率，如果实际增长率小于有保证的增长率，则意味着企业家们生产能力的扩张超过了现有需求量，他们将会压缩投资，并通过乘数效应压低有效需求和产出，而这又将导致更大的生产能力过剩，不平衡不断重复下去。如果实际增长率大于有保证的增长率，则相反的情况将会发生，形成累积性的经济扩张。资本—产出比不变的假定是不合理的。这一假定意味着生产要素，即资本和劳动的不可替代性。索洛指出："有保证增长率和自然增长率之间的矛盾根本是取决于这一决定性的假定，即生产是在固定比例之下进行的。如果这一假定不存在的话，不稳定的刃锋概念似乎也随之不存在。"①

（3）哈罗德—多马模式过分强调资本积累在经济增长中的决定性作用，从而把经济增长源泉推向一个"唯资本积累"的程度，忽视了技术进步的作用。哈罗德虽然强调了"中性"的技术进步，如哈罗德在《动态经济学导论》中指出："我把中性进步定义为在不变的利息率下不干扰资本系数值的进步"，而且"被定义为中性的技术进步，在利息率不变的假定下将使国民总产值在（广义）劳动和资本之间的分配不变。"②可见，哈罗德中性技术进步对经济增长的影响可以忽略不计。

针对以上评价，哈罗德也曾进行反击，哈罗德充分理解资本和劳动是可以替代的。哈罗德假定的技术函数的间接含义是资本和劳动力在产品生产中完全不能相互替代，需要指出的是，哈罗德并没有直接假定资本和劳动是不可替代的，在 1960 年的论文中，指出了利率和资本—产出比的互逆关系，并说"应该能够满足那些抱怨我没有考虑和其他合

---

① Solow R. A Contribution to the Theory of Economic Growth [J]. *Quarterly Journal of Economics*, 1956: 65.

② Harrod R. Towards a Dynamic Economics: Some Recent Developments of Theory and Their Applications to Policy [M]. London: Macmillan, 1942: 28-28.

意函数的替代性问题的反对者吧"。因此，可以得出结论，如果利率固定，资本产出比也固定，而资本产出比的不变形应是来自经济体制，而不是来自任意的技术假定。资本产出比的变化需要利率的变化，"基本条件可能需要一种稳定下降的利率，我们发现，很难设想资本市场如何能够成功提供这样的稳定下降"。阻止利率下降的任何力量——例如凯恩斯"流动性陷阱"——应该能阻止资本产出比的自有变动，而即使其在技术上是变动的，哈罗德问题也能出现，至少有四种观点可以支持哈罗德资本产出比固定的看法：第一，资本产出比的固定是技术的结果，哈罗德的模型已经被经常用这种方法解释，虽然似乎很少有理由相信这是他的意见；第二，资本产出比多少能有一些变动，但不足以确保有保证的增长率和自然增长率会一致；第三，资本和劳动在技术上说是可以替代的，但边际资本产出比固定实际上由于要素价格（特别是利率）缺乏易变性；第四，长期的利率决定于福利的需要，没有理由使它调整到符合于使有保证的增长率和自然增长率相等的适当水平。

总之，用资本和劳动彼此不能替代以及假定资本—产出比率为技术常数的情况来解释哈罗德的理论是不恰当的。哈罗德充分了解技术替代的可能性，但他认为，如果货币和资本市场不能通过利率变化来确保"黄金时代"的到来和持续存在，那么基于资本产出比率恒定的分析将是富有成果的。即使 v 在技术上能够发生变化，但也受到相对缺乏灵活性的利率的制约，这也是哈罗德理论的一个问题所在。

第四节　哈罗德—多马模型的地位及其特点

哈罗德—多马模型的理论基础是凯恩斯理论。哈罗德不仅在理论上秉承了凯恩斯投资率等于储蓄率的核心概念，而且将其长期化和动态化。例如，他应用了对经济增长至关重要的有保证的增长率，即资本家感到满意并维持下去的增长率，这与凯恩斯所说的资本的边际效率是相似的。因此，他们都认为决定经济增长的因素在于资本家的预期，即夸大了资本家的乐观或悲观情绪。

哈罗德模型采取长期的动态分析方法，将凯恩斯的储蓄转化为投资加以动态化。而且模型所描述的经济增长率、储蓄率和资本产量比之间的关系是正确的，具有应用价值。除此之外，该模型从供给与需求相结合的角度上解释了经济增长，克服了凯恩斯理论的局限性。但是哈罗德模型也存在一些问题，它把经济增长路径设计为储蓄转化为投资，即资本积累，从而形成了"刃锋上的增长"，即经济不能自行纠正实际增长率与有保证的增长率之间的偏离，而且还会累积性地产生更大的偏离。具体讲，有保证的增长率是建立在给定企业家预期类型基础上的加权平均率，如果实际增长率小于有保证的增长率，则意味着企业生产能力的扩张超过了现有需求量，它们将会压缩投资，并通过乘数效应压低有效需求和产出，而这又将导致更大的生产能力过剩，不平衡会不断重复下去。如果实际增长率大于有保证的增长率，则相反的情况将会发生，形成累积性的经济扩张。

多马模型与哈罗德模型存在许多相似性，它们都推导了长期均衡增长的条件，都预见了长期充分就业均衡增长的困难，都面临着同样的"刃锋"问题。但是这两个模型也具有一定的差异，其中最大的区别就在于哈罗德模型注重完全就业；而多马模型则更强调投资不仅是创造收入的工具，而且也能增加生产能力，具体表现为投资增加了资本存量从而增加了收入的最高潜在水平，即生产能力。

虽然哈罗德—多马模型存在不可避免的缺陷，但却是现代增长理论的开端，自此之后，增长理论被纳入宏观经济理论，并成为今日宏观经济重要的组成部分，一些关键的术语，如稳定状态和平衡增长，都发轫于他们的著作中，同时他们克服了凯恩斯关于勤俭悖论的观点，重新复兴古典经济学对资本积累的重要作用。他们的理论，不但为经济增长开辟了先河，同时也为商业周期的形成提供了自己的观点。

本章提要

哈罗德—多马经济增长理论模型是20世纪50年代初期基于凯恩斯主义理论基础发展起来的经济增长理论，这一经济增长模式的提出，不但带来了动态理论的复归，而且奠定了现代增长理论的基本框架。

哈罗德模型以凯恩斯的收入决定论为理论基础，将经济增长的长期因素整合进凯恩斯的短期分析中，主要研究了产出增长率、储蓄率与资本产出比三个变量之间的相互关系，认为资本积累是经济持续增长的决定性因素。在哈罗德模型出现后不久，多马也以凯恩斯理论为基础建立了多马经济增长模型。多马模型与哈罗德模型存在许多相似性，它们都面临着同样的刃锋问题；这两个模型也具有一定的差异性，其中最大的区别就在于哈罗德模型注重完全就业，而多马模型则更强调投资的双重性，即投资不仅是创造收入的工具，而且也能增加生产能力。

哈罗德—多马经济增长模型强调了储蓄和投资之间的相互作用关系对于长期经济增长的重要性，并提出了有保障的增长路线的概念，这给当时的经济学理论界带来了新的思路，但其模型中存在无法解决的经典问题：(1) 哈罗德模型中增长的均衡是否存在；(2) 均衡路径是否稳定，即一旦增长偏离了均衡路径，其本身是否能够自动回到均衡增长路径上；(3) 哈罗德—多马模式过分强调资本积累在经济增长中的决定性作用，从而把经济增长源泉推向一个"唯资本积累"的程度，忽视了技术进步的作用。

总之，哈罗德—多马经济增长理论模型通过储蓄和投资之间的关系和有保障的增长路径的概念，探究了经济增长的长期稳定状态，而其不足之处在于"刃锋问题"的存在。不过，该模型对于当代经济学的发展和贡献也是不可忽略的。

关键概念

乘数原理 投资的增长会通过乘数作用使收入增加，进而刺激消费，并进一步促进投资以更快的速度增长，从而产生循环放大效应。反之亦然。

加速数原理 收入变动或消费需求的变动引起投资变动的理论。它的实质是，对资本品的需求是一种引致需求，对产出需求的变化会导致对资本存量需求的变化，从而引致投资。

有保障的增长路径 指生产与投资相匹配、储蓄与投资相等，经济系统中的生产、储蓄和投资之间达到一种动态平衡状态，一定水平的经济增长和就业保持稳定的长期经济增长路径。

稳定性 经济系统对于外部冲击和内部扰动的抵御能力和自我调节能力，长期稳定性是经济增长的一个重要目标。

刃锋性质 经济不能自行纠正实际增长率与有保证的增长率之间的偏离，而且还会累积性地产生更大的偏离。

思考题

1. 请解释哈罗德—多马经济增长模型的特征。
2. 请说明什么是哈罗德—多马经济增长模型的"刃锋性质"。

3. 请说明哈罗德—多马经济增长模型的地位和特点。

4. 请说明哈罗德—多马经济增长模型长期均衡增长的条件。

5. 请阐述哈罗德—多马经济增长模型与新古典经济增长模型之间的区别和联系,并分析它们在指导实践中的意义。

第七章 新古典经济增长理论

虽然现代经济增长理论开端于哈罗德—多马模型,但该模型在分析长期均衡增长路径时,由于增长模式的不稳定性导致其对现实经济的指导作用大打折扣。为弥补这一不足,索洛和斯旺将凯恩斯的总量分析和完全竞争经济下的生产理论相结合,建立了一套新的动态均衡模型,被称为索洛—斯旺模型,从而奠定了新古典经济增长理论的基础。不过在他们的模型中,储蓄率是外生给定的,为了将储蓄率内生化,卡斯和库普曼斯以拉姆齐连续时间模型为基础,从消费者和厂商角度探究了消费率与资本存量之间的动态关系,这一模型被称为拉姆齐—卡斯—库普曼斯模型,简称拉姆齐模型,然而由于该模型假定人的寿命是无限期的,因此也常常受到研究人员的批评。经济学家戴蒙德提出的世代交替模型(Overlapping Generation Model,OLG 模型)很好地解决了拉姆齐模型中的不足,假定家庭人员存在新老交替现象,并通过离散分析方法将储蓄率予以内生化。上述三个模型构成了新古典经济增长理论的基础,也为后来新增长理论的发展起到积极推动作用。本章将分别讨论上述模型的基本思想及其理论贡献。

第一节 索洛—斯旺模型:现代经济增长理论的基石

索洛—斯旺模型,简称索洛模型,立足于简约的两部门经济系统,从新古典生产函数出发,在市场出清条件下分析了资本积累与长期经济增长之间的动态关系。

一、索洛模型基本假定

1. 关于生产函数的假定

作为生产部门，投入要素为资本（K）和劳动（L），知识水平为（A），AL 以相乘形式影响产出，被称为有效劳动。产出（Y）既可以作为消费品用于消费（C），也可以作为资本用于投资（I），生产函数的具体形式为：

$$Y(t) = F(K(t), A(t)L(t)) \tag{7-1}$$

时间 t 并不直接进入生产函数，仅在生产投入变化时，产量才随时间变化。资本 K、劳动 L 和知识以外的投入品相对而言并不重要，即忽略土地和其他自然资源，自然资源的可得性对于增长似乎不是一个主要的约束。

上述生产函数除满足基本的二阶可导性质外，还满足以下基本假定：

（1）边际产出递减的性质，即：$\partial F/\partial K > 0, \partial^2 F/\partial K^2 > 0; \partial F/\partial L > 0, \partial^2 F/\partial L^2 > 0$；

（2）规模报酬不变的性质，即：$F(cK, cAL) = cF(K, AL), c > 0$；基于此得到 $F(\frac{K}{AL}, 1) = \frac{1}{AL}F(K, AL)$，单位有效劳动的平均产量为 $y = f(k)$；

（3）稻田条件，当资本存量足够小时，资本的边际产品很大；当资本存量变得很大时，资本的边际产品变得很小，即：$\lim_{K \to 0} F_K = \lim_{L \to 0} F_L = \infty$；$\lim_{K \to \infty} F_K = \lim_{L \to \infty} F_L = 0$。

新古典生产函数

满足以下三个条件的生产函数被称为新古典生产函数：（1）每种投入的边际产品为正且递减；（2）规模报酬不变；（3）稻田条件。

因此，索洛增长模型又被称为新古典增长模型。

---

2. 关于投入品的假设

（1）资本、劳动、知识的初始水平既定，劳动、知识以不变速度（外生）增长：$\dot{L}(t) = nL(t)$，$\dot{A}(t) = gA(t)$，则得到 $L(t) = L(0)e^{nt}$，$A(t) = A(0)e^{gt}$；

（2）时间是连续（非离散）的；则知识的增长 $\frac{\dot{A}(t)}{A(t)} = \frac{dA(t)}{dt}/A(t) = g$；劳动力的增长为 $\frac{\dot{L}(t)}{L(t)} = \frac{dL(t)}{dt}/L(t) = n$。其中 n 为人口增长率，g 为技术进步率。n、g 均为外生参数，表示不变增长速度。

（3）作为家庭部门，储蓄率为常数 $s > 0$，而资本折旧率 δ 同样为正常数，由于是封闭经济系统，在市场出清的条件下，当期投资（I）与储蓄（S）相等，即：$I=sY$。在连续时间条件下，资本存量 K 的动态变化可表示为：

$$\dot{K}(t) = sY(t) - \delta K(t) \tag{7-2}$$

二、索洛模型的动态学

1. k 的动态变化

由于经济总量会随着时间不断增长，因此考虑人均资本存量 k 比分析 K 要容易。基于 $\dot{K}(t) = sY(t) - \delta K(t)$，考虑人均资本存量 $k(t) = K(t)/A(t)L(t)$，可得：

$$\begin{aligned}
\dot{k}(t) &= \frac{dk}{dt} = \frac{d\left[\dfrac{K(t)}{A(t)L(t)}\right]}{dt} \\
&= \frac{\dot{K}(t)}{A(t)L(t)} - \frac{K(t)}{[A(t)L(t)]^2}[A(t)\dot{L}(t) + L(t)\dot{A}(t)] \\
&= \frac{\dot{K}(t)}{A(t)L(t)} - \frac{K(t)}{A(t)L(t)}\frac{\dot{L}(t)}{L(t)} - \frac{K(t)}{A(t)L(t)}\frac{\dot{A}(t)}{A(t)} \\
&= \frac{sY(t) - \delta K(t)}{A(t)L(t)} - \frac{K(t)}{A(t)L(t)}\frac{\dot{L}(t)}{L(t)} \\
&\quad - \frac{K(t)}{A(t)L(t)}\frac{\dot{A}(t)}{A(t)} \\
&= \frac{sY(t)}{A(t)L(t)} - \delta k(t) - nk(t) - gk(t) \\
&= sf(k(t)) - \delta k(t) - nk(t) - gk(t) \\
&= sf(k(t)) - (n + g + \delta)k(t)
\end{aligned} \tag{7-3}$$

最终得到人均资本 k 的动态方程为：

$$\dot{k}(t) = sf(k(t)) - (n + g + \delta)k(t) \tag{7-4}$$

式（7-4）式是索洛模型的一个重要结论，说明资本积累与储蓄和折旧等因素有关。$sf(k)$ 表示每单位有效劳动的实际投资，也用于表示人均储蓄水平，每单位有效劳动的产出为 $f(k)$，并且该产出的投资份额为 s；$(n+g+\delta)k(t)$ 表示持平投资，即为使 k 保持现有水平上所必须进行的投资量。上述是索洛模型的基本微分方程，说明了人均实际投资 $sf(k)$ 用于两个方面：一是"资本的深化"，即 $\dot{k}(t)$；二是"资本的广化"，即 $(n+g+\delta)k(t)$。

利用图 7-1 可以对上述基本结论作进一步说明：假定人均资本存量从 $k_0 > 0$ 开始，越靠近原点，人均实际投资 $sf(k)$ 越高于有保证的必要投资，此时人均资本存量会逐渐上升，从 k_0 增长到 k^*；如果人均资本继续增长超过 k^*，比如到达 k'，则由于人均实际投资 $sf(k)$ 低于持平投资水平，将导致人均资本存量逐渐递减，从而回到 k^*，所以 k^* 就是经济增长的稳态，无论 k 初始位置处于何处，都会收敛于 k^*。在 k^* 条件下，$sf(k(t)) = (n+g+\delta)k(t)$。

稳态

一种经济系统中各种变量都以不变速度增长的情况，即 $\dot{k}(t)=0$。

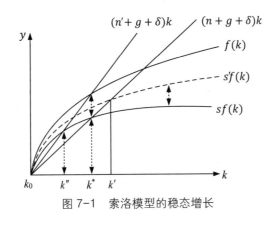

图 7-1 索洛模型的稳态增长

2. 平衡增长路径

在索洛模型中，无论从任何一点出发，经济向平衡增长路径收敛，在平衡增长路径上，每个变量的增长率都是常数，且是外生决定的。特别是在该路径上，人均产出的增长率仅取决于技术进步率。

表 7-1 平衡增长路径上各变量增长速度

	变量	含义	平衡增长速度	备注证明
绝对量	K	资本存量	$n+g$	$k=K/AL$
	L	劳动力	n	
	A	知识或技术	g	
	AL	有效劳动	$n+g$	
	Y	总产出	$n+g$	$F(cK, cAL)=cF(K, AL)$

续表

	变量	含义	平衡增长速度	备注证明
相对量	C	总消费	$n+g$	$C=(1-s)Y$
	$k\ (K/AL)$	有效劳动的人均资本	0	
	K/L	人均资本	g	
	$y\ (Y/AL)$	有效劳动的人均产出	0	$y=f(k)=Y/AL$
	Y/L	人均产出	g	
	$c\ (C/AL)$	有效劳动的人均消费	0	$c=(1-s)f(k)$
	C/L	人均消费	g	
	K/Y	资本产出比	0	

三、参数变化的影响

1. 储蓄率增加的影响方向分析

（1）对产出、资本存量的影响

政府最可能影响索洛模型的参数是储蓄率，结合图7-1可以看出，资本存量稳态 k^* 与储蓄率 s 有关，在人口增长率和折旧率不变条件下，当储蓄率从 s 变化至 s' 时，人均资本稳态存量也会从 k^* 增长至 k'，稳态资本存量的增长意味着人均产出也会从 $f(k^*)$ 增长至 $f(k')$。如果两个国家除了储蓄率外，其他一切都相同，则储蓄率高国家的收入水平会永远高于储蓄率低国家，差距为：$\dfrac{Y_2}{Y_1}=\dfrac{ALf(k_2^*)}{ALf(k_1^*)}=\dfrac{f(k_2^*)}{f(k_1^*)}$。

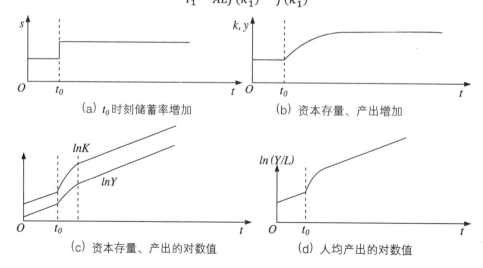

(a) t_0 时刻储蓄率增加　　(b) 资本存量、产出增加

(c) 资本存量、产出的对数值　　(d) 人均产出的对数值

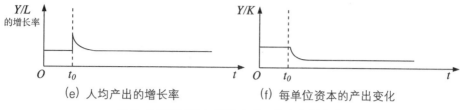

图 7-2 储蓄率增加导致产出、资本存量变化

如图 7-2 所示，储蓄率的增加是有限的，会导致 k 和 y 在一定时期上升，保持在一个较高水平；且在短期内会改变 Y、K 的增长率，造成 Y/L 增长率的暂时性增长，长期并无影响，这意味着储蓄率的变化只能带来短期的经济增长，而长期经济增长与储蓄率无关，即储蓄率的变化仅具有水平效应（level effect）而无增长效应（growth effect），在该模型中只有技术进步率有增长效应。[①]

（2）对消费的影响——资本的黄金率

在给定人口增长率 n 和资本折旧率 δ 的条件下，对于给定的储蓄率 s，至少存在一个稳态资本存量 k^*。储蓄率越高，人均收入水平会越高，但是现实生活中，人们往往追求的目标并不是资本积累的最大化，而是消费和福利水平的最大化，这也就意味着要使居民消费水平在稳态条件下实现最大化，而在稳态消费最大化时，与储蓄率相对应的资本存量水平就是资本积累的黄金水平（golden-rule level of capital）。[②]

在稳态条件下，每单位有效劳动的平均消费水平取决于：

$$c^* = (1-s)f(k^*) \tag{7-5}$$

如果将 $sf(k(t)) = (n+g+\delta)k(t)$ 代入式(7-5)，则每单位有效劳动的平均消费水平 c^* 为：

$$c^* = f(k^*) - (n+g+\delta)k^* \tag{7-6}$$

对 k^*、s 分别求偏导得：

$$\frac{\partial c^*}{\partial k^*} = f'(k^*) - (n+g+\delta) \tag{7-7}$$

$$\frac{\partial c^*}{\partial s} = [f'(k^*) - (n+g+\delta)]\frac{\partial k^*(s,n,g,\delta)}{\partial s} \tag{7-8}$$

式（7-8）说明稳态条件下人均消费水平 c^* 与储蓄率 s 有关，根据最大化原理，一阶最优条件下，满足最大化消费水平的人均资本存量 k_{gold} 决定于：

[①] 戴维罗默. 高级宏观经济学 [M]. 苏剑，罗涛，等，译. 北京：商务印书馆，1999：25.
[②] 奥利维尔布兰查德. 宏观经济学（国际版）[M]. 第 2 版. 钟笑寒，等，译. 北京：清华大学出版社，2003：257.

$$f'(k^*_{\text{gold}}) = (n + g + \delta) \qquad (7\text{-}9)$$

而与资本 k_{gold} 相对应的黄金储蓄率记为 s_{gold}，最大化消费水平为 $c_{gold} = f(k_{gold}) - (n+\delta)k_{gold}$。但是需要说明的是人均稳态消费 c^* 是储蓄率 s 的凸函数，即人均稳态消费 c^* 随着储蓄率 s 的增长先增加后减小，如图 7-3 所示，当储蓄率为 s_1 时，人均资本存量和消费水平分别为 k_1 和 c_1，此时如果提高储蓄率，当期可能会减少人均消费水平，但是随着储蓄率的增加，会逐步提高人均资本存量水平，进而带动人均产出的增长，在长期条件下提高了稳态人均消费量（$c_1 < c_{gold}$），而 s_1 特征下稳态经济常常也被称为储蓄不足；相反，如果储蓄率超过黄金律 s_{gold} 水平达到 s_2，此时储蓄水平明显过高，通过降低储蓄率，不仅能够在当期增加稳态消费水平，而且从长期也会促进稳态消费水平的提高（虽然人均稳态资本和人均稳态产出下降，但过高的稳态资本存量也同时被折旧和人口增长率所吸收），所以对比来看，s_2 的状态是一种过度储蓄，也就是所谓的动态无效率。

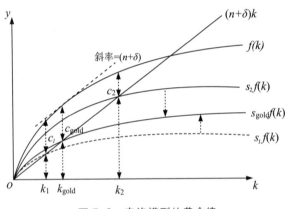

图 7-3 索洛模型的黄金律

2. 储蓄率增加的影响程度分析

通常情况下，我们不仅要对模型进行定性分析，还要弄清模型的定量预测能力。对于大多数模型（包括索洛模型）来说，要想得到精确的定量结论就必须确定函数形式以及参数的取值，进行数值分析。索洛模型中，储蓄率增加，会对单位有效劳动平均产量产生影响，可以进行定量分析。

由 $y = f(k)$，可得单位有效劳动平均产量 y 关于储蓄率的偏导数，即为：

$$\frac{\partial y^*}{\partial s} = f'(k^*)\frac{\partial k^*(s,n,g,\delta)}{\partial s} \qquad (7\text{-}10)$$

在 $\dot{k} = 0$ 条件下，$sf(k^*(s,n,g,\delta)) = (n+g+\delta)k^*(s,n,g,\delta)$，对 s 求导：

$$sf'(k^*)\frac{\partial k^*}{\partial s} + f(k^*) = (n+g+\delta)\frac{\partial k^*}{\partial s} \quad (7\text{-}11)$$

$$\frac{\partial k^*}{\partial s} = \frac{f(k^*)}{(n+g+\delta) - sf'(k^*)} \quad (7\text{-}12)$$

将 $\frac{\partial k^*}{\partial s}$ 代入 $\frac{\partial y^*}{\partial s}$，得 $\frac{\partial y^*}{\partial s} = \frac{f'(k^*)f(k^*)}{(n+g+\delta)-sf'(k^*)}$。同乘以 $\frac{s}{y^*}$，得：

$$\begin{aligned}\frac{s}{y^*} \cdot \frac{\partial y^*}{\partial s} &= \frac{s}{f(k^*)} \cdot \frac{f'(k^*)f(k^*)}{(n+g+\delta) - sf'(k^*)} \\ &= \frac{(n+g+\delta)k^* \, f'(k^*)}{f(k)\left[(n+g)+\delta - (n+g+\delta)k^* \frac{f'(k^*)}{f(k^*)}\right]} \\ &= \frac{k^*\left(\frac{f'(k^*)}{f(k^*)}\right)}{1 - \left[k^* \frac{f'(k^*)}{f(k^*)}\right]} \\ &= \frac{\alpha_K(k^*)}{1 - \alpha_K(k^*)}\end{aligned} \quad (7\text{-}13)$$

$k = k^*$ 处的资本产出弹性记为 $\alpha_K(k^*)$，即 $\frac{s}{y^*} \cdot \frac{\partial y^*}{\partial s} = \frac{\alpha_K(k^*)}{1-\alpha_K(k^*)}$。

储蓄率增加的影响程度分析

我国 1997 年劳动报酬占净增加值的比重为 0.6353，即资本收入/净增加值=0.3647。所以每单位有效劳动的平均产出对储蓄的弹性：$\frac{s}{y^*} \cdot \frac{\partial y^*}{\partial s}$=0.5742。

储蓄率增加10%(从30%到33%)，则单位有效劳动的平均产出增加5.742%；增加50%（从30%到45%），则单位有效劳动的平均产出增加28.71%。

3. 人口增长率、资本折旧率增加的影响分析

图 7-1 同样显示出人口增长率 n 和资本折旧率 δ 也是影响人均资本存量稳态 k^* 变化的重要因素。假定整个经济已经到达稳态水平 k^*，但是人口增长率发生率变化，从原来的 n 提高到 n'，曲线 $(n+\delta)k$ 将绕远点旋转至 $(n'+\delta)k$，引起人均持平投资发生变化，此时原有的人均资本投资 $sf(k^*)$ 将低于持平投资 $(n'+\delta)k$，从而引起人均资本存量逐渐下降，直到新的稳态点 k''，这和人口增长率变化之前相比，人均产出明显下降了，所以该模型一定程度上展示了人口率过高的国家往往出现贫困的深层次原因。

四、索洛模型的经济收敛性

根据索洛模型的稳态分析，在封闭经济条件下，不同的国家只要 s、n 以及 δ 等参数相同，那么这些国家的经济最终会收敛于稳态水平 c^*、k^*、y^*，而这种经济从非均衡状态向稳定状态转移的过程就是经济的动态转移过程，也称为转移动态（transitional dynamics）。

对资本积累方程式两边同除以 k，可得人均资本增长率：

$$\lambda_k = \frac{\dot{k}}{k} = \frac{sf(k)}{k} - (n+g+\delta) \tag{7-14}$$

由于 $\frac{sf(k)}{k}$ 的值随着 k 的增加而逐渐递减，尤其是当 $k \to \infty$ 时，$\frac{sf(k)}{k} \to 0$。所以当 $sf(k(t)) > (n+g+\delta)k(t)$ 时，$\dot{k}(t) > 0$，即 $k < k^*$，人均资本存量增长率为正，表示人均资本存量会逐渐增加，从而逐渐趋于 k^*；但当 $sf(k(t)) < (n+g+\delta)k(t)$ 时，$\dot{k}(t) < 0$，表明实际人均资本存量 $k > k^*$，此时人均资本增长率为负，人均资本存量会随着时间的推移而逐渐减少，推动资本存量从 k 减少至 k^*。由 $\frac{\partial \lambda_k}{\partial k} = s\frac{f'(k)-f(k)/k}{k} < 0$，表明 k 离越远 k^*，其增长率（正或负）越大。

同样考虑人均产出的动态转移过程。根据人均生产函数 $y = f(k)$，可得人均产出增长率为：

$$\lambda_y = \frac{\dot{y}}{y} = \frac{f'(k)\dot{k}}{f(k)} = \frac{kf'(k)}{f(k)}\lambda_k = \alpha_K \lambda_k \tag{7-15}$$

由于人均消费水平的增长率和人均产出增长率相等，这就保证了人均消费和人均资本之间的动态关系与人均产出和人均资本之间的动态关系是一致的。每个经济都收敛于其自身的稳态，而且这一收敛的速度与其离稳态的距离成反比，或者说，经济离其自身的稳态值越远，其增长率就越快，即为转型动态原理。

不过，以上仅在逻辑上说明了主要经济变量收敛于稳态水平的路径，表明在不考虑经济体其他条件下，人均资本存量较低的国家（贫穷国家）反而比资本存量较高的国家（富裕国家）拥有更高的增长，这就构成了绝对收敛。但现实是各国的经济发展并没有按照模型预测的那样，趋同于经济增长的稳态水平，而是依自身稳态逐渐收敛，即离自身稳态值越远的经济体，经济增长越快，从而形成条件收敛，或称相对收敛。

对收敛进行定量分析对实际更具指导意义，即研究 k 以多快的速度趋近于 k^*。在 $k = k^*$ 处，对 $\dot{k}(k)$ 做一阶泰勒级数近似：

$$\dot{k} \cong \left(\frac{\partial \dot{k}(k)}{\partial k}\bigg|_{k=k^*}\right)(k-k^*) \tag{7-16}$$

$$\left.\frac{\partial \dot{k}(k)}{\partial k}\right|_{k=k^*} = sf'(k^*) - (n+g+\delta)$$

$$= \frac{(n+g+\delta)k^* f'(k^*)}{f(k^*)} - (n+g+\delta) \quad (7\text{-}17)$$

$$= (\alpha_K(k^*) - 1)(n+g+\delta)$$

$$\dot{k} \cong \left(\left.\frac{\partial \dot{k}(k)}{\partial k}\right|_{k=k^*}\right)(k-k^*)$$

$$\cong (\alpha_K(k^*) - 1)(n+g+\delta)(k-k^*) \quad (7\text{-}18)$$

$$\cong -(1 - \alpha_K(k^*))(n+g+\delta)(k-k^*)$$

令 $x(t) = k(t) - k^*$，$\lambda = (1 - \alpha_K(k^*))(n+g+\delta)$，则上式表示为 $\dot{x} = -\lambda x(t)$。x 的增长路径：$x(t) \cong x(0)e^{-\lambda t}$，代入 k，得：

$$k(t) - k^* \cong e^{-(1-\alpha_K(k^*))(n+g+\delta)t}(k(0) - k^*) \quad (7\text{-}19)$$

则资本存量或产出变化的速率为 $(1 - \alpha_K(k^*))(n+g+\delta)$。

收敛速度的计算

变化的速率为 $(1 - \alpha_K(k^*))(n+g+\delta)$，若 $\alpha_K(k^*)$ 估计为 $1/3$，$n+g+\delta$ 估计为 6%，则计算得到速率为 4%。k 和 y 每年向平衡结果移动剩余距离的 4%，移动到一半需要 18 年；移动到 3/4 需要 35 年；如果储蓄率增加 10%，1 年后产出增加 0.2%（总共能增加 5%）。

虽然由绝对收敛到相对收敛的改进增强了索洛模型对现实经济的解释和预测能力，但是它仍然没有解释储蓄率内生性问题，这就为后续的两个新古典增长模型的创立提供了思路和方向。

五、增长核算——增长因素分析法

用索洛模型分析数据的方法有多种，其中，增长核算框架通常用来分解跨期增长的源泉。由索洛的总量生产函数：

$$Y(t) = F(K(t), A(t)L(t)) \quad (7\text{-}1)$$

两边对时间 t 求导，得：

$$\dot{Y}(t) = \frac{\partial Y(t)}{\partial K(t)}\dot{K}(t) + \frac{\partial Y(t)}{\partial L(t)}\dot{L}(t) + \frac{\partial Y(t)}{\partial A(t)}\dot{A}(t) \qquad (7\text{-}20)$$

上式两边同除以 $Y(t)$：

$$\begin{aligned}\frac{\dot{Y}(t)}{Y(t)} &= \frac{K(t)}{Y(t)}\frac{\partial Y(t)}{\partial K(t)}\frac{\dot{K}(t)}{K(t)} + \frac{L(t)}{Y(t)}\frac{\partial Y(t)}{\partial L(t)}\frac{\dot{L}(t)}{L(t)} + \frac{A(t)}{Y(t)}\frac{\partial Y(t)}{\partial A(t)}\frac{\dot{A}(t)}{A(t)} \\ &\equiv \alpha(t)\frac{\dot{K}(t)}{K(t)} + \beta(t)\frac{\dot{L}(t)}{L(t)} + R(t)\end{aligned} \qquad (7\text{-}21)$$

α 为资本的产出弹性，β 为劳动的产出弹性，总产出的增长率为：

$$\frac{\dot{Y}(t)}{Y(t)} = \alpha(t)\frac{\dot{K}(t)}{K(t)} + \beta(t)\frac{\dot{L}(t)}{L(t)} + R(t) \qquad (7\text{-}22)$$

其中，$R(t) = \frac{A(t)}{Y(t)}\frac{\partial Y(t)}{\partial A(t)}\frac{\dot{A}(t)}{A(t)}$ 称为索洛余量，即全要素生产率（TFP）的增长率，除生产要素量的增加之外的其他因素导致的经济增长率，有时可以简化为技术进步。

特别地，在完全竞争条件下，对于规模报酬不变的生产函数：

$$Y = F'_K K + F'_{AL} AL = \frac{\partial Y}{\partial K}K + \frac{\partial Y}{\partial L}L \qquad (7\text{-}23)$$

有 $1 = \frac{\partial Y}{\partial K}\frac{K}{Y} + \frac{\partial Y}{\partial L}\frac{L}{Y} = \alpha + \beta$，代入索洛余值式，整理可得：

$$\frac{\dot{Y}(t)}{Y(t)} - \frac{\dot{L}(t)}{L(t)} = \alpha(t)\left(\frac{\dot{K}(t)}{K(t)} - \frac{\dot{L}(t)}{L(t)}\right) + R(t) \qquad (7\text{-}24)$$

总产出增长率、资本增长率、劳动增长率都可以通过统计数据直接测定。因而产出资本弹性 α 正是资本收益占产出的比例，据此就可以计算索洛余值。

索洛余值的计算

某年度国民收入增长率 7%，资本增长率 5%，人口增长 2%，资本产出弹性为 1/3，经济的规模报酬不变。则 $\frac{\dot{Y}(t)}{Y(t)} - \frac{\dot{L}(t)}{L(t)} = \alpha(t)\left(\frac{\dot{K}(t)}{K(t)} - \frac{\dot{L}(t)}{L(t)}\right) + R(t)$，计算得到 $R(t) = 4\%$。

基于上述一系列计算，可以对经济体的经济增长因素进行分析。

六、总结

索洛模型中，无论从任何一点出发，经济向平衡增长路径收敛，在平衡增长路径上，每个变量的增长率都是常数。各个经济体具有条件收敛的性质，即在其他外生变量相似的条件下，人均资本低的经济有更快的人均资本的提高，人均收入低的经济有更高的增长率。人均产出的增长来源于人均资本存量和技术进步，但只有技术进步才能够导致人均产出的永久性增长。通过调节储蓄率可以实现人均最优消费和最优资本存量的"黄金律"增长，这也是索洛模型的参数中政府政策最易影响的参数。储蓄率的变化只会暂时性地影响增长率，而不会永久性地影响；储蓄率的显著变化对平衡增长路径上的产出变化只有较小的影响，且作用缓慢。

索洛模型未能够解释长期经济增长的真正来源。把技术进步（劳动的有效性）看作外生给定的，而这恰恰是长期经济增长的关键。因此，索洛模型是通过"假定的增长"来解释增长的。

第二节　有限期界的拉姆齐—卡斯—库普曼斯经济增长模型

拉姆齐—卡斯—库普曼斯模型，简称拉姆齐模型，是宏观经济学微观基础第一个基本模型，旨在确定社会最优储蓄率。和索洛模型相比，类似之处在于也假定家庭持有资本并向社会提供劳动，而后进行消费和储蓄。与索洛模型不同的是，除了关注宏观总产出、人口增长率、折旧率等因素外，更强调微观家庭效用对经济增长的影响，并利用连续时变函数，从市场出清角度，结合微观家庭效用最大化的法则，解释了储蓄率的影响因素，实现了储蓄率内生化的过程。

一、拉姆齐模型基本假设

1. 厂商

假定模型中包含大量厂商，通常情况下厂商的生产函数采用哈罗德中性技术进步生产函数，即：

$$Y(t) = F(K(t), A(t)L(t)) \tag{7-1}$$

该生产函数满足规模报酬不变、稻田条件以及边际产出递减等基本性质，受哈罗德技术中性影响，拉姆齐模型主要讨论的是单位有效劳动产出 $y = Y/AL$ 和单位有效劳动资本 $k = K/AL$，技术进步函数 $A(t) = A_0 e^{gt}$，一般情况下，技术水平外生给定，初始值设为1，

g 表示技术进步率。

要素市场和产品市场都是完全竞争的,而且规模报酬不变,所以获得零利润。厂商使用资本和劳动力,按其边际产品付酬,销售所生产的产品。基于厂商追求利润最大化的原理,厂商面对的要素价格分别由边际产出决定,即资本的边际产品为:

$$\frac{\partial F(K,AL)}{\partial K} = f'(k) \tag{7-25}$$

资本的边际产品为资本的真实报酬率,也即真实利率,在 t 时为: $r(t) = f'(k(t))$。有效劳动的边际产品为: $f(k) - kf'(k)$,一个工人在 t 时的劳动收入等于 A 乘以有效劳动的边际产品,即: $A(t)w(t), w(t) = f(k(t)) - k(t)f'(k(t))$。

$$r(t) = f'(k(t)) \tag{7-26}$$

$$w(t) = f(k(t)) - k(t)f'(k(t)) \tag{7-27}$$

式中 r 表示资本利息,w 表示单位有效劳动的价格,即工资水平。

2. 家庭

在拉姆齐模型中,假定有 H 个数量的家庭,所有家庭是同质的,即拥有相同的消费与需求偏好,每一家庭规模以速率 n 增长,长生不老且没有新家庭加入。家庭持有资本(K)和劳动(L),家庭每一成员在每一时点上供给 1 单位劳动,将所拥有资本均租给厂商,获取利息和工资收入,因此,企业产生的利润归于家庭。家庭最初资本持有量为 $K(0)/H$。拉姆齐模型中没有资本的折旧。家庭在每一时点上将其收入用于消费和储蓄,比例取决于最大化一生效用的目标。

当全社会总消费量为 $C(t)$ 时,人均消费量 $c(t)$,瞬时效用记为 $u[c(t)]$,由于假定人口寿命是无限期的,那么作为代表性家庭总是偏向将终生的效用 U 最大化,即:

$$U = \int_0^\infty e^{-\rho t} u(C(t)) \frac{L(t)}{H} dt \tag{7-28}$$

上式中,$C(t)$ 为 t 时每一家庭成员的消费,$u(c)$ 是即期效用函数,$L(t)$ 是经济中的总人口,因此,L/H 等于每个家庭的人口。$u(C(t))\frac{L(t)}{H}$ 是 t 时刻家庭的总瞬时效用。总效用 U 必须是有界函数,所以有 $\rho > n$。此处还应假设,$g/\theta+\rho-g-n>0$,其中 g 表示技术进步率,表示 n 人口增长率,$1/\theta$ 表示跨期替代率,从而保证每个家庭的总效用在长期是收敛的。

(1) 贴现率

效用函数中的 ρ 是时间偏好率,表示获得效用越晚价值越低。ρ 越大,则相对于现期消费，家庭对未来的消费估价越小。

以价值贴现为例，离散时间情况下，假定当期有 V 元资金投资于某项资产，一期后将得到 R 元总收入，则这 R 元收入的现值为 V 元，贴现率为 $r=(R-V)/V$，即 $R=V(1+r)$ 或者 $V=\dfrac{R}{(1+r)}$，离散时间贴现总公式为：

$$V = \frac{R_t}{(1+r_1)(1+r_2)\cdots(1+r_t)} \quad (t=1,2,\cdots) \tag{7-29}$$

其中 $(1+r_1)(1+r_2)\cdots(1+r_t)$ 为贴现因子。

连续时间情况下，贴现公式为：

$$r(t) = \lim_{\Delta t \to 0} \frac{[W(t+\Delta t)-W(t)]/\Delta t}{W(t)} = \frac{\mathrm{d}W(t)/\mathrm{d}t}{W(t)} = \frac{\dot{W}(t)}{W(t)} \tag{7-30}$$

则 $r(t) = \dfrac{\mathrm{d}\ln W(t)}{\mathrm{d}t}$，求解这个微分方程得到：$\ln W(t) = \ln W_0 + \int_0^t r(\tau)\mathrm{d}\tau$，则

$$W(t) = W_0 \mathrm{e}^{\int_0^t r(\tau)\mathrm{d}\tau} \tag{7-31}$$

$$W_0 = W(t) \mathrm{e}^{-\int_0^t r(\tau)\mathrm{d}\tau} \tag{7-32}$$

其中，$\int_0^t r(\tau)\mathrm{d}\tau$ 为贴现因子，记作 $R(t)$。此时，$W_0 = W(t)\mathrm{e}^{-rt}$。

（2）即期效用函数

拉姆齐模型中的即期效用函数采用常相对风险厌恶的效用函数：

$$u(C(t)) = \frac{C(t)^{1-\theta}}{1-\theta}, \theta > 0, \theta \neq 1 \tag{7-33}$$

此效用函数满足边际效用为正，边际效用递减的性质。θ 为相对风险厌恶系数，为一常数，反映了效用函数的凹性。θ 越小，表明随着消费的上升，边际效用的下降越慢，家庭的消费越随时间而变动；θ 高，表明随着消费的增加，边际效用就下降得越快，家庭就越不愿意消费波动。当 θ 趋于 1，效用函数可以简化为 $\ln C$；如果 $\theta < 1$，$C(t)^{1-\theta}$ 是 C 的增函数；如果 $\theta > 1$，$C(t)^{1-\theta}$ 是 C 的减函数。一般情况下，常借用效用函数的二阶导数的符号来判断对待风险的态度。$u''(c) > 0$ 为风险偏好型；$u''(c) < 0$ 为风险厌恶；$u''(c) = 0$ 为风险中立。

家庭的跨期替代弹性为：

$$\begin{aligned}\sigma &= \frac{\mathrm{d}\ln(C_i/C_j)}{\mathrm{d}\ln MRS} = -\frac{\mathrm{d}\ln(C_i/C_j)}{\mathrm{d}\ln(u'(C_i)/u'(C_j))} \\ &= -\frac{\mathrm{d}(C_i/C_j)}{C_i/C_j}\frac{u'(C_i)/u'(C_j)}{\mathrm{d}(u'(C_i)/u'(C_j))}\end{aligned} \tag{7-34}$$

根据 $u(C(t)) = \frac{C(t)^{1-\theta}}{1-\theta}$，得 $u(C)' = C^{-\theta}$，$u(C)'' = -\theta C^{-\theta-1}$，则 $\sigma = \frac{1}{\theta}$，该即期效用函数的消费跨期替代弹性为常数，因此被称为不变跨期替代弹性效用函数。

（3）考虑有效劳动的家庭效用函数

代表性家庭想在其预算约束限定下最大化其终身效用。为做到这一点，需要用每单位有效劳动的消费和劳动去表示目标函数与预算约束。定义每单位有效劳动的平均消费为 $c(t)$，有：$A(t) = A(0)e^{gt}$，$C(t) = A(t)c(t)$。

$$\frac{C(t)^{1-\theta}}{1-\theta} = \frac{[A(t)c(t)]^{1-\theta}}{1-\theta} = \frac{[A(0)e^{gt}]^{1-\theta}c(t)^{1-\theta}}{1-\theta} \\ = A(0)^{1-\theta}e^{(1-\theta)gt}\frac{c(t)^{1-\theta}}{1-\theta} \tag{7-35}$$

则效用函数表示为：

$$\begin{aligned} U &= \int_{t=0}^{\infty} e^{-\rho t} \frac{C(t)^{1-\theta}}{1-\theta} \frac{L(t)}{H} dt \\ &= \int_{t=0}^{\infty} e^{-\rho t} [A(0)^{1-\theta}e^{(1-\theta)gt}\frac{c(t)^{1-\theta}}{1-\theta}] \frac{L(0)e^{nt}}{H} dt \\ &= A(0)^{1-\theta}\frac{L(0)}{H} \int_{t=0}^{\infty} e^{-\rho t} e^{(1-\theta)gt} e^{nt} \frac{c(t)^{1-\theta}}{1-\theta} dt \\ &= B \int_{t=0}^{\infty} e^{-\beta t} \frac{c(t)^{1-\theta}}{1-\theta} dt \end{aligned} \tag{7-36}$$

（4）家庭行为

家庭追求一生的效用最大化，目标函数是：

$$\max\left\{U = \int_{0}^{\infty} e^{-\rho t} u(C(t)) \frac{L(t)}{H} dt\right\} \tag{7-37}$$

家庭的预算约束是其一生消费的现值不能超过其初始财富加上一生劳动收入的现值。

$$\int_{t=0}^{\infty} e^{-R(t)} C(t) \frac{L(t)}{H} \leq \frac{K(0)}{H} + \int_{t=0}^{\infty} e^{-R(t)} W(t) \frac{L(t)}{H} dt \tag{7-38}$$

其中，$R(t) = \int_{0}^{t} r(t) dt$，表示在期间 $[0,t]$ 上以连续复利计算的结果，$W(t) = w(t)L(t)$。

$$\frac{K(0)}{H} + \int_{t=0}^{s} e^{-R(t)} [W(t) - C(t)] \frac{L(t)}{H} dt \geq 0 \tag{7-39}$$

写出从 $t=0$ 到 $t=\infty$ 的积分形式的一种极限。

$$\lim_{s \to 0} \left[\frac{K(0)}{H} + \int_{t=0}^{s} e^{-R(t)} [W(t) - C(t)] \frac{L(t)}{H} dt\right] \geq 0 \tag{7-40}$$

在 s 时刻，家庭的资本持有量为：

$$\frac{K(s)}{H} = e^{R(s)} \frac{K(0)}{H} + \int_{t=0}^{s} e^{R(s)-R(t)} [W(t) - C(t)] \frac{L(t)}{H} dt \tag{7-41}$$

$$\lim_{s\to\infty} e^{-R(s)} \frac{K(s)}{H} \geq 0 \tag{7-42}$$

上式表明，在极限形式中家庭所持有资产的现值不能是负的。这就是著名的非蓬齐对策条件。

非蓬齐对策

20世纪初，意大利移民查尔斯·蓬齐在美国实施全国性诈骗，称他可以在欧洲的一些国家买到打折扣的国际邮政联合会的票据，然后再拿到美国全额卖出。蓬齐游戏即借新还旧。

非蓬齐对策：存在行为人在无限期的资产限制不能小于0的自然约束，以防行为人采取无限制借贷的形式支持其无限制消费；换言之，为了禁止蓬齐游戏的存在，可以借贷消费，但总消费不能超过个人的总收入。

简单表达为：$\lim_{t\to\infty} \frac{A_t}{(1+r)^t} \geq 0$。

在 t 时刻，家庭的总消费等于每单位有效劳动的消费乘以家庭的有效劳动量。同理，在 t 时刻家庭的总劳动收入等于每单位有效劳动的工资乘以家庭的有效劳动量。因此预算约束也可以写为：

$$\int_{t=0}^{\infty} e^{-Rt} c(t) \frac{A(t)L(t)}{H} dt \leq k(0) \frac{A(0)L(0)}{H} + \int_{t=0}^{\infty} w(t) \frac{A(t)L(t)}{H} dt \tag{7-43}$$

将 $A(t)L(t) = A(0)L(0)e^{(n+g)t}$ 代入式（7-43），并在两边同时除以 $A(0)L(0)/H$，得到：

$$\int_{t=0}^{\infty} e^{-Rt} c(t) e^{(n+g)t} dt \leq k(0) + \int_{t=0}^{\infty} e^{-Rt} w(t) e^{(n+g)t} dt \tag{7-44}$$

由于 $K(s)/H = k(s)e^{(n+g)s}$，预算约束的非蓬齐条件表达式可以写作：

$$\lim_{s\to\infty} e^{-R(s)} k(s) e^{(n+g)s} \geq 0 \tag{7-45}$$

因此，利用目标函数和预算约束式构造拉格朗日函数：

$$\ell = B \int_{t=0}^{\infty} e^{-\beta t} \frac{c(t)^{1-\theta}}{1-\theta} dt + \lambda \{ k(0) + \int_{t=0}^{\infty} e^{-Rt} e^{(n+g)t} [w(t) - c(t)] \} dt \tag{7-46}$$

对于每单位有效劳动的平均消费 $c(t)$，一阶条件：

$$\frac{\partial \ell}{\partial c} = B e^{-\beta t} c(t)^{-\theta} - \lambda \cdot e^{-R(t)} \cdot e^{(n+g)t} = 0 \tag{7-47}$$

即 $Be^{-\beta t} c(t)^{-\theta} = \lambda e^{-R(t)} e^{(n+g)t}$。

给上式两边取对数，得：

$$\ln B - \beta t - \theta \ln c(t) = \ln \lambda - R(t) + (n+g)t$$
$$= \ln \lambda - \int_{\tau=0}^{t} r(\tau) d\tau + (n+g)t \tag{7-48}$$

对 t 求导，可得：

$$-\beta - \theta \frac{\dot{c}(t)}{c(t)} = -r(t) + (n+g) \tag{7-49}$$

由于一个变量的对数关于时间的导数等于其增长率。则每单位有效劳动消费的增长率为：

$$\frac{\dot{c}(t)}{c(t)} = \frac{r(t) - n - g - \beta}{\theta} = \frac{r(t) - \rho - \theta g}{\theta}, \beta = \rho - n - (1-\theta)g \tag{7-50}$$

由于 $C(t) = c(t)A(t)$，所以 C 的增长率等于 c 的增长率加上 A 的增长率，即 $\frac{\dot{C}(t)}{C(t)} = \frac{\dot{c}(t)}{c(t)} + g$，则每个工人的消费的增长率为 $\frac{\dot{C}(t)}{C(t)} = \frac{\dot{c}(t)}{c(t)} + g = \frac{r(t) - \rho}{\theta}$，表明当且仅当资本的边际生产力 (r) 大于效用的贴现率 (ρ) 时，即实际报酬超过了家庭用于贴现未来消费的速率，人均消费的增长率才会增加，每个工人的消费将上升。换句话说，人均消费或人均储蓄的增长率是由资本的边际生产力和效用的贴现率这两个变量内生决定的。此即个人储蓄或资本积累的内生性。

二、模型的动态学

1. c 的动态学

由于 $r(t) = f'(k(t))$，则：

$$\frac{\dot{c}(t)}{c(t)} = \frac{f'(k(t)) - \rho - \theta g}{\theta} \tag{7-51}$$

当 $f'(k(t)) = \rho + \theta g$ 时，$\dot{c}(t) = 0$，此时的 k 记为 k^*；当 $f'(k(t)) > \rho + \theta g$ 时，$\dot{c}(t) > 0$，此时的 $k < k^*$；当 $f'(k(t)) < \rho + \theta g$ 时，$\dot{c}(t) < 0$，此时的 $k > k^*$；得到 c 的相图 7-4。

2. k 的动态学

不存在折旧，因此：

$$\dot{k}(t) = f(k(t)) - c(t) - (n+g)k(t) \tag{7-52}$$

$\dot{k}(t) = 0$ 时的 c，由 $f(k(t)) - (n+g)k(t)$ 给定：$\{f(k(t)) - (n+g)k(t)\} < c$ 时，$\dot{k}(t) < 0$；$\{f(k(t)) - (n+g)k(t)\} > c$ 时，$\dot{k}(t) > 0$。因此，c 随 k 递增至黄金资本水平然后递减，得到 k 的相图 7-5。

3. c 和 k 的动态学

将两个单独的相图整合在一起，得到图 7-6。

利用相图，可以研究 c、k 初始值给定，经济的增长路径。K 的初始值是给定的，关键在于 c 的初始值如何确定。

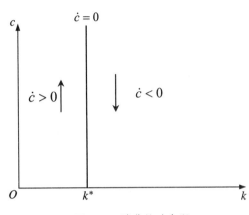

图 7-4　消费的动态学

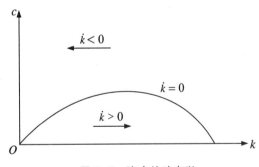

图 7-5　资本的动态学

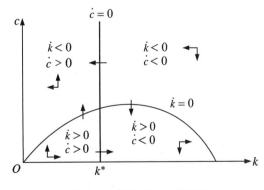

图 7-6　消费和资本的动态学

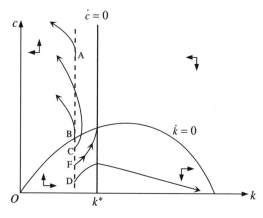

图 7-7　经济增长路径

上述所有轨迹都满足描述 c、k 动态变化的方程。哪一条是真正可能的增长路径，取决于家庭的预算约束和资本存量不能为负两个条件。从 F 以上点出发，初始消费较高，最终经济处于消费永久上升，而资本永久下降的路径，必然使得 k 为负。在两条线交点处的资本存量 k^* 有 $f'(k^*) = \rho + \theta g$；黄金资本水平的 k 有 $f'(k) = n + g$。由于 $\beta > 0$，则 $\rho - n - (1-\theta)g > 0$，得到 $\rho + \theta g > n + g$，即拉姆齐模型中，两条线交点的 k^* 低于黄金资本水平的 k^*_{gold}，$f'(k^*) < n + g$。所以从 F 以下点出发，$e^{-R(s)}e^{(n+g)s}$ 上升，$k(s)$ 也上升，所以 $\lim_{s \to \infty} e^{-R(s)} k(s) e^{(n+g)s} = \infty$，不满足资本持有量的极限行为表示的预算约束。

修正的黄金资本存量

经济不会收敛于产生最大可持续消费水平的增长路径，人均资本存量 k 收敛于 k^*，且低于索洛模型中的黄金资本存量 k^*，因此拉姆齐模型中的 k^* 被称为"修正的黄金资本存量"。

拉姆齐模型表明在索洛模型中高于黄金资本存量的平衡增长路径是不可能的。经济不收敛于产生最大 c［即 $c(\text{gold})$］的平衡增长路径，而是收敛于一个较低的水平 c^*。

其原因在于当人的生命是无限期时，人们对于未来消费贴现的偏好会逐渐下降，导致家庭更愿意增加当前消费而降低对未来消费的储蓄，最终使得人均资本存量的稳态值小于长期的黄金律。进一步讲，正是由于人们对未来消费偏好的下降，在拉姆齐模型中不存在索洛模型的过度储蓄现象，所以单位有效劳动占有资本存量不会越过黄金律水平。

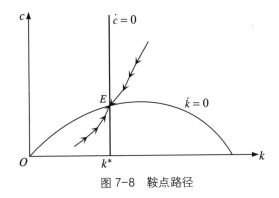

图 7-8 鞍点路径

F 点出发表明如果经济正好处在临界水平上,则它会最终收敛于 c 和 k 均不变的点上。因此,唯一可能的路径为:

对于 k 的任何为正的初始水平,存在一个唯一的 c 的初始水平。它与家庭的跨期消费最优化,资本存量的稳态与非负性,家庭预算约束等要求相一致。这种初始的 c 作为 k 的一个函数的函数便是著名的鞍点路径,对于任意 k_0,c_0 必须等于鞍点路径上的相应值,并沿着鞍点路径收敛到均衡点 E。当 k 给定时,有:

$$\frac{\dot{c}(t)}{c(t)} = \frac{f'(k(t)) - \rho - \theta g}{\theta} \tag{7-53}$$

积分得到:

$$c(t) = c_0 e^{\int_0^t \frac{r(s) - \rho - \theta g}{\theta} ds} \tag{7-54}$$

初始值 c_0 由预算约束决定,是内生变量。

一旦收敛到 E,就进入平衡增长路径,此时 c、k 都不变,即 s、y 不变,经济行为因此与索洛模型相同。K、Y、C 以增长率 $n+g$ 增长;人均资本、人均收入、人均消费以增长率 g 增长,每单位有效劳动的 k、y、c 不变(表 7-2)。均衡点 $E(c^*, k^*)$ 的解为:

$$\begin{cases} f'(k^*) = \rho + \theta g \\ c^* = f(k^*) - (n+g)k^* \end{cases} \tag{7-55}$$

表 7-2 平衡增长路径上各变量增长速度

	变量	含义	平衡增长速度	备注证明
绝对量	K	资本存量	$n+g$	$k=K/AL$
	L	劳动力	n	
	A	知识或技术	g	

续表

	变量	含义	平衡增长速度	备注证明
绝对量	AL	有效劳动	$n+g$	
	Y	总产出	$n+g$	$F(cK, cAL)=cF(K, AL)$
	C	总消费	$n+g$	$C=I$
相对量	k (K/AL)	有效劳动的人均资本	0	$k=k^*$
	K/L	人均资本	g	
	y (Y/AL)	有效劳动的人均产出	0	$y=f(k)=Y/AL$
	Y/L	人均产出	g	
	c (C/AL)	有效劳动的人均消费	0	$c=c^*$
	C/L	人均消费	g	
	K/Y	资本产出比	0	
	s	储蓄率	0	$s=(y-c)/y$

索洛模型与拉姆齐—卡斯—库普曼斯模型的平衡增长路径之间的唯一显著的差异是，在后者不可能出现动态无效率。尽管如此，将储蓄率内生化并没有改变索洛模型中关于平衡增长路径的描述。因此，索洛模型关于经济增长的驱动力的解释不依赖于储蓄率为常数的假定。即使储蓄率是内生的，外生的技术进步依然是人均产出持续增长的唯一根源。

三、参数变化的影响

R—C—K 模型中包含 g、n、ρ、θ 等参数，研究参数变化对均衡的影响对经济现实具有实践指导意义。

1. 贴现率下降的影响

拉姆齐模型中，均衡点上有 $f'(k^*)=\rho+\theta g$。ρ 表示家庭对现期与未来消费之间的偏好，ρ 下降与索洛模型中的储蓄率上升相似。ρ 下降，$e^{\rho t}$ 下降，则 $e^{-\rho t}$ 上升，即未来效用的现值增加，现在消费倾向下降，家庭成员偏好于未来进行消费，因此储蓄率会上升，即 k^* 上升。c 在冲击时刻发生向下跳跃，然后与 k 一起逐渐上升到其初始水平之上。与索洛模型不同的是，在该模型中，储蓄率在调整过程中的变化是内生决定的。

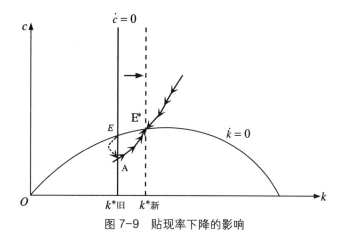

图 7-9　贴现率下降的影响

2. 政府行为的影响

假设政府在每单位时间以每单位有效劳动的速率购买产出，记为 $G(t)$。政府购买的资金来源是税收，用于公共消费而非公共投资。政府购买不会影响到由私人消费获得的效用，也不会影响未来产出。投资是在产出同私人消费与政府购买之间的差额。因此，其运动方程变成：

$$\dot{k}(t) = f(k(t)) - c(t) - G(t) - (n+g)k(t) \tag{7-56}$$

$$\frac{\dot{c}(t)}{c(t)} = \frac{f'(k(t)) - \rho - \theta g}{\theta} \tag{7-57}$$

储蓄率内生只影响资本动态方程，不影响消费方程。较高的 G 值把 $\dot{k}=0$ 的轨迹向下移动，如果 k 保持不变，那么由政府购买的产品越多，由私人购买的产品越少。政府购买融资的税收会影响家庭预算约束，即变成：

$$\int_0^\infty e^{-R(t)} C(t) \frac{L(t)}{H} dt \leq \frac{K(0)}{H} + \int_0^\infty e^{-R(t)} A(t)(w(t) - G(t)) \frac{L(t)}{H} dt \tag{7-58}$$

集约形式为：

$$\int_0^\infty e^{-R(t)} e^{(n+g)t} c(t) dt \leq k(0) + \int_0^\infty e^{-R(t)} e^{(n+g)t} [w(t) - G(t)] dt \tag{7-59}$$

设 $G(t)$ 在某个数量为 G 的水平上保持不变，经济处在平衡增长路径，可知 $\dot{k}=0$ 的轨迹向下移动的数量等于 G 的增加量。同时，政府购买并不影响欧拉方程，$\dot{c}=0$ 的轨迹不受影响，如图 7-10 所示。

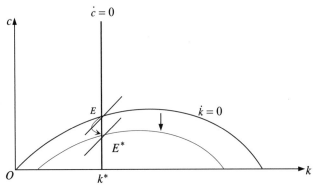

图 7-10 政府购买永久变动的影响

为应对这种变化，c 必须跳跃使得经济处在其新的鞍点路径上。其简单的调整方式是 c 下降的数量等于 G 增加的数量，并且经济总会处在新的均衡增长路径上。直觉上，政府购买与税收的永久性增加会减少家庭的终身财富，因此消费立即下降，且资本存量和实际利率不受影响。

更为复杂的情形由 G 的非预期增加提供，在这种情形下，C 的数量下降并不等于 G 的增加量。如图 7-11 所示。

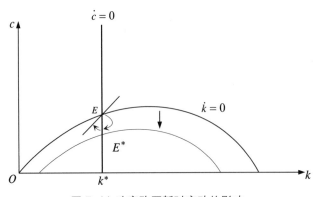

图 7-11 政府购买暂时变动的影响

考虑家庭预算后的预算约束为：

$$\int_0^\infty e^{-R(t)} C(t) \frac{L(t)}{H} dt \leq \frac{(K(0)+B(0))}{H} + \int_0^\infty e^{-R(t)} A[w(t)-T(t)] \frac{L(t)}{H} dt \quad (7\text{-}60)$$

集约形式为：

$$\int_0^\infty e^{-R(t)} e^{(n+g)t} c(t) dt \leq (k(0)+b(0)) + \int_0^\infty e^{-R(t)} e^{(n+g)t} [w(t)-T(t)] dt \quad (7\text{-}61)$$

将政府预算约束带入家庭预算约束，可得：

$$\int_0^\infty e^{-R(t)}e^{(n+g)t}c(t)dt \leq k(0) + \int_0^\infty e^{-R(t)}e^{(n+g)t}[w(t)-G(t)]dt \quad (7\text{-}62)$$

即，赤字财政下的家庭预算约束与平衡预算约束下的家庭预算约束是相同的，这说明家庭预算约束仅仅与政府支出有关，而与政府收入的来源渠道（税收和公债）无关。因而，我们只需要分析政府支出对经济的影响。

李嘉图等价定理

表面上看，税收筹资和举债筹资互不相同，税收减少了个人的财富，而举债却没有减少个人财富（债务最终是要还本付息的）；然而政府举债意味着公众未来的债务偿还义务，由举债支持的不增税或减税将导致未来更高的税收。如果意识到这一点，人们就会把相当于未来额外税收的一部分财富积蓄起来，结果当前的可支配收入减少，这与当前征收同等数额的税收的情况实际上是一样的。因此，李嘉图凭此推断，征税与举债等价。

李嘉图等价定理的政策含义在于，它向凯恩斯主义经济政策提出了挑战。凯恩斯主义经济学家不但把公债作为弥补财政赤字的重要手段，而且作为政府实施财政政策的重要工具。于是，凯恩斯主义经济学家把预算赤字、减税举债看作是经济萧条时期刺激总需求的重要途径。如果人们都认识到发行公债仅仅是他们的纳税单被推迟了，那么政府举债所筹集的收入都将被私人储蓄的等额增加所抵消，结果发行公债既没有让消费扩张起来，也没有国民收入增加的乘数效应，结果政府通过预算赤字、减税举债（而不增加政府支出）的办法来刺激经济的财政政策无效。这就是李嘉图等价定理的政策含义，它与凯恩斯主义经济学的政策主张截然不同。

李嘉图等价定理符合现实吗？

讨论视角：代际问题；流动性约束；不确定性；有限视界

综上所述，R—C—K 模型将储蓄率内生化，部分解释了国家之间储蓄率的差异，其建模思想和分析框架得到了广泛的应用，可以用来分析财政政策对资本积累和经济增长的影响，分析开放经济下的消费和投资，甚至可以用来分析技术冲击和经济波动［布兰查德（Blanchard）和费希尔，1998］。

虽然拉姆齐模型回答了最优储蓄率的决定问题,但是该模型中存在诸多约束条件,才能保证最终经济向稳态水平收敛,尤其是家庭寿命无限期的假设,导致学者们对该模型所得结论的稳定性在一定程度上存在较大质疑。不过,由著名经济学家戴蒙德等(1965)构建的世代交替模型,则对这一假设做了更贴近现实的修正,进一步推动了新经济增长理论的发展。

第三节 无限期界的戴蒙德世代交叠模型

戴蒙德模型(OLG 模型)改变了过去连续时间的分析法,是较早从离散角度探讨消费、储蓄以及经济增长等问题的增长模型。

一、戴蒙德模型的基本假设

1. 家庭成员行为

和前述模型相比,OLG 模型核心假设是家庭是新老更替的,每个人只存活两期,即青年期和老年期,新人不断出生,老人不断死亡。在青年期每个人通过向市场提供一单位的劳动获取收入,并将所得劳动收入用于第一期消费和储蓄;而在老年期每个人只消费不劳动,并通过消费青年期的储蓄和利息获得效用。人口增长率仍然设定为 n,即如果 t 期劳动力为 L_t,则 $t+1$ 期劳动力为 $(n+1)L_t$。考虑人们存在两期的消费,故令 C_{1t} 和 C_{2t+1} 分别表示 t 期出生的人在两期的消费情况,C_{1t} 和 C_{2t} 分别表示 t 期的年轻人和老年人的消费。具体的效用函数仍采取拉姆齐模型效用函数的基本形式,即相对风险规避系数不变的效用函数。在时期 t,青年计划自己在两个时期里的消费数量,在收入约束下最大化自己的效用,所以每个人的总效用 U_t 为:

$$U_t = \frac{C_{1t}^{1-\theta}}{1-\theta} + \frac{1}{1+\rho}\frac{C_{2t+1}^{1-\theta}}{1-\theta}, \theta > 0, \rho > -1 \quad (7\text{-}63)$$

与之对应的约束条件是,在 t 期出生的个人的第二期消费为:

$$C_{2t+1} = (1+r_{t+1})(w_t A_t - C_{1t}) \quad (7\text{-}64)$$

上式两端同时除以 $(1+r_{t+1})$,得到如下预算约束:

$$C_{1t} + \frac{1}{1+r_{t+1}}C_{2t+1} = w_t A_t \tag{7-65}$$

经济含义在于终生消费的现值等于初始财富(为 0)加上终生劳动收入的现值($w_t A_t$)。

2. 厂商行为

和前边 R—C—K 模型相同,OLG 模型中也存在许多厂商,每个厂商具有生产函数 $Y_t = F(K_t, A_t L_t)$,规模报酬不变并满足稻田条件,并且 A 在此以外生速度 g 增长,所以 $A_t = (1+g)A_{t-1}$。市场是竞争性的,劳动与资本可获得其边际产出,厂商获得零利润。不存在折旧,真实利率与每单位有效劳动工资依然分别由 $r_t = f'(k_t)$ 与 $w_t = f(k_t) - k_t f'(k_t)$ 确定。最后,存在一些初始的资本存量 K_0,由所有老年人个人均等地持有。在 0 期内,由老人拥有的资本与由年轻人供给的劳动被结合起来生产产品。老年人消费其资本收入与现存财富,然后他们死亡并在模型中消失,年轻人则把他们的劳动收入 $w_t A_t$ 分配在消费与储蓄上。他们将储蓄代入下个时期,在 $t+1$ 时期内,资本存量 K_{t+1} 等于 t 时期年轻人的数量 L_t 乘以这些人的储蓄 $w_t A_t - C_{1t}$。这种资本与下一代年轻人供给的劳动相结合,并且这个过程将持续。

3. 个人决策

综上,可以构建最优化模型:

$$\max_{C_{1t}, C_{2t+1}} U_t = \frac{C_{1t}^{1-\theta}}{1-\theta} + \frac{1}{1+\rho}\frac{C_{2t+1}^{1-\theta}}{1-\theta}$$
$$s.t. \quad C_{1t} + \frac{1}{1+r_{t+1}}C_{2t+1} = w_t A_t \tag{7-66}$$

构造拉格朗日函数:

$$\mathcal{L} = \frac{C_{1t}^{1-\theta}}{1-\theta} + \frac{1}{1+\rho}\frac{C_{2t+1}^{1-\theta}}{1-\theta} + \lambda[w_t A_t - (C_{1t} + \frac{1}{1+r_{t+1}}C_{2t+1})] \tag{7-67}$$

一阶条件为:

$$C_{1t}^{1-\theta} = \lambda \tag{7-68}$$

$$\frac{1}{1+\rho}C_{2t+1}^{1-\theta} = \frac{\lambda}{1+r_{t+1}} \tag{7-69}$$

$$\frac{1}{1+\rho}C_{2t}^{-\theta} = \frac{1}{1+r_{t+1}}C_{1t}^{-\theta} \tag{7-70}$$

前两个等式相比,得到:

$$\frac{C_{2t+1}}{C_{1t}} = \left(\frac{1+r_{t+1}}{1+\rho}\right)^{1/\theta} \tag{7-71}$$

上式表明,一个人的消费随时间是递增还是递减,取决于真实报酬率是大于还是小于贴现率。如果 $r_{t+1} > \rho$，则 $\frac{1+r_{t+1}}{1+\rho} > 1$，$\frac{C_{2t+1}}{C_{1t}} > 1$，$C_{2t+1} > C_{1t}$，表明消费 C 随着时间 t 递增。在上式两边同时乘以 C_{1t}，代入预算约束可得：

$$\frac{1}{1+\rho}C_{2t}^{-\theta} = \frac{1}{1+r_{t+1}}C_{1t}^{-\theta} \tag{7-72}$$

$$C_{1t} + \frac{(1+r_{t+1})^{(1-\theta)/\theta}}{(1+\rho)^{1/\theta}}C_{1t} = A_t w_t \tag{7-73}$$

$$C_{1t} = \frac{(1+\rho)^{1/\theta}}{(1+\rho)^{1/\theta}+(1+r_{t+1})^{1-\theta/\theta}}A_t w_t \tag{7-74}$$

式（7-74）表明，利率 r 与主观贴现率 ρ 决定了第一期的单个消费者的消费水平。模型中的储蓄＝收入－消费，储蓄率＝储蓄/收入，即：

$$save = \frac{(1+r_{t+1})^{1-\theta/\theta}}{(1+\rho)^{1/\theta}+(1+r_{t+1})^{1-\theta/\theta}}A_t w_t \tag{7-75}$$

$$s(\rho,\theta,r_{t+1}) = \frac{(1+r_{t+1})^{1-\theta/\theta}}{(1+\rho)^{1/\theta}+(1+r_{t+1})^{1-\theta/\theta}} \tag{7-76}$$

$$C_{1t} = (1-s(\rho,\theta,r_{t+1}))A_t w_t \tag{7-77}$$

对于储蓄率与利率之间的关系，有：

$$s(\rho,\theta,r_{t+1}) = \frac{(1+r_{t+1})^{1-\theta/\theta}}{(1+\rho)^{1/\theta}+(1+r_{t+1})^{1-\theta/\theta}} = \frac{1}{\frac{(1+\rho)^{1/\theta}}{(1+r_{t+1})^{1-\theta/\theta}}+1} \tag{7-78}$$

即储蓄率与利率之间的关系，关键取决于 $(1+r_{t+1})^{1-\theta/\theta}$ 与 r 的关系。

$$\frac{\partial (1+r_{t+1})^{1-\theta/\theta}}{\partial r} = \frac{1-\theta}{\theta}(1+r)^{\frac{1-\theta}{\theta}-1} = \frac{1-\theta}{\theta}(1+r)^{\frac{1-2\theta}{\theta}} \tag{7-79}$$

当 $\theta < 1$ 时，$\frac{\partial (1+r_{t+1})^{1-\theta/\theta}}{\partial r} > 0$，即 $(1+r_{t+1})^{1-\theta/\theta}$ 随着 r 递增，储蓄率 s 关于 r 递增；当 $\theta > 1$ 时，$\frac{\partial (1+r_{t+1})^{1-\theta/\theta}}{\partial r} < 0$，即 $(1+r_{t+1})^{1-\theta/\theta}$ 随着 r 递减，储蓄率 s 关于 r 递减。

经济含义在于，θ 越小，家庭就越愿意接受消费的大的波动，以利用其贴现率和储蓄报酬率之间小的差异。随着 r 的上升，消费的数量下降，储蓄的上升，所以 s 随 r 递增。此外，r 的上升对储蓄的影响同时具有收入效应和替代效应。这时两期消费之间的交替更有利于第 2 期消费，这一情况会增加储蓄（替代效应）；但一定量储蓄能够带来更多第 2 期消费，这一情况会降低储蓄（收入效应）。如果个人很愿意在两期消费之间进行替代，以利用报酬率的刺激（即 θ 较低时），则替代效应占优；如果个人强烈偏好两期有相同的消费水平（即 θ 较高时），则收入效应占优。而在 $\theta = 1$ 的特殊情形下（对数效用），替代效应和收入效应恰好相等，且年轻人的储蓄率与 r 无关，此时 $s(r_{t+1}) = \frac{1}{2+\rho}$。

二、经济的动态学——戴蒙德模型的稳态均衡

1. C–D 函数下的稳态均衡

若有一 k_t 值，使得 $k_{t+1} = k_t$，则该 k_t 为 k 的一个均衡值。因此，我们希望知道：是否存在 k 的一个（或多个）均衡值？如果 k 不是从均衡值开始，其是否会收敛于均衡值？

储蓄率 s 的变化除了受利率 r、贴现率 ρ 影响之外，还与效用偏好 θ 有关，所以从这一点来看，戴蒙德模型和拉姆齐模型一样，都将储蓄率实现了内生化过程。不过，和拉姆齐模型相比，在求解 OLG 模型稳态均衡的过程中，往往将 θ 取值为 1，这样的处理结果是储蓄率 s 的变化与利率 r 无关，同时令资本折旧率 δ 也为 1，这样假设的结果保证经济系统中 $t+1$ 期资本存量的来源全部由 t 期储蓄提供，即：

$$K_{t+1} = s(r_{t+1})L_t A_t w_t \tag{7-80}$$

对上式两边同除以 $L_{t+1}A_{t+1}$，得到：

$$k_{t+1} = \frac{1}{(1+n)(1+g)} s(r_{t+1}) w_t \tag{7-81}$$

同时假设技术进步率为 g 以及竞争市场结合要素价格约束条件，将 r_{t+1} 和 w_t 代入，从而得到单位有效劳动资本存量 k_{t+1} 为：

$$k_{t+1} = \frac{1}{(1+n)(1+g)} s(f'(k_{t+1}))[f(k_t) - k_t f'(k_t)] \tag{7-82}$$

资本存量的动态变化路径与上期资本存量有关，而且也与生产函数的设定直接相关。如果将生产函数具体设定为 C–D 形式，则 $f(k) = k^\alpha$，$f'(k) = \alpha k^{\alpha-1}$，上式可转换为：

$$k_{t+1} = \frac{1}{(1+n)(1+g)} \frac{1}{2+\rho}(1-\alpha)k_t^\alpha \equiv Dk^\alpha = Df(k) \tag{7-83}$$

由于 $f(k)$ 具有 $f'(k) > 0$，$f'(k) < 0$ 的性质，且满足稻田条件，k_{t+1} 也具有相同的性质，得到图 7–12：

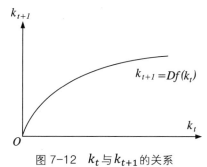

图 7–12 k_t 与 k_{t+1} 的关系

在均衡状态下，单位有效劳动资本是不变的，即 $k_{t+1} = k_t$，所以均衡条件下，结合式 7-83，可得：

$$k^* = \left[\frac{1-\alpha}{(1+n)(1+g)(2+\rho)}\right]^{\frac{1}{1-\alpha}} \quad (7-84)$$

如图 7-13 所示，其中 45 度线表示 $k_{t+1} = k_t$ 的点轨迹，但起初资本存量 k 较小时，比如在 k_0 处（小于 k^*），可知下一期资本存量为 k_1，此时 $k_{t+1} > k_t$，单位有效劳动资本存量始终在 45 度线上方，但是随着资本存量的增长，会逐渐收敛于稳态资本存量 k^*；同样，初始资本存量超过稳态资本存量 k^* 时，k_{t+1} 始终小于 k_t，单位有效劳动资本存量在 45 度线下方，从而也会逐渐收敛于稳态资本存量 k^*，这也就意味着在 OLG 模型中，稳态资本存量是全局稳定的（除坐标原点 $k_{t+1} = k_t = 0$）。当跨期偏好 ρ、消费偏好 θ、技术进步 g 三者任意一项减少时，都会引起函数 $k_{t+1}(k_t)$ 向外扩张，使稳态资本存量 k^* 在短期内增长到 k_1^*，在资本存量动态转移过程中，会引起产出和消费的同时增长，但是从长期来看，外生参数的变化也只能引起短期产出和消费的变化，仅具有水平效应而无增长效应，除非外生参数持续下降才能实现经济的长期增长。此外，一旦经济收敛至平衡增长路径，其特性就与处在平衡增长路径上的索洛经济和拉姆齐经济相同：储蓄率不变，工人产量以速度 g 增长，资本产出比不变等。

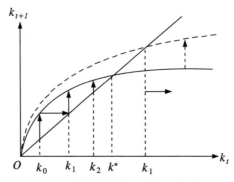

图 7-13 戴蒙德模型的动态转移路径

2. 参数变化的影响

（1）贴现率下降的影响

为理解该经济对外来冲击如何作出反应，考虑在经济处于平衡增长路径上，贴现率 ρ 下降的影响。当 ρ 下降时，$\frac{1}{(1+n)(1+g)}\frac{1}{2+\rho}(1-\alpha) \equiv D$ 上升，$dk_{t+1}/dk_t = D\alpha k_t^{\alpha-1}$ 上升，则 k_{t+1} 将以更陡峭的斜率上升。从经济含义上看，贴现率的下降使年轻人将其劳动收入的更大比例用于储蓄，因此 k_{t+1} 函数向上移动，使得处于平衡增长路径上的 k^* 上升，如

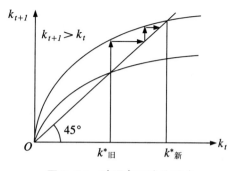

图 7-14 贴现率下降的影响

图 7-14 所示。

因此，在我们所考虑的情形下，戴蒙德模型中贴现率下降的影响与拉姆齐模型中贴现率下降的影响相似，也与索洛模型中储蓄率上升的影响相似。贴现率的下降使每单位人均资本和每单位人均产量随时间的路径永久性地上移，但对这些变量的增长率却只造成暂时性的增加。

（2）政府税收的影响

设 G_t 代表 t 时期政府的每单位有效劳动的购买量，政府由对年轻一代征收总量税来给自己的购买融资。当政府完全用税收为其购买融资时，在 t 时期，工人的税后收入是 $(1-a)k_t^\alpha - G_t$，而非 $(1-a)k_t^\alpha$。因此，k 的运动方程为：

$$k_{t+1} = \frac{1}{(1+n)(1+g)} \frac{1}{2+\rho} [(1-\alpha)k_t^\alpha - G_t] \qquad (7\text{-}85)$$

这样，对于一个既定的 k_t，一个较高的 G_t 将会减少 k_{t+1}，从而导致 k^* 减少，如图 7–15 所示。

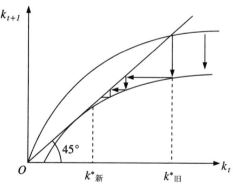

图 7-15 戴蒙德模型中的政府

政府购买和税收的永久性增加会降低家庭的一生财富，因此消费会立即下降，而资本存量和真实利率不受影响。直观地，由于行为人生存两期，因此当 G 增加时，个人第一期消费的减少量将小于 G 的增加量，但由于税收仅仅在第一期征收，所以个人的储蓄将会下降，经济会由最初的平衡增长路径平滑地移动到新的平衡增长路径。

3. k 的一般情形

上文对 OLG 模型稳态均衡的分析主要是基于 C-D 生产函数的讨论，那么生产函数的差异是否会影响最终的稳态水平呢？令人遗憾的是，答案是肯定的。生产函数设定不同，将对 OLG 模型稳态结果将产生严重影响，现将运动方程改写为：

$$k_{t+1} = \frac{1}{(1+n)(1+g)} s(f'(k_{t+1})) \frac{f(k_t) - k_t f'(k_t)}{f(k_t)} f(k_t) \qquad (7\text{-}86)$$

上式中，$\frac{1}{(1+n)(1+g)}$ 为 t 期有效劳动的数量与 $t+1$ 期有效劳动的数量之比；$s(f'(k_{t+1}))$ 为劳动收入中储蓄所占的比例；$\frac{f(k_t)-k_tf'(k_t)}{f(k_t)}$ 为单位产出中劳动报酬所占比例；$f(k_t)$ 为 t 期每单位有效劳动的平均产量。依据上式，第 $t+1$ 期的单位有效资本存量与四个因素有关：首先是与人口和技术进步有关，其次是储蓄率，再次是人均有效劳动报酬占比，最后是人均有效资本产出。因此任意一个变量发生变化都可能影响函数 $k_{t+1}(k_t)$ 的形状。图 7-16 给出了 3 种典型的情况：

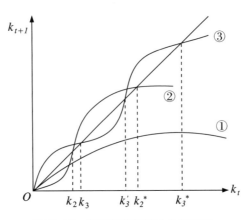

图 7-16　戴蒙德模型稳态的稳定性

第一种如函数①所示，表示了贫困的恶性陷阱。k_{t+1} 和 k_t 始终在 45 度线之下，k_{t+1} 永远小于 k_t、因而不管 k 的初始值如何，这时经济的稳态只能是收敛于原点。

第二种如函数②所示，表示了一种经济起飞的道路。经济系统存在两个稳态值，但是明显 k_2 是不稳定的，当初始有效资本存量偏离 k_2 时，假设小于 k_2，那么经济系统稳态将向原点收敛，而当初始有效资本存量大于 k_2 时，经济系统稳态将向 k_2^* 收敛，在此经济系统下，应该通过加速资本积累而使资本水平迅速越过 k_2，从而推动经济向更高的稳态水平收敛。

第三种情况如函数③所示，是一种多重均衡的情况。经济系统存在 3 个稳态值，分别是 k_3、k_3'、k_3^*，从图中可以发现稳态水平 k_3' 是不稳定的，当初始有效资本存量小于 k_3' 时，经济系统将向稳态 k_3 收敛，如果初始有效资本存量大于 k_3'，则经济系统将收敛于 k_3^*，不过为实现更高产出和消费，稳态 k_3^* 应该是较为理想的收敛点。

除了上述三种情况，在没有外生扰动的情况下经济中也会出现波动，出现多重均衡，如图 7-17 所示。

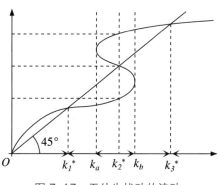

图 7-17 无外生扰动的波动

三、收敛速度

若经济处于平衡增长路径，则 k^* 由下式决定：

$$k^* = \frac{1}{(1+n)(1+g)} \frac{1}{2+\rho} (1-\alpha) k^{*\alpha} \tag{7-87}$$

变形，得：

$$k^* = [\frac{1-\alpha}{(1+n)(1+g)(2+\rho)}]^{1/(1-\alpha)} \tag{7-88}$$

由此，可得产出水平：

$$y^* = [\frac{1-\alpha}{(1+n)(1+g)(2+\rho)}]^{\alpha/1-\alpha} \tag{7-89}$$

围绕 $k_t = k_{t+1} = k^*$，泰勒一阶展开：

$$k_{t+1} = g(k^*) + \frac{\mathrm{d}k_{t+1}}{\mathrm{d}k_t}|_{k_t=k^*}(k_t - k^*) = k^* + \frac{\mathrm{d}k_{t+1}}{\mathrm{d}k_t}|_{k_t=k^*}(k_t - k^*) \tag{7-90}$$

令 $\frac{\mathrm{d}k_{t+1}}{\mathrm{d}k_t}|_{k_t=k^*} = \lambda$，则 $k_{t+1} - k^* \simeq \lambda(k_t - k^*)$，根据一阶非齐次差分方程求解 $k_{t+1} - \lambda k_t$

$\simeq (1-\lambda)k^*$。有 $k_t - k^* \simeq \lambda^t(k_0 - k^*)$，其中 k_0 为 k 的初始值。将相关表达式代入，得：

$$\begin{aligned}\lambda \equiv \frac{\mathrm{d}k_{t+1}}{\mathrm{d}k_t}\bigg|_{k_t=k^*} &= \alpha \frac{1-\alpha}{(1+n)(1+g)(2+\rho)} k^{*\alpha-1} \\ &= \alpha \frac{1-\alpha}{(1+n)(1+g)(2+\rho)} \frac{1-\alpha}{(1+n)(1+g)(2+\rho)} \\ &= \alpha\end{aligned} \qquad (7\text{-}91)$$

由于 λ 等于 α（资本的份额），即介于 0~1 之间，这意味着 k 平滑地收敛于 k^*。如果 α 是 1/3，k 则在每个时期通过移动 2/3 的路程趋向于 k^*。

第四节　新古典经济增长理论的地位及其特点

索洛模型、拉姆齐模型和戴蒙德模型作为新古典增长理论的核心内容，在经济增长理论发展史上可以说发挥着承前启后的作用。

一、索洛模型的地位及特点

索洛模型沿袭了哈罗德—多马模型的基本分析思路和范式，但和哈罗德—多马模型相比，有其自身的特点：

首先，索洛模型放弃了固定技术比例的生产函数，以微观厂商理论为基础，修正了哈罗德—多马模型的不稳定增长稳态，认为长期的经济增长存在一个稳定状态，而且该稳态水平由储蓄率、人口增长率、技术进步以及生产函数的基本特征等因素决定。

其次，索洛模型在长期经济增长的预测方面强调，经济长期增长来源于外生的技术进步，与储蓄率等因素的变化无关，在其他外部条件不变的情况下，不同国家经济增长在长期存在条件收敛的趋势，而且根据该模型能够判断不同经济体向稳态收敛的速度以及相应的影响因素。

再次，索洛模型的分析方法为许多计量模型的构建提供了理论基础，而且该模型能够有效测度各要素对经济增长的贡献程度（王弟海，2011）。

虽然和较早的增长理论相比，索洛模型具有众多优点，但也不能忽视索洛模型存在的不足：一方面是关于条件收敛的预测分析，学者们通过实证分析结果对比发现，现实各国的经济增长并没有完全按照索洛模型的分析走向趋同，而且初始资本积累较低的国家并没有形成较高的经济增长率；另一方面，索洛模型分析了储蓄率变化在短期对经济增长稳态的影响，但是没有进一步解释储蓄率的决定因素是什么，而且对于形成经济长期增长的技术进步也没有给予准确的说明和解释，最终降低了索洛模型对长期经济增长的解释力度。

二、拉姆齐模型的地位及特点

拉姆齐模型是较早从理论上将储蓄率内生化的模型，有效弥补了索洛模型在储蓄率分析方面的缺陷：

第一，拉姆齐模型通过跨时效用最大化的方法，解释了储蓄率变化的决定因素，尤其是在理论上分析了储蓄与利率之间关系，并深入讨论影响稳态储蓄率的决定因素，从而从根本上改变了之前索洛模型储蓄率不变的假设。

第二，正是由于拉姆齐模型对于储蓄率的内生化，使该模型对于短期以及长期经济增长的解释更加全面，尤其是从理论上解释了消费偏好、人口增长、技术进步等因素对于短期、长期稳态增长路径以及经济体收敛路径的影响。

第三，拉姆齐模型从微观家庭角度出发，结合产品市场出清条件，利用效用最大化的原则得到的稳态均衡，不仅在理论上解释了过度储蓄以及动态无效率产生的原因，更从理论上分析了避免经济系统出现动态无效率的可能性。

和索洛模型相比，虽然拉姆齐有许多优点，但同样也存在一些无法克服的缺陷：首先是拉姆齐参数约束较多，任何可能的改变都有可能导致模型无法得到稳定的最优解，特别是无法在理论和现实两方面解释当前人的消费比未来消费更重要；其次，关于家庭寿命无限期的假设，这在现实层面也是无法解释的，不过雅里（Yaari，1965）、布兰查德（1985）等学者结合 OLG 模型基本分析思路，构建了有限时域拉姆齐模型，有效弥补了这一不足；再者，由于拉姆齐模型假定所有微观家庭的消费偏好以及时间偏好都是相同的，这种同质性要求也普遍遭到学者质疑，而且现实经济实践表明不同居民之间偏好也是存在显著差异的，而对于由居民异质性产生的动态增长问题，由斯蒂格利茨（Stiglitz，1969）、卡塞利和文图拉（Caselli & Ventura，2000）等学者在拉姆齐模型基础上予以拓展。

三、戴蒙德模型的地位及特点

戴蒙德模型（OLG 模型）和索洛模型、拉姆齐模型相比，最大的特点在于将个人生命周期划分为青年期和老年期，分析经济增长过程中储蓄、消费、投资以及产出等变量之间的动态关系。正是分析视角的差异，使该模型具有以下特点：

第一，由于将生命周期划分为两个阶段，导致该模型是较早从离散角度分析储蓄率变化的影响因素，并从离散角度探讨不同变量的动态转移路径。

第二，在两期生命周期约束条件下，由于两期消费和投资约束的差异，导致 OLG 模型得到的单位有效劳动所占资本的稳态水平有可能高于、也可能低于黄金率水平，从而形成跨期结构的动态无效率［不过戴蒙德（1965）通过加入国债因素，引入中央计划者均衡条件，较好地弥补了动态无效率的不足］。

当然，OLG 模型和其他模型一样，也存在一些重要缺陷，比如没有解释长期经济增长动力因素，也没有讨论人口增长问题等，这些都为后期经济增长理论的发展提供了新的研究视角。

综合来看，新古典增长模型主要是从储蓄率变化角度来解释短期经济增长的路径以及长期稳态水平，但是它们都没有解释：第一，外生技术进步的来源；第二，开放条件下经济增长的长期变化路径；第三，货币、债务等金融市场因素对均衡路径的影响；第四，人口增长率的影响因素；第五，消费函数、生产函数的变化对稳态路径的影响；等等。也正是基于这些问题，促进了 20 世纪 60 年代经济增长理论的繁荣。

本章提要

面对哈罗德经济稳态的不稳定性与现实经验的巨大差距问题，新古典增长模型试图从要素替代出发，寻找稳定的增长路径。索洛和斯旺突破了古典经济增长理论模型中生产函数具有固定系数的假设前提，将凯恩斯的总量分析与生产要素可以充分替代的新古典生产函数相结合，在边际产出递减、规模报酬不变、稻田条件等基本条件下，建立了一套新的动态均衡模型。在不考虑技术进步的前提下，由于投入的要素边际收益递减，经济将趋于稳态，长期的人均经济增长率将趋于零。经验事实表明，一国的经济增长并未按照索洛模型走向经济趋同，反而出现了经济的持续增长。

针对索洛模型没有解释储蓄率的决定因素及其可能出现的动态无效率问题，卡斯、库普曼斯通过将拉姆齐的研究引入模型中，进一步将储蓄率内生化，利用连续时变函数，在市场出清的状态下从消费者和厂商的角度分析了消费率与资本存量之间的动态变化关系，被称之为拉姆齐—卡斯—库普曼斯模型（简称模型）。虽然拉姆齐模型回答了最优储蓄率受到贴现率、技术进步、人口增长等因素的影响，但由于人的寿命是无限期的假设前提而备受质疑。为此，戴蒙德通过假设家庭人员存在新老交替现象，将个人生命周期分为青年期和老年期，从离散角度分析经济增长过程中储蓄、消费、产出等之间的动态变化关系。

新古典增长理论以资本积累为核心，假设资本积累机制存在递减规律，并通过新古典生产函数和资本积累方程来揭示经济增长的动态过程。然而，该理论没有对有效劳动增长率方面的异质性进行经济解释。具体而言，资本收益递减规律源于新古典生产函数，导致资本积累动力逐渐消减。如果没有外生因素的干扰，如人口增长或技术进步，经济无法实现持续增长。此外，政府政策对于储蓄率、贴现率等参数的改变只会对经济增长产生水平效应，而没有增长效应。在新古典模型中，有效劳动的增长率是外生给定的，因此，该模型并没有对有效劳动增长率的异质性进行深入探讨。总之，尽管新古典增长理论在逻辑上符合某些经验事实，但它并没有对经济增长的内在机制做出足够的解释。

关键概念

稳态　一种经济系统中各种变量增长率都为 0 的情况，如索洛模型的稳态为 $\dot{k}(t)=0$ 的时候。

平衡增长路径　指体系的各变量的增长率都为常数的状态，可能不唯一。

新古典生产函数　满足以下三个条件的生产函数被称为新古典生产函数：（1）每种投入的边际产品为正且递减；（2）规模报酬不变；（3）稻田条件。

转移动态　指体系的各变量的增长率不为常数时，经济从非均衡状态向稳定状态转移的过程。

动态无效率　过度储蓄的经济被称为动态无效率，因为降低储蓄率不仅提高了稳态消费，也提高了转移过程中的消费。

资本的黄金率　使人均消费达到最大化的储蓄率所对应的的人均资本水平。

绝对收敛 穷国有着更快的人均增长率，因此穷国趋于追上富国。

相对收敛 一个经济离其自身的稳态值越远，增长越快。

转型动态原理 经济体低于稳态越多，增长将会越快；经济体高于稳态越多，增长将会越慢。

索洛余量 全要素生产率（TFP）的增长率，除生产要素量的增加之外的其他因素导致的经济增长率，有时可以简化为技术进步。

鞍点路径 对于 k 的任何为正的初始水平，存在一个一个唯一的 c 的初始水平。它与家庭的跨期最优化，资本存量的动态学，家庭预算约束以及 k 不为负的要求相一致将这种初始的 c 作为 k 的一个函数的函数便是著名的鞍点路径。

思考题

1. 请解释索洛—斯旺经济增长理论的特征。
2. 请说明索洛经济增长核算方法的基本思路。
3. 请说明索洛经济中储蓄率提升对有效劳动人均消费会带来什么影响。
4. 请解释有限期界的 R—C—K 经济增长模型的理论特征。
5. 请讨论李嘉图等价原理是否符合现实，为什么？
6. 请解释动态无效率，并说明为什么 R—C—K 模型不存在动态无效率。
7. 请论述 R—C—K 模型中 c 和 k 的动态学，分析其鞍点路径。
8. 请说明修正的资本存量与黄金资本存量的异同。
9. 请说明无限期界的戴蒙德世代交叠模型的特点。
10. 请说明 OLG 模型的建模思路，包括目标函数和约束方程，并说明其经济含义。
11. 请说明新古典经济学和新兴古典经济学的区别。

第八章　内生增长理论

第一节　基于阿罗模型的干中学增长理论

在人们从事商品生产活动的过程中，不可避免地会遇到并考虑生产过程如何改进的阶段，并提出相应的建议或进行实际的活动。而技术进步是某种特定知识或技能的提高。关于技术进步的产生的研究，一是关于科学发现的理论和历史，二是生理学的干中学（learning by doing）的理论。

知识的性质

知识是一个复杂的、分层次的体系，它从基础概念开始，逐步演化成为高度抽象和应用性强的知识。根据知识对生产活动的影响，可以将其分为三类：有益、有害和无关。其中，有益的知识有两种表现方式，一种是促进产品种类增加，另一种是促进产品质量提高，这两种方式都是技术进步的表现形式。相反，有害的知识会对生产活动造成危害和损失，包括技术陈旧、落后和不合理的生产模式等。而无关的知识则不具备对生产活动的直接影响。

知识具有两个基本特征。首先，知识是非竞争性的。一个人使用某种知识并不会影响其他人使用该知识。此外，一旦知识被发现，制造更多的成本几乎为零，因此市场价格应该为零。这意味着，知识的创造不能完全依赖于获取私人利益的动机，而需要其他激励机制来支持其创造和传播。其次，知识具有不同程度的排他性。由于知识本身的特殊性质以及管理产权的经济制度，一些知识可能会阻止其他人的使用。这意味着，知识的共享和使用需要建立在信息交流、知识产权保护和合作等基础上。

知识积累的影响因素即决定资源配置于研发部门的影响因素，主要包括三个方面：一是政府对基础科学研究的支持，基础科学研究是提高整个社会科学技术水平的重要来源，对于企业而言，它也是开展高科技研发的重要基础，主要途径有资金投入、人才培养、合作研究等；二是研发和创新的私人经济利益激励，激发人们的内在动力，增强他们的创新意识和积极性，从而推动技术进步和发展；三是对人才和知识的重视，要引导人才发挥其所能，为他们提供充分选择的机会；四就是"干中学"。这四点也是常见的创新动力来源。

将"干中学"的思想纳入正规的增长模式的是阿罗在1962年所作的工作。1962年阿罗发表了《干中学的经济含义》一文，旨在提出一个生产函数中的知识可以跨时和跨国溢出的内生知识变化的理论。阿罗的这篇独创性论文是使技术进步成为增长模式的内生因素的最初尝试，并成为20世纪80年代许多内生增长理论的思想源头。当干中学成为技术进步的因素时，知识积累的速度就不仅与配置到研究开发部门的资源占总资源的比例有关，而且与通常的经济活动究竟产生多少新知识有关。

在阿罗模式中，有两个基本假定：一是干中学或知识是投资的副产品，提高一个厂商的资本存量会导致其知识存量相应增加。二是知识是公共产品，具有外溢效应（spillover effect）。这一假定意味着，每一厂商的技术变化是整个经济中的干中学并进而是经济的总资本存量的函数。因此，任一给定厂商的生产力是全行业积累的总投资的递增函数，随着投资和生产的进行，新知识将被发现，并由此形成递增收益。

一、模型的核心思想

在《干中学的经济含义》中，阿罗指出人均收入的增长不能简单地由资本—产出比的提高来解释，其重要贡献是提出了干中学的概念。通过假定知识创新是投资的副产品，企业在提升物质资本的同时就知道了如何更有效率的生产。换言之，在生产产品的过程中，劳动者必然会思考、探索、尝试改进生产过程的方法，这样在生产过程中，就可以积累知识，这种对生产效率的正向影响被称为干中学效应。在此过程中，企业的储蓄和投资不仅仅增加了要素的投入量，也通过干中学效应提升了知识技术水平，而不进行投资的厂商也可以在学习中提高生产率，因此技术变成了由资本积累所决定的内生变量。

沿用阿罗（1962）、谢辛斯基（1967）和罗默（1986）的观点，对生产率做了两个假设。首先，干中学通过每个企业的净投资发挥作用，即企业资本存量的增加会导致其知识存量的相应增加。其次，每个企业的知识都是公共产品，每个企业可以以零成本获取这种产品。换言之，一旦某种知识出现，它将迅速在整个经济体中传播开来。这个假设意味着各企业知识项的变化与经济体的整体知识水平相对应，因此与总资本量的变化成比例。

作为同样强调资本积累对技术进步作用的增长理论——马克思社会资本再生产理论中明确提出，资本积累的一般规律是资本有机构成提高，资本有机构成提高则是由技术水平提升造成的资本技术构成所决定的。社会资本积累和扩大再生产的过程，就伴随着技术进步和生产力的提高。从这个角度看，干中学模型则强调在资本积累中同时也会发生知识的积累，从而能够实现技术的进步。不同的是，马克思增长理论的目标是为了解释资本主义再生产的经济规律，分析其固有的矛盾和缺陷，并且将价值作为增长理论的微观基础，所有分析建立在价值分析基础上。此外，马克思社会资本再生产模型是一个两部门模型，可以对结构问题进行分析。而干中学模型则以新古典微观经济学的厂商理论作为分析基础，目标是解释增长动力的来源，相较马克思增长理论而言更加重视总量分析。

二、干中学模型形式

1. 干中学模型的简单情形

由于技术进步只来源于干中学，知识积累率不再依赖于经济资源中用于研发的比例，而是依赖于常规经济中产生了多少新知识。所以投入品都用于产品生产，生产函数为：

$$Y(t) = K(t)^\alpha [A(t)L(t)]^{1-\alpha} \qquad (8\text{-}1)$$

其中，$A(t) = BK(t)$ 为知识函数。则进一步有：

$$Y(t) = K(t)^\alpha B^{1-\alpha} K(t)^{1-\alpha} L(t)^{1-\alpha} = bK(t) \qquad (8\text{-}2)$$

其中，$b \equiv B^{1-\alpha} L(t)^{1-\alpha}$。将生产函数转化为人均形式，两边同时除以 $L(t)$，得：

$$y(t) = bk(t) \qquad (8\text{-}3)$$

则 y 取决于 k 的变化。假设模型中不存在折旧，则资本的增长量为：

$$\dot{K}(t) = sY(t) = sbK(t) \qquad (8\text{-}4)$$

$$\frac{\dot{y}}{y} = \frac{\dot{k}}{k} = sb \qquad (8\text{-}5)$$

2. 干中学模型的一般形式

关于 AK 函数，一个合理的现实解释是将 K 理解为广义资本，其不仅包括狭义的物质资本，也包括人力资本、公共资本、健康资本等。上述模型假设知识函数为 $A(t) = BK(t)$，是一个简单形式，现考虑一般形式的干中学模型。生产函数为：

$$Y(t) = K(t)^\alpha [A(t)L(t)]^{1-\alpha}, A(t) = BK(t)^\phi, B > 0, \phi > 0 \qquad (8\text{-}6)$$

将知识生产函数代入生产函数有：

$$Y(t) = K(t)^\alpha B^{1-\alpha} K(t)^{\phi(1-\alpha)} L(t)^{1-\alpha} \qquad (8\text{-}7)$$

进一步，计算出产出的增长率，可以发现经济增长率取决于资本和人口增长率：

$$g_Y = [\alpha + \phi(1-\alpha)]g_K + (1-\alpha)n \qquad (8\text{-}8)$$

将生产函数代入资本的增长率函数中，有：

$$\dot{K}(t) = sY(t) = sK(t)^\alpha B^{1-\alpha} K(t)^{\phi(1-\alpha)} L(t)^{1-\alpha} \qquad (8\text{-}9)$$

可以得到资本增长率的变化表示为：

$$\dot{g}_K = [\alpha + \phi(1-\alpha)]g_K^2 + (1-\alpha)ng_K \qquad (8\text{-}10)$$

3. 干中学模型的动态分析

基于以上求解，ϕ 在其中有何经济含义，进一步来分析。

当 $\alpha + \phi(1-\alpha) = 1$ 时，$\phi = 1$，$\dot{g}_K = (1-\alpha)ng_K > 0$。若 $n > 0$，经济将会爆炸性增长，如图 8-1 所示；若 $n = 0$，增长率为常数，经济将平稳增长。

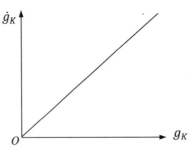

图 8-1 $\phi = 1$ 时经济增长情况

当 $\alpha + \phi(1-\alpha) > 1$ 时，$\phi > 1$，$\dot{g}_K > 0$，经济将会爆炸性增长，如图 8-2 所示。

当 $\alpha + \phi(1-\alpha) < 1$ 时，$\phi < 1$。若 $\dot{g}_K = 0$，$g_K^* = \frac{1-\alpha}{1-[\alpha+\phi(1-\alpha)]}$，长期各项增长率是人口增长率的函数，如图 8-3 所示。

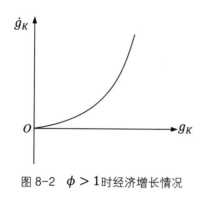

图 8-2　$\phi > 1$ 时经济增长情况

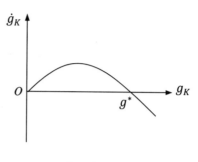

图 8-3　$\phi < 1$ 时经济增长情况

干中学理论的核心思想是，所有资源都用于产品生产，个人在制造产品时，会考虑生产过程的改进方法。因此，知识的积累是传统经济活动的副产品，因此知识存量是资本存量的函数。在该模型中，只有资本是内生变量。

三、干中学模型的优劣

相对于新古典经济增长模型，该模型从资本积累（干中学）的角度解释了技术进步，实现了技术内生化，在一定程度上阐述了赶超国家的技术进步路径，在与技术前沿差距较大时，可以在大规模投资过程中弥补与前沿国家的技术差距。虽然相较新古典模型有所进步，但干中学模型仍存在三个缺陷。

首先，干中学模型可以解释传统工业时代以投资驱动的经济增长，但在目前数字经济飞速发展的时代，以科学试验和自主创新为技术进步主要来源的技术进步很难用干中学来阐述机制。其次，干中学模型在探讨未来经济增长潜力问题中，仅仅只关注到技术问题，对可能影响经济增长更为深远的制度变革问题、结构转变问题等并没有作深入探讨。最后，干中学模型本质上还是针对经济发展的速度进行研究，而当前我们更加关注经济发展的质量。因此，结合中国经济新时代的背景看，干中学模型不足以诠释中国的高质量发展问题，绿色发展、协调发展、共享发展等都未涉及。此外，该模型对于经济高质量发展中的增长动力转换问题也并未谈及。

第二节 基于知识的两部门研究与开发模型

干中学模型中的生产要素包括资本和劳动,而在索洛模型的增长核算中,存在一部分被 $R(t) = \frac{A(t)}{Y(t)} \cdot \frac{\partial Y(t)}{\partial A(t)} \cdot \frac{\dot{A}(t)}{A(t)}$ 称为索洛余量,即全要素生产率(TFP)的增长率,指除资本和劳动这两种生产要素量增加之外的其他因素导致的经济增长率,在第七章中简化为技术进步。在本章,明确 A 的含义是决定劳动的有效性的知识水平,其原因在于用一定量的资本和劳动,若能生产出更多的产品,主要原因就在于技术进步。

本节在原有生产部门的基础上,通过引入研究与开发部门,为知识的生产建立模型,进而对知识水平 A 的动态学进行研究。

1. 模型的基本假定

研究与开发模型中假设经济存在两个部门:产品生产部门和研发部门,用于这两个部门的资本和劳动的比例外生给定,劳动力中有 α_L 的份额用于研发部门,资本存量中有 α_K 的份额用于研发部门。一个部门使用技术并不影响另一个部门对技术的使用,因此两个部门都使用全部的技术 A 进行生产。两个部门的生产函数都采用 C—D 形式,生产部门的生产函数为:

$$Y(t) = [(1-\alpha_K)K(t)]^\alpha [A(t)(1-\alpha_L)L(t)]^{1-\alpha}, 0 < \alpha < 1 \quad (8\text{-}11)$$

研发部门的生产函数为:

$$\dot{A}(t) = B[\alpha_K K(t)]^\beta [\alpha_L L(t)]^\gamma A(t)^\theta, B > 0, \beta \geq 0, \gamma \geq 0 \quad (8\text{-}12)$$

其中,B 为转移参数,θ 反映了现有知识存量对研发成败的影响,θ 越大,现有技术对技术生产的作用就越大。研发部门的生产函数中没有对规模报酬进行设定,原因在于知识存在强外部性,考虑到研究者之间、基本设备之间的相互作用,规模报酬可能递增;而若完全复制现有投入品的活动使得同样的发明进行两次,则 $\dot{A}$ 为 0,规模报酬可能递减。

此外,模型中人口增长率和储蓄率外生给定,因此不必对家庭行为做出假设,并且由于不考虑折旧,则有:

$$\dot{K}(t) = sY(t) \quad (8\text{-}13)$$

$$\dot{L}(t) = nL(t) \tag{8-14}$$

2. 模型的动态学

（1）没有资本的情况

首先考虑模型中不包含资本的情况，即现在只有 A 一个内生变量，需要获得知识积累的动态方程。此时新知识的生产函数为：

$$Y(t) = A(t)(1 - \alpha_L)L(t) \tag{8-15}$$

$$\dot{A}(t) = B[\alpha_L L(t)]^\gamma A(t)^\theta \tag{8-16}$$

由产品的生产函数可知，每个工人产出的增长率等于 A 的增长率。因此，只需要分析知识的动态变化就可以。由知识生产函数得到知识的增长率为：

$$g_A(t) \equiv \frac{\dot{A}(t)}{A(t)} = B\alpha_L{}^\gamma L(t)^\gamma A(t)^{\theta-1} \tag{8-17}$$

对上式两边取对数并对时间 t 求导，得到 A 增长率的增长率，进而给两边同乘以 A 的增长率，得到关于 $g_A(t)$ 的微分方程：

$$\begin{aligned} \dot{g}_A(t) &= B\alpha_L{}^\gamma \left[\gamma L(t)^{\gamma-1}\frac{\mathrm{d}L}{\mathrm{d}t}A(t)^{\theta-1}\right] + (\theta-1)L(t)^\gamma A(t)^{\theta-2}\frac{\mathrm{d}A}{\mathrm{d}t} \\ &= [\gamma n + (\theta-1)g_A(t)]g_A(t) \end{aligned} \tag{8-18}$$

若 $\dot{g}_A(t) = 0$ 存在，那么模型就可以趋于稳态。当 $\gamma n + (\theta-1)g_A(t) > 0$ 时，$g_A(t)$ 增加；当 $\gamma n + (\theta-1)g_A(t) < 0$ 时，$g_A(t)$ 减少；当 $\gamma n + (\theta-1)g_A(t) = 0$ 时，$g_A(t) = \frac{\gamma n}{1-\theta} \equiv g_A^*$，$g_A(t)$ 不变，当 n 越大时，稳态的技术增长率就越大。按照 θ 的不同取值，A 的增长率的变化会有不同的路径，分为三种情形。

情形 1：$\theta < 1$

通过对微分方程的分析，可以得到 $\dot{g}_A$ 与 g_A 的函数图像（图 8-4）：

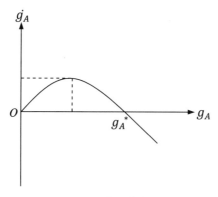

图 8-4　$\theta < 1$ 时，$\dot{g}_A$ 与 g_A 的关系

当 $g_A < \frac{\gamma n}{1-\theta}$ 时，$\dot{g}_A > 0$，g_A 上升；当 $g_A < \frac{\gamma n}{1-\theta}$ 时，$\dot{g}_A < 0$，g_A 下降。根据 $\dot{g}_A = 0$ 得到两个稳态值：$g_A^* = 0$ 和 $g_A^* = \frac{\gamma n}{1-\theta}$。其中，非零的稳态值是稳定的，无论经济的初始条件如何，知识的增长率都会收敛于 g_A^*。一旦 g_A 到达 g_A^*，A 和 Y/L 均以速率 g_A^* 稳定增长，因而经济处于一条平衡增长路径上。因此，得出了人均产出在稳态处的增长率由模型内生决定，而非外生的技术进步率决定，长期增长率的差别取决于人口的增长速度。劳动中用于研发的比例与长期增长率无关，根据 $g_A(t) \equiv \frac{\dot{A}(t)}{A(t)} = B\alpha_L{}^\gamma L(t)^\gamma A(t)^{\theta-1}$，当 α_L 提高时，会立即提高 g_A，但只具有水平效应，没有增长效应，如图 8-5 所示。

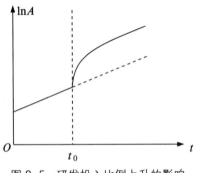

图 8-5　研发投入比例上升的影响

情形 2：$\theta > 1$

当 $\theta > 1$ 时，$\dot{g}_A$ 永远大于 0，且随 g_A 递增，如图 8-6 所示。

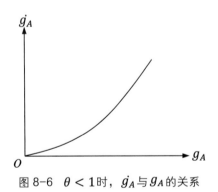

图 8-6　$\theta < 1$ 时，$\dot{g}_A$ 与 g_A 的关系

此时，经济将会永久增长而非收敛于一条平衡增长路径。原因在于，新知识的生产离不开已有的知识，因此，知识在这个过程中扮演着非常重要的角色。随着知识水平不断提高，每一次边际的进步都会产生大量新知识，导致知识增长率加速上升而非下降。因此，一旦开始积累知识，经济就进入了一条增长率不断提高的路径。此外，劳动力中参与研发的人员的比例上升将会引起知识增长率更快的增长（图 8-7）。

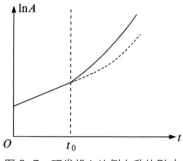

图 8-7　研发投入比例上升的影响

情形 3：$\theta = 1$

当 $\theta = 1$ 时，现有知识生产足够的新知识，使得新知识的生产与知识存量成比例增加。知识增长率及其变化率简化为：

$$g_A(t) = B\alpha_L^\gamma L(t)^\gamma \tag{8-19}$$

$$\dot{g}_A(t) = \gamma n g_A(t) \tag{8-20}$$

当人口增长率为正时，知识增长率为正并且随时间而增长；当人口增长率等于零时，无论初始情况如何，知识的增长率都保持不变，即经济总会表现为稳定的爆炸式增长。在这种情形下，知识、产出与单位工人产出的增长率都等于 $g_A^* = B\alpha_L^\gamma L(t)^\gamma$。

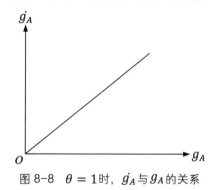

图 8-8　$\theta = 1$ 时，$\dot{g}_A$ 与 g_A 的关系

（2）考虑资本的一般情况

现在，模型中包括两个内生变量：A 和 K。因此，需要分析它们的动态变化。

资本的动态方程为：

$$\dot{K}(t) = s(1-\alpha_K)^\alpha (1-\alpha_L)^{1-\alpha} K(t)^\alpha A(t)^{1-\alpha} L(t)^{1-\alpha} \tag{8-21}$$

资本积累增长率的增长率为：

$$g_K(t) \equiv \frac{\dot{K}(t)}{K(t)} = C_K \left[\frac{A(t)L(t)}{K(t)}\right]^{1-\alpha}, \quad C_K = s(1-\alpha_K)^\alpha (1-\alpha_L)^{1-\alpha} \tag{8-22}$$

$$\frac{\dot{g}_K(t)}{g_K(t)} = (1-\alpha)\left[\frac{\dot{A}(t)}{A(t)} + \frac{\dot{L}(t)}{L(t)} - \frac{\dot{K}(t)}{K(t)}\right] = (1-\alpha)[g_A + n - g_K] \quad （8-23）$$

当 $g_A + n - g_K = 0$ 时，$\dot{g}_K = 0$，若 $g_K \neq 0$，则 $g_K = g_A + n$ 为一条单调上升的 45 度直线；当 $g_A + n - g_K > 0$ 时，$\dot{g}_K > 0$；当 $g_A + n - g_K < 0$ 时，$\dot{g}_K < 0$（图 8-9）。

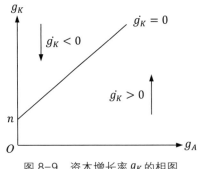

图 8-9　资本增长率 g_K 的相图

考虑资本的一般情况下，知识的动态方程为：

$$\dot{A}(t) = B[\alpha_K K(t)]^\beta [\alpha_L L(t)]^\gamma A(t)^\theta \quad （8-24）$$

$$g_A(t) \equiv \frac{\dot{A}(t)}{A(t)} = B\alpha_K{}^\beta \alpha_L{}^\gamma K(t)^\beta L(t)^\gamma A(t)^{\theta-1} \quad （8-25）$$

$$\frac{\dot{g}_A(t)}{g_A(t)} = \beta g_K + \gamma n + (\theta - 1)g_A \quad （8-26）$$

当 $\beta g_K + \gamma n + (\theta - 1)g_A = 0$ 时，$\dot{g}_A$ 不变，若 $g_A \neq 0$，则 $g_K = -\frac{\gamma n}{\beta} + \frac{(1-\theta)}{\beta}g_A$，是一条斜率为 $\frac{(1-\theta)}{\beta}$ 的直线。$g_K > -\frac{\gamma n}{\beta} + \frac{(1-\theta)}{\beta}g_A$，则 $\dot{g}_A > 0$；$g_K < -\frac{\gamma n}{\beta} + \frac{(1-\theta)}{\beta}g_A$，则 $\dot{g}_A < 0$（图 8-10）。

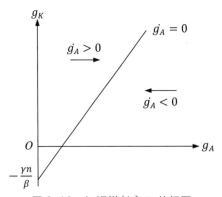

图 8-10　知识增长率 g_A 的相图

上述两条线是否会相交，取决于两条线的斜率 1 与 $\frac{(1-\theta)}{\beta}$ 的大小。且由新知识的生产函数 $\dot{A}(t) = B[\alpha_K K(t)]^\beta [\alpha_L L(t)]^\gamma A(t)^\theta$，使资本与知识的投入都变为 λ 倍，则有：

$$\begin{aligned}\dot{A}(\lambda K, \lambda A) &= B[\alpha_K \lambda K(t)]^\beta [\alpha_L L(t)]^\gamma \lambda A(t)^\theta \\ &= \lambda^{\beta+\theta} B[\alpha_K K(t)]^\beta [\alpha_L L(t)]^\gamma A(t)^\theta \\ &= \lambda^{\beta+\theta} \dot{A}\end{aligned} \quad (8\text{-}27)$$

即 $\beta + \theta$ 决定了知识生产函数的规模报酬。当 $1 < \frac{(1-\theta)}{\beta}$ 时，$\beta + \theta < 1$，$\dot{A}$ 规模报酬递减；当 $1 = \frac{(1-\theta)}{\beta}$ 时，$\beta + \theta = 1$，$\dot{A}$ 规模报酬不变；当 $1 > \frac{(1-\theta)}{\beta}$ 时，$\beta + \theta > 1$，$\dot{A}$ 规模报酬递增。

情形 1：$\beta + \theta < 1$

在此情形下，两条线的关系如图 8-11 所示：

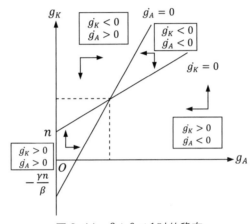

图 8-11 $\beta + \theta < 1$ 时的稳态

由 $g_A^* + n - g_K^* = 0$ 和 $\beta g_K^* + \gamma n + (\theta - 1)g_A^* = 0$，可求得稳态时的 g_A^* 和 g_K^*：

$$\begin{cases} g_A^* = \dfrac{\beta + \gamma}{1 - (\theta + \beta)} n \\ g_K^* = g_A^* + n \end{cases} \quad (8\text{-}28)$$

进一步，总产出的增长率为：

$$\begin{aligned}\frac{\dot{Y}}{Y} &= \alpha \frac{\dot{K}}{K} + (1-\alpha)\frac{\dot{A}}{A} + (1-\alpha)\frac{\dot{L}}{L} \\ &= \alpha g_K^* + (1-\alpha)g_A^* + (1-\alpha)n \\ &= g_K^*\end{aligned} \quad (8\text{-}29)$$

则有：

$$\frac{\dot{Y}}{Y} - \frac{\dot{L}}{L} = g_K^* - n = g_A^*, \frac{\dot{Y}}{Y} - \frac{\dot{K}}{K} = 0 \quad (8\text{-}30)$$

可以得出，长期增长率是人口增长率的增函数，研发比例以及储蓄率对长期增长无影响。

经济增长率的计算过程

对于生产函数：$Y(t) = [(1-\alpha_K)K(t)]^\alpha [A(t)(1-\alpha_L)L(t)]^{1-\alpha}$

取自然对数得：$\ln Y = \alpha\ln(1-\alpha_K) + \alpha\ln K + (1-\alpha)\ln A + (1-\alpha)\ln(1-\alpha_L) + (1-\alpha)\ln L$

等式两边对时间求导，得到产出的增长率：$g_Y = \alpha g_K + (1-\alpha)(n + g_A)$

人均产出增长率为：$g_y = g_Y - n$

情形2：$\beta + \theta > 1$

此情形下，两条线的关系如图8-12所示：

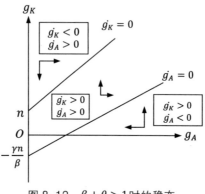

图8-12 $\beta + \theta > 1$时的稳态

$\beta + \theta > 1$时，两条线不会相交，经济将进入两条线之间的区域，A、K和Y的增长率持续增长。

情形3：$\beta + \theta = 1$

此情形下，若$n > 0$，则两条线的关系如图8-13所示：

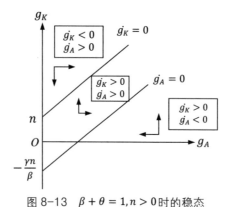

图8-13 $\beta + \theta = 1, n > 0$时的稳态

若 $n=0$，则两条线的关系如图 8-14 所示：

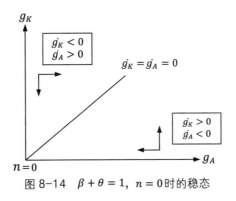

图 8-14　$\beta+\theta=1$，$n=0$ 时的稳态

此情形下，存在无数个稳态，稳态时的增长率取决于初始值，与初始增长率同向变动。唯一的可能路径如下：

$$g^* = g_A = g_K = \left[C_A^{1-\alpha} C_K^{\beta} L^{(\alpha-\gamma)\beta-\gamma}\right]^{\frac{1}{2\beta-1}} \quad (8\text{-}31)$$

$$C_K \equiv s(1-\alpha_K)^{\alpha}(1-\alpha_L)^{1-\alpha}, C_A \equiv B\alpha_K^{\beta}\alpha_L^{\gamma}$$

3. 模型的主要结论

基于以上分析讨论，我们发现，经济的增长路径不是简单地在某个固定的增长率上运行，而是由许多因素综合影响所决定的。其中一个非常重要的因素就是规模报酬的状况，规模报酬状况将决定经济的增长路径。

当规模报酬递减时，随着经济规模的扩大，每单位投入所带来的产出将会逐渐减少，从而导致增长率下降。此时，经济的增长路径将与索洛模型相同，即短期内经济会以最快的增长速度，但在长期内增长率将会稳定在原有的水平。当规模报酬不变或递增时，增长率将会一直上升。这种情况下，经济的增长路径需要更长时间才能达到平衡增长，但最终增长率将会更高。

此外，人口增长也是影响经济增长路径的关键因素之一。当人口增长率为 0 时，只有唯一的平衡增长路径，因为没有新增的劳动力可以提供经济增长所需的支持。而知识的增长则取决于人口增长率，有更多的人口意味着更多的潜在创新者，从而推动知识增长。

第三节　基于卢卡斯模型的人力资本经济增长理论

对干中学模型的一种解释是对资本的广义理解：将物质要素和人力要素纳入其中，基于此可以构造一种含有人力资本的简单模型，即人力资本外生的人力资本模型，其中人力资本和物质资本一样，不考虑自身的增长。而更复杂的人力资本内生的人力资本模型由卢卡斯提出，以期更符合现实经济。

人力资本理论

人力资本由特定工人的能力、技能和知识构成，是体现在劳动者身上的，以劳动者数量和质量表示的非物质资本。因此，类似于传统经济产品，人力资本具有竞争性和可排他性，与知识的特点完全不同。

舒尔茨的人力资本理论认为，人力资源在一切资源中占据最主要地位，因此人力资本理论是经济学的核心问题。在经济增长中，人力资本的作用大于物质资本的作用，人力资本的核心是提高人口质量，因此教育投资是人力资本投资的主要部分。教育投资应当以市场供求关系为依据，以人力价格的浮动为衡量符号。

贝克尔的人力资本理论解释了人力资本的形成过程，强调个体通过投资于自身的教育和培训等活动来提高人力资本，从而为个人、组织和社会创造价值。

为了寻求一种新的经济发展机制，卢卡斯（1988）在题为《论经济发展的机制》一文中，突破新古典增长模式的分析，引入舒尔茨和贝克尔提出的人力资本理论，运用宇泽弘文（1965）的分析框架，以及类似罗默（1986）的处理技术，引入了专业化人力资本生产的教育部门，提出了一个以人力资本的外在效应为核心的内生增长模式。

在卢卡斯模式中，卢卡斯区别了人力资本的两种效应，即内部效应和外部效应。强调人力资本的外部效应——社会劳动力的平均人力资本水平——具有核心作用，这些效应会从一个人扩散到另一个人，因而对所有的生产要素的生产率都有贡献。进一步地，这一模式强调，人力资本投资，尤其是人力资本的外在效应具有递增收益，人力资本会提高劳动者自身的生产率,而正是这种源于人力资本外在效应的递增收益使人力资本成为"增长的发动机"(the engines of growth),成为长期经济增长的源泉。

一、人力资本外生的模型

假设模型生产函数为:

$$Y(t) = K(t)^\alpha H(t)^\beta [A(t)L(t)]^{1-\alpha-\beta}, \alpha > 0, \beta > 0, \alpha + \beta < 1 \quad (8\text{-}32)$$

其中,H 表示人力资本,生产函数具有规模报酬递减的性质。储蓄率外生,不存在折旧,则物质资本的变化为:

$$\dot{K}(t) = s_K Y(t) \quad (8\text{-}33)$$

同样的,人力资本的变化表示为:

$$\dot{H}(t) = s_H Y(t) \quad (8\text{-}34)$$

人口增长率、技术进步率外生给定,则:

$$\dot{L}(t) = nL(t) \quad (8\text{-}35)$$

$$\dot{A}(t) = gA(t) \quad (8\text{-}36)$$

用集约化的形式表示产出、物质资本以及人力资本,即用 Y、K、H 除以 $A(t)L(t)$,表示如下:

$$y(t) = k(t)^\alpha h(t)^\beta \quad (8\text{-}37)$$

$$k(t) = \frac{K(t)}{A(t)L(t)} \quad (8\text{-}38)$$

$$h(t) = \frac{H(t)}{A(t)L(t)} \quad (8\text{-}39)$$

物质资本的动态方程为:

$$\begin{aligned}\frac{\dot{k}(t)}{k(t)} &= \frac{\dot{K}(t)}{K(t)} - n - g \\ &= s_K y(t) - (n+g)k(t) \\ &= s_K k(t)^\alpha h(t)^\beta - (n+g)k(t)\end{aligned} \quad (8\text{-}40)$$

人力资本的动态方程为:

$$\dot{h}(t) = s_H k(t)^\alpha h(t)^\beta - (n+g)h(t) \quad (8\text{-}41)$$

当 $\dot{k}(t)=0$ 时，有 $s_K k(t)^\alpha h(t)^\beta = (n+g)k(t)$；当 $\dot{h}(t)=0$ 时，$s_H k(t)^\alpha h(t)^\beta = (n+g)h(t)$，联立两个等式，求得：

$$k = \left(\frac{n+g}{s_H}\right)^{1/\alpha} h^{(1-\beta)/\alpha}$$
$$k = \left(\frac{s_K}{n+g}\right)^{1/(1-\alpha)} h^{\beta/(1-\alpha)}$$
（8-42）

根据上式，得到 k 与 h 的相图如图 8-15 所示：

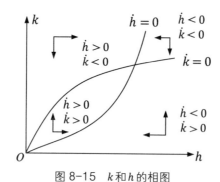

图 8-15　k 和 h 的相图

在交点上，达到了经济的稳态，此时的 k 和 h 为：

$$k^* = \left(\frac{n+g}{s_H}\right)^{1/\alpha} (h^*)^{(1-\beta)/\alpha}$$
$$k^* = \left(\frac{s_K}{n+g}\right)^{1/(1-\alpha)} (h^*)^{\beta/(1-\alpha)}$$
$$h^* = (n+g)^{\frac{1}{\alpha+\beta-1}} (s_H)^{\frac{1-\alpha}{1-(\alpha+\beta)}} (s_K)^{\frac{\alpha}{1-(\alpha+\beta)}}$$
（8-43）

在平衡增长路径上，有效劳动的 k、h、y 不变（$\dot{k}(t) = \dot{h}(t) = 0$）；$K$、$H$、$Y$ 以速率 $n+g$ 增长；K/L、H/L、Y/L 以速率 g 增长。

若储蓄率增加，不仅仅会改变稳态时的 k^*，也会改变 h^*，因为 h 本身就受到储蓄的影响。因此，增加储蓄会增加物质资本，提升人力资本的稳态水平（图 8-16）。

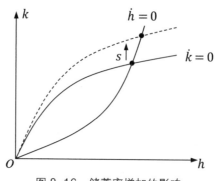

图 8-16　储蓄率增加的影响

以上模型假定规模报酬递减，若考虑规模报酬不变的实物资本与人力资本，模型的生产函数如下：

$$Y(t) = [(1-a_K)K(t)]^\alpha [(1-a_H)H(t)]^{1-\alpha}, 0 < \alpha, a_K, a_H < 1 \quad (8\text{-}44)$$

物质资本的微分方程为：

$$\dot{K} = sY(t) - \delta_K K(t) \quad (8\text{-}45)$$

生产函数的被解释变量为$Y(t)$，即实际的 GDP 是一年内新创造的价值，因此是流量。同理，人力资本本身是一个存量，因此它的生产函数需要以新生产的人力资本即$\dot{H}(t)$作为被解释变量：

$$\dot{H}(t) = B[a_K K(t)]^\gamma [a_H H(t)]^{1-\gamma} - \delta_H H(t), 0 < \gamma < 1 \quad (8\text{-}46)$$

可以看出，当$K(t)$和$H(t)$投入越多时，人力资本增长越快，即$\dot{H}(t)$越大。

考虑规模报酬递增的实物资本与人力资本，尤其是人力资本外在效应具有的递增收益，人力资本会提高劳动者自身的生产率，卢卡斯（1988）做出了贡献，简化的模型为：

$$Y(t) = [K(t)]^\alpha [(1-a_H)H(t)]^\beta, \alpha > 0, \beta > 0, \alpha + \beta > 1 \quad (8\text{-}47)$$

物质资本的微分方程为：

$$\dot{K} = sY(t) \quad (8\text{-}48)$$

人力资本的生产函数为：

$$\dot{H}(t) = B[a_H H(t)] \quad (8\text{-}49)$$

其中，B为人力资本生产部门的生产率。

接下来，进一步详细介绍卢卡斯（1988）的人力资本内生增长的模型。

二、人力资本内生的模型

1. 基本框架

假设在一个封闭的竞争性市场中，存在着许多相同的、具有理性的经济主体。在t时，该市场的经济活动由$L(t)$个人口或者等价的人构成，且这个人口数量以常数率n增长。$c(t)$是单个商品的实际人均消费，则对人均消费的偏好公式为：

$$\int_0^\infty \frac{1}{1-\sigma}(c^{1-\sigma}-1)Le^{-\rho t}\mathrm{d}t \quad (8\text{-}50)$$

其中ρ是时间偏好率，σ是跨时替代弹性的倒数。

令 $h(t)$ 表示一个典型工人的一般技能水平（人力资本水平），假设 L 个工人的技能水平从 0 到无穷大不等，则对技能水平为 h 的 $L(h)$ 个工人有 $L = \int_0^\infty L(h)\mathrm{d}h$，这一人力资本会影响他自己的生产率，是人力资本的内部效应。进一步地，卢卡斯指出，人力资本不仅具有内部效应，而且具有外在效应，它可定义为平均的技能或人力资本水平：

$$h_a = \frac{\int_0^\infty hN(h)\mathrm{d}h}{\int_0^\infty N(h)\mathrm{d}h} \tag{8-51}$$

这一外在效应对所有的生产要素的生产率都有贡献。

假定所有的工人都是一样的，且每一工人投入 $u(t)$ 份额的非闲暇时间用于产品生产，$1-u(t)$ 的时间投入于人力资本积累。那么经济中的产出 Y 就取决于资本存量 K、有效劳动 uLh，以及工人的平均技能水平 h_a。卢卡斯假定这一生产函数为 C—D 形式：

$$Y = AK^\beta(uLh)^{1-\beta}h_a^\gamma \tag{8-52}$$

其中，β 是物质资本收入份额，$\gamma > 0$ 反映了人力资本的外在效应，A 是外生给定的技术水平。假定物质资本积累满足新古典公式：

$$\dot{K} = Y - cL \tag{8-53}$$

通常情况下，个体的人力资本积累速度在早期相对较快，然后逐渐减缓，最终达到一个平衡状态。但是在卢卡斯模型中，卢卡斯强调人力资本的积累是一种社会活动，它涉及整个社会群体。因此，人力资本的积累方式与物质资本的积累方式不同。在这种模式中，即使个体的人力资本积累努力保持不变，社会群体的总人力资本存量仍然会以一个固定的速度增长：

$$\dot{h} = h\delta(1-u) \tag{8-54}$$

其中参数 $\delta > 0$。式（8-54）显示，如果不存在任何人力资本积累的投入（即 $u = 1$），就毫无积累可言，如果全力以赴进行人力资本积累（$u = 0$），则 h 的增长率达到最大值 δ。在这两种极端情况之间，对于 h 的存量来说，不存在递减的收益率：不论 h 已经达到什么水平，相同比例的 h 增加所需的投资增加的比例也是相同的。

2. 竞争性均衡和社会最优均衡

卢卡斯指出，如果存在外在效应 h_a^γ，则社会最优的增长路径就会不一致。因此，他采用了与罗默模式相似的处理技术，分别求出最优和均衡路径，然后进行比较。

在均衡路径中，因为视所有的工人都是相同的，所以 $h_a = h$。如果在（8-52）式中进行替代，那么在约束（8-53）和（8-54）下极大化（8-50）式效用所取得的就是社会最优配置的结果。然而，对经济中的竞争性均衡而言，就是在整个 $\{h_a(t): t \geq 0\}$ 的路径外生给定的条件下，选择$h(t)$、$K(t)$、$c(t)$、$u(t)$，在（8-53）和（8-54）的约束下，使方程（8-50）的效用极大化。具体地，可定义一个现值汉密尔顿函数H，记为：

$$H = \frac{1}{1-\sigma}(c^{1-\sigma} - 1)L + \theta_1[AK^\beta(uLh)^{1-\beta}h_a^\gamma - cL] + \theta_2\delta(1-u)h \quad (8\text{-}55)$$

其中θ_1, θ_2分别是K和h的伴随状态变量（co-state variable），c、u是控制变量（control variable），K和h是状态变量（state variable）。由一阶条件可得：

$$c^{-\sigma} = \theta_1 \quad (8\text{-}56)$$

$$\theta_1(1-\beta)AK^\beta(uLh)^{-\beta}Lh^{1+\gamma} = \theta_2\delta h \quad (8\text{-}57)$$

$$\dot{\theta}_1 = \theta_1\rho - \theta_1\beta AK^{\beta-1}(uLh)^{1-\beta}h^\gamma \quad (8\text{-}58)$$

$$\dot{\theta}_2 = \theta_2\rho - \theta_1(1-\beta)AK^\beta(uL)^{1-\beta}h^{-\beta+\gamma} - \theta_2\delta(1-u) \quad (8\text{-}59)$$

$$\dot{K} = AK^\beta(uLh)^{1-\beta}h^\gamma - cL \quad (8\text{-}60)$$

$$\dot{h} = h\delta(1-u) \quad (8\text{-}61)$$

边界条件（the boundary condition）为$K(0) = K_0$，$h(0) = h_0$。TVC条件为：

$$\lim_{t \to \infty}\theta_1 K e^{-\rho t} = 0 \quad (8\text{-}62)$$

$$\lim_{t \to \infty}\theta_2 h e^{-\rho t} = 0 \quad (8\text{-}63)$$

由此，方程（8-56）—（8-61）以及上述边界条件和TVC条件隐含地描述了卢卡斯模式中的两种资本（K, h）的竞争性均衡路径。

相应地，因为在社会最优配置中$h_a = h$，则（8-59）就可写成：

$$\dot{\theta}_2 = \rho\theta_2 - \theta_1(1-\beta+\gamma)AK^\beta(uL)^{1-\beta}h^{-\beta+\gamma} - \theta_2\delta(1-u) \quad (8\text{-}64)$$

造成式（8-59）和式（8-64）差别的原因是外在效应$\gamma > 0$的存在。因而用式（8-56）—（8-58），式（8-60）—（8-64）以及上述边界条件和TVC条件就可描述卢卡斯模式中两种资本的最优演进路径。

3. 均衡和最优增长率的决定

这里我们运用索洛模式的平衡增长路径来刻画均衡和最优的增长路径。由方程（8-56）和（8-61）可得物质资本的边际生产率条件为：

$$\beta AK^{\beta-1}(uLh)^{1-\beta}h^\gamma = \rho + \sigma\frac{\dot{c}}{c} \quad (8\text{-}65)$$

显然由方程（8-54），有

$$\frac{\dot{h}}{h} = \delta(1-u) \tag{8-66}$$

对方程（8-65）微分，可得消费和人均资本的共同增长率为：

$$\frac{\dot{c}}{c} = \left(\frac{1-\beta+\gamma}{1-\beta}\right)\frac{\dot{h}}{h} \tag{8-67}$$

现在我们来考虑人力资本的增长率的决定。对方程（8-56）和（8-57）微分，并替代 $\dot{\theta}/\theta$，可得

$$\frac{\dot{\theta}_2}{\theta_2} = (\beta-\sigma)\frac{\dot{c}}{c} - (\beta-\gamma)\frac{\dot{h}}{h} + n \tag{8-68}$$

在最优路径上，运用方程（8-57）和（8-64），可得

$$\frac{\dot{\theta}_2}{\theta_2} = \rho - \delta - \frac{\gamma}{1-\beta}\delta u \tag{8-69}$$

在均衡路径上，运用方程（8-57）和（8-59）可得

$$\frac{\dot{\theta}_2}{\theta_2} = \rho - \delta \tag{8-70}$$

现在，在平衡增长路径上令 $g = \dot{h}/h$ 可得人力资本的均衡增长率为：

$$g = \frac{(1-\beta)[\delta-(\rho-n)]}{\sigma(1-\beta+\gamma)-\gamma} \tag{8-71}$$

相似地，可得最优增长率为：

$$g^* = \sigma^{-1}[\delta - \frac{(1-\beta)(\rho-n)}{1-\beta+\gamma}] \tag{8-72}$$

式（8-71）和（8-72）式分别给出了平衡增长路径上的人力资本的均衡和最优增长率。两者的差别源于外在效应 $\gamma > 0$，若 $\gamma = 0$, $g = g^*$，若 $\gamma > 0$, $g < g^*$，且

$$g^* - g = \frac{\gamma}{1-\beta+\gamma}(\rho-n) \tag{8-73}$$

在卢卡斯模型中，人力资本增长率随着人力资本投资的有效程度 δ 的增加而增加，随贴现率 ρ 的增加而减少。需要注意的是，尽管该模型中的增长率仍然与劳动力增长率有关，但与新古典增长模型不同的是，即使劳动力增长率为 0，经济增长仍然是可能的。因此，卢卡斯模型避免了"没有人口增长就没有经济增长"这样的"令人不愉快的结果"。

4. 均衡的动态特征

为了描述两种资本增长率的动态性质，卢卡斯定义了两个长期变量：$z_1(t) = e^{-(v+\lambda)t}K(t)$, $z_2 = e^{-gt}h(t)$, $(v = \dot{c}/c)$。由此可得：

$$\beta A L_0^{1-\beta} u^{1-\beta} z_1^{\beta-1} z_2^{1-\beta+\gamma} = \rho + \sigma v \qquad (8\text{-}74)$$

所有满足式（8-74）的组合 (z_1, z_2) 都对应一个平衡路径。图 8-17 表示由式（8-74）定义的曲线。若 $\gamma > 0$，它是一条凸曲线，若 $\gamma = 0$，它是一条通过原点的直线。曲线的位置取决于作为 g 的函数的 u 和 v 的大小。由此可见，g 的增加使曲线右移。因此，对于平衡路径上的一个有效率经济而言，因 $g < g^*$，则对任何给定的物质资本水平，有一个较高的人力资本水平。卢卡斯推测，对两种资本的任何初值 $[K(0), h(0)]$，均衡或有效的解的路径 (z_1, z_2) 会收敛于图 8-17 的某点，但这种渐进位置取决于初始位置。图 8-17 的箭头说明了某些可能的轨迹。在这些动态系统中，一开始具有较低物质资本和人力资本的经济会长期落后于具有较高初始禀赋的经济。

图 8-17 的曲线被定义为长期资本组合 (K, h) 的轨迹，其资本边际产出有通解 $\rho + \sigma v$。在该曲线上，资本收益是常数，不随时间变化，即使两种资本存量增长了也是如此。若不考虑外在效应，则在图 8-17 的曲线上，既定技能水平的劳动力的实际工资率也是常数。而在一般情况下，$\gamma \geq 0$，实际工资沿图 8-17 的曲线递增。沿着这条曲线，有弹性公式：

$$\frac{K}{w} \cdot \frac{\partial w}{\partial K} = \frac{(1+\beta)\gamma}{1-\beta+\gamma} \qquad (8\text{-}75)$$

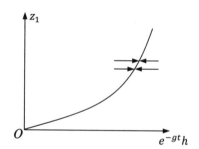

图 8-17　长期资本组合 (K, h) 的轨迹

在所有国家，特定技能水平的工资增长率为：

$$\omega = \frac{\gamma}{1-\beta} g \qquad (8\text{-}76)$$

如果考虑技能水平的增长，则工资增长为：

$$\omega + g = \frac{1-\beta+\gamma}{1-\beta} g = v \qquad (8\text{-}77)$$

以等于人均物质资本存量的增长率增长。由上可知，对于特定技能水平的劳动力，其在富国的工资高于其在穷国的工资。而典型的情况是，富国工人有比穷国工人更高的技能水平，因而富国工人与穷国工人的工资率差距就更大，这就解释了人均收入的广泛、持久的跨国差异。

5. 经济学意义

卢卡斯是新增长理论的先驱人物之一，他强调要结合经济发展的某些主要特征，寻求一种经济发展的总体机制：一种能够构建人工世界、具有机械性的机制。这种机制能够提供某种理论框架来考察经济现实，判断哪些因素会带来经济增长机会，以及经济增长的必要条件是什么。卢卡斯模型在探讨持续增长和广泛存在的跨国收入水平差异的经济发展机制方面取得了重要的成就，成为后续研究的良好起点。

第一，卢卡斯模型是对新古典增长模型的继承和发展。新古典增长模型是卢卡斯模型的一个基础。新古典增长模式在解释收入水平和经济增长的广泛而持久的跨国差异方面显然是无能为力的，因此，卢卡斯引入人力资本，尤其是强调人力资本的外在效应的核心作用，提出了一个既能解释持续的经济增长，又能解释人均收入和经济增长率的广泛而持久的国家间差异的内生增长模式，这无疑是对增长理论的一个重要突破。第二，卢卡斯模式强调人力资本是"增长的发动机"。人力资本是劳动者的技能水平，一方面，这种技能水平会提高劳动者自身的生产率，而更为重要的是，人力资本的外在效应具有扩散和传递效应，因而会对所有生产要素的生产率都有贡献，进而使产出生产具有递增收益。第三，卢卡斯模式解释了劳动力的跨国流动及发展中国家中的智力外流现象。在卢卡斯模式中，当存在外在效应时，在所有国家中，某给定技能水平的工资增长率取决于一国人力资本的外在效应。这说明，由于正的外在效应的作用，具有特定技能水平的劳动力在富国的工资要高于在穷国的工资。而实际的情形是，富国有更高的技能，则其工资率就应更高。如果劳动力可以自由流动，一般地，它就会从穷国流向富国，而智力就随之从发展中国家流向发达国家。第四，卢卡斯模式解释了国际金融领域中出现的"资本反向流动"现象。卢卡斯强调人力资本及其外在效应的作用，指出由于人力资本的差异，新古典模式预见的穷国与富国间的资本边际产品差异大大缩小，进而，由于人力资本外在效应的存在，将使既定技能水平的工人的生产率提高，这就几乎消除了穷国和富国间的资本边际产品差异，在某些情况下甚至出现有利于富国的资本边际产品，这样，在资本市场不完全等因素的进一步作用下，资本一般地从穷国流向富国，出现资本的反向流动。第五，卢卡斯模式提出了一个解释"增长奇迹"的分析框架。卢卡斯强调，亚洲的一些国家和地区在20世纪六七十年代经济迅速增长皆与出口增长，或者说与这些国家和地区原先不生产的产品出口有关。其劳动力持续地从较低技术产品转向高技术产品，从而正在增长的经济或部门能成功地把其劳动力集中于技术领先的产品，并通过与新生产活动有关的高学习率以及更新一代产品生产经验的外溢效应,迅速地积累人力资本。

第四节　基于新熊彼特增长模型的创新经济增长理论

20世纪90年代,以罗默(1990)为代表的一些经济学家将研发创新与内生经济增长联系起来,提出了内生的研发和创新推动经济增长的作用机制,奠定了熊彼特增长理论的基础。借鉴迪诺普洛斯(Dinopoulos,2006)、迪诺普洛斯和谢内尔(Sener,2007)对熊彼特增长理论的定义,我们将满足以下两个特征的增长理论称为熊彼特增长理论:①内生的研发和创新是推动技术进步和经济增长的决定性因素;②企业进行研发和创新是为了获得垄断利润。之所以说研发和创新是内生的,是因为研发投入量以及创新速度是由经济参与者的最优化行为决定的。

熊彼特增长理论成长于20世纪90年代,强调创新、研发和知识积累在推动技术进步和经济增长的突出作用。熊彼特(1942)对内生新产品、新方法推动经济增长的论述主要有以下三个方面的内容:一是,企业有追求垄断利润的动力,因此会创新并生产出新产品或发现新方法。二是,创新是一个创造性破坏(creative destruction)的过程,一旦成功,创新的企业就会排挤其他企业并获得垄断利润。但这些创新公司的垄断权只是暂时的,它们最终也会被未来的创新公司取代。三是,创造性破坏是推动资本主义发展的动力。[1]熊彼特增长理论强调,经济增长主要是通过水平创新和垂直创新这两个模式来实现的。在水平创新(horizontal innovation)的框架下,通过研发使得生产投入品的种类不断增加,进一步促进了专业化,进而促进了技术进步和经济增长,并且新旧两类物品可以同时存在于市场上。垂直创新(vertical innovation)是指通过研发使得产品质量不断提高,质量高的产品逐步将质量低的产品排挤出市场,进而推动技术进步。在垂直创新的框架下,创新过程是一个创造性破坏的过程,新产品会将旧产品排挤出市场。

按照理论演化逻辑,将代表性的熊彼特增长模型分为早期内生熊彼特增长模型、半

---

[1] Schumpeter J. *Capitallism*, *Socialism and Democracy* [M]. New York:Harper and Brothers, 1942:83.

内生熊彼特增长模型、完全内生熊彼特增长模型。①

垂直创新框架的特点

垂直创新框架中有不确定性,通常假定创新发生率(innovation arrival rate)服从泊松过程,即指在一定时间内发生创新的次数是相互独立、具有随机性的,且符合泊松分布的一种过程。也就是说,创新的发生不受前一次创新的影响,也不受未来是否会有其他创新的影响,而是以独立、随机的方式发生。这种不确定性使得理论与现实经济更相符。

垂直创新框架下的创新是一个创造性毁灭的过程,创新成功的企业会将原来的企业排挤出市场,成为新的垄断者。因此,企业在作投资决策时,必须将其创新成功的概率以及其被将来被排挤出市场的概率考虑到,也即企业具有完美预期(perfect foresight)。

一、早期内生熊彼特增长模型

1. 模型的建立

早期内生熊彼特增长模型假定模型中只有一个研发部门,经济增长率是由经济参与者的最优化行为决定的,政府政策影响经济增长,模型具有三个特点:知识生产具有溢出效应,知识生产函数中知识存量对应的指数为1;劳动力为常数,没有人口增长;模型中存在规模效应。

借助对于罗默模型中知识的考察,对早期的熊彼特增长模型的特点建立一个较为清晰的基础认识。罗默给出了如下的知识积累方程:

$$\dot{A} = \delta L_A A \qquad (8\text{-}78)$$

其中,$\dot{A}$表示新生产的知识,A表示经济中总的知识存量,L_A表示用于研发部门的劳动力数量,包括科学家、工程师等。$\delta > 0$表示生产知识的效率。进一步,罗默给出总量生产函数:

$$Y = (AL_Y)^\alpha K^{1-\alpha} \qquad (8\text{-}79)$$

其中,Y为经济中的总产出,K为物质资本存量,L_Y为用于生产最终物品的劳动力数量。

---

① 此类分法依据严成樑,龚六堂(2009).

当经济处于平衡增长路径上时，物质资本增长率与总产出的增长率相等。因此，以人均产出增长率表示的经济增长率等于知识积累的速度，即：

$$\gamma = \gamma_A = \delta L_A = \delta \mu^* L \tag{8-80}$$

其中 $L = L_Y + L_A$ 表示经济中的劳动力总量；γ 和 γ_A 分别表示经济增长率和知识积累速度。μ^* 是平衡增长路径上研发部门的劳动力比例，可以表示为各个模型参数的函数。

2. 模型的讨论

经济中存在规模效应是早期内生熊彼特增长模型的突出特点，根据式（8-80）可以看出，劳动力总量 L 越多，经济增长率越高，进而从以下两方面可以对经济中的规模效应进行解释。第一，随着劳动力总数的增加，科学家和工程师的数量也会相应增加，从而提高新知识被发现的概率，进而推动创新不断发生，带来更高的经济增长率。第二，随着经济规模的扩大，新产品将面对更广阔的市场，并创造更多的利润，从而进一步增强企业进行创新的动力，增加研发投入，因此带来更高的经济增长率。

值得注意的是，现实经济中是否存在研发人员增多引致的规模效应具有很大争议。琼斯（1995a，1995b）通过对二战后经济合作与发展组织（Oragnization for Economic Co-operation and Development, OECD）国家经济发展的特征事实检验发现，战后这些国家用于研发的科学家、工程技术人员的绝对数量以及占总人口比例都有了很大的提高，但这些国家的全要素生产率和经济增长率却并没有上升，甚至有下降的趋势。因此他认为经济中不存在研发人员数量上升引致的规模效应，早期内生熊彼特增长模型并不能很好地描述和解释现实经济。除此争议之外，早期内生熊彼特增长理论还面临另一个根本性的批判。在知识生产函数中，知识存量对应的指数必须为 1。当该指数大于 1 时，经济增长率将趋于无穷大；而当该指数小于 1 时，经济增长率将趋向于 0。此强假设很难与现实经济相符。

二、半内生熊彼特增长模型

针对早期内生熊彼特增长模型中存在的两个争议，琼斯（1995a）、科图姆（Kortum，1997）、史格斯罗姆（Segerstrom，1998）进行了改进，提出随着知识存量的增加，其边际生产率逐渐降低。

1. 外生人力资本的模型

在知识生产具有递减效应的背景下，为了维持经济的持续增长，研发投入（主要是劳动力）也必须持续增加。当经济处于平衡增长路径上时，劳动力中用于研发部门的比例为常数，因而人口增长率必须为正。借助琼斯（1995a）的模型可以对此时增长模型的特点有进一步认识，他给出如下的知识积累方程：

$$\dot{A} = \delta L_A^\lambda A^\phi \tag{8-81}$$

其中，L_A 表示用于研发部门的劳动力数量，包括科学家、工程师等。$0 < \lambda < 1$ 表示重复效应，即不同企业为生产同一知识而投入研发，导致研发的重复投入，使得经济中研发的平均生产率降低。ϕ 表示知识生产的外部性，$\phi > 0$ 表示正的溢出效应，企业的知识生产对经济具有正的外部性；$\phi < 0$ 表示知识的捕捞效应（fishing out effect），即越是简单的知识越容易被发现，而后发现新知识的难度越来越大。换言之，随着科技研发的深入，人们先解决的总是不那么耗时耗力耗钱的问题，等到这些问题解决了，接下来研究的难度就提高了，研发和创新的进度也就变缓了。上式的核心假设为 $\phi < 1$。总量生产函数仍为 $Y = (AL_Y)^\alpha K^{1-\alpha}$，人口增长率 $n > 0$。因此，当经济处于平衡增长路径上时，经济增长率为：

$$\gamma = \frac{\lambda n}{1 - \phi} \tag{8-82}$$

根据上式，经济增长率取决于一些外生参数，包括人口增长率 n、知识生产函数中刻画溢出效应的参数 ϕ 与刻画重复效应的参数 λ。之所以是半内生熊彼特增长模型，是因为尽管经济增长率是由经济参与者的最优化行为决定的，但政府政策不能影响经济增长率，经济增长率外生决定于人口增长率以及刻画知识生产效率的一些参数。

同样地，上述模型也面临着两方面的批判。一方面，根据式（8-82），经济增长率与人口增长率正相关，可能与现实经济不符。另一方面，此模型得到的经济增长率只取决于一些外生参数，即政府政策不会影响经济增长，显然也与现实不相符。

2. 内生化人力资本的模型

斯特鲁利克（2006）在史格斯罗姆（1998）的框架中引入卢卡斯（1988）形式的人力资本积累函数，发现在即使没有人口增长时经济仍可以持续增长，原因在于人力资本积累是推动创新和经济增长的重要因素，政府政策如教育补贴可以通过影响人力资本积累进而影响经济增长。基于这样的考虑，以琼斯（1995a）的模型为例，考察在半内生熊彼特增长模型中内生化人力资本后相应的结论的差异。假定知识生产函数为：

$$\dot{A} = \delta H_A^\lambda A^\phi \tag{8-83}$$

其中，H_A 表示用于研发部门的人力资本（区别于前面的劳动力），总的人力资本为 $H = hL$。L 表示劳动力数量，增长率仍为 n；h 表示平均的人力资本。根据卢卡斯（1988）

的研究，h 的积累方程为：

$$\dot{h} = \eta(1-u)h \tag{8-84}$$

其中，$\eta > 0$ 表示人力资本生产的效率，$(1-u)$ 表示个体用于学习的时间。根据上述各式，当经济处于平衡增长路径上时，经济增长率为：

$$\gamma = \frac{\lambda[n + \eta(1-u^*)]}{1-\phi} \tag{8-85}$$

其中，$(1-u^*)$ 表示平衡增长路径上个体用于学习的时间。

根据（8-85），即使没有人口增长（即 $n = 0$），经济仍然可以实现增长，因为人力资本积累也是促进经济增长的重要因素，政府可以通过影响个体选择的学习时间进而影响经济增长。但不可忽视，内生化人力资本的模型中，经济增长与人口增长仍然存在正相关关系，可能有悖于现实经济。

三、完全内生熊彼特增长模型

为了解决琼斯（1999）提出的半内生熊彼特增长模型存在的两个缺陷，完全内生熊彼特增长模型进行了改进。对于绝大多数的研究而言，仅包含一个研发部门的模型过于简单，因此完全内生熊彼特增长模型将水平的和垂直的创新进行组合，来提供新的解释。

该模型做了如下假设：①经济中包括水平创新和垂直创新两类研发部门；②水平创新部门中没有溢出效应，而垂直创新部门中存在较强的溢出效应；③经济增长率取决于水平创新与垂直创新的速度，水平创新的速度与人口增长率相等；④经济中没有规模效应，政府政策可以通过影响总产出（或是劳动力）中用于垂直创新部门的比例进而影响经济增长。核心思想是随着经济规模的增加，水平创新部门的数量会同比例增加，并且每个部门的研发投入保持不变，从而实现了研发资源更加有效的分配和利用，促进了经济增长。

1. 模型建立

假定总产出函数为：

$$Y = \left[\int_0^Q (A_i X_i)^{\frac{1}{\theta}} di\right]^\theta \tag{8-86}$$

其中，Y 表示总产出，Q 表示中间产品的种类，即水平创新部门的个数；A_i 表示第 i 种中间产品的生产效率；X_i 表示第 i 种中间产品的数量，L_{X_i} 表示生产第 i 种中间产品的需要的劳动力数量，$X_i = L_{X_i}$；$\theta > 1$ 表示中间产品的替代弹性。

进一步，假定水平创新和垂直创新的积累方程分别为：

$$Q = \eta L \tag{8-87}$$

$$\dot{A}_i = \delta L_{A_i} A \tag{8-88}$$

其中，L_{A_i}表示用于第 i 个垂直创新部门的劳动力数量，$A = \int_0^Q (A_i/Q) \mathrm{d}i$ 表示平均的生产效率水平，计算得：

$$Y = Q^\theta A L_X \tag{8-89}$$

根据水平创新的积累方程，水平创新的速度与劳动力增加的速度相同，假设劳动力中用于垂直创新的比例为 s，用于生产中间产品的比例为 ($1-s$)，则：

$$\int_0^Q L_{A_i} \mathrm{d}i = sL \tag{8-90}$$

$$\int_0^Q L_{X_i} \mathrm{d}i = (1-s)L \tag{8-91}$$

根据上述各式，当经济处于平衡增长路径上时，可求得经济增长率：

$$\gamma = (\theta - 1)n + \frac{\delta s^*}{\eta} \tag{8-92}$$

其中，s^*是平衡增长路径上劳动力用于垂直部门进行创新研发的比例。根据式（8-92），即使没有人口增长（$n=0$），经济也可以实现持续增长。政府政策可以通过影响劳动力在垂直创新部门和中间产品生产部门中的比例进而影响经济增长。

2. 模型讨论

现实中不仅存在产品质量的不断提高，也存在产品种类的不断增加，所以相较于前两个熊彼特增长模型，完全内生增长模型或可更好地对现实经济进行描述。但据式（8-92），经济增长率仍然具有与人口增长率紧密的正向关系，可能与现实经济不相符。此外，需要说明的是，上述三类熊彼特增长理论尽管在模型设定等方面存在较大差异，但其核心思想都强调内生的研发和创新是推动经济增长的决定性因素。同其他增长理论一样，熊彼特增长理论也是在不断发展的，即针对原有模型的缺陷，通过修正一些关键性的假定，使得理论更好地描述和解释现实经济。

四、进一步讨论

与新古典增长理论、AK 理论等相比，熊彼特增长理论有如下几个突出特点：第一，强调经济增长的源泉不同，熊彼特增长理论认为内生研发推动的创新和知识积累是促进技术进步和经济增长的决定性因素；第二，突破了完全竞争市场的假定，假设中间物品部门的厂商具有一定的垄断权力，企业可以获得垄断利润；第三，不同于资本，知识具有非竞争性，即使经济中总的资源（资本、劳动等）是有限的，且没有外生技术进步，经济仍可以通过知识积累而实现持续增长；第四，在模型设定上，熊彼特增长模型通常假定经济中存在最终物品生产部门、中间物品生产部门和研发部门三个生产部门，且各部门具有不同的特征；第五，更加强调实现经济增长的微观基础，在该框架下可以更好地研究一系列与产业组织理论紧密相连的问题。事实上，熊彼特增长理论可以同时满足罗默（1994）提出的经济增长方面的五个基本特征事实，而其他几类增长理论只能部分满足这些特征事实。

经济增长的五个基本事实（罗默，1994）

（1）市场上存在很多厂商；
（2）知识具有非竞争性，可以同时被很多人使用；
（3）物质活动可以被复制，生产函数对竞争性投入品满足常数规模报酬；
（4）人们的经济活动引起经济增长；
（5）个人和企业可以从发现新知识、新产品中获得垄断利润。

在上述模型的讨论中，已经发现了人口增加对于增长的规模效应问题，这一困难可以在熊彼特的框架内解决。而熊彼特模型的另一个难题是，到目前为止我们还没有引入资本，但增长核算证明了资本是相当重要的。

除了上述提到的一些研究，还有一些内容更加丰富、模型更加复杂的熊彼特增长模型，这些模型最先由经济学家阿吉翁霍维特（1992）提出，他们共同在美国《计量经济学》杂志上发表题为《一个创造性破坏产生的增长模式》的文章，文中继承了熊彼特关于创造性破坏的基本思想，沿用并扩展了罗默和史格斯罗姆等人的分析框架，考察了以产品质量提高为主要内容的产业创新过程，引入老化因素，提出了一个创造性破坏产生的内生增长模式。在他们的模式中，源于竞争性厂商的垂直产品创新是经济增长的根本源泉。每一创新由一新中间品组成，这一新中间品比以前的中间品更有效地生产最终产出。研究厂商通过成功创新产生专利，从而获得垄断租金。但是，这些租金会被新一代的创新所破坏和更新。创新是一个创造性破坏过程，它为一部分人创造垄断利润的同时，又破坏了另一部分人的垄断利润。之后格罗斯曼和赫尔普曼（1991a，b）以及阿吉翁和豪伊特（1998）的研究进一步发展了模型。

熊彼特增长蕴含着创造性破坏过程，它会导致新产品或新机器替代旧产品或旧机器，新企业替代现有企业。技术进步并不总是带来对现有产品和机器的补充，而是由创新出更高质量产品的生产者直接替代现有企业。新企业总有致力于研发的强烈激励，表明了熊彼特创造性破坏是经济增长的引擎。然而，增长也伴随着利益的潜在冲突。创造性破坏过程破坏了现有企业的垄断租金，而为了维护现有利益集团的租金利益，便会增加内生性扭曲政策产生的可能性。熊彼特的创造性破坏模型自然引发了政治经济问题，这些问题对于理解经济增长的根本原因来说至关重要，同时也让我们可以认识到技术的内生本质和技术变化的潜在阻力。

第五节　新增长理论的地位及其特点

一、新增长理论的地位

新增长理论的"新"在于其区别新古典增长理论而言，它将经济增长的源泉由外生转化为内生，实现完全内生化。从理论上说明知识积累和技术进步是经济增长的决定因素，并对技术进步的实现机制作了详细的分析，这些研究填补了西方经济理论中的空白。它将技术看作是经济系统的一个中心部分，是"内生"的。另外，技术进步可以提高投资的收益，投资又使技术进步更有价值，形成一个良性循环，长期恒定地促进经济的增长。其将技术内生化的思想，直接推动了对全新的增长理论的研究，成为经济增长理论不可或缺的核心组成部分。

新增长理论是对古典经济学思想的复兴。新增长理论并没有割断与过去经济学的联系，以亚当·斯密为代表的古典经济学为新增长理论产生提供了大量养分。在古典经济学中，"劳动分工取决于市场范围"的斯密定理中最早提出了关于收益递增的洞见。后来杨小凯（1928）在其经典文献《收益递增与经济进步》以斯密定理为主题详细阐述了"产业间的不断分工和专业化是收益递增实现过程的一个基本组成部分""收益递增取决于劳动分工的演进，并且现代形式劳动分工的主要经济是资本化的或以迂回的生产方式使用劳动的经济""劳动分工取决于市场范围，市场范围又取决于劳动分工"。对于杨小凯以后经济学界关于古典思想很长时间处于沉默状态。新增长理论的代表人罗默在 20 世纪 80 年代重新发掘了古典经济学家，尤其是杨小凯关于递增收益的经典思想，并运用动态模式证明了"收益递增可能会导致无约束的增长，外部性可能会允许竞争性均衡存在"的观点，重新激发了人们对长期经济增长的兴趣。

新增长理论是对新古典增长理论的修正和发展。在新古典增长理论中，假定人均投资收益率和人均产出增长率是人均资本存量的递减函数，随着时间推移，各国工资率和资本—产出比将会趋同，由此，如果不存在外生的技术变化，经济就会收敛于一个人均水平不变的稳定状态。这样新古典增长理论就会面临一个令人不快的结果：除非有正的人口增长率或外生给定的技术变化，否则一国经济就会进入零增长。与此相对照，20 世纪 80 年代兴起的新增长理论将知识和人力资本引入经济增长模式，提出了要素收益递增假定，对新古典增长理论进行了全面的修正和发展：人均产出可以无限增长，并且增长率可能随时间变化而单调递增。随着资本存量的增加，投资率和资本收益率可以递增而不是递减。不同国家的人均产出水平不必趋同，发展中国家的增长可能持续缓慢甚至无增长。尤为突出的是，在新增长理论中，赋予了技术一个完全内生化的解释，技术不再是外生的、人类无法控制的，它是人类出于自利而进行投资的产物。对技术的这一解释具有很强的政策含义，政府不再是无所作为的实体，它可以通过支持教育、刺激资本积累、保护知识产权、补贴研究和开发、实行有利于新思想形成等政策促进增长。

二、新增长理论的特点

第一，为经济持续的增长找到了新的源泉和动力。新增长理论将知识和人力资本因素纳入经济增长模型，为经济持续的增长找到了源泉和动力。新增长理论则认为，专业化的知识和人力资本的积累可以产生递增的收益并使其他投入要素的收益递增，从而总的规模收益递增，这突破了传统经济理论关于要素收益的递减或不变假定，说明了经济增长持续、永久的源泉与动力。

第二，对于一些经济增长事实具有相当的解释力。例如，新增长理论证明了垄断竞争经济中均衡的存在，这是因为对新技术的垄断以及由此带来的超额利润提供了投资和技术研究的动力。由于知识和人力资本有外溢效应，高人力资本的发达国家资本利用率高，从而这些国家的物质资本收益率与人力资本收益率也将较高，因此，当生产要素可以在各国自由流动时，资本和人才可能会从发展中国家流向发达国家。此外，国际贸易可以使发展中国家利用国际上的先进技术，从而促进发展中国家的技术进步和经济增长，同时国际贸易也可能使发展中国家专业化于技术含量低的传统产品部门，从而对发展中国家的经济增长产生不利影响等。

第三，对制定经济政策产生重大影响。新增长理论认为，市场力量的作用不足以利用社会可能达到的最大创新潜力，一部分创新潜力被浪费了。政府有责任、有理由进行干预，这样做的结果是提高了经济增长率。但是，政策制定者把注意力集中在经济周期上，忙于进行"微调"和寻求操纵"软着陆"的方法是不对的。因为支撑经济周期的是探索发现与创新过程。因此，政府应着力于能促进发展新技术的各种政策。如支持教育，刺激对物质资本的投资，保护知识产权，支持研究与开发工作，实行有利于新思想形成并在世界范围内传递的国际贸易政策，以及避免政府对市场的扭曲等。

本章提要

在新古典理论中，假定人均收益率和人均产出率是人均资本存量的递减函数，随着时间推移，各国工资率和资本产出比将会趋同。因此，如果不存在外生的技术变化，经济就会收敛于一个人均水平不变的稳定状态。这样，新古典理论就会面临一个令人不快的结果：除非有正的人口增长率或外生给定的技术变化，否则一国经济就会进入零增长。为了摆脱这种尴尬局面，新古典增长理论只有把增长托付给一个自己也无法把握的东西：外生的技术变化。但新古典增长理论并没有给出技术进步的来源，决定经济增长的最关键变量"技术"竟是一个外生变量，以"假设的增长"来解释增长。此外，在新古典增长模型中，经济增长的变量表现为收敛性，即按照时间路径将最终到达某种稳定状态。但这与经济增长的某些现实数据不符合，经济学家认为，不符的根源很大程度上来自对技术进步的假设。

基于这一弱点，在20世纪80年代中期，以罗默（1986）、卢卡斯（1988）等人为代表的一批经济学家在对新古典增长理论的重新思考的基础上，提出了一组以内生技术变化为核心的论文，探讨了长期增长的可能前景，掀起了一股新增长理论的研究潮流。新增长理论将知识和人力资本引入经济增长模式，提出了要素收益递增假定，对新古典增长理论进行了全面的修正和发展，带来了一幅全新的增长图景：人均产出可以无限增长，并且增长率可能随时间变化而单调递增。尤为突出的是，在新增长理论中，赋予了技术一个完全内生化的解释，技术不再是外生的、人类无法控制的，它是人类出于自利而进行投资的产物。对技术的这一解释具有很强的政策含义，政府不再是无所作为的实体，它可以通过支持教育、刺激资本积累、保护知识产权、补贴研究和开发、实行有利于新思想形成等政策促进增长。本章主要介绍了四个内生增长模型。

阿罗的干中学模型假定知识创新是投资的副产品，企业在提升物质资本的同时就知道了如何更有效率地生产。换言之，在生产产品的过程中，劳动者必然会思考、探索、尝试改进生产过程的方法，这样在生产过程中，就可以积累知识，这种对生产效率的正向影响被称为干中学效应。在此过程中，企业的储蓄和投资不仅增加了要素的投入量，也通过干中学效应提升了知识技术水平，而不进行投资的厂商也可以在学习中提高生产率，因此技术变成了由资本积累所决定的内生变量。

进一步，知识和技术进步是经济增长的重要因素，它使得劳动效率得到明显提高。在建立经济增长模型时，应该把教育与研究开发部门也包括进来。研究与开发模型（简称R&D模型）就把知识的增长纳入了经济的内部因素之中，以明确的方式建立知识积累模型，并要研究知识如何产生，资源如何配置到知识的生产中去等问题，从更深的层次上来研究经济增长的基本问题。

随着经济发展，人们逐渐认识到，在实物资本之外，还有一种特殊的资本——人力资本。人力资本是体现在劳动者身上的，以劳动者数量和质量表示的非物质资本。类似于传统经济产品，人力资本具有竞争性和可排他性，与知识的特点完全不同。为了寻求一种新的经济发展机制，卢卡斯（1988）在题为《论经济发展的机制》一文中，引入专业化人力资本生产的教育部门，提出了一个以人力资本的外在效应为核心的内生增长模式。卢卡斯区别了人力资本的两种效应，即内部效应和外部效应。强调人力资本的外部效应——社会劳动力的平均人力资本水平——具有核心作用，这些效应会从一个人扩散到另一个人，因而对所有的生产要素的生产率都有贡献，尤其是人力资本会提高劳动者自身的生产率，而正是这种源于人力资本外在效应的递增收益使人力资本成为增长的发动机，成为长期经济增长的源泉。

熊彼特增长理论的基础奠定于罗默等经济学家提出的内生的研发和创新推动经济增长的作用机制。熊彼特增长理论强调创新、研发和知识积累在推动技术进步和经济增长的突出作用。熊彼特（1942）对内生新产品、新方法推动经济增长的论述主要有以下三个方面的内容：（1）企业有追求垄断利润的动力，因此会创新并生产出新产品或发现新方法；（2）创新是一个创造性破坏的过程，一旦成功，创新的企业就会排挤其他企业并获得垄断利润。但这些创新公司的垄断权只是暂时的，它们最终也会被未来的创新公司所取代；（3）创造性破坏是推动资本主义发展的动力。熊彼特增长理论强调，经济增长主要是通过水平创新和垂直创新这两个模式来实现的。垂直创新指通过研发使得产品质量不断提高，质量高的产品逐步将质量低的产品排挤出市场，进而推动技术进步。在垂直创新的框架下，创新过程是一个创造性破坏的过程，新产品会将旧产品排挤出市场。

关键概念

干中学效应 在生产产品的过程中，劳动者必然会思考、探索、尝试改进生产过程的方法，这样在生产过程中，就可以积累知识，对生产效率具有正向影响。

水平创新推动的技术进步 指通过研发使得生产投入品的种类不断增加，进一步促进了专业化，进而促进了技术进步和经济增长。

垂直创新推动的技术进步 指通过研发使得产品质量不断提高，质量高的产品逐步将质量低的产品排挤出市场，进而推动技术进步。

人力资本 由特定工人的能力、技能和知识构成，是体现在劳动者身上的，以劳动者数量和质量表示的非物质资本。

人力资本的外部效应与内部效应 内部效应指个体接受教育和培训带来的个人收益，对自身生产率和收益的提高。而外部效应则是指教育和培训对其他人产生的影响，平均人力资本水平提高能提高所有生产要素的生产率。因此，内部效应主要关注个人收益，而外部效应则关注整个社会的效益。

创造性破坏 企业有追求垄断利润的动力，因此会创新并生产出新产品或发现新方法，创新一旦成功，创新的企业就会排挤其他企业并获得垄断利润。但这些创新公司的垄断权只是暂时的，它们最终也会被未来的创新公司取代，创造性破坏是推动资本主义发展的动力。

思考题

1. 请解释阿罗模型的干中学增长理论的特征。
2. 请讨论研究与开发模型考虑资本的一般情况时经济到达稳态的条件。
3. 请依据人力资本外生的人力资本经济增长理论说明人力资本积累的作用。
4. 请说明卢卡斯模型的人力资本经济增长理论的理论特征。
5. 结合内生增长理论,谈谈对"创新是引领发展的第一动力"的理解。

第九章 新剑桥经济增长理论

新剑桥学派是现代凯恩斯主义的重要分支之一,由于这一学派的理论观点完全背离了以马歇尔为代表的剑桥学派的传统理论,所以被称为新剑桥学派。该学派在理解和继承凯恩斯主义的过程中,试图在否定新古典综合派的基础上,重新恢复李嘉图的传统,建立以分配理论作为凯恩斯主义宏观经济学的中心,以价值理论为基础的理论体系。并以此为根据,探讨和制定新的社会政策,以改变资本主义现存分配制度来调节失业与通货膨胀的矛盾。其主要倡导者是罗宾逊、卡尔多和帕西内蒂。

第一节 新剑桥学派的理论渊源

波兰经济学家米哈尔·卡莱茨基的理论对新剑桥学派的形成发挥了重要作用。在凯恩斯的《就业、利息和货币通论》(以下简称《通论》)出版之前,卡莱茨基于1935年以波兰文发表了几乎与凯恩斯有效需求原理相同的理论。这一理论将社会分为两大阶级、国民生产分为两大部类的分析引入资本主义经济活动的考察,将不完全竞争、垄断价格的作用结合到国民收入决定理论中,强调投资对国民收入变动和分配所起的作用。

凯恩斯的经济理论是新剑桥学派的思想基础。新剑桥学派自认为是凯恩斯经济理论的嫡传,他们坚持有效需求原理,强调投资支出对经济活动水平的决定作用,并将凯恩斯理论中关于社会哲学的思想更加系统化与深入化。新剑桥学派认为,资本主义社会的财富和收入分配是不均等的,因而是不合理的;资本主义社会存在着坐收利息的食利者阶层,只要消灭了这个食利者阶层,资本主义社会就可以改观,走向"文明生活新阶段"①。

除此之外，长期在剑桥大学工作的意大利经济学家斯拉法的思想为新剑桥学派提供了微观经济理论基础。斯拉法的价值理论发展了李嘉图与马克思的价值理论，他在探讨没有剩余的简单商品生产体系中的价值决定和有剩余的商品生产体系中的价值决定中认为，商品价值由生产商品所消耗的劳动量决定，即由特定技术条件下生产各种商品所用的投入之间的比例决定，与国民收入在工资与利润之间的分配无关。斯拉法的价值理论既坚持了李嘉图的劳动价值论，又解决了"不变价值尺度"的难题。在劳动对生产资料的比例处于中等水平成为赤字和剩余生产部门之间的分水线的生产部门，当工资削减时，支付工资所余下的数额，刚好足够支付利润，并且价格不变。这类部门表现出工资和利润之间的一种严格的平衡。如果这类部门使用的生产资料也是以中等水平的劳动对生产资料的比例生产出来，假定相同的比例适用于那些生产资料的生产，并适用于以下一层次的生产资料的生产，不论追溯到多远。那么，这个部门所生产的商品价值，就不会因工资的变动而发生变动。依此条件生产出来的商品就可作为不变的价值标准。由于它同其他商品的价格比率不变，从而成为一种"不变的价值尺度"②。

第二节　新剑桥经济增长理论的基本模型

一、琼·罗宾逊的经济增长理论

琼·罗宾逊的经济增长理论来源于卡莱茨基的经济思想、凯恩斯的货币理论以及斯拉法的价值理论。1960年斯拉法出版了《用商品生产商品》一书，通过建立一套"标准合成商品生产体系"，把"标准商品"作为一种"不变的价值尺度"，解决了利润率的确定问题，推动了李嘉图的劳动价值理论的重大发展，形成了客观价值理论。琼·罗宾逊主张从斯拉法的价值理论出发，将李嘉图、马克思和凯恩斯的理论相互补充融合，以便实现经济理论上的"第二次凯恩斯革命"。

---

① 方齐云，王皓，李卫兵，等. 增长经济学 [M]. 武汉：湖北人民出版社，2002：101.
② 赵崇龄，任佳. 评斯拉法不变价值尺度体系 [J]. 思想战线，1989（4）.

琼·罗宾逊的主要观点有：第一，总量生产函数的资本是完全异质的生产资料，不能进行简单的加总。第二，认为利润是"经济的剩余"，是产品成本和根据产品的需求而形成的产品价格之间的差额。认为利润率与净投资报酬率成正比，与技术系数成反比。第三，在卡莱茨基的宏观经济模型的基础上，假定把社会成员分为资本家与工人两大阶级，他们的收入和为国民收入之和，并将国民生产划分为消费品生产和投资品生产两个部门，假定工人的工资全部用于消费，即 $S_w=0$，而储蓄全部来自资本家所得的利润，提出了在既定技术系数下与收入分配相结合的一般经济增长模型：$\pi=\dfrac{Y}{S_p}$。其中：π 表示利润率，Y 表示经济增长率，S_p 表示资本家的储蓄倾向。该模型表明，在经济增长率维持稳定速率增长时，利润率与资本家的储蓄倾向成反比；当资本家储蓄倾向不变时，资本积累与利润率成正比。[1]

二、卡尔多的经济增长理论

卡尔多以凯恩斯的投资—储蓄分析为基础，从宏观入手，结合经济增长研究国民收入的分配问题。模型的基本假定有：①国民收入分为利润与工资两部分，即 $Y=W+P$。②国民收入的均衡条件为储蓄等于投资，即 $S=I$。③假定社会成员分为劳动者和资本家，二者的储蓄倾向既定，且资本家的储蓄倾向大于劳动者的储蓄倾向。

将 $Y=W+P$ 代入 $S=S_w W + S_p P$ 整理可得

$$S = (S_p - S_w)P + S_w Y \tag{9-1}$$

其中，Y 为国民收入，W 为劳动收入，P 为利润收入，S 为储蓄总额，I 为投资总额，S_w 为劳动者储蓄倾向，S_p 为资本家储蓄倾向。

宏观的动态均衡要求投资与储蓄相等，即 $I=S$，则有

$$I = (S_p - S_w)P + S_w Y \tag{9-2}$$

将式（9-2）两边同时除以 Y，整理得

$$\frac{P}{Y} = \frac{1}{S_p - S_w} \cdot \frac{I}{Y} - \frac{S_w}{S_p - S_w} \tag{9-3}$$

则式（9-3）表明，在 S_p 和 S_w 不变，且 $S_p > S_w$ 时，利润在国民收入中所占份额 P/Y 取决于投资在国民收入中所占份额 I/Y，P/Y 是 I/Y 的单调增函数。在充分就业的情况下，价

---

[1] 赵茂林. 马克思与琼·罗宾逊分配理论范式的比较研究. 经济问题探索, 2009（3）.

格取决于需求，投资的增加也就是总需求的增加，从而价格上升，利润在国民收入中的份额增加，实际工资以及工资在国民收入的份额减少；反之，投资减少，则会发生相反的变化。这就是通过价格变动引起的收入分配实现经济稳定增长的途径。再从 $\frac{1}{S_p - S_w}$ 这个系数分析，可以看到如果 $S_p - S_w \geq 0$，当它越小时，则投资率 I/Y 较小的变动则会引起收入分配的中 P/Y 较大的变动。

进一步，把卡尔多储蓄函数 $s = \frac{S}{Y} = (S_p - S_w)\frac{P}{Y} + S_w$ 引入哈罗德—多马经济增长模型 $G = \frac{s}{v}$（G 为产出增长率，s 为储蓄率，v 为资本产出比），可得

$$Gv = (S_p - S_w)\frac{P}{Y} + S_w \quad (9\text{-}4)$$

该式的含义是，在 G 和 v 给定时，如果劳动者和资本家的储蓄倾向已知，则可以通过调整利润在国民收入中所占份额 P/Y 来实现充分就业稳定状态的均衡增长。

再来看模型的变化情况：（1）当 $S_w = 0$，$S_p = 1$ 时，则式（9-3）可以写为：$\frac{P}{Y} = \frac{I}{Y}$。这样，投资率 I/Y 越大，利润占国民收入的比例也就越大，则工资所占比重越小。（2）当 $S_w = 0$，$0 < S_p < 1$ 时，则式（9-3）可以写为：$P = \frac{1}{S_p}I$，即当投资率不变时，S_p 越小，$\frac{1}{S_p}$ 的值就越大，利润占国民收入的比例也就越大，工资所占份额则越小；当资本家储蓄倾向不变时，投资率 I/Y 越大，利润所占国民收入份额也就越大。可以看出，经济增长率必须保持同利润率的利润和储蓄比率之乘积相等，才能使经济不断地稳定增长。但随着经济的增长，会加剧工资和利润在国民收入中的分配差距。[①]

三、帕西内蒂的经济增长理论

意大利经济学家帕西内蒂在卡尔多模型的基础上进一步扩充，1962 年，帕西内蒂在《经济研究评论》上发表了题为《利润率与收入分配和经济增长率的关系》，他在考虑工人也有储蓄的情况下，将新剑桥学派的收入分配模型进行了重新构建。该模型认为，在稳定状态下的经济增长中资本收益率成正比例地取决于劳动增长率，成反比例地取决于利润获得者的储蓄倾向，并且利润率和收入分配的决定只取决于资本家的储蓄倾向，而与工人的储蓄倾向无关。

根据卡尔多模型中的式（9-1），将等式两端同除以 Y，可得到全社会的储蓄率 $s = S/Y$

---

① 郭庆旺：《卡尔多经济增长模型述评》，《财经问题研究》1990 年第 2 期。

的公式：

$$S = \frac{PS_p + WS_w}{Y} = \frac{P}{Y}(S_p - S_w) + S_w \qquad (9-5)$$

进一步，将式（9-5）代入哈罗德经济增长模型，即保持充分就业的均衡增长条件为：$G_n = S/C_r$。其中，C_r 为资本系数或加速系数，它是假定技术条件不变和其他条件不变的情况下，资本家预期的资本量对产量的比例，即资本—产出比率（v），G_n 表示自然增长率。

由此，得到帕西内蒂一般经济增长模型为：

$$G_n = \frac{P}{K}(S_p - S_w) + \frac{S_w}{C_r} = P'(S_p - S_w) + \frac{S_w}{C_r} \qquad (9-6)$$

其中 $P'_n = P/K$ 表示利润率。式（9-6）表明，在技术不变和保持充分就业的稳定增长条件下，如果工人的储蓄为零，则资本家的收益率与劳动增长率成正比，而与资本家的储蓄倾向成反比。

新剑桥学派的经济增长模型强调通过收入分配的变动来改变储蓄率，说明了经济增长不仅决定收入分配结构变化的方向，而且经济的稳定增长可以通过收入分配的结构调节实现。他们认为，市场是不可能通过灵活地调整资本产出比来使经济波动自行消失，因此应该从社会总储蓄量入手，来克服实际经济增长率与有保证经济增长率的背离。而社会的总储蓄量取决于社会中资本家和工人这两大阶级的储蓄倾向以及国民收入中工资和利润的相对占比，因此在国民收入保持不变、资本家和工人的储蓄倾向保持不变的条件下，应该从调整国民收入的分配结构来调整社会总储蓄量。

第三节　新剑桥经济增长理论与新古典经济增长理论的比较

新剑桥学派在理解凯恩斯理论的问题上与新古典综合派存在着根本的分歧，由此新剑桥经济增长理论与新古典经济增长理论在方法论中表现出不同的理论特点。

第一，新剑桥学派以"历史观"代替了新古典综合派的"均衡观"。新古典综合派将凯恩斯经济学的宏观经济理论与新古典经济学的微观经济理论加以综合，在方法论上基本上接受了马歇尔的均衡观，并综合了瓦尔拉斯的一般均衡观。而新剑桥学派认为新古典综合派的这种"均衡观"背弃了凯恩斯经济学的历史观。琼·罗宾逊认为："在理论方面，《通论》的主要论点是打破均衡的束缚，并考虑现实生活的特性——昨天和明天的区别。就这个世界和现在来说，过去是不能召回的，未来是不能确知的。"[1]其中，"过去是不能召回的"，是指现实生活中发生的各种事件都有其历史与制度的根源，"未来是不能确知的"，是指要充分考虑由信息缺乏所导致的不确定性。这句话构成了新剑桥学派分析方法的基点。

第二，新剑桥学派以凯恩斯经济理论体系的完整性为理由，反对新古典综合派对宏观与微观经济学的"综合"。在新剑桥学派看来，新古典综合派对于宏观—微观理论的拼凑是返回到凯恩斯之前的市场均衡传统上了，这完全破坏掉了凯恩斯理论体系的完整性。因此，新剑桥学派的分析方法为：凯恩斯经济学作为一种宏观的经济理论缺乏价值论和分配论，要使宏观经济学具有"微观经济学基础"就需要研究价值理论和分配理论。从价值理论来看，关键是价值本身是否具有客观的、物质的基础，价格主要应该由生产条件来决定，而不能有把价值视为主观的概念，不能把市场价格的决定归结为消费者起主要作用，像边际效用价值论那样以其主观价值论为特征。从分配理论来看，关键在于收入分配的相对份额是如何决定的，它们又是如何变动的，其变动应随着经济增长率的变动而定。并且，价值理论和分配理论是不可分割的，如果没有价值理论的探讨，收入分配问题也就不可能得到解决。

新古典学派的分配理论是以边际生产理论为基础的。这一理论认为，工资和利息各自取决于劳动和资本的边际产量。以新古典学派常用的柯布—道格拉斯生产函数为例，该生产函数的形式是：$Y = AL^{\alpha}K^{1-\alpha}$。

由于生产函数服从边际收益递减规律，分别对 L 和 K 求 Y 的偏导数，得：

$$\begin{cases} \dfrac{\partial Y}{\partial L} = MP_L = \alpha AL^{\alpha-1}K^{1-\alpha} = \alpha\left(\dfrac{Y}{L}\right) \\ \dfrac{\partial Y}{\partial K} = MP_K = (1-\alpha)AL^{\alpha}K^{(1-\alpha)-1} = (1-\alpha)\left(\dfrac{Y}{K}\right) \end{cases}$$

上式表明，劳动和资本的边际产量决定了工资和利润在国民收入中的分配份额。

新剑桥学派反对新古典学派的边际生产力分配理论，认为它是一种循环推理，难以成立。琼·罗宾逊以资本为例来说明这一点。资本代表完全异质的生产资料，要将这些加总在一起，只有使用它们的价值形态，并用资本化的方法来计算生产资料的价值，即用生产资料的未来收益除以利息率来计算资本的价值。在资本财产未来收益的已知条件下，要计算出该项资本财产的价值，必须先知道利息率。另一方面，按照边际生产力的

---

[1] 方齐云，王皓，李卫兵，等. 增长经济学［M］. 武汉：湖北人民出版社，2002：102.

分配论，利率由资本的边际生产力决定，即 $MP_K = \frac{r}{P}$。要确定利率，首先必须知道资本的边际生产力，而要衡量资本的边际生产力，必须先知道资本总量。因此，只有先知道资本总量的价值，然后才能决定利率。这样，新古典学派的边际生产力分配理论，陷入循环推理的谬误。

"两个剑桥之争"

"两个剑桥之争"，指 20 世纪 70 年代到 80 年代后期凯恩斯主义的两个学派，新古典综合派和新剑桥学派之间的争论。这场论战的挑战者是英国的新剑桥学派，主要代表是剑桥大学的琼·罗宾逊、卡尔多、斯拉法和帕西内蒂等人；应战者则是美国的新古典综合派，主要代表是萨缪尔森、索洛、托宾、莫迪利安尼等。

"两个剑桥之争"所囊括的理论内容和范围，是从资本理论开始，进而扩展到价值理论、配置理论、分配理论、增长理论、发展理论、积累理论、效用理论、行为理论、均衡理论、数理方法论、国家干预论、制度理论、预期理论、建模理论等。"两个剑桥之争"涉及的经济思想体系，则是从古典主义到马克思主义，从新古典主义到凯恩斯主义。"两个剑桥之争"的实质是如何进行经济理论研究或如何发展现代经济学的问题，但是在形式上却表现为作为后凯恩斯主义的两个支派怎样做才能真正继承和发展凯恩斯理论的问题。

总体上，"两个剑桥之争"反映了当时经济学领域的两种主要思潮，并促进了经济学发展新的方向和深度。现在看来，这场争执并没有产生一个胜利者或失败方，而是推动了经济学研究的广泛性和多样化。

第四节 新剑桥经济增长理论的地位及其特点

一、新剑桥经济增长理论的地位

对于哈罗德—多马模型，它将经济增长率分为实际增长率 G_a、均衡增长率 G_n 和自然

增长率 G_w，并考察了这三者之间的关系，只有当实际增长率、均衡增长率和自然增长率相一致时，经济才能稳定增长。但是，由于决定三种经济增长率的因素各不相同，三种增长率一致的情况几乎不可能发生，这样哈罗德提出的长期的稳定的增长，实际上是一种刀刃式的增长。在哈罗德—多马模型中，由于储蓄率和资本生产率都无法调整，所以要使得实际增长率等于有保证的增长率，并进而等于自然增长率是非常困难的，一旦经济偏离均衡增长，恢复起来相当困难。

对于索洛—斯旺模型，假设劳动和资本是可以完全相互替代的，经济稳定增长的条件是产出增长率 N_2 应该等于资本增长率 N_1，如果两者不相等，能够通过调整资本生产率 W 来使其相等，而调整资本生产率通过调整生产中资本与劳动的比率来实现，由此解决了哈罗德—多马的"刃锋式"问题。因此，在新古典模型中，由于资本生产率能够自动调整，实际增长率可以自动地与自然增长率相吻合，一旦经济偏离了均衡增长，非常容易恢复。

对于新剑桥模型，在 G 和 v 给定时，如果劳动者和资本家的储蓄倾向已知，可以通过调整 S 的数值来实现充分就业的稳定增长。而 S 的改变是通过调整资本和劳动在国民收入中的份额来实现的。由此可见，新剑桥经济增长模型使国民收入的分配成为稳定增长的一个重要条件。也就是说，新剑桥经济增长模型从储蓄率入手，强调经济增长与收入分配的关系。如果实际增长率大于自然增长率，那么在资本产出比固定不变的条件下，可以减少利润在国民收入中所占的比例来降低储蓄率，最终实现实际增长率等于自然增长率这种稳定的经济增长状态。这里，储蓄率的调整是通过改变利润或工资在国民收入中比重的办法来实现的。

与哈罗德—多马模型相比，新剑桥经济增长理论中实际增长率较容易与自然增长率相吻合。但是，与新古典经济增长模型相比，由于储蓄率的调整是通过改变利润在国民收入中的比重来实现的，这要比新古典经济增长模型中调整资本生产率更加困难，实际增长率与自然增长率较难相吻合。综上所述，新剑桥经济增长模型的均衡增长途径是一条比哈罗德—多马经济增长模型所描述的途径宽，但比新古典模型所描述的途径窄的介于两者之间的一条途径。[①]

[①] 方齐云，等. 增长经济学 [M]. 武汉：湖北人民出版社，2002：110-111.

二、新剑桥经济增长理论的特点

新剑桥经济增长理论主张政府应当通过调节资本家的收入（即利润）或工人的收入（即工资）在国民收入中的相对份额来保证经济的长期稳定增长。认为利润收入再分配的手段应尽可能扩大工人的实际收入，这样既可以缩小贫富差距，还能使得社会上不出现生产相对过剩的危机，从而实现国民经济的稳定收入。但是新剑桥学派的理论也存在着明显的不足：均衡增长需要通过改变利润或工资在国民收入中的相对份额来实现，而这种固有的分配方式是与资本主义的生产方式相对应的，有什么样的生产就有什么样的分配，调整起来几乎不太可能。

本章提要

本章介绍了凯恩斯主义的重要分支——新剑桥学派，又称"英国凯恩斯主义"，形成于19世纪五六十年代，是基于对凯恩斯主义的进一步发展而建立和发展起来的。

在理解和继承凯恩斯主义的过程中，新剑桥学派提出了与新古典综合派对立的观点，试图在否定新古典综合派的基础上，重新恢复李嘉图的传统，建立一个以客观价值理论为基础，以分配理论为中心的理论体系。根据这一体系，他们探讨和制定了新的社会政策，旨在调节资本主义现有的分配制度以缓解失业与通货膨胀之间的矛盾。

新剑桥学派深刻批判了新古典综合派。其主张将凯恩斯的短期、比较静态分析扩展为长期、动态分析，并且反对新古典综合派恢复传统的均衡分析的方法，强调制度和阶级分析。同时，新剑桥学派强调社会制度和社会经济关系在经济活动中的作用，尤其是凯恩斯提出但未详细探讨的收入分配问题的重要性。此外，他们批判传统的新古典经济学的边际生产率分配率，强调货币因素是造成资本主义经济混乱与不稳定的因素。新剑桥学派注重经济分析中的规范分析方法的运用，并强调历史观，试图从中寻找出解决当下经济问题的策略。

关键概念

新剑桥学派 亦称"英国凯恩斯主义",是后凯恩斯主义在英国的一个分支,与新古典综合派相对立,主张将凯恩斯的理论与新古典学派的传统理论进一步决裂。主要代表人物有琼·罗宾逊、卡尔多、斯拉法、帕西内蒂等。

"两个剑桥之争" 指20世纪70年代到80年代期间后期凯恩斯主义的两个学派,新古典综合派和新剑桥学派之间的争论。

思考题

1. 请解释琼·罗宾逊的经济增长理论及其特征。
2. 请解释卡尔多的经济增长理论及其特征。
3. 请对新剑桥经济增长理论和新古典经济增长理论进行比较。

第四篇

结构主义经济增长理论

第十章 结构主义的报酬递增经济增长理论

关于增长问题，主流经济学流派是新古典增长理论，由于其理论体系中固有的一些缺陷，促进了其他理论的发展。依据理论体系和基本观点的区别，目前主要将增长经济学划分为三大学派：古典主义、新古典主义和结构主义。本章及下一章主要分析经济发展过程中经济结构的变迁以及结构变迁与经济增长的关系等问题。

经济增长与结构转换是两个关系极为密切的话题。经济结构转换是经济增长不可分割的组成部分。相对于新古典增长理论，结构学派主要从一国的经济、社会和技术结构来分析问题，大多采用"非均衡"的分析方法，核心问题不确定，有时强调资本积累的作用；有时又强调技术进步或人力资本等因素的作用。以钱纳里和库兹涅茨为代表的结构主义者认为经济发展主要依赖于结构转换，结构转换越快，经济发展水平越高。研究结构变迁的模型有助于我们发展经济学的核心议题，例如把结构变迁或者人口转变和经济增长理论联系起来。

诸多发展经济学的模型都是建立在规模报酬不变的假设前提下的，本章将规模报酬不变的假设前提变更为规模报酬递增，来阐述规模报酬递增的发展经济学模型以及涉及的经济增长与发展形成机制。即在规模报酬递增条件下，要素积累和外生非要素增加型技术进步导致结构型增长。故本章主要介绍涉及结构主义的几个规模报酬递增的模型以及形成机制。

第一节　规模报酬递增的经济增长机制

一、规模报酬递增理论的发展

报酬递增理论最早可以追溯到亚当·斯密的《国富论》，斯密从企业的角度说明了报酬递增产生的过程。但新古典经济学兴起以后，除极少数几位经济学家继续在探索报酬递增的道路上不懈努力外，报酬递增在主流经济学的理论框架中几乎被完全清除出去了，因为新古典经济学隐含了报酬不变的假设，这个假设能够确保均衡点的存在性、唯一性和稳定性，经济系统中不同因素作用的结果可以收敛于某种最优状态。

尤其新古典经济学关于生产函数，是在均衡理论体系的基础上建立起来，为了使得最优化有解，一般要求具有"良好性质"，函数是凸函数的假设保证了最优化过程的成功进行，而规模报酬递增的假设明显会使一般均衡无法实现，所以规模报酬递增被长期排除在主流经济学之外也在情理之中。

但随着时间的推移，主流经济学不能解释诸如不确定性、创新、技术和制度变迁这些重大理论问题，不能解释一些发展中国家为什么长期陷入停滞不前的境地等一些重大的现实问题，诸多经济学家又将视角重新投入到规模报酬递增这一领域，试图探求规模报酬递增机制的形成，并运用规模报酬理论来重新审视现实问题。

循着规模报酬递增理论开创者斯密的道路，作为新古典集大成者马歇尔试图在新古典均衡的框架之中用外部经济来处理解释报酬递增机理，而杨格却继承了斯密的分工思想，运用分工与迂回生产等概念解释了规模报酬的机理。杨格和马歇尔关于报酬递增的思想对后人影响很大，自此在报酬递增理论的发展上形成了两条不同的思路。一条是仍沿用经修正过的新古典主义方法，把外部经济纳入不完全竞争的均衡框架之中，如以阿罗、罗默和卢卡斯为代表的新增长理论和以克鲁德曼为代表的新贸易理论；另一条思路是以经济学家卡尔多、罗森斯坦－罗丹、缪尔达尔、纳克斯、赫尔希曼等为代表强调经济过程的非均衡特征，被称之为结构主义。

结构主义报酬递增理论完全继承和发扬了杨格的分工因果和积累、自我演进的思想。

这一思路完全抛弃了新古典线性分析方法的观点，认为由于经济系统中多重因果反馈机制及非均衡和不确定性的存在，使其有着极为复杂的非线性特征。因此这一思路的理论家积极主张运用非均衡和非线性方法来说明报酬递增机制和经济演进。

发展经济学的报酬递增思想首先体现在缪尔达尔所提出的"循环累积因果关系理论"中。经济中存在一系列相互依赖的因果关系。这些因果关系的变化呈同一方向，其不断加强、不断扩大、自我积累，使经济增长过程出现"回波效应"。就贫困国家而言，由于"循环和累积因果关系"的作用，则被长期锁定在恶性循环的正反馈之中；另外，杨格的学生卡尔多则提出了报酬递增的结构分析。他认为经济现实是报酬递增而非报酬递减或不变，每个部门、每个产业甚至某种技术在报酬递增程度上的差异，使经济体系不存在趋向均衡的内在趋势。

另一位在发展经济学对规模报酬递增理论有突出贡献的代表人物贝恩·阿瑟，对报酬递增的非线性特征和路径依赖特征运用概率理论进行了数学处理。他认为支撑经济系统的规则是报酬递增而非报酬递减。在报酬递增存在的情况下，经济系统显示出多重均衡，即报酬递增能够导致多种可能的结果，具体哪一种结果能够被选中，与历史上一系列偶然的随机事件有关。由随机事件影响选中的某种结果，并不一定是最优的，但是一旦选中这种均衡，经济就会步入这种路径并被锁定在这个路径之上，同时因报酬递增的正反馈效应，这种结果被放大，即优等更优、劣等更劣。于是关于穷国更穷、富国更富的经济增长差异性由此可以得到某种解释。

二、规模报酬递增的形成机制

规模报酬递增的发展经济学模型涉及的经济增长与发展形成机制是，在规模报酬递增条件下，要素积累和外生非要素增加型技术进步导致结构型增长。

1. 规模报酬递增的两种情形

首先，严格区分规模报酬递增的两种情形。不论对于厂商而言，还是产业部门或者整个经济生产过程所出现的规模报酬递增，存在内在和外在两种情形。区分这两种情形的依据是看厂商所使用的生产技术是不是规模报酬递增的。如果生产过程是规模报酬递增的，而使用的技术本身是规模报酬递增的，这种规模报酬递增就是内在的，即内在的规模报酬递增，另外内在的规模报酬递增势必导致不完全竞争；与之相对应的，如果生产过程是规模报酬递增的，而使用的技术本身是规模报酬不变，即为外生的规模报酬递增，外在的规模报酬递增和完全竞争的市场结构相联系。

出现在生产过程中的规模报酬递增，一定是规模报酬递增生产技术发挥作用的结果。正确理解这一命题的关键，是要将生产过程中"厂商使用的技术"与"实际发挥作用的技术"区分开来。导致规模报酬递增出现的是实际发挥作用的技术，而不是厂商使用的技术。尽管厂商使用的技术是规模报酬不变的，但是，在它的生产过程中实际发挥作用的技术却是规模报酬递增的。促使厂商由所使用的规模报酬不变技术到实际发挥作用的规模报酬递增技术发生变化的力量来自厂商以外，正是这一点体现着外在规模报酬递增的外在性。与之相对应，若厂商生产过程中的规模报酬递增是由存在于厂商内部的规模报酬递增技术造成的来说，厂商所使用的技术与实际发挥作用的技术是重合的，此即内在规模报酬递增之中的内在一词的含义。

2. 外在规模报酬递增与内在规模报酬的实现

导致内在规模报酬递增发生的规模报酬递增技术存在于厂商内部，而导致外在规模报酬递增发生的规模报酬递增技术，要由存在于厂商内部的规模报酬不变技术变化而来，促使这种变化发生的力量来自厂商之外。这就是说，如果没有这种来自厂商之外的力量提供的技术方面的帮助，就不可能有外在规模报酬递增现象的发生。

由此可见规模报酬递增现象发生的关键，要看是否得到了存在于厂商之外的力量所提供的技术上的帮助。若得到了这种帮助，就能实现外在规模报酬递增现象的发生。

不过，存在于厂商内部的规模报酬递增技术要想在生产过程中得到充分发挥，也是需要一定的外部条件的。这种外部条件主要是，是否存在吸纳规模报酬递增技术所产生的全部产品的市场。这是因为：一方面，只有当厂商投入生产中的要素到达一定的规模之后，厂商所拥有的规模报酬递增技术才能够发挥出来；另一方面，只有当厂商所生产的产品能够卖出去时，厂商才愿意将一定规模的要素投入到生产中去。

无论是外在、还是内在规模报酬递增的出现，都需要厂商以外的因素的帮助。不过，外在和内在规模报酬递增各自所依赖的外部性存在着两点明显的差别：

（1）性质不同。外在规模报酬递增的出现需要外部因素在技术方面的支持；与之不同，内在规模报酬递增的发生需要外部因素提供的帮助则是在货币方面。为此，分别将它们称为技术外部性和货币外部性。

（2）发挥作用的途径相异。技术外部性是通过改变生产技术的性质（即把生产过程中的技术由规模报酬不变转变为规模报酬递增）来生成外在规模报酬递增；而货币外部性只是对业已存在的规模报酬递增技术的发挥起了一个促进作用，从而引起了内在规模报酬递增的出现。

3. 内在规模报酬递增发生的外部因素——货币外部性

内在规模报酬递增的发生需要外部因素提供货币方面的帮助，货币外部性源于市场需求的不可分性。简单地说，所谓需求的不可分性指的是，各种不同产品的生产部门之间相互联系，并对各方的产品产生相互需求。这样，各个产品部门之间的互相购买活动，就会形成一个充分而又有保证的国内市场，从而使得各种产品都能找到市场，最终得以发展。根据互相需求的产品之间的关系可以将货币外部性区分为水平（horizontal）与垂直（vertical）两类。

（1）如果互相需求的产品（生产部门）都是消费品（生产部门），那么，由此而形成货币外部性就是水平货币外部性。比如，由鞋子（制鞋厂）、衣服（制衣厂）和食品（食品厂）之间的相互需求而形成货币外部性就是水平的。

（2）如果相互需求的产品（生产部门）之间存在着联系效应，那么，由此形成的货币外部性就是垂直货币外部性。比如，钢铁工业的后向联系是采矿业，其前向联系则是机械制造、汽车制造等。这样，由这样一些产品（生产部门）之间的相互需求所形成的货币外部性就是垂直的。

根据上述的分析，将规模报酬递增的发展经济学模型区分为两类三种：一是外在规模报酬递增的发展经济学模型；二是由水平货币外部性引起内在规模报酬递增的发展经济学模型；三是垂直货币外部性引起内在规模报酬递增的发展经济学模型。

第二节 利本斯坦和罗森斯坦—罗丹经济增长模型

利本斯坦模型、纳克斯模型和赫尔希曼模型分别属于外在规模报酬递增模型、由水平货币外部性引起的内在规模报酬递增模型和由垂直货币外部性引起的内在规模报酬递增模型。另外，罗森斯坦—罗丹模型则比较特别，它几乎涉及了这三种形式的规模报酬递增。有鉴于此，在讨论外在规模报酬递增模型时，以罗森斯坦—罗丹模型和利本斯坦模型为例，在讨论由水平货币外部性引起的内在规模报酬递增时，以纳克斯模型为蓝本；最后，用赫尔希曼模型为例来考察由垂直货币外部性引起的内生规模报酬递增模型。

一、模型基本结构

与规模报酬不变的宏观发展经济学模型类似，同样是两部门的假设：现代部门和传统部门并存，而现代部门的生产函数不再是规模报酬不变而是规模报酬递增的，并且，规模报酬是由厂商以外的因素，比如这种因素可以是边干边学。据此，现代部门代表性厂商的生产函数可以写成如下的样式：

$$M = (\tilde{K})^\mu K^\alpha L^{1-\alpha}, \mu > 0 \tag{10-1}$$

式中，$\tilde{K}$ 表示整个经济的平均资本量，它等于资本总量除以经济所拥有的厂商数量；$(\tilde{K})^\mu$ 表示（边干边学）提高的技术外部性。另外，在均衡时，资本平均量将等于代表性厂商的资本量，即有 $\tilde{K} = K$。据此，再加上条件 $\mu > 0$，就能很容易地知道，式（10-1）是规模报酬递增的。但是，要注意的是，$(\tilde{K})^\mu$ 是因为厂商以外的力量而出现在厂商的生产函数中的。这个外部力量就是所有的厂商都增加投资。因此，对于单个的代表性厂商而言，$(\tilde{K})^\mu$ 是不变的，这样，对它而言，生产函数仍然是规模报酬不变的。这就恰恰契合了上面所讲的技术外部性的含义。

除了关于现代部门代表性厂商的生产函数的假设，另外还存在三个基本假设：

第一，除了现代部门以外，经济中还存在一个生存部门，其技术水平可以表示为：

$$S = L_S^{-b} \tag{10-2}$$

式中，$0 \leq b < 1$。这里，为了简化运算过程，省去了函数中的不变要素。

第二，两个部门生产的产品存在差异。为了减少计算量，假设两种产品之间替代弹性不变，并用 h 表示。其中，$h < 1$ 表示两种产品之间缺乏弹性；反之，$h > 1$ 则表示两种产品之间富于弹性。这一假设的含义是，经济社会拥有一个 CES 型的函数。

CES 型函数

CES 函数 $U(X,Y) = (\frac{X^\delta}{\delta} + \frac{Y^\delta}{\delta})^{\frac{1}{\delta}}$。

CES 函数又称不变替代弹性函数。当 $\delta = 1$ 时，它是表示完全替代的线性函数；当 $\delta = 0$ 时，它是科布—道格拉斯函数；$\delta \to -\infty$ 时，它是表示完全互补的里昂惕夫函数。

第三，经济中存在剩余劳动力。所以现代部门的工资等于生存部门工资加上一个工

资补贴构成。这一关系表示为：

$$w_M = f w_S \tag{10-3}$$

式中，w_M 和 w_S 分别为现代部门和生存部门的工资水平，$(f-1)$ 为现代部门工资补贴比例，显然有 $f > 1$ 成立。

二、形成机制

研究利本斯坦和罗森斯坦—罗丹模型的形成机制，首先要讨论现代部门劳动供给弹性的决定问题。

1. 现代部门劳动供给弹性的决定

如果用 E 来表示现代部门劳动供给弹性，那就有：

$$E = \frac{\mathrm{d}\ln L_M}{\mathrm{d}\ln(w_M/p_M)} \tag{10-4}$$

式中的 w_M/p_M 为现代部门的实际工资。劳动供给弹性的大小是经济均衡的结果。为此，对它的求解，应该从劳动市场的均衡条件开始。劳动市场的均衡条件仍然由式 $w_M = f w_S$ 给出。不过，生存部门工资 w_M，也就是生存部门劳动的平均产出由下式给出：

$$w_S = p_S L_S^{-b} \tag{10-5}$$

将式（10-5）代入 $w_M = f w_S$ 中，劳动市场均衡条件就可以写成：

$$w_M = f p_S L_S^{-b} \tag{10-6}$$

上式等号两边同时除以 p_M，就可以得到现代部门的实际工资决定式如下：

$$w_M/p_M = f L_S^{-b}(p_S/p_M) \tag{10-7}$$

为了达到求解劳动供给弹性之目的，应该找到劳动数量与工资之间的关系。借助消费者效用最大化行为能够消去上式的 (p_S/p_M) 这一项。另外，根据模型对两种产品替代弹性的假设，为了达到效用最大化，消费者势必按照以下条件选择两种产品的消费量：

$$C_M/C_S = (p_S/p_M)^h \tag{10-8}$$

式中，C 表示消费，p 表示价格。将式（10-8）代入式（10-7），就能得到：

$$\frac{w_M}{p_M} = f L_S^{-b} \left(\frac{C_M}{C_S}\right)^{1/h} \tag{10-9}$$

需要将上式中的 C_M/C_S 转化成用 L_M 和 L_S 表示的函数。而这一函数关系存在于经济约束条件中。

仍然假设储蓄只来源于利润，并且利润的储蓄率用 S_π 来表示。如果用产品 M 作为度量单位的话，那么，经济约束条件是：

$$p_S C_S + p_M C_M = w_S L_S + w_M L_M + (1 - S_\pi)\pi \qquad (10\text{-}10)$$

得到如下的式子：

$$\frac{C_M}{C_S} = \frac{(1-S_\pi)(\alpha + \alpha\mu + \mu + \mu^2)}{1-\alpha}\left(\frac{w_M}{p_M}\right)\left(\frac{L_M}{L_S^{1-b}}\right) \qquad (10\text{-}11)$$

现将式（10-11）代入式（10-9）中，就可以得到一个 $\frac{w_M}{p_M}$ 关于 L_M 和 L_S 的函数：

$$\frac{w_M}{p_M} = f^{\frac{h}{h-1}}\left(\frac{(1-S_\pi)(\alpha+\alpha\mu+\mu+\mu^2)}{1-\alpha}\right)^{\frac{1}{h-1}}\left(\frac{L_M}{L_S^{1-b+bh}}\right)^{\frac{1}{h-1}} \qquad (10\text{-}12)$$

将上式等号两边同时取对数，并进行微分，经过适当变换之后能够得到：

$$E = \frac{\mathrm{d}\ln L_M}{\mathrm{d}\ln\left(\frac{w_M}{p_M}\right)} = \frac{L_S/L}{\frac{1}{h-1}+b(1-L_S/L)} \qquad (10\text{-}13)$$

进一步，用 $l_M = (L_M/L)$ 表示现代部门从业人员占整个劳动力的比例的话，那么就可以把上式重写为：

$$E = \frac{1-l_M}{bl_M+(h-1)^{-1}} \qquad (10\text{-}14)$$

从上式可以清楚地看出，现代部门劳动供给弹性取决于以下三个量：

第一，现代部门从业人员占到整个劳动力的比例 l_M。显然，现代部门劳动供给弹性的大小与 l_M 成反比。同时，要求 $l_M < 1$，否则，根本不存在两个部门，现代部门劳动供给弹性问题也就无从谈起。

第二，经济所生产的两种产出的替代弹性 h。由式（10-14）可知，保证现代部门具有无穷劳动供给弹性的条件之一，是经济所生产的两种最终产品之间的替代弹性为无穷大。换言之就是，两个生产部门生产同一产品，或者两个部门生产的两种不同产品之间互为完全替代品。不妨假设两个部门生产不同的产品，并且它们不是完全替代品，比如，现代部门生产衣服，而生存部门生产粮食。在此条件下，劳动力由生产部门转移到现代部门的必然结果是，粮食供给减少、衣服供给增加。这样，相对于两种产品原有的不变需求和原有不变的相对价格而言，自然会出现超额粮食需求和超额衣服供给。市场出清的结果将是用衣服表示的粮食价格上升，从而使得生存部门劳动工资增加，进而使得现代部门劳动工资增加。由此，现代部门面临的劳动供给曲线将是向上倾斜的，而不是水平的。如果两部门生产的是相同产品，或者两种产品是完全互相替代的，那么，出现在生存部门的超额需求将由现代部门的超额供给来加以抵消，进而，两部门产品之间的相对价格以及受其影响的劳动工资将保持不变。

第三，生存部门劳动边际产出的单调性。同样，由式（10-14）可知，保证现代部门具有无穷劳动供给弹性的另外一个条件是，生产部门劳动的边际产出保持不变，也就是$b=0$。由生存部门生产函数（10-2）可知，当$b>0$时，生产部门劳动的边际产出就会发生递减，这样，随着劳动力从生产部门向现代部门转移，生存部门劳动的平均产出，也就是工资势必增加。

2. 具体形成机制

讨论了现代部门劳动供给弹性的决定，现在推导实际工资曲线。先看短期实际工资曲线。短期实际工资曲线仍然由厂商的劳动需求函数给出。厂商的劳动需求函数体现着厂商在要素市场上的利润最大化行为，具体说来，厂商对劳动的需求会遵守如下原则：使得劳动的边际产出等于工资。用公式表示就是：

$$w_M = (1-\alpha)K^{\alpha+\mu}L_M^{-\alpha} \qquad (10\text{-}15)$$

同样，为了能够画出短期实际工资曲线，需要求解它的斜率。为此，先对上式等号两边同时取对数，并求导数，得到：

$$d\ln L_M = -\frac{1}{\alpha}d\ln w_M + (\alpha+\mu)d\ln K \qquad (10\text{-}16)$$

将上式两边同时除以$d\ln w_M$，另外，我们也用到$d\ln K = d\ln k$的关系式，这是因为：一方面，有$K=kL$，从而有$d\ln K = d\ln k + d\ln L$；另一方面，经济中劳动总量L是不变的，所以有$d\ln L = 0$。然后进行适当的变换就能够得到短期实际工资曲线的斜率决定式如下：

$$\frac{d\ln L_M}{d\ln k} = \frac{\alpha+\mu}{e+1/\alpha} \qquad (10\text{-}17)$$

关于短期实际工资曲线斜率，说明三点：

（1）斜率大于0。已经证明，当$h>1$时，有$e>0$。另外α和μ都是大于0的，因此可知，短期实际工资曲线是向右上方倾斜的。

（2）斜率递增。一是从式（10-17）可以清楚看出，斜率与现代部门劳动力供给弹性成反比。二是现代部门劳动力供给弹性又与资本—劳动产出比成反比。这是因为，随着资本—劳动比增加，现代部门劳动数量提升，从而占到整个劳动总量的比例就会增加；而由式（10-14）可以发现，现代部门劳动占到劳动总量的比例与现代部门劳动供给弹性成反比。

（3）两个极端点的斜率。具体说：当$k\to 0$时，$\frac{d\ln L_M}{d\ln k} \to \frac{\alpha(\alpha+\mu)}{\alpha(h-1)+1}$。这是因为，当

$k \to 0$ 时，就有 $l_M \to 0$。同样，可以得到：当 $k \to \infty$ 时，$\frac{\mathrm{d}\ln L_M}{\mathrm{d}\ln k} \to \alpha(\alpha + \mu)$。根据以上三点，就可以画出如图 10-1 所示的短期实际工资曲线 w。

关于长期实际工资曲线的推导涉及的知识较多，首先需要将利润率表示成工资的函数：

$$r = \frac{\alpha Y}{K} \tag{10-18}$$

将现代部门生产函数式（10-1）代入上式中，可得到：

$$r = \alpha K^{\alpha+\mu-1} L^{1-\alpha} \tag{10-19}$$

再将上面推导出来的短期实际工资曲线，即式（10-15）代入上式中，并消去 L，可以得到：

$$r = \alpha K^{\frac{\mu}{\alpha}} \left(\frac{1-\alpha}{w}\right)^{\frac{1-\alpha}{\alpha}} \tag{10-20}$$

最为常见的投资增长率与利润率之间的关系，$\frac{I}{K} = \left(\frac{S}{\alpha}\right) r - \delta$。现将（10-20）代入 $\frac{I}{K} = \left(\frac{S}{\alpha}\right) r - \delta$，并令 $\frac{I}{K} = n$，经过必要的变换，就可以得到长期实际工资函数如下：

$$w^* = (1-\alpha) \left[\frac{s}{n+\delta}\right]^{\frac{\alpha}{1-\alpha}} K^{\frac{\mu}{1-\alpha}} \tag{10-21}$$

式中，s 为储蓄率；n 为人口，也就是劳动的自然增长率；δ 为资本折旧率。同样，对上式两边取对数，就可以得到长期实际工资函数线性形式如下，此时 k 为资本—产出比：

$$\ln w^* = \frac{\mu}{1-\alpha} \ln k \tag{10-22}$$

于是，长、短期的实际工资曲线如图 10-1 所示。

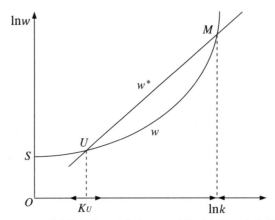

图 10-1　利本斯坦和罗森斯坦—罗丹模型实际工资曲线图

从图 10-1 能够看出，外在规模报酬递增模型形成机制最为主要的动态特征是，它可以导致多重均衡（multiple equilibrium）的产生。在图 10-1 中，曲线是短期实际工资曲

线 w，（斜）直线为长期实际工资曲线 w^*；两线的交点 U 和 M 将图形沿着横轴划分为三个部分。在点 U 的左边和点 M 的右边，短期实际工资曲线位于长期实际工资曲线之上；而在两点之间，则正好相反。当短期工资大于长期工资时，经济的资本量就会减少；反之，当短期工资小于长期工资时，经济的资本就会增加。由此，图 10-1 中的点 S、U 和 M 代表着三个不同形式的均衡状况：

（1）点 S 表示的是较低工资水平的均衡。在这一均衡水平上，经济只有生存部门，因此，经济的资本处于很低的水平。

（2）点 M 代表的是较高资本水平的均衡。此时，经济拥有很大规模的现代部门和很小规模的生存部门，也正是因此，经济拥有很高的资本水平。

（3）点 U 则是一个不稳定的均衡点。当经济处于这一点时，根据初始条件的不同，经济会向低水平或高水平均衡靠近。

为了说明点 U 的不稳定性以及点 S 和点 M 的稳定性，在图 10-1 中，考虑一个小于 K_U 的资本量。在这一较低的资本量水平上，短期实际工资大于长期实际工资，换言之，经济中的工资 w 大于为了产生稳态均衡必需的工资 w^*，这样，工资侵蚀利润的现象得以发生，资本的积累率就小于资本的折旧率，最终使得资本主义部门不断缩小。这一缩小过程一直会持续到整个资本主义部门都消失为止，也就是图 10-1 中的点 S 所表示的均衡。同样地，当初始资本量大于 K_U 时，资本就会不断积累，直至经济达到点 M 所表示的均衡为止。

通过上面的分析，外在规模报酬递增发展经济学模型所描述的经济增长与发展机制就逐步清晰起来。当经济的资本存量在 K_U 之下的某一水平时，经济的发展过程就会陷入点 S 所描述的发展陷阱（Development Trap）。之所以将点 S 所表示的均衡说成是发展陷阱，是因为：

（1）在点 S 时，经济中现代部门完全不存在，因此，现代部门所拥有的较高技术水平得不到利用和发挥。

（2）如果没有足够大的资本投入（要达到超过 K_U），那么点 S 所描述的均衡状况就是稳定的。

（3）一旦有了超过 K_U 的资本投入到经济中，经济就会在内生的力量支持下，成功地实现经济由低水平均衡（S）到高水平均衡（M）转换，经济由此得到发展。

导致经济陷入发展陷阱的因素是，在资本数量低于 K_U 条件下，富于弹性的劳动供给和规模报酬递增交互作用所带来的消极效应。一方面，富于弹性的劳动供给给现代部门规定了最低的工资水平，这一工资水平至少要高于生存部门的工资水平。否则，劳动就不会到现代部门中就业；另一方面，当资本存量较低（准确地说，小于 K_U）时，由投资带来的规模报酬递增现象就不能够出现，因此，现代部门劳动的边际产出就较低，以至于不足以支付弹性劳动供给所要求的最低工资。这样，只有在发生工资侵蚀利润的前提下，现代部门才有可能支付弹性劳动供给规定的最低工资。显然，工资侵蚀利润的结果自然是下一期的投资势必减少，经济由此进入一种恶性循环（vicious circle），其最终结果则是经济趋向低水平均衡点 S 而不能自拔。

相反，一旦经济中的资本量超过了 K_U，弹性劳动供给和规模报酬递增技术交互作用导致的则是积极效应。一方面，弹性劳动供给使得现代部门的工资水平不会上涨；否则，生存部门的劳动会大量涌入现代部门，因此，现代部门即使出现了过高的工资水平，那也一定是难以维持的。另一方面，资本量超过 K_U 时，规模报酬递增技术就会发生作用，现代部门劳动的边际产出就会提高。综合这两个方面，可以知道，一边是一个不变的工资，另一边则是不断提高的劳动边际产出，其结果自然是工资侵蚀利润现象不会出现，资本所获得利润得以不断增加，投资会进一步扩大，经济由此步入良性循环（virtuous circle）。最终，这种循环过程会止步于点 M 所代表的高水平均衡。

综上所述，决定形成机制动态特征的主要因素是规模报酬递增的技术和富于弹性的劳动供给。另外，模型形成机制的主要动态特征是它可以导致经济出现多重均衡；而多重均衡的出现则是源于模型的长、短期实际工资曲线所具有的独特形状；至于模型长、短期实际工资曲线的独特形状，则是由规模报酬递增的技术和富于弹性的劳动供给决定的。

第三节 基于纳克斯模型和赫尔希曼模型的经济增长理论

相比上一部分讨论的外在规模报酬递增的发展经济学模型——利本斯坦和罗森斯坦—罗丹模型，这一部分讨论的纳克斯模型和赫尔希曼模型分别是存在水平和垂直货币外部性条件下的内在规模报酬递增发展经济学模型。就发展机制而言，两个内在规模报酬递增模型与外在规模报酬完全一致，即纳克斯模型和赫尔希曼模型的实际工资曲线图与上一部分讨论的利本斯坦模型的实际工资曲线相同，都能够产生多重经济均衡。

当然，这三类模型之间也存在着差别。那就是：它们只是各自强调自己所认定的导致规模报酬递增出现的因素更为重要。

一、纳克斯模型

1. 基本模型

(1) 生产函数

在纳克斯模型中,生产最终产品的部门也存在现代部门和生存部门之分。除此之外,它还存在一个生产中间产品的独立部门,中间产品是现代部门生产最终产品过程中的投入。因此,当前模型中的生产函数,也就是生产部门一共有三个。尽管如此,纳克斯模型仍然是一个两部门发展经济学模型。原因是在这一模型中,生产最终产品的部门数量还是两个,而发展经济学文献正是根据这一数量来区分不同的经济模型的。这与现代经济增长理论不同,在经济增长模型中,差不多都只有一个最终生产部门。在此基础上,如果模型不存在独立的不同于最终产品生产函数的中间产品生产函数的话,那么这一模型就是单部门经济增长模型;反之,如果模型存在一个独立的中间品生产函数,那么它就是两部门模型。简单说,发展经济学中的两部门模型指的是最终产品是由两个不同的生产函数来生产;经济增长理论中两部门模型指的是最终产品和中间产品要由两个不同的生产函数来生产。

假设生存部门的生产函数如下:

$$S = L_S \tag{10-23}$$

假设生产函数中不存在其他生产要素以及劳动的边际产出不变都只是为了简化分析。

现代部门具有如下形式的生产函数:

$$M = n^\alpha \left[\sum \left(\frac{1}{n}\right) M_i^\sigma \right]^{\frac{1}{\sigma}}, \alpha > 1, 0 < \sigma < 1 \tag{10-24}$$

式中的 M_i 是现代部门用于生产产品的中间品,n 为中间品的种类数。这一样式的生产函数在罗默的内生技术进步模型中出现过。其中,中间产品种类数的增加可以被看成是分工的结果。这样,n 的增加会导致劳动的边际产出增加。

中间产品的生产函数如下:

$$M_i = \xi(L_i - F) \tag{10-25}$$

式中,F 为生产中间品所需的固定成本,正是这一固定成本的存在,使得中间产品的生产中存在着内在的规模报酬递增。ξ 为中间品生产部门的边际产出,并且是不变的。这样,由于 F 和 ξ 都是不变的,所以,当 $L_i = L_j$ 时,就有 $M_i = M_j$。

由于所有中间品的生产函数都是一样的,因此,均衡时所有中间品的产出量以及每一种中间品所使用的劳动量都相等。如果用 L_i 来表示相同的劳动量,且用 L_M 表示现代部门的总劳动量,那么,就有:

$$L_M = nL_i \tag{10-26}$$

将式(10-25)代入式(10-24)中,并将等号两边同时除以 L_M,可以得到现代部门劳动的平均产出决定式如下:

$$\frac{M}{L_M} = n^{\alpha-1} \left[\sum \left(\frac{1}{n}\right)\left(\frac{M_i}{L_i}\right)^\sigma \right]^{\frac{1}{\sigma}} \tag{10-27}$$

由这一式子我们可以看出,最终产品生产函数是规模报酬递增的。这种递增的规模报酬源于以下两点:

第一,中间产品生产过程中具有规模报酬递增的特点。当 n 不变时,L_M 的增加意味着投入每一种中间品 M_i 生产过程中的劳动的增加。根据式(10-27)可知,现代部门劳动的平均产出就会随之增加。

第二,中间产品数量的增加。随着 L_M 的增加,中间产品数量就会增加,换言之,就是分工会得到发展。斯密认为,"即使在生产技术水平不变的情况下,劳动者的人数增加,特别是在一个劳动现场中人数高度密集,必将引起分工"。由式(10-27)可以看出,中间产品数量的增加势必导致现代部门劳动平均产出的增加。

(2)弹性劳动供给

在现有的工资水平下,生存部门可以给现代部门提供源源不断的劳动供给。在这一假设下,现代部门的工资就由生存部门的工资加上一定的工资贴现构成。为了简单起见,进一步假设工资贴现为0,也就是说,现代部门工资等于生存部门工资,后者又等于生产部门劳动的平均产出的价值。由式(10-23)可知,生存部门劳动的平均产出等于1。这样,如果用 p_S 表示生存部门产出的价格的话,那么,就有以下式子成立,其中的 w 表示工资:

$$w = p_S \tag{10-28}$$

(3)产品需求

最终产品需求函数。消费者对产品 S 和 M 的需求可以表示成两种产品的相对价格与实际工资的函数:

$$\frac{C_M}{C_S} = z \frac{p_S}{p_M} \left(\frac{w}{p_M}\right)^\eta, \eta > 0 \tag{10-29}$$

由上式可以看出两种产品之间的替代弹性为1。

中间产品需求函数。假设每一个中间产品生产厂商所面临的需求函数如下：

$$M_i^d = D p_i^{-\phi} \tag{10-30}$$

其中，$\phi = \frac{1}{1-\sigma} > 1$。$\phi$是单个厂商面临的需求价格弹性。

2. 模型分析

对模型进行均衡分析，仍然要借助实际工资曲线图。不过，在这里，实际工资曲线图需要稍作修改。原因是为了简化分析，根本就没有让资本变量出现在生产函数当中，因此，表示实际工资与资本量之间的关系的实际工资曲线就无法直接给出。

推导并绘制实际工资曲线图的根本目的是，要通过它来分析在经济增长与发展过程中，工资侵蚀利润现象是否发生并且是如何发生的，从而来了解经济增长与发展形成机制的动态特征。而工资侵蚀利润的实质是在经济增长与发展中，劳动产出的增加量要小于其工资增加量。因此，通过比较经济发展过程中劳动产出与工资的水平，一样能够了解经济增长与发展形成机制的动态特征。

由于模型假设的生产函数没有资本，所以，这里要用现代部门劳动数量的增加来表示经济增长与发展过程。这就是说，需要寻找两条曲线是：表示现代部门劳动数量与其平均产出之间关系的曲线，称为平均产出线；表示现代部门劳动数量与实际工资之间关系的曲线，称为工资曲线。

上文中的式（10-27）就是现代部门劳动的平均产出决定式。只是其中出现了未知量n，也就是说，只要求出了n的大小，那么通过这一式子就可以很容易地找到平均产出曲线。n是中间产品种类数，也就是中间产品生产厂商的数量。由于进出中间产品这一行业不存在障碍，所以，n的大小将由利润平均化过程，也就是行业零利润条件来决定。根据模型的假设，零利润的条件是：

$$p_i M_i = w^* \left(\frac{L_M}{n} \right) \tag{10-31}$$

用式（10-25）和（10-26）可以将M_i表示成L_M的函数。为了利用（10-31）找到n的大小，还需要将p_i代换掉。

由于中间产品生产函数具有内在规模报酬递增性，所以，中间产品生产者都是垄断竞争的厂商。这样，中间产品价格p_i就要由中间产品厂商的利润最大化行为来决定。根据规模报酬递增的新增长理论模型，这一价格决定是由下式给出：

$$p_i = \frac{\phi^* w}{(\phi - 1)\xi} \tag{10-32}$$

现将式（10-25）、(10-26）和式（10-32）同时代入式（10-31）中，经过适当的变换，可以得到均衡时，n 和 L_M 之间的关系式如下：

$$n = \frac{L_M}{\phi^* F} \tag{10-33}$$

现在，将式（10-33）、（10-25）和（10-26）代入式（10-27）中，就能够得到现代部门劳动的平均产出决定式：

$$\frac{M}{L_M} = \frac{(\phi-1)\xi}{\phi}\left(\frac{L_M}{\phi^* F}\right)^{\alpha-1} \tag{10-34}$$

对上式两边同时取对数，就可以将上式线性化为如下形式：

$$\ln\frac{M}{L_M} = \ln[(\phi-1)\xi] - \ln\phi - (\alpha-1)\ln\phi^* F + (\alpha-1)\ln L_M \tag{10-35}$$

为了看着简单直观，现将式（10-35）写成，$\ln\frac{M}{L_M} = x + (\alpha-1)\ln L_M$，其中的 x 为方程的截距。因为有 $\alpha > 1$，所以，在 $[\ln L_M, \ln\frac{M}{L_M}]$ 空间中，劳动平均产出线是一条向右上方倾斜的直线，如图 10-2 所示。

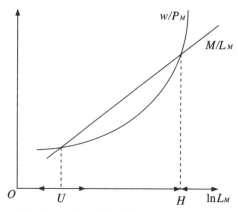

图 10-2 纳克斯模型的实际工资曲线图

接着寻找工资 w/p_M 与现代部门的就业量 L_M 之间的关系式。经济的预算约束条件为：

$$p_S C_S + p_M C_M = wL \tag{10-36}$$

显然，上式中左边是总消费支出，右边为总收入。需要记住的是，在我们所讨论的模型中，假设不存在资本。

要素（劳动）市场的均衡条件为：

$$L_M + L_S = L \tag{10-37}$$

产品市场的均衡条件为：

$$C_S = L_S \tag{10-38}$$

现将式（10-28）、（10-37）和（10-38）代入式（10-26）中，代换之后可以得到：

$$C_M = \left(\frac{w}{p_M}\right) L_M \tag{10-39}$$

最后，将式（10-39）代入式（10-29）中，并利用式（10-27）加以整理，得到：

$$\frac{w}{p_M} = \left[\frac{L_M}{z(L - L_M)}\right]^{1/\eta} \tag{10-40}$$

对上式取对数就可以得到图 10-2 中的曲线 $\frac{w}{p_M}$，见图 10-2。

由图 10-2 可以清楚地看出，纳克斯模型的经济增长与发展形成机制与利本斯坦模型时完全相同。因为图中的点 U 和点 H 仍然表示非稳态低水平均衡和稳态高水平均衡，从而，经济在增长与发展过程中就出现了多重均衡。

二、赫尔希曼模型

1. 基本模型

（1）生产函数

与纳克斯模型一样，假设经济由三个部门组成：生存部门、现代部门、为现代部门生产中间产品的部门。

生存部门的生产函数是：

$$S = L_S \tag{10-41}$$

现代部门具有如下形式的生产函数：

$$M = K^\alpha I^{1-\alpha}, 0 < \alpha < 1 \tag{10-42}$$

其中 I 表示现代部门用于生产最终产品的中间品。

中间产品的生产函数为：

$$I_i = L_i^{u+1}, u > 0 \tag{10-43}$$

中间品的生产函数是内在规模报酬递增的。

（2）弹性劳动供给

这一点与纳克斯模型完全相同。它可以用如下式子来表达：

$$w = p_S \tag{10-44}$$

式中的 w 表示工资。只要生存部门存在，它就会同时为生存部门和现代部门所接受。

（3）只存在一种最终产品

现代部门和生存部门所生产的产品完全相同，这就是说，M 和 S 之间可以直接相加。

2. 模型分析

和前面一样，还是要通过寻找模型的实际工资曲线图来分析模型。根据生产函数假设可知，劳动是通过中间产品而被"引入"最终产品的生产过程的，所以，劳动需求就被包含在中间产品均衡数量的决定过程之中。中间产品均衡量是由中间品生产者利润最大化行为决定的。

当经济存在两部门时，工资与资本量无关，它是一条水平直线。一旦经济发展使得生存部门消失，工资与资本量的相关性就会出现，工资就上升，短期工资曲线就是 K 点以后向上倾斜的部分。

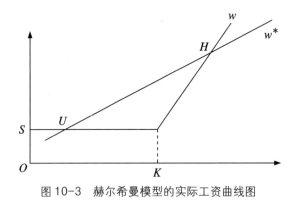

图 10-3　赫尔希曼模型的实际工资曲线图

从图 10-3 中可以清楚地看到，赫尔希曼模型拥有与利本斯坦以及纳克斯模型一样的形成机制。这是因为，赫尔希曼模型也存在多重均衡，其中点 U 是低水平不稳定均衡，点 H 则是高水平稳定均衡。

本章提要

本章介绍了要素积累和外生非要素增加型技术进步导致结构型增长的理论。结构主义者积极主张运用非均衡和非线性方法来说明报酬递增机制和经济增长。结构主义关于规模报酬递增形成机制的探讨，首先区分了两种规模报酬递增的情形，即内在规模报酬递增（技术外部性）和外在规模报酬递增（货币外部性）。根据互相需求的产品之间的关系可以将货币外部性区分为水平货币外部性与垂直货币外部性两种。于是形成外在规模报酬递增、由水平货币外部性引起内在规模报酬递增和由垂直货币外部性引起内在规模报酬递增三类情形。根据规模报酬递增三类情形,分别介绍了利本斯坦和罗森斯坦-罗丹为代表的外在规模报酬递增模型,以纳克斯为代表的由水平货币外部性引起内在的规模报酬递增模型以及以赫尔希曼为代表的由垂直货币外部性引起的内在的规模报酬递增模型。分析发现规模报酬递增发展经济学模型所描述的经济增长与发展机制是,当经济的资本存量在低水平均衡之下的某一水平时,经济的发展过程就会陷入所描述的发展陷阱(development trap)。但如果有了超过低水平均衡时的资本投入到经济中,经济就会在内生的力量支持下,成功地实现经济由低水平均衡到高水平均衡转换,经济由此得到增长。

关键概念

规模报酬递增 产量增加的比例大于各种生产要素增加的比例。

技术外部性 外在规模报酬递增出现需要的外部因素来自技术方面的支持。

水平货币外部性 货币外部性是内在规模报酬递增发生的外部因素,分为水平与垂直两种。如果互相需求的产品(生产部门)都是消费品(生产部门),那么,由此而形成货币外部性就是水平货币外部性。

垂直货币外部性 货币外部性的另一种,如果相互需求的产品(生产部门)之间存在着联系效应,那么,由此形成的货币外部性就是垂直货币外部性。

外在规模报酬递增模型 如果生产过程是规模报酬递增的,而使用的技术本身是规模报酬不变,即为外生的规模报酬递增。

内在规模报酬递增模型 如果生产过程是规模报酬递增的,而使用的技术本身是规模报酬递增的,即内在的规模报酬递增。

发展陷阱 此处指经济发展过程中,当资本存量在某一水平下时,现代部门的高水平技术得不到合理利用,而且存在稳定的低水平均衡状态,只有资本存量超过这一水平后,才能实现经济由目前的低水平均衡向高水平均衡的转换。

多重均衡 对刻画均衡状态的方程组求解得到的多个解。

思考题

1. 简述结构主义关于规模报酬递增理论的内容。
2. 简述规模报酬递增的两种情形。
3. 内、外在规模报酬递增实现的条件有什么不同?
4. 简述货币外部性的两种不同形式。
5. 利本斯坦和罗森斯坦—罗丹模型的假设条件有哪些?
6. 简述纳克斯模型的形成机制。
7. 简述赫尔希曼模型的假设条件和形成机制。

第十一章　城乡二元结构的经济增长理论

结构主义分析的发展理论较多，其中在经济体发展过程中出现的主要结构转型——规模报酬不变条件下二元结构转化引起关注。二元结构理论起初是对落后国家早期发展阶段中存在的一种状况的描述。二元经济这一术语最早由伯克（J. M. Boeck）提出，用于研究印度尼西亚社会经济。二元经济结构是大多数发展中国家的共同特征，其中城乡二元结构一般是指以社会化生产为主要特点的城市经济和以小农生产为主要特点的农村经济并存的经济结构。此后，经济学家认识到需要有一种不同于新古典假设的经济学来分析发展中国家的经济问题，发展出了静态二元论，但与刘易斯所创的二元经济模型相比影响较小。故本章从刘易斯模型出发，讨论二元结构转化对经济增长的意义。

二　元

二元是指一国经济系统中不同性质的制度、技术、机制等的并存。

第一节　基于刘易斯模型的经济增长理论

一、模型的前提假定

1. 两部门经济

刘易斯将发展中国家的经济划分为两个部门：

一是传统部门。以传统生产方式生产，劳动生产率比较低的非资本主义部门，刘易斯称其为生存部门。生产函数为：

$$S = W_s L_s \tag{11-1}$$

L_s 表示生存部门的劳动力数量。W_s 表示生存部门的劳动生产率，它是生存部门的边际产出和平均产出。

二是现代部门。以现代生产方式进行生产，劳动生产率比较高的资本主义部门。经济发展依赖于现代部门的扩张，农业为现代部门的扩张提供劳动力。现代部门的生产函数可以用柯布—道格拉斯生产函数来表示：

$$M = AK^{\alpha}(L_M)^{1-\alpha} \tag{11-2}$$

L_M 是现代部门使用的劳动数量，A、K、α 为技术系数、资本、资本的产出弹性。

2. 一种产品

虽然存在两个完全不同的部门，但是两个部门生产同样组合的产品，S 和 M 之间可以直接相加。或者两个部门所生产的产品不同，但是两种产品可以完全替代，也就是同一产品是由两种不同的技术部门生产出来的。

3. 无限劳动力供给

现代部门在现行固定的工资水平上，能得到所需要的任何数量的劳动力，即在现行工资水平上，工业部门的劳动力供给具有完全的弹性。在最低工资水平下，劳动力供给超过劳动力需求，就可以定义劳动力供给是无限的。

首先，发展中国家土地和资本是有限的，而劳动力是丰富的，依据边际生产力递减规律，农业劳动力的工资水平是很低的，一般只能维持自己和家庭最低限度的生活水平。由于生理因素的限制，工资不可能低于这个界限，也不可能高于这个界限。因隐蔽失业的存在，农业部门劳动力减少，并不会减少该部门的产出。

其次，城市部门的工资不可能等于农业部门的生存工资，要高一些，刘易斯估计要高出 30%。这是因为：一是城市的生活费用比农村高，城市的居民要支付水电、房租和交通费用；二是农业劳动力适应了乡村悠然自得的工作环境，进入城市组织严密的工作环境心理上不适应，要有一部分收入来弥补；三是为了引诱农村劳动力进入城市，必须要有格外的净收入作为刺激因素；四是城市部门的工人组织成工会，会提高收入差别。

最后，刘易斯解释了劳动力的无限供给。认为只要现代部门不断扩张其规模，就可以按现行工资雇用到所需要的劳动力，一旦农村的剩余劳动力转移到城市，经济将得到发展，二元经济的孪生效应将得以消除。

二、模型分析

经济发展的过程是一个伴随着经济结构变化的人均产出增加的过程。经济结构的变化表现为生存部门从业人员和产出份额的减少,现代部门从业人员和产出份额的增加。经济发展的动力是现代部门的资本积累,现代部门的剩余用于再投资以创建新资本,进而吸收更多的传统部门的劳动力,该过程一直持续下去,直到剩余劳动消失为止。

刘易斯认为储蓄的主要来源是利润,储蓄占国民收入份额的上升,主要是因为利润占国民收入的份额增加了。如果按不变的实际工资可以得到无限的劳动供给,同时利润用于再投资,以提高生产能力,利润占国民收入的份额会不断增长,资本形成将增加。此外,刘易斯还认为资本形成可以通过信贷和政府税收的增加来实现。

由于现代部门的劳动生产率高于生存部门,积累起来的资本用于现代部门而不是生存部门。资本积累需要更多的劳动力与之相结合,而这些额外的劳动力只能来自生存部门,这样就出现了经济结构的变化。

如果现代部门在不变的实际工资条件下,可以得到无限的劳动供给,现代部门的剩余将不断增加,投资占国民收入的比率也将上升,但这一过程不会一直持续下去,刘易斯认为主要有以下几个原因:第一,如果现代部门的资本积累比人口增长快,从而使传统部门的人数绝对减少,现代部门的工资将上升。第二,现代部门相对于传统部门规模不断扩大,使贸易条件不利于现代部门,这样资本家将更多的产品支付给工人,以维持工人的实际收入不变。第三,传统部门因现代部门的示范性,传统部门的生产率水平将提高,这将使现代部门的工资水平上升,进而降低现代部门的剩余与积累率。

三、刘易斯模型的内容

刘易斯模型可以通过一个简单的图形来表示:

图 11-1 中,OD 为工资或边际产品,OL 代表劳动力,W 为现代部门的工资水平。

刘易斯假定现代部门只使用两种要素:资本与劳动力,现代部门以利润最大化为目标进行生产,利润最大化的条件是边际生产力等于工资,但资本投入为 K_1 时,劳动力雇佣量为 L_1,OL_1FW 为工资,WFD_1 为企业化利润。随着资本的积累,现代部门吸收的劳动力将向右移,利润水平不断上升,将吸收更多的劳动力。不过,工资水平并未上升,直到 L^* 之后,剩余劳动力转移完毕,此后,工资水平将上升,经济发展将出现转折。

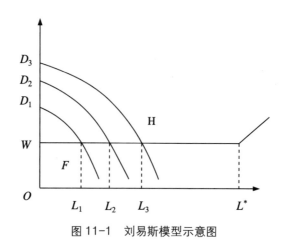

图 11-1 刘易斯模型示意图

从刘易斯模型可以看出，利润最大化推动了资本积累，从而形成了经济发展的推动力。

刘易斯还指出，随着农业剩余劳动力的转移，农业的边际生产力也会提高，从而农业剩余劳动力的收入也会增长，工业部门要想得到更多的剩余劳动力，就需要提高工资水平，劳动力的供给曲线就会上升。由此，刘易斯将发展中国家的经济划分为两个阶段：

第 1 阶段是无限劳动力供给阶段。资本稀缺、劳动力丰富，资本积累和经济发展的收益归资本家所有，经济属于古典经济学阶段。这个阶段意味着存在二元经济。在二元经济阶段，因过剩劳动力的大量存在，现代部门工资水平较低，资本家的收入占国民收入比例不断增加，为经济增长积累大量资本，实现了现代部门的扩张。

第 2 阶段是资本供给超过劳动力的供给，古典经济学不适用，经济进入新古典阶段。此时，劳动力和资本都成为经济发展的稀缺要素，现代部门只有不断提高工资才能吸引传统部门的劳动力。

刘易斯拐点

一般指劳动力过剩向短缺的转折点，在工业化过程中随着农村劳动力向非农产业的逐步转移，农村富余劳动力逐渐减少，农业和低端工业从业者工资成本提高，最后再也没有富余劳动力了。刘易斯拐点意味着城市化过程的结束和劳动力成本的上升，整个产业结构和经济发展模式都面临巨大的调整压力。

四、经济增长的具体过程

二元经济的具体增长过程分为三种形态。

1. 第一种形态

假设：封闭经济，两个部门之间没有贸易往来。一个以传统农业生产为主的社会出现了资本主义部门时，就进入二元经济结构模式。二元经济结构背景下的增长过程如图 11-2 所示：

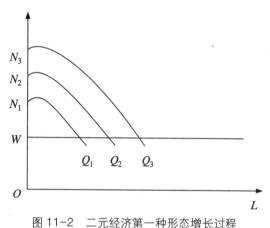

图 11-2　二元经济第一种形态增长过程

2. 第二种形态下的经济增长

假设：封闭经济，现代部门利用传统部门的产品作为原材料，如食物、原料等。两个部门存在贸易，现代部门不生产粮食，生存部门提供粮食。这种增长与第一形态没有太大的区别。

3. 第三种形态下的增长过程

假设：开放经济，存在国家与国家的贸易。当资本积累赶上劳动力供给时，工资上升到维持生活的最低水平之上，资本家的利润受到影响。刘易斯认为，如果其他国家存在过剩劳动力，资本家可以通过移民或资本输出来阻止工资上升，资本主义部门的扩张受到影响。输出资本减少国内固定资本的创造，进而减少对劳动的需求。

五、刘易斯模型的意义

强调了现代部门和传统部门的结构差异，把工业化过程、城市化过程、人口流动紧密结合在一起，为经济发展研究开辟了广阔的路径，开创了新古典的结构分析方法，形成了形形色色的二元经济结构理论。

把经济增长过程与劳动力转移有机结合在一起，与发达国家的经济发展有一致之处。并且为战后发展中国家的经济发展提供了理论指导，东亚经济体起飞的事实也印证了这一判断。

把经济增长过程中的工业化与城市化联系在一起，把劳动力的职业转换与人口的地域迁移看作是同一个过程。二元经济结构转换一方面表现为劳动力由传统部门转移到现代部门，另一方面也表现为工业和服务业的发展，城市化的形成。

将工业化与资本积累结合在一起，反映了早期发展经济学强调工业化与资本积累的特点。刘易斯认识到储蓄的提高对发展中经济体的意义，不发达经济体中储蓄相对于国民收入低下的原因不是人民的贫穷，而是资本家的利润较低，不利于投资的扩大。

六、刘易斯模型的缺陷

城市对劳动力的吸纳能力具有无限性与现实不符。这个假设实际隐含着传统部门的劳动力只要转移到城市就能够获得就业机会，城市部门不会存在失业，因为城市部门的失业将使工资下降，直到阻碍新的劳动力涌入。但是，不发达经济体的发展事实表明，许多传统部门涌入城市的劳动力并未在正规部门就业，而是在非正式部门就业，有的还滞留城市，沦为城市贫民。

强调了现代工业化部门的扩张，而忽视了农业部门自身的发展。刘易斯认为只要存在剩余劳动力，资本积累的增加和现代部门将一直发展下去，并未考虑到农业部门的发展对现代部门的重要性。事实上，正是农业部门的发展为剩余劳动力增加创造了条件，而且在不发达国家的现代部门更多的是简单加工业，这些产业的发展非常依赖原材料的供应。尤其是农业部门的粮食生产的充足，较低的粮食价格为现代部门工人的生存需要和资本积累创造了条件。

劳动力的同质性假定不符合现实。刘易斯事实上假定，传统部门的劳动力转移到现代部门，就能够适应现代部门的工作，不存在熟练劳动力与非熟练劳动力之分。现代部门发展所需的劳动力往往需要接受专门的训练才能胜任，需要较高的人力资本的水平。事实上，不发达经济体较低的人力资本水平是其无法走出贫困陷阱的重要原因。

第二节 基于拉尼斯—费景汉模型的经济增长理论

发展经济学家古斯塔夫·拉尼斯与美籍华人经济学家费景汉于1961年首次合作,发表了一篇论文,提出了二元经济发展模型,成为拉尼斯—费景汉模型,这一模型对刘易斯模型进行了扩展。①

一、假设

1. 农业在二元经济中的作用

拉尼斯和费景汉对刘易斯模型的最大改进是强调了农业部门的作用,农业部门不仅提供廉价和丰富的劳动力,而且还提供农业剩余,为工业部门提供农产品。农业部门提供农业剩余的过程是农民参与市场的过程,是农业的市场化、商业化过程。当农业部门的劳动力不断转移至工业部门,农业部门劳动力不断降低,农业剩余将会受到影响,此时,只有提高农业部门的生产率才能提高农业剩余,为工业部门的发展提供支持。因此,农业部门与工业部门之间的协调发展成为拉尼斯和费景汉模型的关键。

2. 工资的决定

农业是传统部门,农民的工资是维持最低消费的标准制度性工资,制度性工资受到道德、社会环境等方面的影响。制度性工资仅能够维持最低生活水平,满足生存的需要。

3. 三个阶级的行为

城市工人追求消费福利的最大化,把全部收入用于消费。资本家积累资本,扩大投资。分散的农户是"家庭""农场"融合为一体的具有生产、消费和投资多种职能的家庭农场。他们接受古典储蓄规则,工人将全部收入用于消费,而资本家用于积累。

4. 隐蔽性失业和剩余劳动力

隐蔽性失业和剩余劳动力存在区别,剩余劳动力是指完全失业的劳动力,无任何工

---

① 本部分主要参考 Ranis G, Fei J. C. H. A Theory of Economic Development [J]. *The American Economic Review*, 1961, 51 (4): 533-565.

作可干。隐蔽性失业除了包括剩余劳动力以外，还包括劳动能力没有被充分利用的就业人口。隐蔽性失业在以下两种状态下都存在：一是劳动边际生产率为 0，这时的隐蔽性失业相当于刘易斯模型中的农业剩余劳动力；二是隐蔽性劳动力的边际产出大于 0，但是小于制度性实际工资。

5. 劳动力的释放和劳动力的吸收

劳动力的配置包括两个方面：劳动力的释放和劳动力的吸收。劳动力的释放是农业为工业提供劳动力的过程，即农业部门的技术进步，生产率得到提高，农业剩余积累不断得到提高，被释放的劳动力增加。劳动力的吸收过程中，工业为农业部门释放的人口提供就业岗位，即，资本积累增加、工业部门扩张、提供更多的就业岗位。

二、模型结构

刘易斯模型只描述了现代部门的扩张，而忽视了农业部门作用分析，而拉—费模型则把农业部门与工业部门的关系清楚地表现了出来，我们可以用图 11-3 加以说明，图（a）表示工业部门，图（b）和（c）表示农业部门。

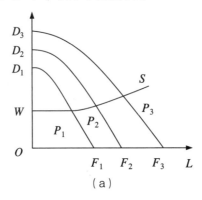

(a)

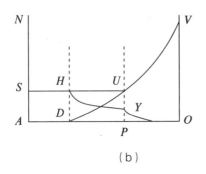

(b)

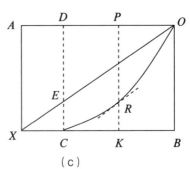

(c)

图 11-3 农业部门与工业部门关系图

1. 工业部门的扩张

在图11-3（a）中，DPF 为劳动力的需求曲线或边际生产力曲线，S 为劳动力的供给曲线。拉尼斯接受了刘易斯的观点将劳动力的供给分为两个阶段：第一阶段为无限供给曲线，是一条水平线，即劳动力工资不变；第二阶段劳动力变为稀缺，无限供给结束，供给曲线向右上方倾斜。

依据拉—费模型，工业部门扩张的影响因素有：一是劳动力的边际生产力，即工资水平；二是工业部门的创新程度与偏向。随着工业资本积累的加强与创新强度的加强，形成了工业部门的扩张，使劳动力的需求曲线向右移动，即，由 $D_1P_1F_1$ 移向 $D_2P_2F_2$。工业部门的扩张与刘易斯的分析相一致。

2. 农业部门的扩张

在图11-3（c）中，OA 为劳动力总量，OB 为农业总产出。$ORCX$ 为农业部门的总产出曲线，它由两部分组成：ORC 上凹，表示随着农业劳动力的增加，产出是递减的；水平的 XC 表示边际生产力为0。对于图11-3（c）的理解，有三个要点值得注意：

一是，AD 量的劳动力不生产任何农产品，这部分劳动力撤出之后，农业产出不减少，拉尼斯将这部分劳动力称为过剩劳动力。

二是，假设一国总人口为 OA，没有工业部门时，全部人口都从事农业生产，产出为 AX，这样农业人口的平均收入为 AX/OA，即 OX 曲线的斜率。这样只要存在剩余劳动力，农业劳动力的收入就低于平均收入。

如果低于平均水平，就难以生存，必然引起劳动力流动，拉尼斯、费景汉把这个平均的收入水平称为不变的制度工资（constant institutional wage），因为它不是由市场力量决定的，而是由习惯和道德力量决定的，在剩余劳动力没有消失之前是不变的。

三是，OX 曲线的平行线与 ORC 相切的 R 点，R 点的劳动力为 OP，OP 以后的 AP 阶段的失业为隐蔽性失业，这一点的实际收入低于平均水平。拉尼斯将伪装失业看成是一个技术现象，取决于生产函数。

图11-3（a）、（b）和（c）是相互联系的，图（a）、（b）和（c）中的横轴 OA 表示了劳动力在两部门之间的配置。图（b）可以更好地说明隐蔽性失业、过剩劳动力和制度性工资概念，在图（b）中 AN 表示农业部门的人均产出，$ADUV$ 表示农业部门的劳动边际生产率曲线，可以看出 AD 部分的边际生产率为0，拉尼斯和费景汉将其看作过剩劳动力阶段。DUV 部分劳动的边际生产率贡献开始递增，直到 U 点开始超过制度性工资，拉尼斯和费景汉将这一阶段总结为隐蔽性失业转移阶段。当隐蔽性失业转移完成后，制度性工资将不再起作用，雇主面临的环境将有所改变，出现了一个完全商业化的农业部门，

此时,工业部门如果试图雇佣更多的劳动力将不得不提高工资水平。在图(b)的 D 之后,农业部门技术进步和边际劳动力生产率的提升保证了劳动力的顺利转移和工业部门扩张,对于二元经济结构走向成熟经济起到了关键作用。

3. 平衡增长路径

拉尼斯和费景汉模型中,如果要实现隐蔽性失业劳动力顺利转移,一方面需要提高农业部门的劳动生产率,另一方面需要保持两个部门的平衡增长。两部门的平衡增长包含两层含义:一是农业部门生产率提高所释放的劳动力不应超过非农部门的吸收能力;二是两部门之间商品交换的贸易条件不会发生显著变化。在市场经济条件下,产品相对价格的变化提供了两部门投资机会和技术进步的信号,二元经济平衡增长路径的动态学可以通过消费者对两部门商品的偏好说明。①

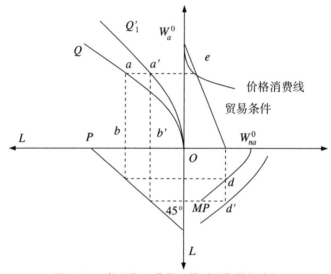

图 11-4 拉尼斯—费景汉模型平衡增长路径

图 11-4 可以说明在封闭经济条件下,两部门间不存在中间投入品交换条件下的二元经济平衡增长路径。第 Ⅰ 象限的横轴表示非农部门工资水平,纵轴表示农业部门的工资水平;第 Ⅱ 象限的横轴和第 Ⅲ 象限的纵轴表示劳动力总量。W_a^0 代表用农产品表示的工资水平,W_{na}^0 代表用非农产品表示的工资水平,假设农业部门人均初始的制度性消费 $c = W_a^0$,两部门之间相对工资水平表示的贸易条件不变,为简化分析,同时假设农业部门非熟练劳动力与非农部门劳动力工资水平不存在差异。

---

① 具体可参见 Ranis G. Analytics of Development: Dualism // Handbook of Development Economics, [M]. Amsterdam: Elsevier Science Publisher B. V., 1988: 73-91.

图 11-4 中的价格消费线代表了随着贸易条件变化所有可能的相切点以及一个典型工人对两部门商品的消费偏好，点 e 表示一个典型工人在给定贸易条件下，不论从事农业还是非农业的消费均衡点。Ob 表示了经济体中用于农业部门的劳动力，bP 表示了转移至非农部门的劳动力水平。第Ⅲ象限的 45 度线将横轴表示的劳动力在两部门的分配转化为纵轴表示，在第Ⅳ象限非农部门的劳动力供给曲线与劳动力需求曲线（在给定技术和资本存量条件下非农部门劳动力的边际生产率曲线）相交于点 d，该点决定了非农部门的工资水平为 W_{na}^0。假设农业部门的劳动生产率提高，农业部门的制度性工资水平不变，使产出线上升至 Q_1'，农业部门的劳动力减少至 b' 点，相应剩余劳动力将向非农部门转移，非农部门劳动力供求均衡点为 d'，此时非农部门的工资保持不变，产生新的均衡 $a'b'd'$，从而农业部门和非农部门得以平衡增长。

拉尼斯认为经济增长过程不仅是平衡增长过程，而且是初始的劳动力剩余能够被吸收和新古典的工资决定最终起主导作用的过程，更为重要的是，在此过程中，劳动力转移水平需要超过人口增长率，最终才能使二元经济消失。劳动力成功转移，平衡增长的结果将使劳动力在两部门间都存在短缺，此时，劳动力的边际劳动生产率水平开始决定工资水平，二元经济一元化，经济增长进入库兹涅茨所描述的现代经济增长阶段。

4. 拉尼斯—费景汉模型的意义

拉尼斯和费景汉对刘易斯二元经济结构模型进行完善和改进，形成了体系更趋完整，更符合发展中国家经济增长事实的理论。

这一模型强调了农业剩余对工业部门扩张的意义，农业剩余的出现是农业部门劳动力得以顺利转移的条件。农业部门的发展不仅为工业提供劳动力，而且为工业提供剩余。因此，在拉尼斯—费景汉模型中，农业部门的发展对非农产业的发展具有重要意义，需要提高农业部门的生产率水平。

强调了资本积累和技术进步是提高生产率的两个途径。相对于刘易斯模型，拉尼斯—费景汉模型更强调技术进步对农业部门生产率提升的作用，认为其是农业部门和非农部门实现平衡增长的关键因素之一，可以更好地协调两部门的平衡增长，使农产品和非农产品之间的贸易条件保持稳定，有利于二元经济更快地向现代经济增长转变。

5. 拉尼斯—费景汉模型的缺陷

拉尼斯—费景汉模型没有考虑到非农部门存在的失业问题，城市失业问题是困扰许多发展中国家经济增长的重要因素，这一不足是从刘易斯模型中继承下来的，没能取得突破。

拉尼斯和费景汉认为工业部门的工资由农业部门决定与发展中国家的现实不符。拉尼斯和费景汉认为农业部门的工资水平由道德、传统等社会环境决定,并且农业部门工资水平与非农部门工资水平保持一致。

假定农业部门的工资水平不随农业劳动生产率的变化而变化与现实不符。拉尼斯和费景汉假设在二元经济走向现代经济增长之前,工资水平不随劳动生产率水平的变化,因此,工资水平只是到达转折点才会发生"惊险的一跃"。

第三节 基于乔根森模型的经济增长理论

在刘易斯开创性地建立二元经济结构模型分析发展中国家经济发展之后,对二元经济发展理论做出重大贡献的当数乔根森。乔根森(1961)采用新古典分析方法创立了不同于刘易斯—拉尼斯—费景汉模型的二元经济发展模型。[①]

一、模型的基本假定

将发展中经济划分为两个部门:落后的传统经济部门,以农业为代表;现代经济部门,以工业为代表,并为农业部门和工业部门建立了不同形式的生产函数。农业部门生产要素只包含土地与劳动力,不包含资本,为分析方便,乔根森假定土地是固定的,已经全部得到利用,因而土地存在规模报酬递减特征。工业部门生产要素包含劳动力和资本,不包括土地投入,工业部门扩张过程是规模报酬不变的。农业部门和工业部门具有外生性的技术进步率,乔根森假设技术进步具有不变的技术进步率,并且技术进步具有中性特征。

乔根森假设人口增长依赖于人均粮食供应和死亡率。死亡率由社会的医疗技术和水平决定,被假定为不变。出生率由人均粮食供应决定,并且存在生理最大化点。如果人均粮食供应超过人均最大化消费,意味着存在农业剩余,劳动力才可以离开农业进入工业部门,否则,全部劳动力只能在农业部门从事粮食生产。如果出现农业剩余,工业部

---

① 本部分主要参考 Jorgenson D. W. The Development of a Dual Economy [J]. *The Economic Journal*, 1961, 282 (71): 309-334.

门可用劳动力增长率与农业剩余增长率保持一致。工业部门的扩张以初始资本存量的存在为条件，一旦出现初始资本存量，工业部门的劳动力增长速度与两部门的贸易条件决定工业部门的资本形成。

二元经济发展过程是劳动力由农业部门迁入工业部门的过程，乔根森假设两部门的工资差异持续存在，与工业部门工资率成比例，并保持不变。工资差异决定了两部门贸易条件和工业部门投资水平。同时需要假设经济是封闭的，不仅整体经济而且部门之间贸易是平衡的。

二、农业部门的经济发展

假设开始时不存在工业部门，所有的经济发展集中于农业部门。根据前述假定农业部门生产要素不包含资本，只包含劳动力和土地要素，因土地要素保持不变，我们将农业部门生产函数表示为：

$$Y = e^{\alpha t} P^{1-\beta}, 0 < \beta < 1, \alpha > 0 \tag{11-3}$$

其中，$e^{\alpha t}$ 表示农业部门外生的技术进步率，P 表示农业部门劳动力，因经济体只包含传统部门，所以也可以将其看作整个社会的总劳动力，Y 表示农业部门的产出。

将（11-3）式两边同除以总人口 P，得到人均农业产出：

$$y = e^{\alpha t} P^{-\beta} \tag{11-4}$$

对（11-4）两边关于时间求导，并除以人均产出，可得，

$$\frac{\dot{y}}{y} = \alpha - \beta \frac{\dot{P}}{P} \tag{11-5}$$

可以看出，农业部门人均产出的增长与技术进步率、人口增长率之间的关系。

乔根森对农业部门人口增长率做出了详细的分析。在达到生理最大化点 ε 之前，农业部门人口增长率由人均粮食产量 y 和死亡率 δ 决定，达到生理最大化点之后则由 ε 决定人口增长率。

$$\frac{\dot{P}}{P} = \min \begin{cases} \gamma y - \delta \\ \varepsilon \end{cases} \tag{11-6}$$

在经济发展的第一阶段，人口增长率低于生理最大化点，人口增长率由式（11-6）中的 $\gamma y - \delta$ 决定，将其代入式（11-5）可得：

$$\frac{\dot{y}}{y} = \alpha - \beta(\gamma y - \delta) \tag{11-7}$$

将式（11-7）两边同乘以 y，并整理得：

$$\dot{y} = (\alpha + \beta\delta)y - \beta\gamma y^2 \qquad (11\text{-}8)$$

式（11-8）表达了农业部门人均产出的行为方程，假设式（11-8）等于零，可以求得两个稳态解：$y_1 = 0$，人均产出为零，此时人口增长率为 $-\delta$，不具有经济意义，无需讨论；$y_2 = (\alpha + \beta\delta)/\beta\gamma$，表示人均粮食产出保持不变时的稳态解，将其代入人口增长率的方程，可得：

$$\frac{\dot{P}}{P} = \gamma[(\alpha + \beta\delta)/\beta\gamma] - \delta = \frac{\alpha}{\beta} > 0 \qquad (11\text{-}9)$$

式（11-9）表示了人均农业产出不变时，人口增长率为正。此时经济发展出现"低水平均衡陷阱"。

为完成传统部门的分析，引入 y^+ 表示在人口增长达到最大化生理极限时的最低人均收入水平。应用人口增长模型，可以求出 y^+。

$$\frac{\dot{P}}{P} = \gamma y^+ - \delta = \varepsilon \qquad (11\text{-}10)$$

因而有：

$$y^+ = (\varepsilon + \delta)/\gamma \qquad (11\text{-}11)$$

式（11-11）表示了人口增长率达到最大化生理极限时，人均粮食产量的水平，可以从两个方面讨论该式。在第一种情形下，如果 $y_2 > y^+$，这也就意味着人口增长以最大生理极限的速度增长，人均粮食产出将不断提高；第二种情形是 $y_2 < y^+$，此时 y_2 存在并且稳定，从任何正的初始人均粮食产出出发，都可以获得 y_2，并保持不变，此时人口增长以低于最大生理极限的速度增长。如果初始的人均产出足够高，且人口增长率达到了最大生理极限，此时人均粮食产出增长率为负，人均粮食产出将下降到 y^+。此后，最初的微分方程说明，人均产出将进一步下降，直至均衡水平 y_2。

乔根森分析了该模型的政策含义：社会政策的变化可以改变经济系统的参数。如果一个社会发现其处于低水平陷阱中，表示农业部门劳动生产率递减的参数 β 保持不变，可以通过社会政策改变的参数为：技术进步率参数 α，最大的人口净增长率参数 ε。通过式（11-6）和式（11-5）可以看出：技术进步的发生有利于人均农业产出的增长，控制人口出生率也可以实现人均粮食生产的扩张；相反，医疗条件的改善，降低死亡率，可能使人均产出下降，经济增长停滞，需要采取其他措施使经济走出陷阱。

三、二元经济转化分析

当人均农业产出不断提升时,农业剩余将产生,出现工业部门。乔根森将农业剩余表示如下:

$$y - y^+ = s \tag{11-12}$$

s 表示农业剩余,式(11-12)意味着当人均粮食产出超过人口增长达到最大化生理极限时将出现农业剩余。此时,农业部门劳动力可以进入工业部门,并且不会降低农业产出。为便于分析,可以将劳动力在两部门的分配表示如下:

$$P = A + M \tag{11-13}$$

A 表示农业部门的劳动力,M 表示工业部门的劳动力,相应地,两部门的人口增长率表示如下:

$$\frac{\dot{P}}{P} = \min\left\{\gamma y \frac{A}{P} - \delta \atop \varepsilon\right. \tag{11-14}$$

可以看出,当 $A=P$ 时,意味着全部劳动力从事农业生产,式(11-14)与式(11-6)保持一致。

二元经济中,农业部门劳动力以与农业剩余增长保持一致的速度流出。如果工业部门增长不够快,不能完全吸收转移出的劳动力,劳动力将会留在农业部门,农业剩余以增加农业劳动力奢侈消费的形式被消费掉。这种情况的出现将使工业部门瓦解或者发生工业品出口与农产品的进口。不过,乔根森假设部门之间是贸易平衡的,因此,不会出现上述情形。

工业部门劳动力的扩张与农业部门粮食生产之间平衡关系是:人均粮食最低生理消费 y^+ 与总人口的乘积等于农业部门人均产出与农业人口的乘积,粮食总供给等于粮食总消费。当农业剩余存在时,$y > y^+$,农业部门劳动力向工业部门转移的规模应与农业剩余的规模相适应,即:

$$\frac{y^+}{y} = \frac{A}{P} \tag{11-15}$$

因此,劳动力在农业部门与工业部门分配的关系可以表示如下:

$$\frac{A}{P} = \min\left\{\begin{matrix}1 \\ y^+/y\end{matrix}\right. \tag{11-16}$$

从模型完整性角度出发,需要讨论工业部门的发展。如果用 M 表示工业部门的劳动力，K 表示工业部门的资本存量，A 表示工业部门的技术水平，X 表示工业产出，工业部门的生产函数表示如下：

$$X = F(K, M, A) \tag{11-17}$$

为简化分析，假设生产函数规模报酬不变，劳动力在工业产出中的份额保持不变，技术是中性的，则生产函数可以表示为柯布—道格拉斯生产函数的形式：

$$X = AM^{1-\sigma}K^{\sigma} \tag{11-18}$$

σ 表示资本在产出中的份额，相应的 $1-\sigma$ 表示劳动所占份额。如果技术进步率以 λ 的速度增长，那么技术进步方程可以表示为 $A(t) = e^{\lambda t}A(0)$，将其代入式（11-18）可得：

$$X = e^{\lambda t}A(0)M^{1-\sigma}K^{\sigma} \tag{11-19}$$

对（11-18）式两边关于 M 求偏导，可得工资水平：

$$\frac{\partial X}{\partial M} = (1-\sigma)x = w \tag{11-20}$$

x 表示人均工业产出。

乔根森认为，工业部门遵循利润最大化行为，假设农业部门利润最大化行为不合理。事实上，如果工业部门工资高于农业部门收入，农业部门劳动力将对该差异作出反应。乔根森进而假定农业部门工资是工业部门劳动力工资的比率 μ，整个经济总的工资水平可以表示为：

$$wM + MwA = (1-\sigma)X + qY \tag{11-21}$$

wM 表示工业部门工资水平，MwA 为用工业品表示的农业部门收入，$(1-\sigma)X$ 为两部门的工业品消费，qY 为工业品表示的农业产出，其中，q 为两部门的贸易条件。式（11-21）实际上假设所有农业收入都被消费掉，否则将会打破两部门的贸易平衡。一旦工业部门产出的劳动力份额以粮食和消费品的形式分配，农业部门劳动者通过与工业部门的贸易得到工业消费品，工业部门总产出中的剩余可以用于积累和投资。资本积累可以定义为投资—折旧：

$$\dot{K} = I - \eta K \tag{11-22}$$

$\dot{K}$ 为净资本积累，I 为投资，η 为折旧率。因为工业部门总产出等于消费加投资：

$$X = (1-\sigma)X + I \tag{11-23}$$

将式（11-22）代入式（11-23），可得工业部门产出为：

$$X = (1-\sigma)X + \dot{K} + \eta K \tag{11-24}$$

对式（11-19）工业部门的生产函数求全微分，然后除以 X，可以获得工业产出增长率：

$$\frac{\dot{X}}{X} = \lambda + (1-\sigma)\frac{\dot{M}}{M} + \sigma\frac{\dot{K}}{K} \qquad (11\text{-}25)$$

式（11-25）表明工业部门产出的增长率等于技术进步率加上工业部门劳动力增长率与资本增长率加权平均数。相应地，可以求得 $t \to \infty$ 情形下，净资本增长率和劳动力增长率。①

$$\frac{\dot{K}}{K} = \frac{\lambda}{1-\sigma} + \varepsilon \qquad (11\text{-}26)$$

$$\frac{\dot{M}}{M} = \varepsilon \qquad (11\text{-}27)$$

将式（11-26）和（11-27）代入式（11-25），并整理可得：

$$\frac{\dot{X}}{X} = \frac{\lambda}{1-\sigma} + \varepsilon \qquad (11\text{-}28)$$

式（11-26）、（11-27）和（11-28）表明，长期均衡增长条件下，不论是否存在技术进步，产出增长率与资本积累率保持一致。如果不存在技术进步，产出增长率、资本积累率和劳动力增长率都以人口最大生理极限（ε）的速度增长。如果存在技术进步，人口以最大生理极限（ε）的速度增长，产出增长率与资本积累率保持一致但高于劳动力增长率，工业部门产出增长率高于技术进步率和人口增长率。如果生产要素之间可以替代，长期的产出增长率与资本积累率都会以自然增长率的速度增长。事实上，随着传统部门向现代部门的转变，现代部门所占比例越来越高，将与索洛分析现代经济增长的稳态增长类似。因为产出与资本都以 $\frac{\lambda}{1-\sigma} + \varepsilon$ 速度增长，所以，资本—产出比将保持不变。因此，乔根森认为 $\frac{\lambda}{1-\sigma} + \varepsilon$ 为自然增长率，与哈罗德的自然增长率 G_n 相似，在长期均衡增长条件下，二元经济分析与哈罗德—多马增长模型一致。

乔根森认为经济能否由低水平陷阱走向现代持续增长的关键是农业剩余的持续存在。一个处于低水平陷阱的经济可以看作为传统增长模式，经济走向稳态增长不仅依赖于农业剩余的存在，现代部门的技术条件也扮演着重要角色。技术进步率越快，资本积累率越快，劳动力增长率越快，现代部门将更快地增长。

---

① 具体计算过程，可参见 Jorgenson D. W. The Development of a Dual Economy [J]. *The Economic Journal*, 1961, 282 (71): 324-332.

四、乔根森模型的特点和不足

乔根森把刘易斯模型称为古典模型，把自己的模型称为新古典模型。乔根森模型有其自身特点：

乔根森模型是建立在农业剩余的基础之上的，刘易斯—拉尼斯—费景汉模型认为发展中国家存在劳动生产率低于实际收入或为 0 的剩余劳动力。乔根森不同意这种观点，认为农业部门不存在劳动生产率低于实际收入或为 0 的剩余劳动力，即使在低水平的均衡中，人口也会随农业的产出而增加。刘易斯—拉尼斯—费景汉模型主要强调了剩余劳动力从农业部门向非农部门转移对经济发展的重要性，而乔根森则认为农业剩余的持续存在是经济得以持续发展的关键，这也是提醒发展中国家在经济发展过程中不能忽视农业的发展。

乔根森模型认为工资水平不是固定的，而是上升的。上升的原因是不存在剩余劳动力，农业部门和工业部门都有技术进步，技术进步引起工资率上升，从而引起工资水平上升。

当然乔根森模型也存在不足之处，例如，忽视了农业部门物质投资的重要性。经济发展过程中，随着现代部门的发展，农业部门的资本密集度也在提高，对传统农业的改造持续发生。

本章提要

本章分析规模报酬不变条件下二元结构转化的经济增长理论，认为在二元经济结构转化过程中，农业部门劳动力向非农部门转移扮演了重要角色。刘易斯首次提出将发展中国家的经济分为传统部门和现代部门，认为传统部门具有无限供给的剩余劳动力，劳动力由传统部门向现代部门的转移和现代部门资本积累的提高对发展中国家经济增长具有重要意义。拉尼斯和费景汉认为刘易斯没有重视农业部门发展对工业增长的作用，实现农业部门与工业部门的平衡增长是发展中国家经济持续增长的条件。乔根森模型分析从刘易斯的剩余劳动下的经济发展，转向农业剩余条件下的经济发展，认为农业部门的发展是工业部门发展的先决条件，是二元经济理论的重要发展。

关键概念

二元经济结构 二元指一个经济系统中不同性质的制度、技术、机制等的并存。二元经济结构是指在发展中国家现代化的工业和技术落后的传统农业同时并存的经济结构（传统经济与现代经济并存）。

现代部门 以现代生产方式进行生产，劳动生产率比较高的资本主义部门。

传统部门 以传统生产方式生产，劳动生产率比较低的非资本主义部门。

隐蔽性失业 也叫隐形失业，是指劳动者表面上就业而实际上从事与其教育水平或能力不相符的工作的一种社会现象。

刘易斯模型 首个完整的二元经济发展模型，讨论了城市工业部门和乡村农业部门结构上和经济上的差异，是解释劳动力市场特征和行为的模型。

拉尼斯—费景汉模型 一种从动态角度研究农业和工业均衡增长的二元结构理论，是对刘易斯模型的改进，认为因农业生产率提高而出现农业剩余是农业劳动力流入工业部门的先决条件。

乔根森模型 依据新古典主义的分析方法创立的一种理论，认为农业产量的盈余对经济增长具有决定性作用。

思考题

1. 简述刘易斯模型关于二元经济结构的解释。
2. 结合刘易斯模型，谈谈改革开放以来二元结构转化与经济增长的关系。
3. 如何理解刘易斯模型与拉尼斯—费景汉模型之间的区别与联系？
4. 如何理解在乔根森模型中农业剩余的出现对经济走出低水平发展陷阱的意义？
5. 二元结构理论的基本观点和特征是什么？结合实际谈谈中国怎样才能实现从二元经济到一元现代经济的转变？
6. 二元结构理论的发展与发展中国家经济增长的实践有什么关系？
7. 如何从二元经济结构角度理解其对经济持续增长的影响？

第五篇

经济增长理论的新发展

第十二章　新兴古典经济增长理论

亚当·斯密在《国富论》中用劳动分工作为源泉来解释经济增长，但不幸的是，斯密这一观点并没有被后来的经济学家所重视，一个重要的原因是，没有一个标准的可操作的理论和数学框架来表达和解释斯密所描述的经济增长的源泉，因此这一观点长期以来被边缘化，挤出了主流的经济学，但随着杨小凯、博兰等经济学家用劳动分工的自发演进来解释经济增长，分工和专业化的思想焕发了生机。

杨小凯和博兰所分析的劳动分工，主要不是基于中间产品种类的扩展，而是基于单个当事人在不同最终产品生产之间专业化程度的提高。在他们的框架中，每个当事人都是生产者兼消费者，可以自给自足地生产自己所需要的所有最终产品，在初始阶段，人们对各种生产活动都无经验，生产率低，付不起交易费用，只好选择自给自足。通过在实践中学习，积累了经验，生产率得以改进，能够支付一定的交易费用，于是选择较高的分工与专业化水平，劳动分工的深化表现为当事人出售和购买的产品在其生产和消费的产品中的份额的提高，市场容量和贸易依存度也得以上升，升高的专业化水平反过来加速专业经验和人力资本的积累，使生产率加速上升，因而人们可支付更高的交易费用，并进而选择更高的分工专业化水平。这样，就产生了一个良性循环过程，此过程使分工演进越来越快，产生经济起飞和加速增长现象。而当一个当事人专业攻于某种物品生产一定时间之后，由于干中学效应与递增报酬，他在此方面具有比别人更高的生产率，这就构成了其他人的进入壁垒，并使他拥有一定程度的垄断力量。

当事人对于这种垄断力量的运用将会导致分工效率的下降和社会福利的损失，为了避免这一问题，杨小凯和博兰假设所有的交易通过期货市场确定，这样就可以通过期初的竞争状态来遏制后面出现的垄断，并排除了道德风险问题。劳动分工受两个因素影响：经济主体的人数和交易费用，杨小凯和博兰通过假设物品种类与人口总数相同而略过了前者，同时把分析重点放在了交易费用上，因为经济主体交易伙伴越多，他们之间的平均距离也就越大,而这会提高外生交易费用。在上述假设下,杨小凯和博兰提出了一个以劳动分工的演进来解释经济增长的动态一般均衡模型,证明存在一个最优的动态竞争均衡,从专业化分工的角度探讨了劳动分工的内生演进机制和经济增长的关系,下面介绍杨小凯和博兰1991年提出的增长模型。

第一节 分工、专业化与超边际分析的应用

杨小凯和博兰1991年提出的新兴古典经济学分析框架,是一个以劳动分工的演进来解释经济增长的动态一般均衡模型。该模型的基本思想为:当交易效率和递增报酬充分小时,所有人都永远自给自足;当交易效率和递增报酬充分大时,所有人都选择完全专业化;如果交易效率的递增报酬介于两者之间,则会发生劳动分工的逐渐演进,交易效率越高,演进速度越快。分工的深化增加了用于协调分工中的劳动者的交易成本。因此分工虽然在纯技术上收益递增,但受到交易成本的限制。分工深化需要改进交易机制的效率,该模型由此把制度进步、劳动分工与经济增长连接起来。

模型假定在经济中有 m 个经济主体和 m 种消费品,经济主体既是消费者又是生产者。t 期自给自足的第 i 种消费品数量为 x_{it},出售量和购买量分别为 x_{it}^s 和 x_{it}^d。交易成本系数为 $1-K_t$,表示消费品在运输过程中的损耗,消费者在购买第 i 种消费品 x_{it}^d 时实际能消费的数量仅为 $K_t x_{it}^d$,系数 K_t 是交易效率系数,假定此交易效率系数随每个人贸易伙伴数增加而下降。因为当贸易伙伴数增加时,每个人必须与住得越来越远的人交易,因此交易效率会下降。消费者在 t 期的第 i 种消费品的实际消费为 $x_{it} + K_t x_{it}^d$,基于各种消费品的消费量 $x_{it} + K_t x_{it}^d$ 基础上 t 期个人效用函数 u_t 被定义为:

$$u_t = \prod_{i=1}^{m} (x_{it} + K_t x_{it}^d) \quad (12\text{-}1)$$

在对称模型中,每人的贸易伙伴数正比于他的贸易品种类数 n_t,所以可假定:

$$K_t = \frac{k}{n_t}, \ 0 < k < 1 \quad (12\text{-}2)$$

k 是一个与制度环境或交通条件有关的参数。这里需要 n_t 与 K_t 的倒数关系,因为若没有这个关系,则分工发展时,其加速熟能生巧学习过程的好处总是比交易费用增加得

快，所以经济中并没有真正的两难冲突，人们总是走极端，而不会折中，那意味着他们或是永远停留在自给自足，或是一开始就跳到完全分工去，而不会有分工的逐渐演进。从数学而言，若没有 K_t 和 n_t 的倒向关系，则 n_t 取内点最优值的二阶条件不会满足，所以 n_t 不是取其最小值 1（自给自足），就是取其最大值 m（完全专业化）。假设个人具有无限生命，在时间偏好率为 ρ 时，个人总贴现效用函数 U 就可以表示为以下形式：

$$U = \int_0^\infty u_t e^{-\rho t} dt \tag{12-3}$$

假定生产技术具有干中学效应和递增收益的性质，只使用唯一的生产要素劳动，即生产函数为：

$$x_{it} + x_{it}^s = L_{it}^a (a > 1) \tag{12-4}$$

$x_{it} + x_{it}^s$ 是 t 时产品 i 的产出水平，$a > 1$ 为专业化经济程度参数。l_{it}^a 是 t 时用于生产产品 i 的劳动，表示一个人在时刻 t 生产产品 i 的专业化水平。$L_{it} = \int_0^t l_{it} dt$ 是到 t 时为止在生产活动中积累的劳动，也反映第 i 种消费品生产的经验积累或人力资本投资状况，这种生产函数明确刻画了边干边学和熟能生巧的动态效果。其特点是不但实际的劳动投入对生产有贡献，而且过去的劳动投入的总和与经验积累有关，所以也对生产有贡献。设当 $l_{it} = 0$ 时 $L_{it} = 0$，这说明作为人力资本它只有与实际当期支出的劳动相结合才能在生产中发生作用，若一个人当期生产 i 的活动中不投入劳动，则他过去的所有经验都不能被他在此活动中的生产过程所利用。假定每个经济主体在每期拥有的总劳动时间为 1，即，

$$\sum_{i=1}^n l_{it} = 1, \ 0 \leq l_{it} \leq 1$$

从式（12-1）至式（12-4）可知，个人最重要的决策就是选择其专业化水平和多样化的消费。经济体系内生决定的劳动分工和可获得产品的多样性是个人决策的总体结果。如果个人选择在现期进行更多的专业化，则由于干中学和递增收益的作用，未来就会有更高的生产能力。但是，因为对消费多样性的偏好，更多的专业化必定伴随从其他人处购买的产品种类和数量的增多，而这个更高的交易水平会导致更高的交易成本。这个模型给出了专业化的熟能生巧与交易成本的两难冲突，以及当前消费和将来消费之间的冲突。

求解该模型需要用到超边际分析，我们将在下节做一简单介绍。模型的结果非常简单，这个模型假定生产率增长来自专业化熟能生巧，当每一个人没有太多生产经验，生产率很低，也不能负担专业化和分工造成的交易成本。随着时间的推延，每个人积累了

一些生产经验,生产率有所提高,能承担不太高的交易成本,因此他开始从事一定程度的专业化活动,渐渐地,专业化熟能生巧会加速专业经验积累,个人专业化生产率进一步提高,他能承担较高的交易成本,并选择较高水平的专业化,但专业化和市场规模的发展不可能是无限的,当分工演进的潜力耗尽后,经济增长就不再可能来自分工演进,而只能来自经验积累,这只能产生减速增长。

第二节　基于杨小凯—博兰德模型的经济增长理论

要将分工与专业化问题形式化,新古典边际分析不够用,我们要用到超边际分析。所谓超边际分析是相对于边际分析而言的,就是在边际分析的基础上多了一个步骤,就是人们在作出资源配置的决策之前,先选择专业和分工水平,从而就产生角点解。杨小凯证明,每个人的最优决策永远是角点解,但可能的角点解数不胜数;内点解和绝大多数角点解不可能是最优解,因而可将它们排除。角点解是人们在选择专业化水平时产生的,新古典经济学里没有考虑角点解,因为它的边际分析方法只能用来分析内点解,也就是给定分工和专业化水平时的资源配置问题。

简单说,超边际分析就是将产品的种类、厂商的数量和交易费用等纳入分析框架的分析方法。对每一角点先进行边际分析,然后在角点之间用总效益费用分析。对每个角点的边际分析解决给定分工结构的资源分配问题,角点之间的总效益费用分析决定专业化水平和模式,而所有人的这类决策决定分工水平,分工水平决定市场容量大小及总量需求。完整的超边际分析应该包括三个步骤:第一步,利用文定理排除那些不可能为最优的角点解;第二步,对剩下的每一个组合用边际分析求解,求出每一个局部最优值;第三步,比较各组合之间的局部最大目标函数值,整体最优解就是一般均衡最优解。

下面通过一个简单的新兴古典模型阐述超边际分析法,假定经济体中有 M 个生产者—消费者,经济主体只消费两种商品,消费—生产者的效用函数为:

$$U = (x + kx^d)(y + ky^d) \tag{12-5}$$

其中,x 和 y 表示两种商品的自给量;kx^d 和 ky^d 表示实际得到的购买量;$k \in [0, 1]$ 是交易效率参数,$1-k$ 为交易费用参数,消费—生产者的生产函数为:

$$x_i + x + x^s = l_x^a, \quad y + y^s = l_y^a, \quad a > 1$$

消费—生产者的禀赋约束为 $l_x + l_y = 1$，预算约束为 $p_x x^s + p_y y^s = p_x x^d + p_y y^d$，$p_j$ 表示产品 j 的价格，非负约束为 $x, x^s, x^d; y, y^s, y^d; l_x, l_y \geq 0$，消费—生产者的决策问题就是在约束条件下最大化效用函数（12-5），l_x 和 l_y 依赖于决策变量，六个决策变量 x, x^s, x^d, y, y^s, y^d 中每一个都能取零或正值，六个决策变量的零或正值的所有组合共有 $2^6=64$ 个，由于局部最优决策在各种组合之间非连续的跳跃，因而不能一步求出最优决策，下面我们运用超边际分析求解此模型。

（1）利用文定理和最优决策的其他条件尽可能多地排除一些组合

文定理：最优决策不会供给一种以上的产品，不会同时供给和需求同种产品，不会需求和自给同种产品。①

由文定理知，最优决策不会供给一种以上的产品（$x^s \cdot y^s = 0$），不会同时供给和需求同种产品（$x^s \cdot x^d = 0, y^s \cdot y^d = 0$），不会需求和自给同种产品（$x \cdot x^d = 0, y \cdot y^d = 0$）。所以最优决策只需考虑三个决策模式，进而对每个模式进行边际分析。

（2）边际分析

模式（A）：自给自足模式，该模式由

$$x > 0, \quad y > 0, \quad l_x > 0, \quad l_y > 0, \quad x^s = x^d = y^s = y^d = 0$$

定义，决策问题为：

$$\max_{x, y} U = xy, \text{ s.t. } x = l_x^a, \quad y = l_y^a, \quad l_x + l_y = 1$$

可转化为：

$$\max_{l_x} u = l_x^a (1 - l_x^a)$$

最优解为：

$$u_A = 2^{-2a}, \quad x^* = y^* = (1/2)^a$$

模式（x/y）：专门生产 x 卖 x 而买 y，该模式由

$$x > 0, \quad x^s > 0, \quad y^d > 0, \quad l_x > 0, \quad x^d = y^s = y = l_y = 0$$

定义，决策问题为：

---

① 文定理的证明此处略，可参见：杨小凯. 经济学：新兴古典与新古典框架. 北京：社会科学文献出版社，2003.

$$\max_{x,\,y^d} U = xky^d \quad \text{s.t.} \quad x + x^s = l_x^a, \quad l_x = 1, \quad p_y y^d = p_x x^s$$

可转化为：

$$\max_{x^s} U = (1 - x^s)k\frac{p_x}{p_y}x^s = \frac{p_x}{p_y}x^s k - \frac{p_x}{p_y}(x^s)^2 k$$

由 $\partial U / \partial x^s = \frac{p_x}{p_y}k - 2\frac{p_x}{p_y}(x^s)k = 0$ 解得 $x^s = 0.5$，$x = 0.5$，又由 $p_y y^d = p_x x^s$，可得

$$y^d = \frac{p_x}{p_y}x^s = \frac{p_x}{2p_y}$$

由 $U = (1 - x^s)k\frac{p_x}{p_y}x^s$ 角点间接效用函数 $U_x = \frac{kp_x}{4p_y}$。

模式（y/x）：专门生产 y 卖 y 和买 x。该模式由

$$x > 0, \quad x^s > 0, \quad y^d > 0, \quad l_x > 0, \quad x^d = y^s = y = l_y = 0$$

定义，决策问题类似于模式 2，为：

$$\max_{y,\,x^d} U = ykx^d \quad \text{s.t.} \quad y + y^s = l_y^a, \quad l_y = 1, \quad p_y y^s = p_x x^d$$

最优解为：

$$y^s = 0.5, \quad x^d = \frac{p_y}{2p_x}, \quad U_y = \frac{kp_y}{4p_x}, \quad y = 0.5$$

（3）确定整体最优解

由上述三个模式，可组成两种结构：自给自足结构（A 结构）和分工结构（D 结构）。若

$$k2^{2(a-1)} < \frac{p_x}{p_y} < \frac{2^{2(1-a)}}{k} \tag{12-6}$$

最优决策选择模式 A，因为仅当 $k < k_0 \equiv 2^{2(1-a)}$ 时，式（12-6）成立，即当交易效率低时，交易的费用大于交易所带来的利得，所以个体倾向于自给自足，在此结构中没有市场，也就没有价格。随着交易效率逐渐提高，当交易效率 $k > k_0 \equiv 2^{2(1-a)}$ 时，人们会选择专业化。所有人在 (x|y) 模式与 (y|x) 模式间作选择。若 $k\frac{p_x}{p_y} \geq 2^{2(1-a)}$，选专业生产 x，若 $k\frac{p_y}{p_x} \geq 2^{2(1-a)}$，选专业生产 y，但只有两种模式都被选择时分工才能形成，因此只有当 $k > k_0 \equiv 2^{2(1-a)}$ 且 $\frac{p_y}{p_x} = 1$ 时，一个人才会选择专业化，当相对价格满足这个条件时，$u_x = u_y = k/4$，人们无论选择什么职业都没有区别，因为两种职业的效用都一样，超边际分析包括角点均衡和全部（一般）均衡两部分，它是比较各个角点解的局部最大值，从中产生整体最优解。即它的每个均衡都是基于角点解，全部均衡是众多角点均衡中的一个。这个全部均衡，满足以下两个条件：一是在给定价格和选择各种模式的人数时，每个人选择专业化水平和模式使效用达到最大化；二是相对价格和选择各模式的人数使供

求相等，也使效用在一个结构的各模式间相等。即每个角点均衡解决给定分工水平的资源分配问题，而全部均衡决定分工的水平和结构。

第三节　新兴古典经济增长理论的评价

新兴古典经济增长理论将微观基础与宏观增长有机联系起来，运用现代分析工具，发展进行了古典经济增长理论，创制出新的分析框架和研究范式，对经济增长和发展过程提出新的解释。

（1）新兴古典经济增长理论使经济增长理论有了更为清晰简捷的微观基础。新兴古典经济学认为，对专业化和分工的忽视回避，是导致新古典经济增长模型缺乏微观基础和解释力的根源，新兴古典经济增长理论从分工和专业化与交易费用比较研究经济增长的微观机制，认为作为经济增长内在原动力的专业化和分工水平，应当是内生的而不是外生的。也就是说，即使外界技术、环境、制度等因素均保持恒定，在社会生产的条件下，分工水平也会自发地提高，从而推动经济持续增长。由此，新兴古典经济学构建起分工的内生演进模型，其内生增长理论研究的动态决策包括专业化生产加速学习过程的动态效果与交易费用的冲突和当前消费与未来消费之间难以兼顾的冲突。但他们强调，演进的过程是一个良性循环，起点是自给自足的生产，由于很低的生产率负担不起交易费用，随着生产经验的积累，生产率的稍微提高，能够负担起一定的交易费用，这时可以选择稍高的专业化水平，进一步通过市场的自由择业和自由价格机制，使得整个社会的分工水平得以提高，随着生产经验积累和生产技术改进的进一步加速，生产率也加速提高，使得承担交易费用的能力增强，从而推动更高水平专业化的实现。这个循环累进过程的持续，最终必然会导致经济的持续增长。

（2）新兴古典经济增长理论可以更好地解释宏观经济增长。新兴古典经济学认为，新古典经济增长模型是在全面均衡分析的框架内发展的，局限在全面均衡框架内的静态或动态竞争均衡，并且由于存在规模收益递减，难以达到帕累托最优，因此其理论对现实的解释力被大大削弱了，这是新古典经济增长模型的重大缺陷。新兴古典经济学则在此基础上进行了基于多个两难冲突的均衡分析，突破了原有框架，使全面均衡得以建立；并且，这种全面均衡是建立在微观的角点均衡和资源的帕累托最优配置的基础上的，这种整体帕累托最优既涵盖了最优资源配置又涵盖了最优分工结构，所以它可以更好地解释宏观经济增长。

（3）新兴古典经济增长理论为新兴古典经济学理论框架分析范式的建立提供了理论基础。新兴古典增长理论重新定义了研究对象，摒弃了新古典经济学将生产与消费绝对分开的做法，改变了新古典经济学关于消费者与生产者对立的基本假定，强调分工和专业化的概念，将分析框架建立在以个人自利决策交互作用的基础之上，同时在模型中引入交易费用和交易效率。新兴古典经济学的增长模型直接关系到专业化分工产生的原因，从消费与生产统一性的角度出发，新兴古典增长理论专业化分工不是先天的要素享赋的结果，也不会是一个静止的状态，而是产生于分工所带来的规模收益递增会超过交易成本的增加。由此出发，新兴古典经济增长理论以交易占总产品的份额来衡量分工的深度，以生产活动中的劳动份额来衡量专业化水平的高低，对各国增长差异作了新的解释，指出当劳动分工达到一定程度时，经济增长才能提高，这是高速与低速增长差异的一个临界值。但不同国家的增长不会由于分工的演进而趋同，原因是各国不同的制度安排导致了不同的交易效率。新兴古典经济增长理论学对企业成因作出了全新的解释，用劳动的交易效率来解释企业的产生，新兴古典经济学运用新兴古典经济增长理论的这些基本概念和分析框架，对经济现象和经济过程提出新的解释，并由此发展出新的理论学派。

（4）新兴古典经济增长理论实现了研究方法上的创新。在研究方法上新古典经济学惯用的分析方法是边际分析方法，而新兴古典经济学运用超边际分析方法实现了研究方法上的创新。在新兴古典经济学的基础模型中，杨小凯运用库恩—塔克定理排除了一些非优化的角点解和内点解，使可能的最优解范围大大缩小，而后文将这一方法推广到一般准凹效用函数和非常一般的生产条件，形成的方法被称为文氏定理。根据文氏定理，可能成为最优决策解的数目要比所有可能的角点解和内点解之和少得多。同时新兴古典动态均衡模型中会有动态角点解，对动态角点解，处理动态决策的经典变分法不适用，而必须用控制理论或动态规划，控制理论既可用于动态角点解，又可用于内点解，新兴古典经济学称控制理论为动态超边际分析并利用动态超边际分析创新性地建立起新的经济增长动态模型并形成一个新的学派。

第四节　新兴古典经济增长理论的地位及其特点

新兴古典经济增长理论的产生和兴起,是对新古典经济增长的全面挑战,是西方经济学发展中的一次新的整合。它试图复活古典经济学的思想,更新新古典经济学的体系,创制出经济学发展的新空间。但由于新兴古典经济增长理论高度数学化,虽然一方面表明了其理论精确性,便于学术交流,易于被主流经济学家接受,但是对于普通的大众却显得遥不可及。因此其并没有广泛传播,没有进入主流经济增长理论读物。而相比之下,其他经济增长理论由于发展的时间较长,既有高等数学的经济理论做支撑又有通俗易懂的教科书流行,使得其具有很好的民众基础,也更容易为政府和大众所接受。

新兴古典经济增长理论还处于高度理论化阶段,在解决定性的问题和组织演进的问题方面有其自身的优势,其强大的生命力必定会越来越壮大。虽然新兴古典经济增长理论还不能够与主流经济增长理论分庭抗礼,但新兴古典经济增长理论与主流经济增长理论相比较有其吸引人的特点。

(1) 分工的内生演进推动经济增长。新兴古典增长模型中的推动力是分工的正网络效应而不是规模经济,根据交易成本和当前消费的相应损失来计算的投资扩大了社会学习能力和专业熟能生巧的范围。这一隐含的投资机制不一定产生一个有形的储蓄率或投资率和人均的增长率之间的正比关系,但可以产生没有人与人之间借贷和商业化储蓄的长期内生增长。当这个分工网络的大小增加时,即使没有人口规模增加和其他规模效应发生,很多独立的地方社区会并于一个越来越一体化的市场,分工网络大小的内生演进促进了贸易品种类的内生演进。人们的专业化熟能生巧和分工网络增加之间相互作用在没有规模效应时可以产生社会学习的网络效应,由分工演进的速度决定贸易品的出现速度。

(2) 经济增长的趋同和趋异共存。主流的经济增长模型被发展用于预测与经验证据相适应的趋同或趋异现象。但是,这些增长的理论模型中趋同与趋异是不可共存的,而新兴古典增长模型中趋同和趋异现象共存。新兴古典增长意味着增长的三个阶段会按顺序发生:经验积累的增长,增长率低且递减;分工的经验积累,但无分工演进的增长,增长率高但递减;分工演进的增长,增长率高且递增。按此理论,可解释不同国家之间人均收入趋同和趋异两种现象。若发达国家分工演进过程开始的比落后国家更早,则前者进入起飞阶段比后者早,当发达国家起飞时,落后国家还在自给自足阶段(经济增长率下降),则二者收入差距扩大。当发达国家耗尽分工演进的潜力、增长率下降,这时,落后国家最终会进入起飞阶段(增长率上升),因此收入差距会缩小。

(3)内生了专业化水平与分工。新兴古典增长模型中每个人既是生产者又是消费者,他们最重要的决策是选择专业化水平和专业方向,之后再作给定分工结构下的资源分配决策,每个人作为消费者喜好多样化消费,作为生产者喜好专业化生产。当交易效率低于交易费用时,人们选择低分工水平,自给自足,没有市场,市场总需求为零。当交易效率上升,高于交易费用时,市场均衡的分工水平上升,每人的专业化水平上升,专业化的部门数量和贸易品种类数上升,市场总需求也上升。

(4)技术上采用超边际分析。超边际分析是新兴古典增长乃至新兴古典经济学的重要方法,新兴古典经济学体系的一个特点是,当事人的决策不能够仅仅用边际分析来描述,必须涉及角点解之间的比较,也就是超边际分析。采用超边际分析方法,即对每一角点先进行边际分析,然后在角点之间用总效益费用分析。对每个角点的边际分析解决给定分工结构的资源分配问题,角点之间的总效益费用分析决定专业化水平和模式,这种方法上的差异也从一个侧面反映了新兴古典经济学与主流经济学在研究主题上的不同,主流经济学关心的是既定经济结构下的资源配置问题,而新兴古典经济学则更关心不同经济结构之间的效率。

本章提要

本章介绍了以杨小凯模型为代表的新兴古典经济增长理论。亚当·斯密在其著作《国富论》中将劳动分工视为经济增长的源泉,但遗憾的是这一观点并未得到后来经济学家的广泛认可。其主要原因在于,缺乏一个标准的可操作的理论和数学框架来表达和解释这一观点所描述的经济增长源泉。因此,这一观点长期以来被边缘化,并被主流经济学所忽视。然而,随着杨小凯、博兰德等经济学家采用劳动分工的自发演进来解释经济增长,分工与专业化的思想再次焕发生机。这些经济学家提出的模型面向现代经济的实际情况,构建了一个基于数学和理论框架的模型来解释和诠释劳动分工对经济增长的贡献。这一研究方向为经济学界带来了全新的思路和理论,推动了现代经济学的发展。

新兴古典经济学从消费者—生产者选择专业化水平的决策出发,运用超边际方法分析社会分工网络规模是如何由市场来决定的。按照超边际分析方法，需求和供给是分工的两个不可分割的方面。因此，需求和供给不仅取决于一个给定的分工网络模式下的资源分配，而且取决于分工网络的模式。

通过建立模型并进行推导，新兴古典经济学得出了如下结论：当市场的交易效率较低时，交易的费用大于交易所带来的利得，因此个体倾向于自给自足，这种情况下缺乏市场和买卖。而当交易效率逐渐提高时，分工经济带来的好处会大于市场交易成本，于是出现了分工和买卖，市场随之自然而然地出现了。伴随着市场的出现，商业化程度提高，人均收入逐渐增加，从而带来了经济增长。因此，经济增长的源动力之一就是随着交易效率的提高而产生的经济结构的演进。

关键概念

超边际分析 相对于边际分析而言的，就是在边际分析的基础上多了一个步骤，就是人们在作出资源配置的决策之前，先选择专业和分工水平，从而产生角点解。简单来说，就是将产品的种类、厂商的数量和交易费用等纳入分析框架的分析方法。

思考题

1. 请说明新古典经济增长理论和新兴古典经济增长理论的区别。
2. 简述新兴古典经济增长理论如何解释经济增长。
3. 试推导杨小凯的新兴古典经济学基本模型。

第十三章 制度与经济增长理论

在新古典经济增长理论后,新经济增长理论的主要任务就是技术的内生化问题及其扩展,而对经济增长源泉的分析还是基本停留在技术知识、劳动和资本的层面上,即使在内生增长理论中,制度仍是外生因素。这些经济增长模型重视了资源配置的运行层面,而没有很好地探究经济增长的深层次源泉,特别是制度因素。正如新制度经济学派的代表诺思所批评的那样,主流增长理论只讲了增长的本身,并没有说明产生经济增长现象的动因,而"技术变迁和制度变迁是社会与经济演进的核心"[①]。

对于制度和经济增长关系的研究,可以追溯到马克思经济学和旧制度经济学,新制度经济学(new institutional economics)对于两者的关系进行了系统的研究,并形成了有代表性的理论。在本章中,我们简要回顾新制度经济学前的相关理论,然后主要介绍新制度经济学的经济增长理论,最后,对制度与经济增长理论的新进展作一简单介绍。

第一节 新制度经济学前的制度与经济增长理论

对于制度和经济增长关系的研究,可以追溯到马克思经济学。旧制度经济学对于制度和经济增长的关系进行了简单的分析,其关于交易、制度的思想对新制度主义产生了影响。此外,舒尔茨、威廉森(O. Williamson)等人也对制度与经济增长的相关理论作出了贡献。

---

① 诺思. 制度、制度变迁与经济绩效[M]. 上海:上海三联书店,1994:35.

一、马克思的制度与经济增长理论

马克思关于生产力与生产关系相互作用的原理、经济基础与上层建筑相互作用的原理以及马克思逻辑与历史相统一的方法等对新制度经济学的形成都有重要影响。马克思将生产资料所有制视为经济制度的核心,认为生产资料的私人占有和产品的社会化之间的矛盾必然会导致周期性的经济危机,主张通过实行计划经济加以解决。他指出生产力决定生产关系、经济基础决定上层建筑,生产关系要适应生产力、上层建筑要适应经济基础,生产力的发展和经济基础的变更是生产关系和上层建筑(制度)变革的基本动力,生产力和生产关系的矛盾运动推动着社会形态产生原始公社制度—奴隶制度—封建制度—资本主义制度—社会主义制度的变革。

在马克思的理论中,制度因素是社会经济发展中的内生变量,而不是独立于社会经济发展之外的。正如新制度经济学家拉坦(V. W. Ruttan)所说的那样,马克思比他同时代的学者更深刻地洞见了技术与制度变迁之间的历史关系。他将发明看作一个社会进程,而不是先验的洞见或偶然的天赋灵感的结果。在马克思的体系中,阶级斗争反映了经济制度的演进与生产技术进步之间的不断"冲突"。尽管马克思强调了生产方式的变化(技术变迁)与生产关系的变化(制度变迁)之间的辩证关系,但他相信前者提供了社会组织变迁的更为动态的力量。马克思揭示的生产关系一定要适应生产力的规律能够有效地解释人类社会经济发展的变迁过程。新制度经济学从马克思的历史观那里得到了许多启发,尤其意识到,对人类历史的长期变迁的分析更不能离开制度分析。诺思也从中学习到对经济增长起决定作用的是制度因素而非技术性因素。

二、旧制度经济学派的经济增长理论

旧制度经济学诞生于 20 世纪 20 年代,其代表人物有凡勃伦、康芒斯等人,他们在批判新古典政治经济学的基础上,认为经济学研究的对象应该是人类社会生活中的各种制度,只有把制度作为一个变量来研究,才能更好地理解人类行为。

(一)凡勃伦

凡勃伦认为,制度不是组织结构,而是不会发生根本变化的思想和习惯,生物的进化是逐渐演变的,因此制度的进化也是逐渐演变的。制度的变迁其实就是人们为适应外界环境的变化而作出的心理方面的调整或改变。"制度必须随着环境的变化而变化,因为就其性质而言,它就是对这类环境引起的刺激发生反应时的一种习惯方式。而这些制度的发展也就是社会的发展。"①以凡勃伦等为代表的旧制度经济学派,对于制度变迁中环境和人的心理及习惯的重要性的认识,给人以非常有意义的启示,并提供了一种全新的经济解释,从此一直被当作经济分析的外生变量的制度成为影响经济发展变化的内生变量。

此外,凡勃伦认为在人类经济生活中主要有两种制度——满足人类物质生活的生产制度和私有制度。现代资本主义是一种"价格制度",价格制度的基础是"机器利用",而控制力量则是"企业经营"。技术因素在经济增长中具有动态性和决定作用,正是机器设备的应用才引导出一切和工业革命有关的大变革,如工厂制度、大规模的生产方法、信用和货币等。资本主义的弊病正是由于制度的落后造成的,因此,凡勃伦及其后来的追随者都注重从制度层面来改良社会以便跟上技术的进步。

(二)密契尔(Mitchell)

密契尔注重经验统计,主张将制度研究同经济周期的统计分析结合起来,统计检验是制度演进的主要依据。他认为制度因素对任何经济过程的重要性应以经济统计分析作为依据,一旦离开经济统计的说明,制度因素的作用也就显示不出来了。他指出,近代资本主义经济的突出特点就是它的货币经济性质,亦即一切经济活动均以赚取和花费货币形式进行。他依据统计材料指出经济过程中每一个阶段都产生着下一阶段,即繁荣导致衰退,衰退又导致繁荣,认为资本主义经济正是这样波浪式前进的。他从预期利润率变动角度分析经济循环,先是认为其存在扩张、衰退、紧缩及复苏四个阶段,这四个阶段循环发展、重复出现但不具有固定周期(即密契尔经济循环论),后来又将经济循环的四个阶段修正为繁荣、危机、萧条和复苏。他还认为经济周期广布于整个经济中,建议通过社会计划来抚平经济波动。

(三)康芒斯

康芒斯把制度看成是人类社会经济的推动力量,认为制度是控制、解放和扩展个人行动的集体行动。他尤其强调法律的作用,认为法律制度不仅先于经济制度,而且对经济制度的演变起着决定性的作用,将资本主义的(以所有权为基础)产生和发展都归功

---

① 柯武刚,史漫飞. 制度经济学——社会秩序与公共政策[M]. 北京:商务印书馆,2000:353.

于法律制度。

在人类思想史上，首先从经济学意义上提出交易范畴的首推制度经济学的经典作家——康芒斯，他在1934年发表的经典之作《制度经济学》一书中把交易作为比较严格的经济学范畴建立起来并作了明确界定和分类。康芒斯认为，"使法律、经济学和伦理学有相互联系的单位，必须本身含有'冲突、依存和秩序'这三项原则"①。这三项原则实质上是指人类交易关系的三个基本特征，即人与人之间的交易关系是一种利益上既相互冲突、又相互依存的关系，而且这种交易既在现在不断地、反复地、连续地发生，又使交易者能可靠地预期将来还会这样发生。他还认为，"一次交易……是制度经济学的最小的单位"②。他从自然和社会的关系出发，从最高抽象的意义上指出，"交易发生在古典经济学家所讲的劳动的生产和快乐主义经济学家所讲的消费的快乐之间，完全因为社会凭借的秩序的规则，管制着对自然势力的所有权以及接近自然势力的机会"③。康芒斯正确指出了在自然和社会之间，尤其是社会强加于自然的力量。

康芒斯认为"交易"与古典经济学和新古典经济学的"交换"不同。"交换"是一种移交与接收物品的劳动过程。他指出，交易"不是实际'交货'那种意义的'物品的交易'，它们是个人与个人之间对物质的东西的未来所有权的让与和取得，一切决定于社会集体的业务规则"④，"交易是所有权的转移"。就是说，交易的本质并不是交易物品本身，而是交易关于物品的权利。康芒斯认为经济关系的本质是交易，包括买卖的交易、管理的交易、限额的交易，而交易过程中的利益冲突，只有依靠法律制度才能解决。

三、舒尔茨的制度与经济增长理论

舒尔茨是较早把制度进行内生化研究的经济学家，他主要通过区分不同制度功能来进行分析，认为经济制度与增长之间存在着内在的联系，大多数执行经济职能的制度是对经济增长动态的需求反映。

根据制度在经济增长模型中的作用和地位，舒尔茨将经济增长研究方法分为三类：第一类方法是剔除制度因素的经济增长理论，它只适合短期增长理论，并不适合大多数增

---

① 康芒斯. 制度经济学（上册）[M]. 北京：商务印书馆，1967：74.
② 康芒斯. 制度经济学（上册）[M]. 北京：商务印书馆，1967：74.
③ 康芒斯. 制度经济学（上册）[M]. 北京：商务印书馆，1967：76.
④ 康芒斯. 制度经济学（上册）[M]. 北京：商务印书馆，1967：74.

长问题。第二类方法是将制度作为外生变量的经济增长理论，它假定经济增长与制度变迁无关，只有极少的经济制度可以在这一框架中分析。但是，"大多数执行经济职能的制度却是对经济增长动态的需求的反应"，即大量的重要的制度都可以写成经济增长函数的变量，这样制度便内在地成了经济增长的要素之一，这就是舒尔茨提出来的第三类方法。

为了将制度引入经济学的核心之中，舒尔茨提出两个关键的概念——制度功能的经济价值和经济均衡的概念。为了进行供求均衡分析，他将制度看作是某些服务的供给者，它们应经济增长的需求而产生。这样作为对经济增长的动态反应的制度变迁，就可以用制度需求的均衡分析来处理。他认为制度变迁是由经济增长引起的，经济增长是制度变迁发生的动力源泉。在《制度与人的经济价值的不断提高》一文中，舒尔茨指出，尽管不具有普遍意义，然而经济学领域内的制度可视为是一种具有经济价值的服务的供给者，是经济领域里的一个内生变量，因对经济增长的动态反应而发生制度变迁。

制度作为一种服务，可以有各种功能和形式。它们可以提供便利，如货币；可以提供一种使交易费用降低的合约，如租赁、抵押贷款和期货；可以提供信息，正如市场与经济计划所从事的那样；可以共担风险，如保险、公司、合作社及社会安全安排等；它们还可以提供公共品，如学校、高速公路、卫生设施和试验站。所谓均衡是指，当这些制度所提供的服务与其他服务所显示的报酬率相等时，关于这些制度的每一经济服务的经济就达到均衡。

此外，在分析制度与增长或技术的关系时，舒尔茨把制度看作是人的经济价值不断提高的结果，因为人的价值的提高会引起现有制度在执行其经济功能时出现非均衡，在趋向新的均衡过程中，制度会作出相应滞后的变迁，进而促进经济增长。

四、威廉森的制度与经济增长理论

威廉森开创的理论被广泛运用于解释企业边界、纵向一体化、公司治理和公司金融等领域中。威廉森把交易作为分析单位，指出交易通常存在交易成本，交易成本由三种要素即环境要素（交易频率和不确定性）、人的要素（有限理性和机会主义倾向）和资产特征（资产专用性）决定。所有的交易都是一种契约，交易成本的存在使契约尤其是长期契约往往是不完全的。不存在资产专用性的契约被称为古典契约，适合通过市场完成；资产专用性程度、交易频率和不确定性高的契约是某种关系契约，主要依靠统一治理即通过科层来完成；介于两者之间的是新古典契约和另一种关系契约，分别适用于第三方治理和双方治理，通过混合（如质押、互惠、特许权和管制等）来完成。

在交易方有限理性且有投机倾向时,如果交易中存在专用性投资,即使事前完全竞争,事后也会导致双边垄断,存在套牢问题,这被威廉森称为根本性转换。在交易各方如果都想得到交易剩余时,可能导致经济无效率,这表现在两方面:事后有效交易量不能实现;事前专用性投资不足。而签订长期合同或是纵向一体化则可能缓解这样的经济无效率。

此外,威廉森认为企业规模不能无限扩张,否则会因无法实施选择性干预和高能激励(指剩余所有权)而面临资产滥用与敲竹杠带来的高额官僚主义成本;采用抵押形式的单向贸易和采用互惠形式的双向贸易均是为了解决资产高度专用带来的高度风险而实现可信承诺的混合形式;工会是一种不完全契约下保护工人专用性投资的治理形式,董事会本质上是保护股东专用性投资的治理形式;对于垄断行业考虑到专用性投资应将事前竞标和事后行政管制相结合,垄断企业的价格限制行为通常是保护其专用性投资的合理行为。

第二节 新制度经济学的经济增长理论

新制度经济学相比于旧制度经济学,最大的不同就在于新制度经济学是基于新古典经济学的基本方法去分析和研究制度的经济学流派。新制度经济学形成于20世纪70年代至80年代之间,80年代中期传入我国。随着90年代初科斯和诺思先后获得诺贝尔经济学奖,新制度经济学在我国得到了广泛的传播。在有关制度与增长关系的理论中,科斯证明了由于交易费用的存在,制度安排对资源配置及经济表现是相关的,即制度是相关的命题,认为解决市场失败的关键在于制度安排,从而把制度纳入了经济理论的实证分析范围。而最为著名的新制度经济学派的代表是诺思,他在运用科斯的交易费用和产权分析方法的基础上,对制度的重要性进行了深入的研究。诺思的经济增长理论以产权为基础,以制度变迁为核心,包括国家理论和意识形态在内的严密体系。

一、交易费用、产权与经济增长

交易费用存在于所有经济组织形式中,是一个外延十分广泛的概念,包括搜集信息的费用、签订与执行契约的费用、组织费用、考核与监督费用、产权的界定、机会主义行为的外部损失等。交易费用是决定经济组织选择的重要因素，是新制度经济学分析制度与经济增长的重要基础。经济组织的变迁过程，是人类力图降低交易费用和选择更有效率的经济组织的过程。

制度的一项重要功能就是降低交易费用。科斯关于企业对市场的替代的论述说明，当用市场方式组织生产费用高昂时，可以用企业这种制度方式代替市场制度方式，从而节省交易费用。诺思指出，随着人类交易形式变得越来越复杂，制度必须随之变化，其目的就在于降低交易费用。"它们从那些解决简单交换问题的制度，扩展到跨时空和无数人的制度……当交易的成本和不确定性很高时，非专业化就是一种保险的形式。专业化及有价属性的数量与可变性越大，投入可信制度的权重就越大，它们能使个人从事复杂合约时的不确定性最小化。在现代经济中，交换是由许多延伸了很长时间的许多可变属性构成的，它们必须要有制度的可信性，而这些制度在西方经济中是逐渐形成的。"

在新制度经济学中，对产权制度的重视是其理论中非常重要的组成部分，为制度问题的研究提供了新的视角。诺思和托马斯通过历史的分析认为一种提供适当的个人刺激的有效的制度是促进经济增长的决定性因素，而在制度因素中，产权关系最重要。制度的功效在于通过一系列的规则来界定交易主体间的相互关系，减少环境中不确定性和交易费用，进而保护产权，增进生产性活动，使交易活动中的潜在收益成为现实。

产权的界定是需要成本的，这种成本就属于交易费用。科斯认为，人们往往以为产权就是对物质实体的所有权，其实这是一个错误的概念，真正的含义是"所有者实施一定行为的权利"，这些权利的边界即交易界区，也就是说这种产权不一定是完整的，不一定具有排他性，有时还必须与其他人共同完成"行为权"，有时界区不明，还会造成"搭便车"行为。比如所有者拥有机器、厂房、设备，但他必须雇佣工人操作使用，才能使机器运转起来，但如果无法监督工人在规定标准内工作，会出现工人出工不出力，在规定时间里寻找闲暇和舒适等偷懒问题。这样，发生了工人、老板、监督者之间的权利界区模糊，没有明确规定企业内部交易的责任义务，权利不清楚，那么会出现效率下降和所有者受损的问题。这种由于产权界定不清而带来的损失，也是一种交易费用，为了改变这种情况，就要界定产权，然而，界定产权是有费用的。

产权是一种社会契约，它有助于形成对一个人在同他人的交易中能理性把握的预期。作为基础性的制度安排，产权影响资源配置效率，一个社会的经济绩效最终取决于产权安排对个人行为所提供的激励。产权界定对于社会经济运行是如此重要，正如科斯所说："合法权利的初始界定会对经济制度运行的效率产生影响，权利的一种安排会比其他安排产生更多的支出。但是，除非这是法律制度确认的权利调整，否则通过转移和合并达到同样后果的市场费用如此之高，以至于最佳权利配置和由此而来的更高产出将永远无法实现。"

二、国家、产权与经济增长

国家的出现是古代世界最主要的成就。"国家的存在是经济增长的关键，然而国家又是人为经济衰退的根源"。在新制度经济学看来，国家也是一种组织。诺思认为，国家是一种在暴力方面具有比较优势的组织。经济增长有赖于明确的产权，但在技术和现有的组织制约下，产权的创新、裁定和行使代价都极为昂贵，因此国家作为一种低成本的提供产权保护与强制力的制度安排应运而生，以维护经济增长和发展，并最终对造成经济的增长、发展、衰退或停滞的产权结构的效率负责。

诺思的国家理论的核心就是国家、产权及经济增长之间的相互关系。按照诺思的分析，对于各种产权结构，都存在一种从一切可行的组织形式中选择出来的结构性生产边界，这种结构性边界能使技术边界以内成本最小而产量最大。产权体系确定了一系列可行的经济组织形式，而产权体系则依赖于社会的政治结构，并且某些政治体制能使结构性生产边界接近于技术性生产边界，而另一些政治体制则不能。因此，移动结构性生产边界接近技术性生产边界需要政治变迁，所以关于经济改革的收益—成本评估必须既包括政治变迁成本又包括维持（实施）各种体制的成本。把先进技术条件下的交易成本降低到可操作的水平（即每笔交易的交易成本）需要适宜的产权结构，而能提供这种适宜的产权结构的也只能是国家。国家具有提供这种社会所需要的结构的优势，"与法律、公正和防卫的设计相关的规模经济是文明的基本源泉"。

然而，诺思研究了大量的历史得出了一个重要的论点，国家一般并不提供能促使经济接近其技术性生产边界的适宜的产权结构。大量相对和绝对经济衰退的国家或地区的案例只能解释为由于组织制度失效了。诺思将国家定义为一个在暴力方面有比较优势的组织，在扩大地理范围时，它的界限要受其对选民征税权力的限制。控制国家的统治者既垄断暴力又垄断公共服务的供给，而且充当一个具有歧视性的垄断者的角色。如前所述，统治者与被统治者之间是一种长期的契约关系。诺思的基本观点是：统治者在谋求自身利益最大化时要受到生存问题、代理问题及度量成本问题等的限制，因而其所采用的征税方法和建立起来的产权体系很可能会引致经济远离它的技术性生产边界。

因此，国家处于界定产权的地位，既可以使界定的产权结构促进经济增长，也可使之走向反面。只有在能使国家统治者福利最大化的目标范围内国家才会界定和促成有效率的产权制度，从而促进经济增长；然而在大多数情况下，由于竞争约束和交易费用约束这两重约束的存在，统治者为了维护本集团的既得利益，会允许低效率甚至是无效产权的存在，这样就会造成经济发展的停滞或经济衰退。

三、意识形态与经济增长

诺思认为，无论是在个人相互关系的微观层面上，还是在有组织的意识形态的意识层面上，意识形态都提供了对过去和现在的整体性解释。由此可见，意识形态对人类长期经济增长和社会发展的作用。根据诺思的阐释，意识形态可以被定义为关于世界的一套信念，是人们关于周围世界的一种总体观点和判断。具体地说，诺思认为，意识形态有三个基本特征：①意识形态是个人与其环境达成协议的一种节约费用的工具，它以"世界观"的形式出现，从而使决策过程简化。②意识形态是与个人对其所领会的关于世界公平的道德和伦理判断纠缠在一起的，因而可以在相互对立的理性和意识形态中进行选择。③当个人的经验与他的意识形态不一致时，他会改变意识形态上的看法，当然，在他改变之前，必然有一个经验和意识形态不一致的积累过程。

在诺思看来，意识形态促使交易双方决策过程简化，从而节省了交易费用。而且，意识形态与产权之间也存在着互动的关系。不仅产权的变化会引发意识形态的改变，而且意识形态对产权的界定有着不容忽视的影响。把意识形态引入交易费用及经济增长的分析中，是诺思的一大贡献。前面提到，意识形态正是通过影响机会主义行为及交易费用、制度执行费用及制度力、政治和司法决策过程等诸多途径来影响资源配置及经济增长的。

意识形态对于经济增长的重要作用在于：第一，个人主义的成本—收益的价值观不能解释人类行为的一切方面。"我们使用的收益成本的分析大有局限性，以致不能捕捉到人们决策过程中的其他因素。个人效用函数远比新古典理论迄今为止所体现的简单假定复杂。"第二，任何制度都不是绝对完善的。在一个博弈的社会里，尽管有整套不变的规则、检查程序和惩罚措施，在限制个人行为程度上仍存在相当的可变性，经济主体把成本外化于他人和社会的机会主义行为依旧广泛存在。意识形态能使决策过程简单明了，能够减少交易费用，因此，"意识形态是种节约机制。"第三，对制度公正与否的评价是意识形态的重要内容。一种制度能否诞生、诞生之后能否在低成本状态下运行，与人们对该种制度的合理性、公正性的理解高度相关。"在社会成员相信这个制度是公平的时候，规则和产权的执行费用就会大量减少。"第四，资源的非市场配置是资源配置的重要组成部分，其中包括通过政治和司法程序进行的资源配置。在政治和司法程序中，意识形态是不可忽视的重要力量。因此，"通过政治和司法程序进行资源配置为意识形态决定决策过程提供了大量契机"。也就是说，在有国家干预的经济社会，意识形态成了影响资源配置的重要因素。

四、制度变迁与经济增长

对于制度变迁在经济增长中的重要作用，新制度经济学家早就认识到了。新制度经济学家之所以展开对制度及其变迁的研究，正是基于科斯定理有关产权和制度安排对资源配置、经济增长有重要影响的结论。至于制度变迁在经济增长中的作用到底有多大，诺思也作出了一定的回答。

（一）制度变迁的路径依赖

制度变迁是一个制度的替代、转换和交换过程，制度变迁能否发生取决于很多因素，如相对价格的变化、制度变迁的代理人以及制度变迁的成本与预期收益的比较等。为什么所有的国家并没有走同样的发展道路，为什么有的国家长期陷入不发达，总是走不出经济落后制度低效的怪圈？诺思考察了西方近代经济史以后，认为一个国家在经济发展的历程中，制度变迁存在着路径依赖（path dependence）现象。

路径依赖是西方新制度经济学中的一个名词，它指一个具有正反馈机制的体系，一旦在外部性偶然事件的影响下被系统所采纳，便会沿着一定的路径发展演进，而很难为其他潜在的甚至更优的体系所取代。路径依赖强调了这样的一个经济现象：在一定的条件下，在动态经济过程中，存在的是多重均衡而非传统经济学分析结构赖以存在的单一均衡，相应地，经济系统中存在着传统经济学以外的影响因素（即在传统经济学中被忽视的偶发的、微小的历史事件），它们成为影响和决定系统最终将走上哪一条发展路径的重要因素，不同的历史事件及其发展次序，不会产生同一个均衡结果。也就是说，经济究竟向哪个方向发展，是"敏感依赖于初始条件的"，这就是路径依赖的经济学本质。

诺思指出，路径依赖是对长期经济变化作出分析性理解的关键，决定了制度变迁和经济增长的方向和强度。这是因为，一方面，制度变迁中时滞的产生与路径依赖有很大关系；另一方面，一个社会制度演变的路径是以前制度变迁的轨迹，它在很大程度上也就制约了制度变迁今后的发展。因此可以说，路径依赖理论是制度变迁分析中的一个极其重要的理论。在诺思看来，正是由于路径依赖的存在才导致了一些经济社会制度安排的高效率，和另一些经济社会的低效率制度安排的同时存在。路径依赖原理告诉我们"历史是至关重要的""人们过去作出的选择决定了他们现在可能的选择"。①

诺思列举了历史上两条形成鲜明对照的路径：一条是成功的路径，沿着既有的路径，经济和政治制度的变迁可能进入良性循环的轨道并迅速优化，称为诺思路径依赖 I；一条是持续失败的路径，即可能顺着原来的错误路径往下滑，称为诺思路径依赖 II。我们看到，制度变迁中的路径依赖不是空穴来风，而是客观经济规律。其运行机理可以概括为给定条件、启动机制、形成状态、退出闭锁四大表现或过程。"给定条件"指随机偶然事件的发生，即启动并决定路径选择的外部偶然性事件发生，如偶然性战争爆发。"启动机制"指系统中的正反馈机制随给定条件的成立而启动，通常的表现是：投资一大笔初始设置成本建立一项制度；适应制度而产生的组织抓住制度框架提供的获利机会，相互学习，产生学习效应，通过组织间的相互缔结契约以及互利性组织的产生与对制度的进一步投资，实现协调效应，并因一项正式规则的产生而导致其他相关正式规则乃至一系列非正式规则的产生，以补充和协调这项正式规则发挥作用，这就是所谓的"形成状态"；随着以特定制度为基础的契约的普遍履行，适应性预期产生，使这项制度持续不下去的不确定性因素随之有序（包括规则）的过程就是"退出闭锁"，实际上就是制度形成的过程。

（二）制度变迁与经济增长

诺思在 1968 年发表的《1600—1850 年海洋运输的生产率变化的原因》一文中，经过对海洋运输成本的各方面的统计分析发现，尽管这一时期海洋运输技术没有大的变化，但由于船运制度和市场制度发生了变化，例如，海运因海盗受到了打击而变得安全了，保险费用减低，武装护航人员减少，结果是单位船员的载货能力提高和船速加快；其次是市场规模扩大，运输的货物总量大大提高，因此空返次数和滞港时间减少，装卸人员由港口提供，不再随船跟从，从而劳动成本降低，装载量提高。这些制度变迁最终降低了海洋运输成本，使得海洋运输生产率大有提高。在技术没有发生变化的情况下，通过制度创新或变迁亦能提高生产率和实现经济增长使诺思的这篇论文不仅成为新制度经济学的代表作，而且也启迪他从此以后就制度变迁与经济增长这一课题进行深层的、全面的研究。

在 1971 年发表的《制度变迁与经济增长》一文中，诺思明确提出了制度变迁对经

---

① 诺思. 制度、制度变迁与经济绩效 [M]. 上海：上海三联书店，1994：1.

济增长十分重要的观点。他说："经济史学家已经集中注意力于技术变化，把它看作增长的源泉，但是，如上所述，制度安排的发展才是主要的改善生产效率和要素市场的历史原因。更为有效的经济组织的发展，其作用如同技术发展对于西方世界增长所起的作用那样同等重要。"他还说："我深信，在过去的 25 年里，经济学家们解释经济增长的努力是误入歧途。答案并不在于他们的资本形成的模型或各种现成的其他'战略性'变量的狭窄的经济范围中；答案取决于基本制度环境的特征以及这些基本规则实行的程度"①。

在 1973 年出版的《西方世界的兴起》一书中，诺思进一步指出："有效率的经济组织是经济增长的关键；一个有效率的经济组织在西欧的发展是西方兴起的原因所在。有效率的组织需要在制度上作出安排和确立所有权以便造成一种刺激，将个人的经济努力变成私人收益率接近社会收益率的活动。"这里，在制度上作出安排和确立所有权即指进行制度创新，就是说，制度创新是有效率的经济组织从而是经济增长的关键。他还说："我们列出的原因（创新、规模经济、教育、资本积累等）并不是经济增长的原因，它们乃是增长"②。也就是说，按照诺思的观点，以往经济学家提出的各种经济增长决定论，无论是"资本决定论"，还是"技术决定论""人力资本决定论"等，都是不正确的。创新、规模经济、教育、资本积累等各种因素都不是经济增长的原因，它们不过是由制度创新引起的经济增长的表现而已，对经济增长起决定作用的只有制度因素，这就是诺思著名的经济增长的"制度决定论"。

他认为引起经济增长的真正原因是制度的变迁，制度变迁是从均衡到不均衡又回到均衡的过程，除非现行的经济组织或制度安排是有效率的，否则，经济增长不会简单发生。所谓制度变迁，意味着产权的重新调整，意味着经济利益的重新分配。制度变迁的动力来自新的、潜在的、在现有制度安排下无法实现的经济利益的出现，对这种经济利益的追求促使制度创新。而制度创新只有在国家收益同社会收益和谐，共同增长条件下才会成功。国际竞争对于每个国家既是压力又是动力，只有成功地实现制度创新，建立高效率的所有权结构，国家才能实现经济增长，在国际竞争中站稳脚跟。西方世界的兴起以及当代拉丁美洲、亚洲和非洲大部分地区经济的动荡和停滞正好从正反两个方面有力地说明了制度创新的重要性。制度在均衡—非均衡—均衡的不断循环中推动经济增长。

---

① 诺思. 制度变迁与经济增长 [M]. 北京：北京大学出版社，2003：290.
② 诺思，托马斯. 西方世界的兴起 [M]. 北京：华夏出版社，1999：5.

第三节　制度与经济增长理论的新进展

在新制度经济学之后，经济学家进一步研究了制度在决定经济增长的重要作用。

一、奥尔森的制度与经济增长理论

公共选择学派的奥尔森（M. Olson）从制度和经济政策质量以及政府角度分析制度对于经济增长的重要性。奥尔森在论述关于国家的贫富问题上，认为各国所拥有全世界生产性知识存量的差异、各国进入国际市场能力的差异、各国占世界人口土地和自然资源比例大小的差异和各国拥有市场化人力资源质量的差异等通常不是解释一国经济增长和经济发展水平高低的可靠因素，各国财富的巨大差异唯一合乎逻辑的解释是由于他们之间的制度和经济政策质量差异造成的，经济的成功增长取决于两个必要条件：一是存在可靠且明晰的财产权利和公正的契约执行权利；二是不存在任何形式的巧取豪夺，由此他建议建立一个"强化市场的政府"，而在制度的变迁中，由于利益相关者往往产生"集体行动"的问题不能协调行动，致使无效制度经常长时间存在。

奥尔森还从另一个角度讨论制度和经济增长的关系，试图应用他关于利益集团的理论去解释各个国家在不同时期的经济表现。奥尔森将利益集团与经济增长的关系归纳为九点。第一，利益集团之间的讨价还价不可能产生具有共同目标的组织，从而也无法达到最佳的经济增长。第二，稳定的社会容易产生利益集团。第三，小型利益集团更容易组织集体行动，其优势不会因为社会趋于稳定而消失。第四，就平均而言，利益集团以及它们之间的合谋降低经济效率和社会的整体收入水平。第五，泛利组织（encompassing organizations）有使社会更加繁荣的动机，且比较容易关心全社会而不是单个组织的利益。第六，社会中的多数利益集团是为分利而存在的，分利集团的决策过程一般较慢，并趋于拥有过多的目标，且更愿意将各种价格固定下来以便分利的方便。第七，分利集团使社会接受新技术的速度减缓，并使之无法根据条件的变化调整资源配置，因此，分利集团有碍经济增长。第八，分利集团在其发展到一定规模之后趋于排外并限制联盟内部成员的收入差距。第九，分利集团的增加导致国家法律的复杂化，改变社会进化的方向。

前四点说明利益集团的产生及其对经济增长的负面影响,后四点说明分利集团的性质以及它阻碍经济增长的机制。第五点与其他八点有所不同,它对泛利组织的作用做了一定的正面肯定。所谓泛利组织,即在民众中代表度比较广泛的组织。当一个组织的代表度比较高时,它趋于更多地关注社会整体利益,因为社会整体利益在很大程度上也是组织的利益。奥尔森应用以上九种关系解释了战后民主国家在经济增长方面的差异以及一些文明古国陷入停滞的原因。

二、格雷夫的制度与经济增长理论

新制度经济学的新代表格雷夫把重复博弈理论和特定的历史情景结合起来进行了别具一格的历史比较制度的研究,把制度的研究大大推进了一步。格雷夫称制度为"具有自我强制的非技术性的行为约束",它直接来自博弈论。

从博弈论的角度看,制度起源于积极的文化信仰,是自发演化的产物。在处理制度之前,首先必须处理组织。通过比较11世纪、12世纪地中海地区两个最大的贸易集团——热那亚商人和马格里布商人之间文化信仰的差异,他认为,一个社会的组织,它的经济、法律、政治和社会以及道德强制制度,是伴随着它的社会建构、信息传递和协调机制的,并且对长期的制度演化具有非常重要的影响。格雷夫认为,从传统的文化信仰的演化过程看,组织的导入反映了知识存量的增长,并导致了有意识的追求或者是无意识的产出。由于制度具有文化信仰的基础,制度变迁过程就是知识增长的过程,它体现出来的过程,首先是斯密式的经济增长,然后是通过国家强制力的应用影响经济运行的效率。显然格雷夫的历史制度分析正在修正诺思对欧洲经济增长过程分析的结论。

格雷夫通过对中世纪后期欧洲和亚洲、非洲的制度和合约发展进行了历史和比较分析,强调中世纪后期提高福利的现代西方制度的许多要素和特征已经存在和出现,例如,个人主义、人为的正式制度、法团主义、自我治理以及反映制度化过程的规制。他研究了中世纪晚期热那亚的政治制度的自我强化的要素、含义以及内生的变迁,同时还研究了支持中世纪晚期欧洲非人格化交易的制度:社会责任制(Community Responsibility System CRS),解释了CRS怎样在缺乏公正的法律体系的情况下,进行以时间和地点分离为特征的非人格化交易;而CRS支持的长途贸易反过来又削弱了自身,逐渐被建立在私人法律责任基础上的法律制度取代。

格雷夫认为以诺思、戴维斯等为代表的新经济史学派忽视在国家法律缺失的情况下对契约实施和交易问题的研究。所以，他断言要正确认识制度、贸易和经济增长之间的关系，首先必须反思新经济史学派所认为的国家是制度的唯一来源这一观点。格雷夫的历史比较制度分析侧重于微观地研究那些使交易得以发生的制度及制度因素，这些制度（因素）保证了契约关系的实施（特别是自我实施的）。因此，基于制度保障的贸易不断扩张，经济也将增长。交易一直是经济学中非常重要的基础性研究对象和分析概念，格雷夫的理论构建起点正是针对交易和交换关系中制度的起源和变迁问题阐发的。他认为，大体而言，制度会对经济后果产生影响，是因为它能够通过经济代理人和他们意愿实施的一系列交换关系来影响资源配置。

三、肖特等人的制度与经济增长理论

肖特的《社会制度的经济理论》是最早从对策论的研究视角探讨人类社会制度现象的一部著作，其研究方法对制度经济学的研究范式影响比较广泛，后来的很多经济学家称肖特为"对策论制度分析史上的里程碑"。在书中肖特第一次采用演化对策模型论证了社会制度何以能够自发地形成，通过逻辑严谨的经济学推理，阐述了哈耶克的"人类自生自发的社会秩序"是如何演化的。并且在肖特的研究的基础上，后来出现了青木昌彦等经济学家，他们通过进一步研究发展了制度演化理论，开辟了制度经济学研究的新视角，形成了制度经济学的一个新的研究领域。

青木昌彦通过对策论模型来分析制度演化，他根据对策主体的理性程度可以划分为有限理性和完全理性，并且把对策模型分为古典的对策模型和进化的对策模型两种来进行分析。其中古典的对策模型主要是用来分析规范、合同和治理结构之类的问题，而进化对策模型则分析以惯例和习俗形式存在的制度问题。

青木昌彦在他的研究中还通过建立主观对策模型来说明其演化思想，并形成一种内生性对策均衡的制度观，以试图把人们的认知结构加入进化对策的模型中来。青木昌彦在其著作中谈到进化对策的研究思路时认为，"经济中稳定的均衡状态是：不可能正确地知道自己所处的利害状况，发现最佳行动的能力也是有限的经济主体，通过对被认为是最有利的战略逐渐模仿下去，而最终所达到的状态。在这样的经济中，能够观察到采用获得更高受益的战略的人数比率逐渐上升的动态过程。这与更善于适应现状的种类逐渐地占据统治的所谓生物进化过程类似。"[①]

---

① 青木昌彦. 经济体制的比较制度分析 [M]. 魏加宁译. 北京：中国发展出版社，1999：32.

在考虑到人类的有限理性符合生物进化论的假设之后,他把进化对策理论的研究方法应用到经济领域的研究中来。在这里对有限理性的阐释,青木昌彦是通过惯性、近视眼和试错实验法三个方面来理解。惯性是指在进化对策中,参与者每次都要以某种特定的战略参与到要素对策中,而其中战略的变更会伴随着成本的不断增加,因此对策中的许多人会以同样的战略参与到对策中。而近视眼则主要是指在对策中,当某个人需要变更战略时,一般总是将现在的战略分布作为已知的条件,然后在这种战略分布的条件下选择自己应该采取的战略分布的形式,并认为这是一种最佳的战略。试错实验法主要考虑虽然社会经济状态处于一种比较稳定的状态,但是由于社会中存在有创新意识的个体,这些有创新意识的个体一般不会拘泥于目前的最佳战略,而是去尝试各种各样的战略,并且每一次都会有一部分人发生替代。

四、钱颖一等人的制度与经济增长理论

钱颖一和温加斯特(B. Weingast)等人提出的"经济联邦主义",从政府体制角度对中国的分权与经济增长进行理论分析,揭示了中国地方政府竞争的性质。该理论认为,中国地方政府的强激励有两个基本原因,第一个是行政分权,中央政府从20世纪80年代初开始就把很多经济管理的权力下放到地方使地方政府拥有相对自主的经济决策权。第二个是以财政包干为内容的财政分权改革,中央把很多财权下放到地方,而且实施财政包干合同,使得地方可以与中央分享财政收入。财政收入越高,地方的留存就越多,其中预算外收入则属于100%的留存。

随着改革开放的深入,市场化的制度力量逐步释放,经济组织的效率逐步提高,居民收入逐步增加,经济增长率虽然波动较大,但增长的趋势比较明朗。特别是和其他转型国家相比较,中国的经济转型似乎显得特别成功。问题的核心就在于:为什么中国的渐进式改革创造出了有效的市场化激励,而其他采取激进改革模式的转型经济相对缺乏激励呢?钱颖一等人就认为这是中国特定的政府间分权制度所导致的。中国从集权向市场制度转型的过程是一个政府逐步分权的过程,在这种分权的过程中,虽然没有实施美国等发达国家的财政联邦主义制度,但形成了"中国特色的分权"。这种中国特色的分权应该称之为"财政联邦主义,中国风格"或者"经济联邦主义",或者"市场保护型联邦主义"。在地方政府没有获得相对独立税权的前提下,拥有了部分公共职能的事实自由处置权,形成了一种所谓的"经济联邦主义",这种分权模式赋予了地方政府较大的激励,从而能够起到促进市场或者保护市场的作用,并促进了经济增长。钱颖一等人的观点为

理解中国改革开放过程中地方政府行为和经济增长打开了一扇新的大门。

周黎安建立了一个地方官员政治晋升博弈的简单模型，旨在强调地方官员的晋升激励对地区间经济竞争和合作的影响。政府官员的治理机制是决定经济增长的重要的制度安排。由于政治晋升博弈的基本特征是一个官员的晋升直接降低另一个官员的晋升机会，即一人所得为另一人所失，这使得同时处于政治和经济双重竞争的地方官员之间的合作空间非常狭小，而竞争空间非常巨大。他把这种类型的竞争看成晋升锦标赛治理模式。

周黎安等人认为中国的政治与经济条件都特别适合采用晋升锦标赛的模式。第一，中国是中央集权的国家，中央或上级政府有权力决定下级政府官员的任命，即具有集中的人事权。第二，无论是省与省之间，还是在市、地区、县、乡之间都有非常相似的地方。这些地方政府所做的事情很相似，所以他们的绩效比较容易进行相互比较。第三，在中国目前的行政体制下，地方官员对地方经济发展具有影响力和控制力。一些最重要的资源，如行政审批、土地征用、贷款担保、各项政策优惠等均掌握在地方政府的手中。晋升锦标赛作为中国政府官员的激励模式，它是中国经济奇迹的重要根源。晋升锦标赛是由上级政府直至中央政府推行和实施，行政和人事方面的集权是其实施的基本前提之一，而晋升锦标赛本身可以将关心仕途的地方政府官员置于强力的激励之下，因此晋升锦标赛是将行政权力集中与强激励兼容在一起的一种治理政府官员的模式。以经济增长为基础的晋升锦标赛结合了中国政府体制和经济结构的独特性质，在政府官员手中拥有巨大的行政权力和自由处置权的情况下提供了一种具有中国特色的激励地方官员推动地方经济发展的治理方式。

但是晋升锦标赛也是一把双刃剑，它的强激励本身也内生出一系列的负面作用，比如行政竞争的零和博弈的特性导致区域间恶性经济竞争；在政府职能呈现多维度和多任务特征时，晋升锦标赛促使地方官员只关心可测度的经济绩效，而忽略了许多长期的影响；晋升锦标赛使得地方官员是地区间晋升博弈的"运动员"，同时政府职能要求他们又必须是辖区内市场经济的裁判员，这两者存在内在的角色冲突，政府职能转换之艰难便源于此。

五、阿西莫格鲁的制度与经济增长理论

前文对决定经济增长的制度的讨论主要强调的是产权保护、契约实施等经济制度。近年来，阿西莫格鲁等新制度经济学家进一步研究了政治制度在决定经济制度变迁及其对

经济增长的重要作用，从而推进了决定经济增长根本性制度问题的研究。正如诺思所说："人类为规范政治、经济环境所创建的结构是经济绩效的基本决定因素。这种结构提供了一种激励机制，人类根据这种激励作出选择……经济运行中的正式规则是由政治体制来定义和保证实施的，因此政治体制是决定经济绩效的基本因素。"

那么政治制度又是如何决定经济制度变迁与经济增长的呢？阿西莫格鲁等构建了一个政治制度决定经济制度、经济制度又决定经济增长的动态分析框架深化了人们对政治制度在决定经济增长中的作用的认识。阿西莫格鲁等将其图示化为（其中 t 代表现期；$t+1$ 表示将来）：

图 13-1　政治制度决定经济增长的动态分析框架

下面对其分析框架作一个简要的介绍。经济制度不仅影响经济的总量，也影响经济的结构。经济制度是内生的，最终的制度权衡取决于政治权力。哪个集团能够拥有更多的政治权力，它就能够保证制度变迁向着它所偏爱的方向进行。然而政治权力的分布也是内生的。在此，区分政治权力的两个部分——法定的政治权力和实际政治权力——是有用的。政治制度和资源分配是这个动态框架中的状态变量，因为它们的变换很慢，而且更重要的是，它们直接或间接地决定了经济制度与经济绩效。它们的直接效应很容易理解。如果政治制度把所有的政治权力都放在一个人或者一小群人手中，那么经济制度不会为其他人提供相同的产权保护和平等的机会。间接效应通过上面讨论的渠道起作用：政治制度决定法定政治权力的分配，而这又影响了经济制度的选择。所以这个框架提供了一个制度的层级概念，即政治制度影响经济制度的均衡，而经济制度又影响经济结果。尽管政治制度变动比较慢，但它也是内生的。社会从独裁体制变到民主体制，通过修宪来限制当权者。既然政治制度也是公共选择的结果，社会中政治权力的分布也是政治制度演化的关键因素。这使得政治制度有一种持续的力量：政治制度赋予当权者政治权力，当权者能够运用政治权力影响政治制度的演进，一般来说，他们会保持赋予他们政治权力的政治制度。然而，实际的政治权力有时会带来政治制度的变迁。当然，这些变迁一般都是不连续的，如当不平衡的权力导致革命或革命的威胁导致政治制度的重要变革，它们常常会简单地影响现存政治制度起作用的方式。

将上面的讨论加以总结,在图 13-1 中,政治制度和资源分配是两个状态变量,这两个变量在 t 时点的状况足以决定系统中的所有其他变量,政治制度决定社会法定的政治权力的分配,而资源分配影响 t 时点实际政治权力的分配。政治权力的两个来源影响经济制度的选择和政治制度的未来演进,而经济制度决定经济绩效,包括经济的总增长率和 $t+1$ 时刻的资源分配。虽然经济制度是决定经济绩效的根本原因,但是它本身也是内生的,而且是由社会的政治制度和资源分配决定的。

本章提要

本章对各学派关于制度与经济增长的关系进行了系统梳理。在诺思之前的经济增长模型中,制度因素是被排除在外的,即将制度因素作为外生变量,主要是通过各种物质生产要素的变化去说明生产率的变化和经济增长与否。诺思在 1973 年指出,有效率的经济组织是经济增长的关键,有效率的组织需要在制度上作出安排和确立所有权以便造成一种刺激。创新、规模经济、教育、资本积累等各种因素都不是经济增长的原因,对经济增长起决定作用的只有制度因素。这就是诺思著名的经济增长的制度决定论。诺思的经济增长理论是以产权为基础,以制度变迁为核心,包括国家理论和意识形态在内的严密体系。

制度及其变迁对经济增长的决定是通过对人们参与各种经济活动的积极性的影响来实现的。好的制度的确能够促使人更积极地工作,不好的制度往往无法使人更好地工作,而是使人想办法如何尽量少工作、多偷懒。在决定经济增长的根本性制度中,使私人收益率接近社会收益率的产权制度最为关键。当然,新制度经济学之后其他经济学派比如奥尔森等人也对制度与经济增长之间的关系作了很丰富研究,政治制度在决定经济制度变迁和经济增长中也有重要的作用。

关键概念

交易费用 交易费用存在于所有经济组织形式中,是一个外延十分广泛的概念,包括搜集信息的费用、签订与执行契约的费用、组织费用、考核与监督费用、产权的界定、机会主义行为的外部损失等等。

产权 产权是一种社会契约,它有助于形成对一个人在同他人的交易中能理性把握的预期。作为基础性的制度安排，产权影响资源配置效率，一个社会的经济绩效最终取决于产权安排对个人行为所提供的激励。

意识形态 根据诺思的阐释，意识形态可以被定义为关于世界的一套信念，是人们关于周围世界的一种总体观点和判断。

制度变迁 制度变迁是从均衡到不均衡又回到均衡的过程，所谓制度变迁，意味着产权的重新调整，意味着经济利益的重新分配。制度变迁的动力来自新的、潜在的、在现有制度安排下无法实现的经济利益的出现，对这种经济利益的追求促使制度创新。

路径依赖 路径依赖指一个具有正反馈机制的体系，一旦在外部性偶然事件的影响下被系统所采纳，便会沿着一定的路径发展演进，而很难为其他潜在的甚至更优的体系所取代。

诺思路径依赖 I 一条成功的路径，沿着既有的路径，经济和政治制度的变迁可能进入良性循环的轨道并迅速优化。

诺思路径依赖 II 一条持续失败的路径，即可能顺着原来的错误路径往下滑。

财政联邦主义 钱颖一和温加斯特等人提出的"财政联邦主义"，从政府体制角度对中国的分权与经济增长进行理论分析，揭示了中国地方政府竞争的性质。中国从集权向市场制度转型的过程是一个政府逐步分权的过程，在这种分权的过程中，虽然没有实施美国等发达国家的财政联邦主义制度，但形成了"中国特色的分权"。

思考题

1. 诺思之前的经济增长理论如何看待经济增长的决定因素？有什么缺陷？
2. 谈谈新制度经济学如何论述与经济增长的关系。
3. 试阐述交易费用、产权与经济增长的关系。
4. 如何认识国家、产权与经济增长的关系？
5. 意识形态是通过何种途径影响经济增长的？
6. 制度变迁决定经济增长的途径是什么？
7. 诺思的两条路径依赖途径分别是什么？

8. 奥尔森认为制度与经济增长有什么关系?
9. 格雷夫认为制度与经济增长有什么关系?
10. 肖特、青木昌彦等人如何看待制度演化与经济增长的关系?
11. 如何解释政治制度促进经济增长的作用?
12. 如何认识中国经济增长过程中制度的作用?

第十四章　统一增长理论

经济增长理论的发展旨在为经济增长的源泉以及世界上不同国家和地区之间经济增长的差异提供合理的解释。马尔萨斯理论只能解释马尔萨斯经济停滞，而不能解释现代经济持续增长。新古典增长理论和内生增长理论的发展为现代经济的持续增长提供了合理的解释，其中新古典增长理论强调外生技术进步是促进经济增长的原因，内生增长理论认为经济增长率是由经济参与者（包括家庭、厂商和政府）的最优行为决定的。值得注意的是，新古典增长理论和内生增长理论面临如下的批判：第一，只能解释工业革命以后的现代经济增长，不能解释工业革命之前人类的发展历史，而现代经济增长时期只占整个人类历史时期的 0.1%；第二，不能为发达国家从经济停滞到经济持续增长的转型过程提供合理的解释；第三，不能对不同国家和地区之间人均收入水平的持续拉大给出更好的说明；第四，不能解释整个人类社会发展过程中的人口转型等问题。因此，如何通过一个统一的框架来解释整个人类历史发展过程是经济学家面临的挑战。

在过去的十年里，经济学家尝试将马尔萨斯理论与现代经济增长理论结合起来，通过统一增长的框架来解释整个人类历史的不同发展阶段之间的内生转型过程。美国经济学家盖勒对此作出巨大贡献。

第一节　统一增长理论对发展阶段的划分

统一增长理论旨在为整个人类历史发展过程中的不同发展阶段以及经济的内生转型提供解释，同时更好地解释不同国家和地区之间收入水平持续拉大的问题。

统一增长理论把人类经济发展过程分为三个阶段,即马尔萨斯式增长时期(Malthusian growth regime)、后马尔萨斯式增长时期(post-Malthusian growth regime)以及现代经济持续增长时期(modern growth regime),并从人均收入、人口增长、技术进步和人力资本形成之间的关系出发,为三个阶段之间的演化过程提供了良好的微观基础。统一增长理论认为,技术进步是经济增长的关键,但技术进步的源泉不同,决定了经济增长速度的差异;在人类发展早期,人口规模是技术进步的关键因素;随着社会经济的发展,对人力资本需求的增加开始成为技术进步的重要原因。

本节概述这三种基本的模式,这三种模式刻画了人类历史的整个发展过程。

一、马尔萨斯式增长时期

发达国家从公元前 8000 年的新石器革命到 1760 年的工业革命属于马尔萨斯式增长时期;发展中国家经济起步较晚,从新石器革命到 1900 年均属于马尔萨斯式增长时期。在这一阶段,由于处于农业社会,人类为了生存而持久地挣扎,出生率高、死亡率亦高。人力资本与技术进步都微不足道,难以对生产力产生显著推动作用。这个阶段的教育微乎其微,而且与生产力基本无关。

(1) 人均收入。在马尔萨斯时代,人均产出的长期平均增长率是很低的,各国之间的生活水平并没有多大的差异。在第一个千年纪元内,人均收入的平均水平在每年 450 美元左右波动,世界人均产出的平均增长率则接近于零。类似地,在公元 1000 年至 1820 年之间,世界人均收入的平均水平低于每年 670 美元,而世界人均收入的平均增长率也非常低,仅逐渐增加至每年 0.05%。这种停滞的模式在世界上的所有地区都可观察到。

(2) 人口动态。这一时期内的人口增长同样遵循马尔萨斯模式。在第一个千年纪元内,由于资源扩张步伐缓慢,世界人口仅适度增长,从公元 1 年的 2.31 亿人增至公元 1000 年的 2.68 亿人,年均增长率仅 0.02%。公元 1000—1500 年,资源扩张步伐的加快(但仍然是迟缓的)使得世界人口增至 4.38 亿人,年均增长率是 0.1%。公元 1500—1820 年的资源扩张对于世界人口有了更为显著的影响,使其从公元 1500 年的 4.38 亿人增至公元 1820 年的 10.4 亿人,年均增长率为 0.27%。在马尔萨斯时代,各国间人口密度的差异主要反映的是技术和土地生产力方面的跨国差异。由于人均收入上升带来的是人口的增加,因而各国间技术或者土地生产力的差异导致的是人口密度的差异,而不是生活水平的差异。人口密度的增大一直持续到人口转型时期,也就是说,人均 GDP 与人口增长之间的正向关系一直维持到人口转型时期。

（3）生育率和死亡率。在马尔萨斯时代，生育率和死亡率之间的关系是不明确的。以资源扩张（可能改善了营养和健康状况）为标志的时期，允许人口数量上升至环境能够承载的水平，导致了生育率的上升，以及死亡率的下降。此外，在以死亡率上升为特征（如黑死病）的时代，生育率提高了，存活后代的数量维持在已有资源能够承载的水平上。而且，出生时的预期寿命也是波动的。

（4）收入与人口。在这一时期中，人口和工资的波动也遵循着马尔萨斯模式。技术进步、土地扩张、适宜的气候条件以及主要的流行疾病（这将导致成年人口的下降）的不断发生，导致了实际工资和人均年收入的暂时增加。

（5）技术进步。马尔萨斯时代的技术进步正向地受到人口规模的影响。人口规模的扩大提高了创新思想的产生及传播的速度。此外，人口规模影响了生产过程中的分工程度、干中学的程度以及区域内贸易的范围，从而影响到技术模仿与采纳的程度。进一步地，不断提高的人口密度导致了人口压力，从而提升了创新的必要性。

证据表明，在人类存在的绝大部分时间里，发展过程的标志正是马尔萨斯停滞。这一时期经济具有如下几个典型特征：技术进步和资源扩张使得人口规模扩大，人口规模又进一步影响技术进步。在很长的时间里，人均收入水平围绕维持生存的水平波动。技术进步和土地扩张带来的资源主要被用于人口规模的增加，而对于长期人均收入水平只有微弱的影响。技术水平和土地生产力的跨国差异主要反映为人口密度的差异，而对于生活水平的不同影响都只是暂时性的。

尽管如此，人均收入停滞的时代还是蕴含了一种动力机制，这一机制最终引起了从这一时代的起飞。具体来说，统一增长理论认为，尽管在马尔萨斯时代，人均收入的增长是微不足道的，但是这一时期的特征，即人口和技术之间的动力机制，对于经济最终摆脱停滞状态却是至关重要的。

统一增长理论关于这一时期模型的核心设定是，土地是决定产出水平的重要投入要素，且土地资源是有限的，因而劳动的边际生产率是递减的。

二、后马尔萨斯式增长时期

发达国家从1760年到1870年的欧洲人口转型时期为后马尔萨斯式增长时期，发展中国家从1900年至今均为后马尔萨斯式增长时期。

在后马尔萨斯时代，联结着高收入和高速人口增长的马尔萨斯机制仍然发挥着作用。尽管存在人口增长的抵消效应，但是更大的人口规模在稀释人均资源从而降低人均收入方面的作用，被技术进步和资本积累的加速所抵消，从而使人均收入有所增加。

发达地区从马尔萨斯时代的起飞伴随着工业革命，这一事件发生于 19 世纪的上半叶。与此形成对照的是，欠发达地区的起飞在即将进入 20 世纪的时候才发生，在某些国家甚至延迟至 20 世纪。马尔萨斯时代随着人口增长率下降的出现而结束，在西欧及西方旁支国家中，这发生于 19 世纪即将结束的时候，而在欠发达的地区，这发生于 20 世纪下半叶。

人均收入的起飞。在后马尔萨斯时代，人均产出的平均增长率显著提升，各国的生活水平开始出现巨大差异。世界人均产出的平均增长率从 1500—1820 年的 0.05% 猛增到 1820—1870 年的 0.5% 和 1870—1913 年的 1.3%。

人口增长的几次高峰。在后马尔萨斯时代，人均收入的迅速增加被部分地用在了人口的增长上面。西欧的起飞，和西方的旁支的起飞一起，导致了这些地区的人口增长率迅速上升，接着导致了整个世界中的人口增长率适度地上升。随后，欠发达地区的起飞及其相应的人口增长率的上升导致了世界人口增长率的又一次显著上升。世界人口增长率从 1500—1820 年的平均每年 0.27% 增至 1820—1870 年的平均每年 0.4%，再增至 1870—1913 年的平均每年 0.8%。进一步地，尽管在接近 19 世纪末和 20 世纪初的时候，西欧及西方旁支的人口增长率是下降的，但是欠发达地区被延迟的起飞及在人口转型之前这些地区的人均收入的显著增加，导致了世界人口增长率的进一步上升。人口增长率首先增至 1913—1950 年的 0.9%（年均水平），接着连续上升，1950—1973 年达到 1.9%（年均水平）。最终，在 20 世纪的下半叶，绝大多数欠发达经济体中出现了人口转型现象，这才使得世界人口增长率下降至 1973—1998 年的 1.7%（年均水平）。在世界上所有地区中，人均收入增长率的起飞都伴随着相应的人口增长率的起飞。但是，最终绝大多数地区都经历了人口转型，以及随后的向经济持续增长时代的转型，使得经济体可以将来自要素积累和技术进步的好处中的更大份额用于人均收入的增长。在后马尔萨斯时代，技术领先者和土地资源丰富的地区同时在人均收入和人口规模方面提升了其在世界的相对位置。只要人均收入和人口增长之间的正向联系仍然存在，技术领先者的人口密度的上升会一直持续。此外，在这一时期中，相对总收入的增长率而言，人口增长率逐渐下降。

生育率和死亡率。在后马尔萨斯时代，实际收入的上升及家庭预算约束的放松导致了生育率的增加，同时伴随着人力资本投资的增加。一直到 19 世纪的下半叶，在西欧的绝大多数国家中，尽管死亡率是下降的，但是生育率（以及人口增长率）是上升的，即人均收入的显著提升增加了期望的存活后代的数目。

工业化和城市化。从马尔萨斯时代的起飞伴随着工业化进程的加速以及城市化水平的显著提升。在发达地区，起飞伴随着快速的工业化进程。欠发达经济体在 20 世纪的起飞也伴随着工业化水平的提升。从马尔萨斯停滞的起飞及工业化进程的加速显著地提升了城市化的水平。这种工业化和城市化水平的迅速提升伴随着总产出中农产品份额的下降。

在后马尔萨斯阶段，人口规模的扩大拓宽了市场交易范围，推动了专业化和分工的发展，劳动生产率提高，人口和人均收入同时快速增长。由于人口自然生育力有一个最高限，人均收入的增长速度最终超过人口的增长速度，人口转型开始。它逐渐改变了人口的年龄分布，增加了劳动年龄人口及其比重（人口红利），经济进入工业革命第一阶段。此时教育也发展了，但一般被看作是文化的附属品，人们对教育的投资基于非经济因素，例如宗教、教化、道德形成、社会控制等，生产过程对其需求很低，人力资本对生产过程的贡献很小。

这一阶段经济发展的典型特征是：人均收入水平对人口增长有正向影响；技术进步率与人口的规模和构成之间固有的马尔萨斯式的互动加速了技术进步的步伐，相对于人口增长而言，总产出的增长速度更快；人均收入水平不断上升。

然而，考虑到这一时期中马尔萨斯力量的存在，如果在后马尔萨斯时代的末期，没有一种额外的力量（人力资本形成）出现，那么永久性地摆脱马尔萨斯陷阱就不可能自然而协调地出现。

统一增长理论关于这一时期模型的核心设定是，人力资本的出现及其对人口转型和技术进步的影响是使得经济从后马尔萨斯式增长时期过渡到现代经济增长时期的重要原因。

人口转型

人口转型现象席卷整个世界，后马尔萨斯时代的人口增长率的上升最终被逆转，导致世界范围内众多地区的生育率和人口增长率显著下降，使得各个经济体可以将要素积累和技术进步的成果中更大的比例转化为人均收入的增长。人口转型通过三条渠道强化了增长过程：①减轻了对资本和土地存量的稀释作用；②增加了人口中的人力资本投资；③改变了人口的年龄分布，暂时性地提高了劳动力相对于人口总量的规模。

三、现代经济增长阶段

上文已经提及，技术进步率与人口的规模和构成之间固有的马尔萨斯式相互作用加速了技术进步的步伐，这触发了产业化的进程，对人力资本的需求显著上升，人力资本形成开始出现。人力资本的形成极大地促成了人口转型的出现，而人口转型使增长过程得以摆脱人口增长的抵消效应。因此，统一增长理论认为，人力资本的产业需求的上升及其对人力资本形成的影响，是摆脱马尔萨斯陷阱、向现代增长阶段转型过程中的一种重要的驱动力。

技术进步的加速和后马尔萨斯时代的工业化及其与人力资本形成的相互作用，导致了人口转型，马尔萨斯稳态逐渐消失，经济转向现代经济增长阶段。发达国家从1870年以后至今属于现代经济增长阶段，而发展中国家至今仍未进入这一阶段。

加速的工业化与人力资本形成。无论是在发达地区还是在欠发达地区，向经济持续增长阶段的转型都伴随着快速的工业化和人力资本的形成。向现代增长阶段的转型的另一个特征是，相对于物质资本而言，人力资本积累的重要性逐渐上升以及生育率大幅度下降。在工业革命的第一阶段，作为GDP的一个组成部分的资本积累大幅度提升，而劳动力的识字率基本上没有改变。然而，在工业革命的第二阶段，资本积累的速度趋于下降，并且随着技能对于生产的必要性的提升，劳动力的受教育程度显著地提升了。即，这一阶段的技术进步增加了对人力资本的需求，同时人力资本的增加也促进了技术进步，形成了良性循环，最终父母开始偏好子女的质量而不是数量，引发人口向低出生率、低死亡率转型，经济进入持续增长阶段。

当然，地理因素、历史偶然性、制度和文化的差异使得各国人口转型和经济起飞时间有所不同，形成了世界人均收入和人口增长大分流。

这一阶段经济发展的典型特征是：技术进步不断加快，人力资本水平不断上升，人口增长率下降，人均收入持续增长。

统一增长理论解释这一阶段模型的核心设定是，技术进步及其对人力资本需求的影响以及人口增长率的下降是使得经济从停滞到持续增长的重要原因，同时人力资本积累与技术进步是相互作用的。

每个发展阶段具有不同的特征，其中马尔萨斯式增长时期与后马尔萨斯式增长时期主要是以技术进步速度的快慢为区分标准的，马尔萨斯式增长时期技术进步缓慢，后马尔萨斯式增长时期技术加快发展；后马尔萨斯式增长时期与现代经济持续增长时期主要是以人口增长快慢为区分标准的，后马尔萨斯式增长时期人口增长较快，而现代经济时期人口增长缓慢，甚至出现人口负增长。

表 14-1 统一增长理论中经济发展的三个阶段

阶段	属性		
	马尔萨斯时期	后马尔萨斯时期	持续增长时期
发达国家	8000BCE—1760	1760—1870	1870 年至今
发展中国家	8000BCE—1900	1900 年至今	—
人均收入	不变	增长	持续增长
人口增长率=出生率−死亡率	缓慢增长（高出生率，高死亡率）	加速增长（高出生率，低死亡率）	下降（低出生率，低死亡率）人口转型
技术进步	慢	加快（工业革命）	持续加速
人力资本	无	有教育无人力资本	人力资本和技术进步相互作用

总的来说，统一增长理论解释了人类经济从停滞到增长的整个过程。

第二节 统一增长理论的基础构成要件

统一增长理论的基础是如下几个构成要件的相互作用：马尔萨斯元素、技术进步的驱动机制、人力资本形成的起源以及人口转型的触发机制。

一、马尔萨斯理论

统一增长理论的基本思想来自马尔萨斯，本节首先探讨马尔萨斯理论的基础，主要介绍斯拉法和盖勒建立的一种马尔萨斯模型。

1. 模型的基本结构

考虑一个世代交叠的经济，其中活动按照无限的离散时间进行。在每一期中，经济利用土地和劳动作为投入来生产单一的同质物品。土地的供给是外生的且不随时间改变，劳动供给的演化取决于前一期中和后代数量有关的家庭决策。

生产遵循规模报酬不变的技术。t期的产出Y_t为

$$Y_t = (AX)^\alpha L_t^{1-\alpha}, \alpha \in (0,1) \tag{14-1}$$

其中，L_t和X分别表示t期生产中雇佣的劳动和土地，A为度量技术水平。技术水平与耕地占比、土地质量、天气状况、耕作和灌溉的方式以及从事农业所需的知识（如植物和动物的驯化）有关。因此AX表示的是生产中使用的有效资源。

于是，t期每个工人生产的产出$y_t(\equiv Y_t/L_t)$为

$$y_t = (AX/L_t)^\alpha \tag{14-2}$$

在每一时期t，劳动力是数量为L_t的相同个体构成的一代人。个体的父母都是单亲。t代的成员（这些成员构成了时期t的劳动力）生存两期。在生命的第一期（儿童期）中，个体由他们的父母抚养。在生命的第二期（成年期）中，个体无弹性地供给他们的劳动，获得的收入等于每个工人的产出y_t，这一收入需要在个体自身的消费以及其后代的消费之间进行配置。

个体的效用来自消费及（存活的）后代的数量：

$$u_t = (c_t)^{1-\gamma}(n_t)^\gamma, \gamma \in (0,1) \tag{14-3}$$

其中c_t表示消费，n_t表示一位t代的个体的后代的数量。

t代的成员将其收入在自身的消费c_t和后代的花费ρn_t（这里ρ表示抚养一个孩子的成本）之间进行配置。因此，一位t代成员（在生命的第二期）的预算约束为

$$\rho n_t + c_t \leq y_t \tag{14-4}$$

t代的成员将其收入在消费和抚养后代之间进行最优的配置，从而在满足预算约束（14-4）的条件下最大化其效用函数式（14-3）。为此，个体将其收入中$1-\gamma$的比例用于消费，而将收入中γ的比例用于孩子的抚养：

$$\begin{cases} c_t = (1-\gamma)y_t, \\ n_t = \gamma y_t/\rho \end{cases} \tag{14-5}$$

因此，与马尔萨斯模式一致的是，收入对存活的后代的数量具有正向的影响。

2. 经济的演化

工作人口的演化由工作人口的初始规模和每一位成年人的（存活的）孩子的数量n_t决定。具体来说，$t+1$期的工作人口的规模L_{t+1}是

$$L_{t+1} = n_t L_t \tag{14-6}$$

其中，L_t表示t期的工作人口的规模；$L_0 > 0$。

将式（14-2）和式（14-5）代入式（14-6），则工作人口的时间路径由如下的一阶差分方程决定：

$$L_{t+1} = (\gamma/\rho)(AX)^{\alpha} L_t^{1-\alpha} = \phi(L_t; A) \qquad (14\text{-}7)$$

其中，$\dfrac{\partial \phi(L_t;A)}{\partial L_t} > 0$；$\dfrac{\partial^2 \phi(L_t;A)}{\partial L_t^2} < 0$；$\phi(0;A) = 0$；$\lim\limits_{L_t \to 0} \dfrac{\partial \phi(L_t;A)}{\partial L_t} = \infty$；$\lim\limits_{L_t \to \infty} \dfrac{\partial \phi(L_t;A)}{\partial L_t} = 0$。

因此，对于给定的技术水平 A，如果 $L_0 > 0$，则存在唯一稳定的成年人口的稳态水平 $\bar{L}$（即 $\bar{L} = L_t = L_{t+1}$），满足：

$$\bar{L} = (\gamma/\rho)^{1/\alpha}(AX) \equiv \bar{L}(A) \qquad (14\text{-}8)$$

以及人口密度 $\bar{P}_d$：

$$\bar{P}_d \equiv \bar{L}/X = (\gamma/\rho)^{1/\alpha} A \equiv \bar{P}_d(A) \qquad (14\text{-}9)$$

重要的是，正如式（14-8）和式（14-9）所显示的，技术环境 A 的改进将会提高工作人口规模 $\bar{L}$ 和人口密度的稳态水平值 $\bar{P}_d$：

$$\frac{\partial \bar{L}}{\partial A} > 0, \frac{\partial \bar{P}_d}{\partial A} > 0 \qquad (14\text{-}10)$$

如果经济处于某稳定均衡，则技术水平上升将导致一个转型的过程，其中人口数量将逐渐从其初始稳态水平增加至更高的水平。然而，随着人均收入的上升，人口将逐渐上升并恢复到初始的稳态水平。

每个工人的收入的演化由每个工人的初始收入水平和每一位成年人的（存活的）孩子的数量决定。具体来说，注意到式（14-2）和式（14-6），则 $t+1$ 期每个工人的收入 y_{t+1} 为：

$$y_{t+1} = [(AX)/L_{t+1}]^{\alpha} = [(AX)/n_t L_t]^{\alpha} = y_t/n_t^{\alpha} \qquad (14\text{-}11)$$

将式（14-5）代入式（14-11），则每个工人的收入的时间路径由如下的一阶差分方程决定：

$$y_{t+1} = (\rho/\gamma)^{\alpha} y_t^{1-\alpha} \equiv \Psi(y_t) \qquad (14\text{-}12)$$

其中，$\Psi'(y_t) > 0$ 且 $\Psi''(y_t) < 0$，从而 $\Psi(y_t)$ 是严格凹的；此外，$\Psi(0) = 0$，$\lim\limits_{y_t \to 0} \Psi'(y_t) = \infty$，$\lim\limits_{y_t \to \infty} \Psi'(y_t) = 0$。

于是，如果 $y_0 > 0$，则存在唯一稳定的每个工人的收入的稳态水平 $\bar{y}$：

$$\bar{y} = (\rho/\gamma) \qquad (14\text{-}13)$$

重要的是，正如式（14-2）和式（14-13）所显示的，技术水平 A 的提高尽管可以在短期内提升每个工人的收入水平 y_t，但是并不会影响每个工人的收入的稳态水平 $\bar{y}$：

$$\frac{\partial y_t}{\partial A} > 0, \frac{\partial \bar{y}}{\partial A} = 0 \qquad (14\text{-}14)$$

如果经济处于某稳态均衡，则技术水平上升将导致一个转型的过程。一开始，每个工人的收入将上升至一个较高的水平，这反映了在人口的调整发生之前，劳动生产率较高，然而，随着人口的增加，每个工人的收入将逐渐下降至初始的稳态水平。前工业革命时代的技术环境的改进只是暂时提高了人均收入，最终导致的是规模更大但并不显著富裕的人口。虽然在这一时期中，人均收入的增加是微不足道的，但是技术进步得到进一步强化，世界的人口显著地增加，而这是一种有助于经济体摆脱马尔萨斯时代的动力。

马尔萨斯时代的刻画

统一增长理论通过三个关键要素来刻画马尔萨斯时代：①由于土地的可获得性有限，生产过程被刻画为劳动报酬递减；②孩子可给父母带来效用，但是孩子的抚养是时间集约式的；③个体面临生存消费约束，只要生存约束是紧的，父母收入的增加就总是会导致孩子数量的增加。因此，技术进步可以带来人均收入的暂时上升，却触发了人口的增加，而劳动报酬递减，这就会抵消人均收入的上升。

二、技术进步的驱动机制

工业化过程中技术进步的加速是从停滞向增长转型背后的一种基本力量。尽管在早期的发展阶段，人口规模扩大可以激励技术进步，但是在更高级的阶段中，人力资本形成才是技术进步的主要驱动力。

统一增长理论假定，在马尔萨斯时代，技术前沿反映了绝大多数个体的工作环境，人口的规模影响技术进步率的渠道包括如下方面：创新思想的供给；对创新的需求；技术扩散率；生产过程的专业化程度，从而边干边学的程度；贸易的范围，从而技术模仿和采纳的程度。

然而，在后期的发展阶段，随着技术前沿的改进变得越来越复杂，人力资本在技术进步的过程中发挥的作用越来越明显，从而受教育的个体更有可能改进技术前沿。

三、人力资本形成的起源

人力资本的产业需求的上升及其对人力资本形成的影响，以及人口转型，是增长过程和转型至现代增长阶段的关键因素。

统一增长理论假定，由技术进步触发的经济环境的改变促进了人力资本形成，因为受教育的个体在适应新的技术环境方面具有比较大的优势。因此，尽管在长期中，技术本身的性质可以表现为偏向非技能型的或者技能型的劳动，但是在短期中，这些技术的引进总是会增加对人力资本的需求。

四、人口转型的触发机制

自 19 世纪末以来，人口转型现象遍布整个世界。后马尔萨斯时代所经历的人口前所未有的增长态势最终被逆转了，接踵而至的是生育率和人口增长率在世界各个地区的显著下降。人口转型被认为是从经济停滞过渡到持续经济增长时代的过程中一种主要推动力量。

1. 人均收入的上升

人均收入的上升先于生育率的下降而出现，这使得一些研究者认为，生育率的下降是由产业化过程中收入的上升所引起的。

贝克尔提出，生育率的下降是收入上升及相应的抚养孩子的机会成本上升的副产品。收入上升之所以导致生育率的下降，是因为关于生育率的正向的收入效应被不断增加的抚养孩子的机会成本所带来的负向的替代效应支配了。

考虑一个家庭，其效用来自消费 c 和（存活的）孩子数量 n，家庭的禀赋是 1 单位的时间，如果这 1 单位的时间被完全地供给到劳动力市场，则该家庭可获得收入 y。假定抚养孩子是时间集约式的，相应地，抚养一个小孩的完全成本是父母的单位时间禀赋的一个比例 τ。

于是，家庭的消费等于家庭的劳动收入，即 $c = (1 - \tau n)y$。或者，可以将家庭的预算约束写成通常的形式：

$$\tau y n + c \leq y \tag{14-15}$$

其中，一个孩子的价格是与其抚养相对应的机会成本 τy。

（每单位时间的）家庭收入水平 y 的增加将导致两种相互冲突的效应。一方面，y 的增加带来一种正向的收入效应，这将导致孩子数量的增加（只要孩子被认为是一种正常物品）。另一方面，y 的增加带来一种负向的替代效应，这表现为抚养一个孩子的机会成本 τy 的上升。如果偏好是位似的（即随着收入的增加，偏好不会内在地偏向于消费或者孩子），则收入效应和替代效应互相抵消。比如，家庭的偏好可以用如下对数线性的效用函数来表示：

$$u = \gamma \ln n + (1-\gamma) \ln c \tag{14-16}$$

其中，$0 < \gamma < 1$ 是一个参数。于是，家庭的最优的孩子数量是独立于收入的：

$$n = \gamma/\tau \tag{14-17}$$

效用函数的说明

为简单起见，假定父母的效用来自存活的后代的期望数量，从而父母考虑的孩子抚养成本仅与存活的孩子相关。引入与未存活的孩子相关的成本，或者风险厌恶，并不会影响理论的定性结果。

于是，出现了一个不同于贝克尔的理论预测的前提，即收入的上升可能对孩子的数量没有影响。因此，贝克尔的理论是不稳健的，因为它依赖于一些隐含的假设以保证随着收入的上升，替代效应会占主导。

如果替代效应确实在收入达到了一个充分高的水平后占据了主导地位，则这一理论意味着（处于类似发展阶段的）国家间生育率下降的出现时机的不同反映的是人均收入的不同。进一步地，在一个给定的经济体中，个体间生育率水平的差异反映的是收入水平的差异。

于是，贝克尔的理论可推导出两个主要的可被检验的含义：

一是，在社会文化的特征方面（从而在那些可能影响生育决策的非经济因素方面）类似的国家里，生育率下降的出现时机与人均收入水平负相关；

二是，在一个经济体内，各个家庭的（存活的）孩子的数量与家庭的收入水平负相关。

2. 婴幼儿死亡率的下降

在绝大多数的发达经济体中（法国和美国是值得注意的例外），婴幼儿死亡率的下降出现在生育率和人口增长率降低之前。于是，婴幼儿死亡率的下降就被看成在人口转型期间出现人口增长率降低这一现象的一种可能的解释。

考虑一个家庭，其效用来自消费 c 和（存活的）孩子的数量 n。假定每一个孩子存活的概率是 θ。给定家庭将要抚养的孩子的（连续）数量是 n^b，则存活的孩子的数量是 $n=\theta n^b$。家庭的偏好用如下的对数线性效用函数表示：

$$u = \gamma \ln n + (1-\gamma) \ln c, 0 < \gamma < 1 \qquad (14\text{-}18)$$

此外，家庭的禀赋是 1 单位的时间，如果这 1 单位的时间被完全供给到劳动市场，则家庭可获得收入 y。

假定抚养孩子是时间集约式的，相应地，抚养每一个存活的孩子的成本是父母的单位时间禀赋的一个比例 τ，而抚养未存活的孩子的成本是零。于是，家庭的预算约束是：

$$\tau y n + c \leq y \qquad (14\text{-}19)$$

其中，一个存活的孩子的价格是与抚养其相对应的机会成本 τy。于是，家庭的最优的存活孩子的数量是：

$$n = \gamma/\tau \qquad (14\text{-}20)$$

而家庭中出生的孩子的数量 n^b 是：

$$n^b = \gamma/(\tau\theta) \qquad (14\text{-}21)$$

因此，孩子死亡率的下降，或者等价地，孩子的存活概率 θ 的上升，必然会降低家庭的生育率水平 n^b，但是（在没有不确定性的情况下）对存活的孩子的数量 n 却没有影响。

这种理论认为：

第一，死亡率对总和生育率具有正向的影响。

第二，死亡率的下降并不会导致存活的孩子的数量的下降，除非存活的孩子的数量是不确定的，并且如下的一些条件被满足：

①存在一种对孩子的预防性需求（即在存活的孩子的数量方面，个体是风险厌恶的，从而在一个高死亡率的环境中会维持一个调节性储备意义上的孩子数量）；

②关于消费的风险厌恶并未超过关于存活的孩子数量的风险厌恶；

③序贯的生育率（即替代未存活的孩子）是适度的；

④因未能存活至成年期而造成的孩子数量的下降所节约的父母的资源并不会转用于孩子的抚养。

3. 人力资本需求的增加

工业化的第二阶段对人力资本的需求的逐渐增加及其与人口转型的出现时机之间的密切联系，促使一些研究者认为，正是人力资本在生产过程中的作用不断增大，使得家庭在其后代的人力资本方面的投资增加了，从而导致了生育率下降这一现象的出现。

考虑一个家庭，其效用来自消费c和（存活的）孩子的数量n以及每一个孩子的人力资本h。假定家庭的偏好由如下的对数线性效用函数表示：

$$u = \gamma(\ln n + \beta \ln h) + (1-\gamma)\ln c \tag{14-22}$$

其中$0 < \gamma < 1$和$0 < \beta < 1$是常数。

令$\tau^q + \tau^e e$表示培养一个受教育程度（质量）为e的孩子的时间成本。也就是说，无论其质量如何，τ^q表示的是家庭的单位时间禀赋中用于抚养孩子的比例，而τ^e表示的是家庭的单位时间禀赋中用于每一个孩子的每一单位教育的比例。

家庭的禀赋是1单位的时间。如果这1单位的时间被完全用于参与劳动，则家庭可获得工资收入y。家庭的潜在收入y需要在抚养孩子（包括在孩子数量和质量方面的支出）和消费c之间进行分配。于是，家庭的预算约束是：

$$yn(\tau^q + \tau^e e) + c \leq y \tag{14-23}$$

其中，一个孩子的价格是与抚养其相对应的机会成本$y(\tau^q + \tau^e e)$。

假定个体的人力资本水平由其自身的质量（受教育程度）和技术环境决定。技术进步会降低已有的人力资本对新技术环境的适应性。但是，教育可以减轻技术进步的不利影响。具体来说，适应一个新技术环境所需的时间关于教育水平是递减的，关于技术进步率是递增的。

假定每一个孩子的人力资本水平h是关于父母投资在孩子的教育方面的时间的递增的、严格凹的函数，（由于人力资本在一个变化的技术环境中可能会过时）是关于技术进步率g的递减的、严格凸的函数：

$$h = h(e, g) \tag{14-24}$$

为了保证家庭的优化问题具有内点解，还需进一步假定$\lim_{e \to 0} h_e(e,g) = \infty$，$\lim_{e \to \infty} h_e(e,g) = 0$以及$h(0,g) > 0$（也就是说，即使父母没有在质量方面进行投资，个体也具有基本的人力资本水平）。

在一个快速变化的技术环境中，教育可以缓解人力资本过时的状况。也就是说，在一个更加快速变化的技术环境中，父母在孩子的人力资本方面的投资的边际生产力是递增的。

于是，由家庭的优化问题可解出最优的孩子数量n和他们的质量e如下：

$$\begin{aligned} n &= \gamma/(\tau^q + \tau^e e) \\ \tau^e h(e,g) &= \beta h_e(e,g)(\tau^q + \tau^e e) \end{aligned} \tag{14-25}$$

于是，利用$h(e,g)$的性质，对于给定的(g,β,τ^e,τ^q)，最优的孩子数量n和他们的质量e可唯一地决定：

$$e = e(g,\beta,\tau^e,\tau^q)$$
$$n = \gamma/[\tau^q + \tau^e e(g,\beta,\tau^e,\tau^q)]$$
（14-26）

因此，在孩子的质量方面的最优投资水平是递增的，如果：技术环境变化得更快；对于孩子的质量更偏好；抚养一个孩子的成本（无论质量如何）是递增的；或者教育一个孩子的成本是递减的。类似地，最优的孩子数量是递减的，如果：技术环境变化得更快；对于孩子的质量更偏好；抚养一个孩子的成本（无论质量如何）是递增的；或者教育一个孩子的成本是递增的，并且孩子质量关于孩子质量的成本的弹性的绝对值是小于1的。

因此，关于教育需求的增加对人口转型的出现的影响，上述理论导出了几个可检验的经验含义：

（1）在具有类似社会文化特征（从而具有类似的可能影响到生育率决策的非经济因素）的国家之间：生育率下降的出现时机与技术进步率负相关；生育率水平与教育投资负相关。

（2）在一个经济体内：各家庭之间的生育率水平与其教育投资水平负相关；对于受教育的后代的偏好的增强将促使降低生育率。

养老保障假说被认为是导致人口转型出现的一种补充性机制。这一假说认为，在允许跨期借贷的资本市场不存在的情况下，孩子可以作为一种资产，使得父母可以将收入转移至老年期。因此，发展的过程以及资本市场的建立削弱了养育孩子的这种动机，从而有助于人口转型，但这一机制仅是一种次要的力量。

第三节 统一增长理论的基准模型与演化特征

一、模型的基本结构

本节陈述统一增长理论模型的基本结构。考虑一种世代交叠经济，其中活动在无限的离散时间上延伸。在每一期中，经济以土地和劳动的效率单位为投入生产单一的同质物品。土地的供给是外生的且不随时间改变，而劳动的效率单位由家庭在前一期中所做的关于孩子的数量和孩子的人力资本水平的决策决定。

1. 最终产出的生产

生产过程遵循规模报酬不变的规则,并且技术进步是内生的。时期t的产出Y_t是:

$$Y_t = H_t^\alpha (A_t X)^{1-\alpha}, \alpha \in (0,1) \tag{14-27}$$

其中H_t表示时期t雇用的劳动效率单位的总量,X表示每一时期t租用的土地数量,A_t表示内生决定的时期t的技术水平,于是,$A_t X$表示的是时期t的生产中使用的有效资源。

如果个体全部被雇佣,则时期t每个工人的产出为:

$$y_t \equiv Y_t/L_t = h_t^\alpha x_t^{1-\alpha} \tag{14-28}$$

其中$h_t \equiv H_t/L_t$,表示每一个全职工人的劳动效率单位的水平,而$x_t \equiv A_t X/L_t$表示时期t中每一个工人的有效资源的水平。

假定没有关于土地的财产权,如果个体是被完全雇佣的,则他们的收入z_t等于每一个全职工人的产出y_t,即,

$$z_t = y_t \tag{14-29}$$

2. 偏好与预算约束

在每一时期t,劳动力是数量为L_t的相同个体组成的一代人。每一个个体有一个单亲父母。第t代成员(他们在第t期成为劳动力)生存两期。在生命的第一期(孩童期),即$t-1$期中,个体消费父母的单位时间禀赋中的一个比例,所需的时间随着孩子的质量的提高而递增。在生命的第二期(父母期),即t期,个体被赋予了一个单位时间的禀赋。他们将在抚养孩子和(存活的)孩子质量的最优组合,将余下的时间供给至劳动市场,并消费自己的工资。

第t代成员的偏好用效用函数u_t表示,这一函数根据高于某一生存水平$\tilde{c} > 0$的消费和他们(存活的)孩子的数量和(以人力资本度量的)孩子的质量来定义:

$$u_t = (1-\gamma)\ln c_t + \gamma \ln(n_t h_{t+1}), 0 < \gamma < 1 \tag{14-30}$$

其中c_t是一个t代个体的消费数量,n_t是一个t代个体的(存活的)孩子数量,h_{t+1}是每一个孩子在$t+1$期成为劳动力时具有的人力资本水平(以劳动的效率单位来衡量)。效用函数是严格单调增且严格拟凹的,满足通常的边界条件,这些条件保证了对于充分高的收入水平,效用最大化问题存在内点解。但是,对于充分低的收入水平,生存的消费约束是紧的,从而对应着关于消费水平的一个角点解。

内点解和角点解

经济决策问题通常可以转化为一个规划问题，包括一个或多个目标函数，一个或多个约束条件，定义良好的话，由这些约束条件形成的可行解的集合是一个凸集合。如果满足目标函数的最优解位于这个凸集合内部，那么就得到了内点解。

所谓角点解是一种极端的情况，目标函数只能在这个凸集合的某些边界上存在极值。

个体在面临时间总量约束的条件下选择孩子的数量及质量，他们的时间既可用于孩子的抚养，也可用于劳动市场的活动。记 $\tau + e_{t+1}$ 为一个第 t 代的成员养育一个受教育程度（质量）为 e_{t+1} 的孩子的时间成本。也就是说，τ 是个体的单位时间禀赋中用于抚养一个孩子的比例，无论质量如何，而 e_{t+1} 是个体的单位时间禀赋中用于每一个孩子的教育的比例。

考虑第 t 代成员在时期 t 被赋予 h_t 效率单位的劳动。潜在收入 z_t 被定义为，当所有的时间禀赋都被用于参与劳动时可获得的潜在收益。潜在收入 z_t 的用途有两种：消费 c_t，以及按照每一个孩子的时间成本价值 $z_t(\tau + e_{t+1})$ 来衡量的在孩子抚养方面（数量和质量）的支出。因此，在生命的第二期（父母期），个体面临的预算约束是：

$$z_t n_t(\tau + e_{t+1}) + c_t \leq z_t \quad (14\text{-}31)$$

3. 人力资本的生产

个体的人力资本水平由其自身的质量（教育）和技术环境共同决定。技术进步降低了已有的人力资本适应新的技术环境的能力。然而，教育可以减少技术进步对人力资本存量的有效性的这种不利影响。

一个第 t 代成员的一个孩子的人力资本水平 h_{t+1} 是关于父母在孩子的教育方面的时间投资 e_{t+1} 的递增的、严格拟凹的函数，是关于技术进步率 $g_{t+1} \equiv (A_{t+1} - A_t)/A_t$ 的递减、严格凸的函数：

$$h_{t+1} = h(e_{t+1}, g_{t+1}) \quad (14\text{-}32)$$

教育减少了技术进步的不利影响。也就是说，技术补充了人力资本生产中的技能。如果没有质量方面的投资，则每一个个体拥有可以在一个不变的技术环境中被标准化为 1 的基本的人力资本水平，即 $h(0,0) = 1$。

4. 优化

第 t 代成员在面临生存的消费约束的条件下,选择其(存活的)孩子的数量和质量,以及他们自身的消费,来最大化他们的跨期效用函数。将式(14-31)和式(14-32)代入(14-30),则一个第 t 代成员面临的问题是:

$$\{n_t, e_{t+1}\} = \arg\max (1-\gamma)\ln\{z_t[1 - n_t(\tau + e_{t+1})]\} \\ + \gamma \ln\{n_t h(e_{t+1}, g_{t+1})\} \quad (14\text{-}33)$$

s.t.
$$z_t[1 - n_t(\tau + e_{t+1})] \geq \tilde{c}$$
$$(n_t, e_{t+1}) \geq 0$$

于是,只要时期 t 的潜在收入足够高,保证了 $c_t > \tilde{c}$(即只要 z_t 高于生存约束恰好是紧时对应的潜在收入水平,$z_t > \tilde{z} \equiv \tilde{c}/(1-\gamma)$),则第 t 代的一个成员用于抚养孩子的时间比例就是 γ,而用于参与劳动的比例是 $1-\gamma$。但是,如果 $z_t \leq \tilde{z}$,则生存约束就是紧的;此时,保证生存的消费水平 $\tilde{c}$ 所需的时间比例将大于 $1-\gamma$,从而用于抚养孩子的时间比例将低于 γ。也就是说,

$$n_t(\tau + e_{t+1}) = \begin{cases} \gamma, & z_t \geq \tilde{z}, \\ 1 - (\tilde{c}/z_t), & z_t \leq \tilde{z} \end{cases} \quad (14\text{-}34)$$

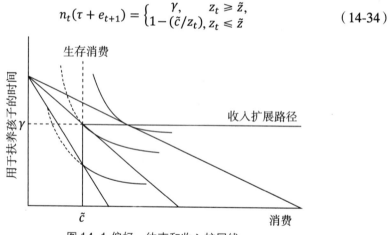

图 14-1 偏好、约束和收入扩展线

图 14-1 描绘了潜在收入 z_t 的增加对个体在抚养孩子和消费之间进行的时间配置的影响。只要生存的消费约束是紧的,收入扩展线就是垂直的。在这一收入范围内,随着每一劳动效率单位工资的增加,个体可以凭一个较低的劳动参与水平实现生存消费,同时用于抚养孩子的时间所占的比例不断提高。

一旦收入水平足够高,使得生存的消费约束不再是紧的,则收入扩展线就将变成在数值 γ 处的水平线,而 γ 恰好是用于抚养孩子的时间所占的比例。

此外,关于 e_{t+1} 的优化意味着,第 t 代成员为其孩子选择的受教育程度 e_{t+1} 是关于 g_{t+1}

的增函数。具体来说，存在技术进步率的一个临界水平 $\hat{g}$，使得

$$e_{t+1} = e(g_{t+1}) \begin{cases} = 0 & g_{t+1} \leq \hat{g}, \\ > 0 & g_{t+1} > \hat{g} \end{cases} \quad (14\text{-}35)$$

其中，对于任意的 $g_{t+1} > \hat{g} > 0$，有 $e'(g_{t+1}) > 0$，$e''(g_{t+1}) < 0$。

因此，在孩子质量方面的最优投资水平，从而孩子的抚养时间在数量和质量之间的最优分配，仅受到技术进步率（通过其对教育需求的影响而产生）的影响，而不受父母的收入水平的影响。

进一步地，将式（14-35）代入式（14-34）可得

$$n_t = \begin{cases} \dfrac{\gamma}{\tau + e(g_{t+1})} \equiv n^b(g_{t+1}), & z_t \geq \tilde{z}, \\ \dfrac{1 - \tilde{c}/z_t}{\tau + e(g_{t+1})} \equiv n^a(g_{t+1}, z(e_t, g_t, x_t)), & z_t \leq \tilde{z} \end{cases} \quad (14\text{-}36)$$

其中，由式（14-29）和式（14-32）可知，$z_t = z(e_t, g_t, x_t)$。

于是，由 $e(g_{t+1})$、$n^b(g_{t+1})$ 和 $n^a(g_{t+1}, z_t)$ 的性质可知：

（1）技术进步率的上升降低了孩子的数量，提高了孩子的质量，即：

$$\partial n_t / \partial g_{t+1} \leq 0 \text{ 且 } \partial e_{t+1} / \partial g_{t+1} \geq 0$$

（2）如果生存的消费约束是紧的（即，如果父母的潜在收入低于 $\tilde{z}$），则父母潜在收入的增加将提高孩子的数量，但是对其质量没有影响，即：

$$\partial n_t / \partial z_t > 0 \text{ 且 } \partial e_{t+1} / \partial z_t = 0, \quad z_t < \tilde{z}$$

（3）如果生存的消费约束是非紧的（即，如果父母的潜在收入高于 $\tilde{z}$），则父母潜在收入的增加对孩子的数量或质量均没有影响，即：

$$\partial n_t / \partial z_t = \partial e_{t+1} / \partial z_t = 0, \quad z_t > \tilde{z}$$

二、技术进步率、人口规模和有效资源的演化

1. 技术进步率

假定在时期 t 和 $t+1$ 时期之间，技术进步率 g_{t+1} 取决于在时期 t 工作的一代人的人均教育水平 e_t，以及时期 t 的人口规模 L_t：

$$g_{t+1} \equiv \frac{A_{t+1} - A_t}{A_t} = g(e_t, L_t) \quad (14\text{-}37)$$

其中，对于 $e_t \geq 0$ 及充分大的人口规模 L_t，有 $g(0, L_t) > 0$，$g_i(e_t, L_t) > 0$ 且 $g_{ii}(e_t, L_t) < 0 (i = e_t, L_t)$。

也就是说，对于充分大的人口规模，时期t和时期$t+1$之间的技术进步率是关于时期t中工作的一代人的规模和教育水平的正的、递增的、严格凹的函数。进一步地，即使劳动的质量为零，技术进步率也是正的。

于是，$t+1$期的技术状态A_{t+1}是：

$$A_{t+1}=(1+g_{t+1})A_t \qquad (14\text{-}38)$$

其中，0期的技术状态A_0是给定的。

2. 人口规模

时期$t+1$的工作人口的规模L_{t+1}是：

$$L_{t+1}=n_t L_t \qquad (14\text{-}39)$$

其L_t中表示时期t的工作人口的规模，n_t表示每一个体的孩子数量；L_0给定。因此，给定式（14-36），工作人口随着时间的演化遵循下式：

$$L_{t+1}=\begin{cases} n^b(g_{t+1})L_t, & z_t \geq \tilde{z}, \\ n^a(g_{t+1},z(e_t,g_t,x_t))L_t, & z_t \leq \tilde{z}\end{cases} \qquad (14\text{-}40)$$

3. 有效资源

每个工人的有效资源$x_t \equiv (A_t X)/L_t$的演化取决于人口和技术的演化。时期$t+1$每个工人的有效资源水平是：

$$x_{t+1} \equiv \frac{A_{t+1}X}{L_{t+1}} = \frac{1+g_{t+1}}{n_t}x_t \qquad (14\text{-}41)$$

其中$x_0 \equiv (A_0 X)/L_0$是给定的。进一步地，由式（14-36）和式（14-37）可知：

$$x_{t+1}=\begin{cases} \dfrac{[1+g(e_t,L_t)][\tau+e(g(e_t,L_t))]}{\gamma}x_t \equiv \phi^b(e_t,L_t)x_t, & z_t \geq \tilde{z} \\ \dfrac{[1+g(e_t,L_t)][\tau+e(g(e_t,L_t))]}{1-[\tilde{c}/z(e_t,g_t,x_t)]}x_t \equiv \phi^a(e_t,g_t,x_t,L_t)x_t, & z_t \leq \tilde{z}\end{cases} \qquad (14\text{-}42)$$

三、动力系统

在每一时期t中，经济的发展由满足式（14-35）、式（14-37）、式（14-40）和式（14-42）的序列$\{e_t,g_t,x_t,L_t\}_{t=0}^{\infty}$完全决定。在给定了基于历史的初始条件$e_0$、$g_0$、$x_0$和$L_0$之后，这一序列描述了教育水平、技术进步率、每个工人的有效资源和人口随着时间的共同演化。

动力系统的特征体现在两个不同的阶段之中。在第一阶段，生存的消费约束是紧的，经济的演化由如下四维的非线性一阶自治系统决定：

$$\begin{cases} x_{t+1} = \phi^a(e_t, g_t, x_t, L_t)x_t, \\ e_{t+1} = e(g(e_t, L_t)), \\ g_{t+1} = e(e_t, L_t), \\ L_{t+1} = n^a(g_{t+1}, z(e_t, g_t, x_t))L_t, \end{cases} \quad z_t \leq \tilde{z} \quad (14\text{-}43)$$

在第二阶段,生存的消费约束是非紧的,经济的演化由如下的三维系统决定:

$$\begin{cases} x_{t+1} = \phi^a(e_t, x_t, L_t)x_t, \\ e_{t+1} = e(g(e_t, L_t)), \\ L_{t+1} = n^b(g(e_t, L_t))L_t, \end{cases} \quad z_t \geq \tilde{z} \quad (14\text{-}44)$$

然而,无论是对于哪一阶段,动力系统的分析都可以大大地简化。这是因为 e_t 和 g_t 的演化与生存的消费约束是否是紧的无关,并且对于给定的人口规模 L, e_t 和 g_t 的联合演化的决定也与 x_t 无关。工人在时期 $t+1$ 的教育水平(由时期 t 的父母决定)仅仅依赖于预期的时期 t 和时期 $t+1$ 之间的技术进步率,而对于一个给定的人口规模,时期 t 和时期 $t+1$ 之间的技术进步率仅仅依赖于时期 t 的教育水平。因此,对于一个给定的人口规模,可以独立于人均资源的演化来分析技术和教育的动态。

1. 技术进步率和教育水平的动态

对于一个给定的人口规模 L,技术进步率和教育水平的演化特征由每一时期 t 中均满足了如下方程的序列 $\{e_t, g_t, L\}_{t=0}^{\infty}$ 决定:

$$\begin{cases} g_{t+1} = g(e_t; L), \\ e_{t+1} = e(g_{t+1}) \end{cases} \quad (14\text{-}45)$$

考虑到函数 $e(g_{t+1})$ 和 $g(e_t; L)$ 的性质,上述子系统的动态特征可通过三种性质上不同的形态来刻画,这些形态分别描绘在图14-2(a)、图14-3(a)和图14-4(a)中。人口规模和技术进步率之间固有的相互作用逐渐提高了人口的规模及技术进步率,造成曲线 $g(e_t; L)$ 向上移动。最终,技术进步率超过临界值 $\hat{g}$,而在此临界值之上,投资人力资本是有利的,从而马尔萨斯稳态消失,经济倾向于向现代增长阶段迈进。

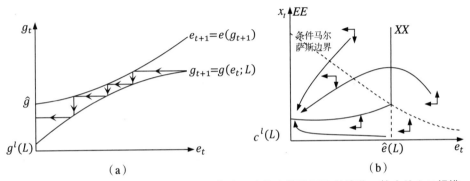

图14-2 技术进步率 g_t、教育水平 e_t 和每个工人的有效资源 x_t 的演化:较小的人口规模

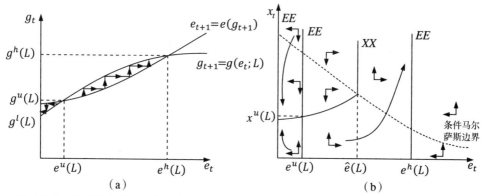

图 14-3　技术进步率 g_t、教育水平 e_t 和每个工人的有效资源 x_t 的演化：中等的人口规模

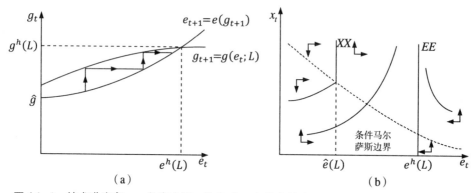

图 14-4　技术进步率 g_t、教育水平 e_t 和每个工人的有效资源 x_t 的演化：较大的人口规模

具体来说，在较小的人口规模的范围内，如图 14-2（a）所示，动力系统的特征由一个全局稳定的稳态均衡 $(\bar{e}(L), \bar{g}(L)) = (0, g^l(L))$ 所刻画，其中 $g^l(L)$ 随着人口规模的增加而增加，而教育水平保持不变。在一个适中的人口规模的范围内，如图 14-3（a）所示，动力系统的特征由三个稳态均衡来刻画：两个局部稳定的稳态均衡 $(0, g^l(L))$ 和 $(e^h(L), g^h(L))$，以及一个局部不稳定的稳态均衡 $(e^u(L), g^u(L))$，其中 $(e^h(L), g^h(L))$ 和 $g^l(L)$ 随着人口规模的增加而单调增加。最后，在较大的人口规模的范围内，如图 14-4（a）所示，动力系统的特征由一个全局稳定的稳态均衡 $(e^h(L), g^h(L))$ 所刻画，其中 $e^h(L)$ 和 $g^h(L)$ 随着人口规模的增加而单调增加。

2. 全局动态

本节关于经济演化的分析基于一系列的相图。在每一阶段，对于给定的人口规模，这些相图描绘了相应系统的演化；而随着发展过程中人口规模的扩大，这些相图又描绘了不同阶段之间的转型。每一幅相图表示的都是三维的系统 $\{e_t, g_t, x_t; L\}$ 在平面 $(e_t, x_t; L)$ 上的投影。

图 14-2（b）、图 14-3（b）和图 14-4（b）中描绘的相图均包含三个基本要素：马尔萨斯边界，分割了生存约束是紧的或非紧的区域；XX 轨线，表示的是每个工人的有效资源是常数时所有的三元组 $(e_t, g_t, x_t; L)$ 构成的集合；EE 轨线表示的是每个工人的教育水平是常数时所有的三元组 $(e_t, g_t, x_t; L)$ 构成的集合。

(1) 马尔萨斯边界

正如式（14-43）和式（14-44）所表明的，当潜在收入 z_t 超过临界值 $\tilde{z}$ 时，经济将从生存的消费约束中摆脱出来。对于给定的 L，这种状态的转换改变了动力系统的维度，使其从三维降至二维。

记马尔萨斯边界为当个体的收入等于 $\tilde{z}$ 时，所有的三元组 $(e_t, g_t, x_t; L)$ 构成的集合。利用 z_t 和 $\tilde{z}$ 的定义，由式（14-29）和式（14-32）可知，马尔萨斯边界是 $MM \equiv \{(e_t, g_t, x_t; L): x_t^{1-\alpha} h(e_t, g_t)^\alpha = \tilde{c}/(1-\gamma)\}$。

记条件马尔萨斯边界为给定技术水平 g_t 的条件下，当个体的收入等于 $\tilde{z}$ 时，所有的二元组 $(e_t, x_t; L)$ 构成的集合。根据 z_t 和 $\tilde{z}$ 的定义，式（14-29）和式（14-32）意味着条件马尔萨斯边界是 $MM_{|g_t} \equiv \{(e_t, x_t; L): x_t^{1-\alpha} h(e_t, g_t)^\alpha = \tilde{c}/(1-\gamma)|g_t\}$，其中，沿着 $MM_{|g_t}$ 轨线，x_t 是关于 e_t 的递减的、严格凸的函数。

因此，正如图 14-2 至图 14-4 中的虚线所描绘的，条件马尔萨斯边界是 (e_t, x_t) 平面内的一条严格凸的、向下倾斜的曲线。此外，条件马尔萨斯边界与 x_t 轴相交，并且随着 x_t 趋近于无穷大而逐渐趋近于 e_t 轴。在发展的过程中，随着 g_t 的增加，这条线将会向上移动。

(2) XX 轨线

记 XX 为每个工人的有效资源处于稳态时，所有的三元组 $(e_t, g_t, x_t; L)$ 构成的轨线：$XX \equiv \{(e_t, g_t, x_t; L): x_{t+1} = x_t\}$。

如果生存的消费约束是非紧的（即，$z_t \geq \tilde{z}$），则由式（14-42）可知，存在唯一的值 $e_t = \hat{e}(L)$，其中 $0 < \hat{e}(L) < e^h(L)$，使得 $(\hat{e}(L), x_t) \in XX$（对于所有满足 $z_t \geq \tilde{z}$ 的 x_t）。此外，

$$x_{t+1} - x_t \begin{cases} > 0, & e_t > \hat{e}(L), \\ = 0, & e_t = \hat{e}(L), \\ < 0, & e_t < \hat{e}(L) \end{cases} \quad (14\text{-}46)$$

因此，正如图 14-2（b）至图 14-4（b）中所描绘的，XX 轨线是在 $\hat{e}(L)$ 值处位于条件马尔萨斯边界之上的一条垂直线。

如果生存约束是紧的，则 x_t 的演化将依赖于技术进步率 g_t、每个工人的有效资源 x_t、

以及教育水平（代表了劳动力的质量）e_t。记 $XX|_{g_t}$ 为对于给定的 g_t，所有满足 $x_{t+1} = x_t$ 的二元组 $(e_t, x_t; L)$ 构成的轨线，即 $XX|_{g_t} \equiv \{(e_t, x_t; L): x_{t+1} = x_t | g_t\}$。由式（14-42）可知，对于 $z_t \leq \tilde{z}$ 及 $0 \leq e_t \leq \hat{e}(L)$，存在一个单值函数 $x_t = x(e_t)$，使得 $(x(e_t), e_t) \in XX|_{g_t}$。此外，

$$x_{t+1} - x_t \begin{cases} < 0, & (e_t, x_t) > (e_t, x(e_t)) \text{ for } 0 \leq e_t \leq \hat{e}(L), \\ = 0, & x_t = x(e_t) \text{ for } 0 \leq e_t \leq \hat{e}(L), \\ > 0, & \{[(e_t, x_t) < (e_t, x(e_t)) \text{ for } 0 \leq e_t \leq \hat{e}(L)] \text{ or } e_t > \hat{e}(L)\} \end{cases} \quad (14\text{-}47)$$

因此，不失一般性，正如图 14-2 中所描绘的，轨线 $XX|_{g_t}$（即位于条件马尔萨斯边界之下的 XX 轨线）是 (e_t, x_t) 平面内定义在区间 $e_t \leq \hat{e}(L)$ 上的一条向上倾斜的曲线。对于区间 $e_t < \hat{e}(L)$ 内的值，$XX|_{g_t}$ 严格地位于马尔萨斯边界之下，而在 $\hat{e}(L)$ 处，二者恰好重合。此外，在 $(\hat{e}(L), \hat{x}(L))$ 处，条件马尔萨斯边界、位于条件马尔萨斯边界之上的 XX 轨线，以及 $XX|_{g_t}$ 轨线恰好重合。

（3）EE 轨线

记 EE 为教育水平（反映了劳动力的质量）e_t 处于稳态时，所有的三元组 $(e_t, g_t, x_t; L)$ 构成的轨线：$EE \equiv \{(e_t, g_t, x_t; L): e_{t+1} = e_t\}$。

由式（14-35）和式（14-37）可知，$e_{t+1} = e(g(e_t, L))$，从而对于给定的人口规模，e_t 的稳态值独立于 x_t 和 g_t 的值。轨线 EE 的演化跨越了发展过程的三个阶段，恰好对应于图 14-2（b）、图 14-3（b）和 14-4（b）所描绘的关于教育水平和技术进步率的演化的三个相图。

在发展的早期阶段，人口规模足够小，教育水平和技术进步率的共同演化的特征是存在一个全局稳定的临时的稳态均衡 $(\bar{e}(L), \bar{g}(L)) = (0, g^l(L))$，如图 14-2（a）所示。对于较小的人口规模，相应的 EE 轨线是描绘在图 14-2（b）中 $(e_t, x_t; L)$ 空间内的在 $e = 0$ 处的垂直线。此外，在这一范围内，e_t 的全局动态由下式决定：

$$e_{t+1} - e_t \begin{cases} = 0, & e_t = 0, \\ < 0, & e_t > 0 \end{cases} \quad (14\text{-}48)$$

在发展的下一阶段，随着人口规模的扩大，教育水平和技术进步率的共同演化的特征是存在多重局部稳定的临时的稳态均衡，如图 14-2（a）所示。相应的 EE 轨线描绘在图 14-2（b）的 $(e_t, x_t; L)$ 空间内，由三条垂直线组成，分别对应于 e_t 取不同值（即 $e = 0$，$e = e^u(L)$，$e = e^h(L)$）时的三个稳态均衡。随着人口的增加，垂直线 $e = e^u(L)$ 和 $= e^h(L)$ 分别向左和向右移动。此外，这种情况下的 e_t 的全局动态由下式决定：

$$e_{t+1} - e_t \begin{cases} < 0, & 0 < e_t < e^u(L) \text{ or } e_t > e^h(L), \\ = 0, & e_t \in \{0, e^u(L), e^h(L)\}, \\ > 0, & e^u(L) < e_t < e^h(L) \end{cases} \quad (14\text{-}49)$$

在发展的成熟阶段，人口规模足够大，教育水平和技术进步率的共同演化的特征是存在一个全局稳定的稳态均衡 $(\bar{e}(L), \bar{g}(L)) = (e^h(L), g^h(L))$，如图 14-4（a）所示。相应的 EE 轨线是描绘在图 14-4（b）中 $(e_t, x_t; L)$ 空间内的在 $e = e^h(L)$ 处的垂直线。随着人口的增加，这条垂直线向右移动。此外，这种情况下的 e_t 的全局动态由下式决定：

$$e_{t+1} - e_t \begin{cases} < 0, & e_t > e^h(L), \\ = 0, & e_t = e^h(L), \\ > 0, & 0 \leq e_t < e^h(L) \end{cases} \quad (14\text{-}50)$$

（4）条件稳态均衡

在发展的早期阶段，人口规模足够小，动力系统［图 14-2(b)］的特征是存在唯一且全局稳定的条件稳态均衡，这一均衡由 EE 轨线和 XX 轨线的交点给出。也就是说，在给定技术水平 g_t 的条件下，马尔萨斯稳态均衡 $(0, \bar{x}^l(L))$ 是全局稳定的。在发展的下一阶段，随着人口的增加，动力系统［图 14-3(b)］的特征是存在两个条件稳态均衡。马尔萨斯条件稳态均衡是局部稳定的，而稳态均衡 $(e^u(L), x^u(L))$ 是一个鞍点。如果教育水平超过 $e^u(L)$，则系统收敛至教育的稳态水平 $e^h(L)$，并有可能收敛至一个可持续的正增长率 x_t。在发展的成熟阶段，人口规模足够大，系统全局收敛至教育水平 $e^h(L)$，并有可能收敛至一个可持续的正增长率 x_t［图 14-4(b)］。

四、从马尔萨斯停滞到可持续增长

经济的演化从马尔萨斯停滞时代开始，经过后马尔萨斯时代，进入人口转型和现代增长的阶段。这一模式及转型中的主要驱动力正是来自图 14-2 至图 14-4 中描绘的相图。

考虑处于早期发展阶段的某经济体。人口规模相对较小，这意味着较低的技术进步率尚不能为投资于孩子的教育这一行为提供激励。如图 14-2（a）所示，对于不变且较小的人口规模，教育水平 e_t 和技术进步率 g_t 之间互动的特征由一个全局稳定的稳态均衡 $(0, g^l(L))$ 来刻画，其中教育水平是零，同时技术进步率也相对较低。这一稳态均衡对应于一个全局稳定的条件马尔萨斯稳态均衡，如图 14-2（b）所示。对于不变且较小的人口规模，在技术进步率给定的条件下，人均有效资源和教育水平都是不变的，从而人均产出也是不变的。此外，人口或资源遭受的冲击也会被经典的马尔萨斯模式化解。

随着人口在技术进步的带动下缓慢增长，图 14-2（a）中描绘的 $g(e_t; L)$ 轨线逐渐向上移动，从而稳态均衡垂直地向上移动，这反映了技术进步率的小幅提高，不过此时教育水平仍然停留在 0。类似地，随着 XX 轨线向上移动，条件马尔萨斯稳态均衡 [图 14-2 (b)] 也垂直向上移动。然而，人均产出仍然停留在初始时的生存水平，最终以一个微不足道的速率缓慢提高。

随着时间的流逝，马尔萨斯时代中人口的缓慢增长导致了技术进步率的提高，并将图 14-2 中的轨线 $g(e_t; L)$ 充分地向上推动，最终改变了动力系统的定性特征，正如图 14-2 所示。

对于中等的人口规模，由教育水平和技术进步率组成的这一动力系统的特征由多重的、历史依赖的、稳定的稳态均衡来刻画：$(0, g^l(L))$ 和 $(e^h(L), g^h(L))$ 是局部稳定的，而 $(e^u(L), x^u(L))$ 是不稳定的。给定初始条件，在没有遭受较大冲击的情况下，经济停留在低水平稳态均衡 $(0, g^l(L))$ 的附近，此时教育水平仍然是零，而技术进步率适中。这些稳态均衡对应于图 14-3 中描绘的多重局部稳定的条件马尔萨斯稳态均衡；马尔萨斯稳态（特征是人均资源不变、技术进步缓慢，以及教育水平为零）和现代增长的稳态（特征是教育水平较高、技术进步迅速、人均收入增加，以及人口增长适中）。然而，由于经济的初始位置在马尔萨斯稳态附近，从而经济也就停留在此处。

随着技术进步率受不断扩大的人口规模的影响而持续上升，轨线 $g(e_t; L)$ 进一步向上移动，最终，动力系统将经历另一次定性特征的变化，如图 14-4 所示。马尔萨斯稳态均衡消失了，条件动力系统的特征由唯一的、全局稳定的、现代的稳态均衡 $(e^h(L), g^h(L))$ 来刻画，此时教育水平和技术进步率都很高。技术进步率的上升对人口的演化具有两方面相反的效果。一方面，技术进步放松了家庭的预算约束，允许家庭将更多的资源配置到孩子的抚养上面；另一方面，技术进步也使得这些额外资源的再配置倾向于孩子的质量。在后马尔萨斯时代，由于对人力资本的需求有限，从而第一种效应占主导，实际收入的上升使得家庭既增加了孩子的数量，又提高了每一个孩子的质量。人力资本投资和技术进步的互动形成了一种良性循环：人力资本形成促进了技术进步，这进一步提升了对人力资本的需求，对于孩子质量的投资也进一步增加，最终，经济跨越马尔萨斯边界，从而触发了人口转型。于是，人口增长对人均收入增长率的抵消效应被克服了，人力资本形成和技术进步之间的互动导致了向经济持续增长状态的转型。

在现代增长阶段，随着技术进步的幅度超过人口增长的幅度，人均资源将增加。随着人口规模的扩大，其对技术进步率的影响逐渐下降至零。轨线 $g(e_t; L)$ 不再向上移动，教育水平、技术进步率、人均资源的增长率，从而人均产出将收敛至一个不变的、现代增长模式的稳态均衡。

第四节 统一增长理论对重大现实问题的理论阐释

统一增长理论旨在为整个人类历史的发展提供合理解释。同时,伴随着人类社会的发展和经济转型,一些重要问题如农业起源、工业革命、人口转型以及人力资本的出现等都可以在统一增长理论的框架下给出较好的解释。

一、对农业起源的解释

人类在约一万年前进入农业社会,这对人类开化以及工业革命等产生了深远的影响。统一增长理论认为可以从技术进步、人口增长以及气候变迁等角度来解释农业起源问题。

1. 气候变迁

在采集和狩猎阶段,假设技术水平保持不变,恶劣的气候条件使得人们生活水平下降,这使得人们通过种植农作物以及驯服家禽以提高生产效率。由于气候反转(climate reversals)只是暂时的,等气候恢复正常后,种植业和家禽业得以普遍推广,人口增长率不断上升,人类开始进入农业社会。

2. 技术进步

假设人们可以内生地选择狩猎采集和农业生产两种生产方式,技术进步是外生的。若经济中的技术水平较低,则人们选择集聚在一起,从事狩猎采集的生产方式,这种生产方式更有利于提高人们的福利。随着技术水平的提高,个体生产效率提高,人们选择独立的生产方式更有利于提高福利,经济集聚体开始逐步分解,人类从采集狩猎时期进入农业社会。

3. 人口结构变迁和技术进步的相互作用

相对于采集和狩猎活动而言,农业生产属于技术密集型的产业。在采集狩猎时期,经济中没有内生技术进步,技术溢出效应是使得经济进入农业生产阶段的重要原因。通过定量分析发现,若一个经济的技术水平领先其他经济 10%,则这个经济的人口密度会比其他经济高 5%;若一个经济的人口密度比其他经济高 10%,则这个经济的技术水平会领先其他经济 5%。

二、对工业革命的解释

工业革命对人类社会的发展产生了深远的影响,而关于工业革命产生的原因也是统一增长理论关注的一个重要方面。统一增长理论认为可以从人口规模、人口结构、技术水平、人力资本水平、国际贸易、制度等角度解释工业革命的产生。

1. 贸易开放

英国贸易的开放是产生工业革命的必要条件。随着国际贸易成本的不断下降,自由贸易政策的实施,贸易的不断开放,英国进出口占总产出的份额不断提高,这又引致了工业革命的发生。国际贸易的发展使得产品相对价格发生变化,工资与地租比率在工业革命前后差别较大。

2. 人口密度

人口密度的不断上升是促进工业革命的重要原因。当人口规模达到一定水平后,随着人们思想交流的不断增加,经济中生产的知识越来越多,这有利于提高经济的技术水平,从而推动工业革命的产生。人口增长率越高,知识存量和技术进步的速度越快。此外,知识产权保护等制度使得创新不断增加,这有利于加快工业革命的实现。若经济中的人口数量和知识存量较少,则增加研发投入对知识生产和生活水平的影响很小,这种情况下并不能产生工业革命。

三、对人口转型的解释

现有的研究表明,在后马尔萨斯式增长时期人口增长率是递增的;而进入现代经济增长阶段,人口增长率是递减的。统一增长理论认为,人力资本回报率的不断上升,对子女数量和质量的关注,生产率冲击、人口政策等都是使得人口结构变动的重要原因。

1. 技术进步

技术进步对人口增长与转型有两方面的影响。技术进步使得家庭的可支配收入增加,这放松了家庭的预算约束,从而家庭可以选择更多数量的子女以及更高的人力资本投入。同时,技术进步对人力资本的需求增加,从而人力资本投资增加。在后马尔萨斯式增长时期,技术进步使得人口增长率上升。人力资本积累使得技术水平不断上升,这又使得人口出生率和增长率下降,从而导致人口转型。

2. 教育补贴政策和人口限制政策

基于一个统一增长框架，尽管不同国家人口结构变迁总体模式相同，但从经济停滞到经济持续发展中人口转型的速度以及时点却差别很大。教育补贴政策和人口限制政策是导致人口出生率下降的重要原因。若子女接受教育的成本更高且政府不采取人口限制政策，则人口出生率转型的时点更晚，且人口转型速度更慢。若政府对教育给予的补贴较高，同时采取严格的限制人口政策，则人口出生率会很快下降。

3. 农业部门生产率

在一个同时包含农业生产部门和工业生产部门的两部门模型中考察人口转型问题，研究发现，农业部门生产率的上升使得食品价格下降，这又使得抚养子女的成本下降，进而使得出生率和人口增长率上升。此外，农业生产率上升使得工业部门的劳动力增加。由于经济中存在干中学效应，劳动力向工业部门流动使得工业部门的生产率超过农业部门的生产率，这又使得食品相对价格以及抚养子女的机会成本上升，从而使得出生率和人口增长率下降。通过数值模拟发现，人口出生率的演化呈倒 U 型。

四、对人力资本出现的解释

人力资本是使得经济从后马尔萨斯式增长阶段向现代经济增长阶段转型的重要原因。同时，根据现代经济增长理论，人力资本积累也是使得经济持续增长的重要原因。人力资本积累的速度又取决于个体选择的学习时间以及教育投资。

1. 技术进步

技术进步提高了家庭的可支配收入，从而家庭对子女的教育投入增加。教育投入增加促进了人力资本水平的上升，并进一步引致新的技术进步。随着技术水平的不断上升，经济中人力资本的需求量增加，人力资本积累速度上升。

2. 国际贸易

假设发达国家在生产工业制成品方面具有比较优势。发达国家生产技术密集型的产品，对技术性劳动力需求的增加使得对教育的投资增加，这又引起人口结构变动。发展中国家更倾向于生产非技术密集型的产品，国际贸易使得发展中国家的人口规模不断增加，而人力资本水平变化不大。随着经济发展，发达国家和发展中国家人力资本水平的差距不断拉大。

本章提要

统一增长理论在克服马尔萨斯增长理论、新古典增长理论以及内生增长理论缺陷的基础上,给出了一个统一的分析框架来解释整个人类社会变迁的过程。统一增长理论为经济处于马尔萨斯式增长阶段、后马尔萨斯式增长阶段、现代经济持续增长阶段以及经济在上述不同阶段之间的内生转型提供了合理的解释。同时,相对于传统增长理论而言,统一增长理论更加强调实现经济增长和转型的微观基础。值得注意的是,在统一增长理论的框架下,人口转型、人力资本积累、技术进步以及经济增长等问题是紧密相连的,他们都是由经济系统内生决定的。同时,相对于其他增长理论而言,统一增长理论是一种更为广义的理论,与其他学科的联系更紧密。

关键概念

马尔萨斯式增长时期 人类处于农业社会,为了生存而持久地挣扎,出生率高,死亡率亦高。人力资本、技术进步和教育都微不足道,难以对生产力产生显著推动作用的一段时期。

后马尔萨斯式增长时期 人均收入水平对人口增长有正向影响,技术进步加速,总产出的增长快于人口增长,人均收入水平不断上升的一段时期。

现代经济持续增长时期 马尔萨斯稳态逐渐消失,经济进入现代经济增长阶段的时期。

马尔萨斯边界 用于分割生存约束是紧的或非紧的区域。

EE 轨线 当教育水平 e_t 处于稳态时,所有的三元组 $(e_t, g_t, x_t; L)$ 构成的轨线。

XX 轨线 当每个工人的有效资源处于稳态时,所有的三元组 $(e_t, g_t, x_t; L)$ 构成的轨线。

马尔萨斯稳态 马尔萨斯模型的一种均衡状态,特征是人均资源不变、技术进步缓慢,以及教育水平为零。

现代增长稳态 在现代增长阶段,随着技术进步的幅度超过人口增长的幅度,人均资源将增加,人口对技术进步率的影响逐渐下降至零,从而人均产出收敛至一个不变的、现代增长模式的稳态均衡。

思考题

1. 简述马尔萨斯式增长时期、后马尔萨斯式增长时期以及现代经济持续增长时期的特征。

2. 请解释马尔萨斯阶段的经济增长的逻辑。

3. 描述马尔萨斯模型中人口增长和人均收入的机制,并说明这些机制如何解释人均收入的长期停滞。

4. 解释马尔萨斯停滞如何演化至可持续经济增长。

5. 尝试用统一增长理论解释中国历史上的经济增长。

6. 思考为什么提出统一增长理论,这一理论的提出有何意义,对其进行评价。

参考文献

[1] Acemoglu D, Johnson S, Robinson J A. Institutions as the Fundamental Cause of Long-run Growth [R]. NBER Working Paper, 2004 No.w10481.

[2] Aghion P, Howitt P. Research and Development in the Growth Process [J]. Journal of Economic Growth, 1996,1 (3): 49-73.

[3] Aghion P, Howitt P. Endogenous Growth Theory [M]. Cambridge, MA. MIT Press, 1998.

[4] Aghion P, Howitt P. A Model of Growth through Creative Destruction[J]. Econometrica, 1992, 53, 1 (3): 323-352.

[5] Aghion P, Howitt P. The Economics of Growth, Cambridge [M]. Massachusetts: The MIT Press, 2009.

[6] Young A A. Increasing Returns and Economics Progress [J]. The Economics Journal, 1928, 152: 527-542.

[7] Arrow K. The Economic Implications of Learning by Doing [J]. Review of Economic Studies, 1962, 29 (6): 155-173.

[8] Auty R M. Sustaining Development in Mineral Economies: The Resource Curse Thesis [M]. London: Routledge, 1993.

[9] Baker M. A Structure Model of the Transition to Agriculture [J]. Journal of Economic Growth, 2008,13: 257-292.

[10] Barbier E B. Endogenous Growth and Natural Resource Scarcity [J]. Environmental and Resource Economics, 1999,14: 51-74.

[11] Barro R J. Human Capital and Growth[J]. American Economic Review, 2001,91: 12-17.

[12] Barro R J, Becker G S. Fertility Choice in a Model of Economic Growth [J]. Econ-

omectrica, 1989,57: 481-501.

[13] Barro R J, Sala-I-Martin X. Economic Growth [M]. Boston: Mcgraw-Hill, 1995.

[14] Baumol W. Productivity, Convergence and Welfare: What the Long Run Data Show [J]. American Economic Review, 1986,76: 1072-1085.

[15] Becker G S, Murphy K, Tammura, R. Human Capital, Fertility, and Economic Growth [J]. Journal of Political Economy, 1990,98: s12-s37.

[16] Becker G S, Glasser E L, Murphy K. Population and Economic Growth [J]. American Economic Review, 1999,89: 145-149.

[17] Becker G S, Barro R J. A Reformulation of the Economic Theory of Fertility [J]. Quarterly Journal of Economics, 1988,103 (1): 1-25.

[18] Black S E, Lynch L M. Human-Capital Investments and Productivity [J]. American Economic Review, 1996,86: 263-267.

[19] Borland J, Yang X. Specialization and a New Approach to Economic Organization and Growth [J]. The American Economic Review, 1992,82 (2): 386-391.

[20] Borland J, Yang X. Specialization, Product Development, Evolution of the Institution of the Firm, and Economic Growth [J]. Journal of Evolutionary Economics, 1995,5 (1): 19-42.

[21] Brander J, Dowrick S. The Role of Fertility and Population in Economic Growth: Empirical Results from Aggregate Cross-National Data [J]. Journal of Population Economics, 1994,7: 1-25.

[22] Brueckner M, Schwandt H. Income and Population Growth [J]. Economic Journal, 2015,125 (589): 1653-1676.

[23] Caminati M, Sordi S. Demand-led Growth with Endogenous Innovation [J]. Metroeconomica, 2019,1-18.

[24] Caselli F, Coleman W. The U. S. Structural Transformation and Regional Convergence: A Reinterpretation [J]. Journal of Political Economy, 2001,109 (3): 584-616.

[25] Cass D. Optimum Growth in an Aggregative Model of Capital Accumulation [J]. Review of Economic Studies, 1965,32 (3): 233-240.

[26] Chen K, Jefferson G H, Singh I. Lessons from China's Economic Reform [J]. Journal of Comparative Economics, 1992,16 (2): 201-225.

[27] Chenery H B, Taylor L. Development Patterns: Among Countries and over Time [J].

The Review of Economics and Statistics, 1968,50 (4): 391-416.

[28] Chow G C. Economic Reform and Growth in China [J]. Annals of Economics and Finance, 2004,5 (1): 127-152.

[29] Coase R. The Problem of Social Cost [J]. Journal of Law and Economics, 1960,3: 1-44.

[30] Commons J R. Institutional Economics: Its Place in Political Economy [M]. New York: Macmillian, 1934.

[31] Jorgenson D W. The Development of a Dual Economy [J]. The Economic Journal, 1961,282 (71): 309-334.

[32] DeLong J B, Summers L H. Equipment Investment and Economic Growth [J]. Quarterly Journal of Economics, 1991,106: 455-502.

[33] Devarajan S, Swaroop D, Zou H. The Composition of Public Expenditure and Economic Growth [J]. Journal of Monetary Economics, 1996,37 (2): 313-344.

[34] Dimond J M, Chen J. Guns, Germs and Steel: The Fate of Human Societies [M]. NY: W. W. Norton and Co, 1997.

[35] Dinopoulos E, Thompson P. Schumpeterian Growth without Scale Effect [J]. Journal of Economic Growth, 1998,3: 313-335.

[36] Doepke M. Accounting for Fertility Decline During the Transition to Growth [J]. Journal of Economic Growth, 2004,9: 347-383.

[37] Domar E D. The Theoretical Analysis of Economic Growth [J]. American Economic Review, 1952 (42): 479-495.

[38] Domer E D. Expansion and Employment [J]. American Economic Review, 1947,37: 34-35.

[39] Dutt A K. Some Observations on Models of Growth and Distribution with Autonomous Demand Growth [J]. Metroeconomica, 2018: 1-14.

[40] Fagerberg J. Technological Progress, Structural Change and Productivity Growth: A Comparative Study [J]. Structural Change and Economic Dynamics, 2000,11 (4): 393-411.

[41] Fan S, Zhang X, Robinson S. Structural Change and Economic Growth in China [J]. Review of Development Economics, 2003,7 (3): 360-377.

[42] Fang C, Wang D. Demographic Transition: Implications for Growth [J]. The China Boom and Its Discontents, 2005: 34.

[43] Fleisher B M, Li H, Zhao M Q. Human Capital, Economic Growth, and Regional Inequality in China [J]. Journal of International Development, 2010,92: 215-231.

[44] Galor O, Mountford A. Trading Population for Productivity: Theory and Evidence [J]. Review of Economic Studies, 2008,75: 1143-1179.

[45] Galor O, Moav O. Natural Selection and the Origin of Economic Growth [J]. Quarterly Journal of Economics, 2002,117: 1133-1191.

[46] Galor O, Moav O. From Physical to Human Capital Accumulation: Inequality and the Process of Development [J]. Review of Economic Studies, 2004,71: 1001-1026.

[47] Galor O. Towards a Unified Theory of Economic Growth [J]. World Economics, 2008,9: 97-151.

[48] Galor O. Comparative Economic Development: Insights from United Growth Theory [J]. International Economic Review, 2010,51: 1-44.

[49] Galor O, Weil D N. Population, Technology and Growth: From Malthusian Stagnation to the Demographic Transition and Beyond [J]. American Economic Review, 2000,90: 806-828.

[50] Goodfriend M, Mcdermott J. Early Development [J]. American Economic Review, 1995,85: 116-133.

[51] Greif A. Historical and Comparative Institutional Analysis [J]. American Economic Review, 1998,2: 80-84.

[52] Greif A. Institutions and the Path to the Modern Economy: Lessons from Medieval Trade [M]. Cambridge: Cambridge University Press, 2006.

[53] Griliches Z. Issues in Assessing the Contribution of R & D to Productivity Growth [J]. Bell Journal of Economics, 1979,10: 92-116.

[54] Grossman G M, Helpman E. Endogenous Product Cycles [J]. Economic Journal, 1991,101: 1214-1229.

[55] Grossman G M, Helpman E. Quality Ladders and Product Cycles [J]. Review of Economic Studies, 1991,58: 43-61.

[56] Groth C, Schou P. Can Nonrenewable Resources Alleviate the Knife-edge Character of Endogenous Growth? [J]. Oxford Economic Papers, 2002,54: 386-411.

[57] Hahn F, Mattews R. The Theory of Economic Growth: A Survey [J]. Economic Journal, 1964,74: 779-902.

[58] Hanson G D, Prescott E C. Malthus to Solow [J]. American Economic Review, 2002, 92 (4): 1205-1217.

[59] Harrod R. Towards a Dynamic Economics: Some Recent Developments of Theory and Their Applications to Policy [M]. London: Macmillan, 1942: 28-28.

[60] Harrod R. An Essay in Dynamic Theory [J]. Economic Journal, 1939, 49: 14-33.

[61] Helpman E. Endogenous Macroeconomic Growth Theory [J]. European Economic Review, 1992, 36: 237-267.

[62] Bonar J. Malthus and His Work [M]. London: George Allen & Unwin Ltd, 1924.

[63] Jefferson G H, Rawski T G. Enterprise Reform in Chinese Industry [J]. Journal of Economic Perspectives, 1994, 8 (2): 47-70.

[64] Jones C I. Was an Industrial Revolution Inevitable? Economic Growth over the very Long Run [J]. Advances in Macroeconomics, 2001, 1 (2).

[65] Jones L E, Manuelli R E. The Sources of Growth [J]. Journal of Economic Dynamics and Control, 1997, 21: 75-114.

[66] Ju J, Lin J Y, Wang Y. Endowment Structure, Industrial Dynamics and Economic Growth [J]. Journal of Monetary Economics, 2015, 76: 244-263.

[67] 齐默尔曼. 经济学前沿问题 [M]. 北京: 中国发展出版社, 2004.

[68] Kaldor N. Alternative Theories of Distribution [J]. The Review of Economic Studies, 1955, 56 (23): 83-100.

[69] Kaldor N. The Relation of Economic Growth and Cyclical Fluctuations [J]. Economic Journal, 1954, 64: 53-71.

[70] Kaldor N. A Model of Economic Growth [J]. Economic Journal, 1957, 57: 591-624.

[71] Kalechi M. Selected Essays on the Dynamics of the Capitalist Economy [M]. Cambridge: Cambridge University Press, 1993.

[72] Kalechi M. Socialism: Economic Growth and Efficiency of Investment [M]. Oxford: Oxford University Press, 1993.

[73] Kalecki M. Selected Essays on the Economic Growth of the Socialist and the Mixed Economy [M]. Cambridge: Cambridge University Press, 1972.

[74] Kaniovski S, Pender M. On the Structure Dimension of Competitive Strategy [J]. Change, 2002, 11 (3): 257-279.

[75] Kogel T, Prskawetz A. Agricultural Productivity Growth and Escape from the Malthusian

Trap [J]. Journal of Economic Growth, 2002,6: 337-357.

[76] Kongsamut P, Rebelo S, Xie DY. Beyond Balanced Growth [J]. Review of Economic Studies, 2001,68 (3): 869-882.

[77] Koopmans T C. Objectives, Constraints and Outcomes in Optimal Growth Model [J]. Econometrica, 1967,35 (1): 1-15.

[78] Kremer M. The O-Ring Theory of Economic Development [J]. Quarterly Journal of Economics, 1993,108: 551-575.

[79] Krugman P R. Increasing Return and Economic Geography [J]. Journal of Political Economy, 1991,99: 483-499.

[80] Kuznets S. Economic Growth and Structure: Selected Essays [M]. New York: Norton, 1965.

[81] Kuznets S. Modern Economic Growth: Rate, Structure, and Spread [M]. New Haven: Yale University Press, 1966.

[82] Kuznets S. Economic Growth of Nations: Total Output and Production Structure [M]. Cambridge: Belknap Press of Harvard University Press, 1971.

[83] Kuznets S, Lillian E, Elizabeth J. National Product since 1869 [M]. New York: National Bureau of Economic Research Inc, 1946.

[84] Lagerlof N. From Malthus to Modern Growth: Can Epidemics Explain the Three Regimes? [J]. International Economic Review, 2003,44: 755-777.

[85] Lagerlof N. From Malthusian War to Solowian Peace [J]. Review of Economic Dynamics, 2010,13: 616-636.

[86] Lagakos D. Superstores or Mom and Pops? Market Size, Technology Adoption and TFP Differences [R]. UCLA, Job Market Paper, 2008.

[87] Levine R, Renelt D. A Sensitivity Analysis of Cross-Country Regressions [J]. American Economic Review, 1992,82: 942-963.

[88] Lin J Y. Rural Reforms and Agricultural Growth in China [J]. The American Economic Review, 1992,82 (1): 34-51.

[89] Li H, Loyalka P, Rozelle S, et al. Human Capital and China's Future Growth [J]. Journal of Economic Perspectives, 2017,31 (1): 25-48.

[90] Li D Z, Zhang Q. Policy Choice and Economic Growth under Factional Politics: Evidence from a Chinese Province [J]. China Economic Review, 2018,47: 12-26.

[91] Lucas R. Making a Miracle [J]. Econometrica, 1993,61: 251-272.

[92] Lucas R. On the Mechanics of Economic Development [J]. Journal of Monetary Economics, 1988,22 (07): 3-42.

[93] Maddison A. The World Economy: A Millennial Perspective [R]. Paris: OECD, 2001.

[94] Maloney W F, Lederman D. In Search of the Missing Resource Curse [J]. Journal of LACEA Economia, 2008,9 (1): 1-56.

[95] Mankiw N G, Romer D, Weil D. A Contribution to the Empirics of Economic Growth [J]. Quarterly Journal of Economics, 1992,107: 407-437.

[96] Manwa F, Wijeweera A. Trade Liberalization and Economic Growth Link: The Case of Southern African Custom Union Countries [J]. Economic Analysis and Policy, 2016,51: 12-21.

[97] Matsuyama K. Agricultural Productivity, Comparative Advantage, and Economic Growth [J]. Journal of Economic Theory, 1992,58 (2): 317-334.

[98] Matthews R C O. The Economics of Institutions and the Sources of Growth [J]. Economic Journal, 1986,96: 903-918.

[99] Meckl J. Structural Change and Generalized Balanced Growth [J]. Journal of Economics, 2002,77 (3): 241-266.

[100] Murmann J P. Knowledge and Competitive Advantage: The Co-evolution of Firms, Technology, and National Institutions [M]. Cambridge: Cambridge University Press, 2003.

[101] North D, Willis J. Integrating Institutional Change and Technical Change in Economic History: A Transaction Cost Approach [J]. Journal of Institutional and Theoretical Economics, 1994,150 (4): 609-624.

[102] North D C, Thomas R P. The Rise of the Western World: A New Economic History [M]. Cambridge: Cambridge University Press, 1973.

[103] North D C. Structure and Change in Economic History [M]. New York: W. W. Norton and Company, Inc, 1981.

[104] North D C. Institutions, Institutional Change, and Economic Performance [M]. New York: Cambridge University Press, 1990.

[105] Nee V, Sijin S. Institutional Change and Economic Growth in China: The View from the Villages [J]. The Journal of Asian Studies, 1990,49 (1): 3-25.

[106] Olson M. The Rise and Decline of Nations: Economic Growth, Stagflation, and Social Rigidities [M]. New Haven and London: Yale University Press, 1982.

[107] Olson M, McGuire M. The Economics of Autocracy and Majority Rule: The Invisible Hand and the Use of Force [J]. Journal of Economic Literature, 1996, XXXIV: 72-96.

[108] Olsson O, Hibbs D. Biogeography and Long-run Economic Development [J]. European Economic Review, 2005, 49: 909-938.

[109] O'Rourke, Williamson J. From Malthus to Ohlin: Trade, industrialization and distribution since 1500 [J]. Journal of Economic Growth, 2005, 10: 5-34.

[110] Pasinetti L L. Rate of Profit and Income Distribution in Relation to the Rate of Economic Growth [J]. Review of Economic Studies, 1962, 29 (4): 267-279.

[111] Peretto P F. Resource Abundance, Growth and Welfare: A Schumpeterian Perspective [J]. Journal of Development Economics, 2012, 97: 142-155.

[112] Peretto P F, Valente S. Growth on a Finite Planet: Resources, Technology and Population in the Long Run [J]. Journal of Economic Growth, 2015, 20 (3): 315-331.

[113] Peretto P F, Connolly M. The Manhattan Metaphor [J]. Journal of Economic Growth, 2007, 12 (4): 329-350.

[114] Prendergast R. Increasing Returns and Competitive Equilibrium—the Content and Development of Marshall's Theory [J]. Cambridge Journal of Economics, 1992, 16: 447-462.

[115] Ramsey F. A Mathematical Theory of Saving [J]. The Economic Journal, 1928, 152 (38): 543-559.

[116] Ranis G, Fei J C H. A Theory of Economic Development [J]. The American Economic Review, 1961, 51 (4): 533-565.

[117] Reddaway W B. The Economics of a Declining Population [M]. London: George Allen and Unwin, 1939.

[118] Robinson J. Essays in the Theory of Growth [M]. London: Macmillan, 1962.

[119] Romer P M. Increasing Returns and Long-Run Growth [J]. Journal of Political Economy, 1986, 94 (5): 1002-1037.

[120] Romer P M. Growth Based on Increasing Returns Due to Specialization [J]. American Economic Review, 1992, 77 (2): 56-62.

[121] Romer P M. The Origins of Endogenous Growth [J]. Journal of Economic Perspec-

tives, Winter, 1994.

[122] Romer P M. Endogenous Technological Change [J]. Journal of Political Economy, 1990,98: s71-s102.

[123] Romer P M. Are Nonconvexities Important for Understanding Growth [J]. American Economic Review, 1990,80: 97-103.

[124] Rostow W W. Theorists of Economic Growth from David Hume to the Present: With a Perspective on the Next Century [Z]. OUP USA, Reprint, 1993.

[125] Sala-i-Martin X, Subramanian, A. Addressing the Natural Resource Curse: An Illustration from Nigeria [R]. NBER Working Paper, 2003No. 9804.

[126] Sala-i-Martin X. I Just Run Two Million Regressions [J]. American Economic Review, 1997,87: 178-183.

[127] Sachs J D, Warner A M. The Curse of Natural Resource [J]. European Economic Review, 2001,45: 827-838.

[128] Schfer A. Technological Change, Population Dynamics, and Natural Resource Depletion [J]. Mathematical Social Science, 2014,71: 122-136.

[129] Schultz T W. Institution and the Rising Economic Value of Man [J]. American Journal of Agricultural Economics, 1968,50: 1113-1122.

[130] Schumpeter J. The Theory of Economic Development [M]. Cambridge: Harvard University Press, 1934.

[131] Schumpeter J A. Capitalism, Socialism and Democracy [M]. New York: Harper and Brothers, 1942.

[132] Sengupta J K. Growth in NICs in Asia: Some Tests of New Growth Theory [J]. Journal of Development Economics, 1993,29: 342-357.

[133] Serrano F. Long Period Effective Demand and the Serafina Super multiplier [J]. Contributions to Political Economy, 1995,14: 67-90.

[134] Sheshinki E. Optimal Accumulation with Learning by Doing [M] // Shell K. Essays on the Theory of Optimal Economic Growth. Cambridge: MIT Press, 1967.

[135] Skott P. Autonomous Demand, Harrodian Instability and the Supply Side [J]. Metroeconomica, 2017: 1-14.

[136] Solow R. A Contribution to the Theory of Economic Growth [J]. Quarterly Journal of Economics, 1956,70,1 (02): 65-94.

[137] Solow R. Technical Change and the Aggregate Production Function [J]. Review of Economics and Statistics, 1957,39 (08): 312-320.

[138] Solow R. Perspectives on Growth Theory [J]. Journal of Economic Perspectives, Winter, 1994.

[139] Swan T W. Economic Growth and Capital Accumulation [J]. Economic Record, 1956,32 (2): 334-361.

[140] Stiglitz J E. Distribution of Income and Wealth Among Individuals [J]. Econometrica, 1969,37 (3): 382-397.

[141] Strulik H, Weisdorf J. Population, Food, and Knowledge: A Simple Unified Growth Theory [J]. Journal of Economic Growth, 2008,13: 195-216.

[142] Syverson C. Market Structure and Productivity: A Concrete Example [J]. Journal of Political Economy, 2004,113: 1203-1236.

[143] Tamura R. Human Capital and the Switch from Agriculture to Industry [J]. Journal of Economic Dynamics and Control, 2002,27: 207-242.

[144] Tanura R. Income Convergence in an Endogenous Growth Model [J]. Journal of Political Economy, 1991,99: 522-540.

[145] Temple J. The New Growth Evidence [J]. Journal of Economic Literature, 1999,37: 112-156.

[146] Tedeschi G, Vitali S, Gallegati M. The Dynamic of Innovation Networks: A Switching on Technological Change [J]. Journal of Evolutionary Economics, 2014,24: 817-834.

[147] Timmer M P, Szirmai A. Productivity Growth in Asian Manufacturing: The Structural Bonus Hypothesis Re-examined [J]. Structural Change and Economic Dynamics, 2000,11 (4): 371-391.

[148] Todaro M P. A Model of Labour Migration and Urban Unemployment in Less Development Countries [J]. American Economic Review, 1969.

[149] Uzawa H. Optimal Growth in a Two-Sector Model of Capital Accumulation [J]. Review of Economic Studies, 1964,31: 117-124.

[150] Uzawa H. Optimal Technical Change in a Aggregative Model of Economic Growth [J]. International Economic Review, 1965,6 (01): 1-24.

[151] Voigtlander N, Voth H. Why England? Demographic Factors, Structure Change and Physical Capital Accumulation During the Industrial Revolution [J]. Journal of Econ-

omic Growth, 2006,11: 319-361.

[152] Vu K M. Structural Change and Economic Growth: Empirical Evidence and Policy Insights from Asian Economics[J]. Structural Change and Economic Dynamics,2017,41: 64-77.

[153] Arthur W B. Competing Technologies, Increasing Returns, and Lock-in By Historical Events [J]. The Economic Journal, 1989,99: 116-131.

[154] Wicksell K. Lectures of Political Economy [M]. London: George Routledge and Sons, Ltd, 1934.

[155] Xu X. Have the Chinese Provinces Become Integrated under Reform? [J]. China Economic Review, 2002,13: 116-133.

[156] Yaai M E. Uncertain Lifetime, Life Insurance and the Theory of the Consumer [J]. Review of Economic Studies, 1965,32 (2): 137-150.

[157] Yang X, Borland J. A Microeconomic Mechanism for Economic Growth [J]. Journal of Political Economy, 1991: 460-482.

[158] Younge A. The Tyranny of Numbers: Confronting the Statistical Realities of the East Asian Growth Experience [J]. Quarterly Journal of Economics, 1995,110: 641-680.

[159] Zhang T, Zou H F. Fiscal Decentralization, Public Spending, and Economic Growth in China [J]. Journal of Public Economics, 1998,67 (2): 221-240.

[160] 阿根诺，等. 发展宏观经济学 [M]. 北京：北京大学出版社，2004.

[161] 奥利维尔·布兰查德. 宏观经济学 [M]. 第2版（国际版）. 北京：清华大学出版社，2003.

[162] 白永秀，任保平. 现代政治经济学 [M]. 北京：高等教育出版社，2008.

[163] 蔡昉. 人口转变、人口红利与刘易斯转折点 [J]. 经济研究，2010，45（04）：4-13.

[164] 陈昆亭，周炎. 富国之路：长期经济增长的一致理论 [J]. 经济研究，2008（02）：19-32.

[165] 大卫·李嘉图. 政治经济学及赋税原理 [M]. 北京：商务印书馆，1978.

[166] 戴维·罗默. 高级宏观经济学 [M]. 北京：商务印书馆，1999.

[167] 德布拉吉·瑞. 发展经济学 [M]. 北京：北京大学出版社，2002.

[168] 凡勃伦. 有闲阶级论 [M]. 北京：商务印书馆，2004.

[169] 方齐云，王皓，李卫兵，等. 增长经济学 [M]. 武汉：湖北人民出版社，2002：99-112.

[170] 格雷夫. 大裂变：中世纪贸易制度比较和西方的兴起 [M]. 北京：中信出版社，2008.

[171] 格雷夫. 制度、历史和发展. 制度经济学研究 [M]. 北京：经济科学出版社，2006.

[172] 郭克莎，杨阔. 长期经济增长的需求因素制约：政治经济学视角的增长理论与实践分析 [J]. 经济研究，2017，52（10）：4-20.

[173] 郭庆旺. 卡尔多经济增长模型述评 [J]. 财经问题研究，1990（02）：55-59.

[174] 郭熙保，习明明. 人力资本边际收益递减、后发优势与经济增长：基于国家间面板数据的实证分析 [J]. 世界经济研究，2012（04）：3-10+87.

[175] 郭熙保. 发展经济学 [M]. 北京：高等教育出版社 2011：233-236.

[176] 郭熙保，李通屏，袁蓓. 人口老龄化对中国经济的持久性影响及其对策建议 [J]. 经济理论与经济管理，2013（02）：43-50.

[177] 郭熙保. 发展经济学经典论著选 [M]. 北京：中国经济出版社，1998.

[178] 郝尔希曼. 相互依存与工业化 [M] //郭熙保. 发展经济学经典论著选. 北京：中国经济出版社，1998.

[179] 胡章飞. 新剑桥学派理论发展史研究 [J]. 科技视界，2013（24）：152-153.

[180] 黄凯南，乔元波. 产业技术与制度的共同演化分析：基于多主体的学习过程 [J]. 经济研究，2018，53（12）：161-176.

[181] 贾根良. 报酬递增经济学：回顾与展望（一）[J]. 南开经济研究，1998（06）：29-34.

[182] 贾根良. 报酬递增经济学：回顾与展望（二）[J]. 南开经济研究，1999（01）：9-15.

[183] 蒋自强，史晋川，等. 当代西方经济学流派 [M]. 上海：复旦大学出版社，2001.

[184] 焦斌龙，焦志明. 中国人力资本存量估算：1978—2007 [J]. 经济学家，2010（09）：27-33.

[185] 康芒斯. 制度经济学 [M]. 北京：商务印书馆，1967.

[186] 柯武刚，史漫飞. 制度经济学：社会秩序与公共政策 [M]. 北京：商务印书馆，2000.

[187] 科斯，等. 财产权利与制度变迁：产权学派与新制度经济学译文集 [M]. 上海：上海三联书店、上海人民出版社，1994.

[188] 拉沃. 后凯恩斯主义经济学 [M]. 济南：山东大学出版社，2009.

[189] 雷辉. 我国资本存量测算及投资效率的研究 [J]. 经济学家，2009（06）：75-83.

[190] 李波. 新剑桥学派的经济增长模型 [J]. 北京理工大学学报（社会科学版），2001（01）：81-83.

[191] 厉以宁. 关于经济问题的通信 [M]. 上海：上海人民出版社，1984：54.

[192] 梁方仲. 中国历代户口、田地、田赋统计 [M]. 上海：上海人民出版社，1980：516-519.

[193] 刘伟，范欣. 现代经济增长理论的内在逻辑与实践路径 [J]. 北京大学学报（哲学

社会科学版), 2019, 56 (03): 35-53.

[194] 刘伟, 黄彪. 从剑桥方程到斯拉法超级乘数: 需求拉动型经济增长理论评述 [J]. 中国人民大学学报, 2019, 33 (05): 75-88.

[195] 刘易斯. 二元经济论 [M]. 北京: 北京经济学院出版社, 1989.

[196] 卢现祥, 朱巧玲. 新制度经济学 [M]. 北京: 北京大学出版社, 2007.

[197] 罗伯特·J. 巴罗, 夏威尔·萨拉-伊-马丁. 经济增长 [M]. 第2版. 上海: 上海人民出版社, 2010.

[198] 罗森斯坦-罗丹. 东欧和东南欧国家的工业化 [M] 北京: 中国经济出版社, 1998.

[199] 马尔萨斯. 人口原理 [M]. 北京: 商务印书馆, 1992.

[200] 马克思, 恩格斯. 马克思恩格斯全集: 第44、45卷 [M]. 第2版. 中共中央马克思、恩格斯、列宁、斯大林著作编译局编译. 北京: 人民出版社, 2001, 2003.

[201] 马歇尔. 经济学原理 [M]. 北京: 商务印书馆, 1964.

[202] 曼瑟尔·奥尔森. 国家兴衰探源 [M]. 北京: 商务印书馆, 1999.

[203] 曼瑟尔·奥尔森. 集体行动的逻辑 [M]. 上海: 上海人民出版社, 1995.

[204] 米哈尔·卡莱茨基. 社会主义经济增长理论导论 (中译本) [M]. 上海: 三联书店, 1988.

[205] 宁军明. 马克思与卡莱茨基有效需求理论的比较研究 [J]. 经济纵横, 2010 (03): 26-30.

[206] 宁可. 试论中国封建社会的人口问题 [J]. 中国史研究, 1980 (01).

[207] 诺思, 托马斯. 西方世界的兴起 [M]. 北京: 华夏出版社, 1989.

[208] 诺斯. 经济史中的结构与变迁 [M]. 上海: 上海三联书店, 1991.

[209] 诺斯. 制度、制度变迁与经济绩效 [M]. 上海: 上海三联书店, 1994.

[210] 诺斯. 制度变迁与经济增长 [M]. 北京: 北京大学出版社, 2003.

[211] 潘士远, 史晋川. 内生经济增长理论: 一个文献综述 [J]. 经济学 (季刊), 2002 (03): 753-786.

[212] 琼·罗宾逊. 马克思、马歇尔和凯恩斯 [M]. 北京: 商务印书馆, 1963.

[213] 青木昌彦. 比较制度分析 [M]. 上海: 上海远东出版社, 2001.

[214] 青木昌彦. 经济体制的比较制度分析 [M]. 北京: 中国发展出版社, 1999.

[215] 沈佳斌, 现代经济增长理论与发展经济学 [M]. 北京: 中国财政经济出版社, 2004.

[216] 石蕾. 试论清代人口膨胀的成因及其后果 [J]. 南京人口管理干部学院学报, 1997 (01): 47-51.

[217] 史晋川. 国民经济增长总量模型分析 [J]. 经济研究, 1985 (09): 8-15+19.

[218] 斯蒂格利茨. 社会主义向何处去 [M]. 长春: 吉林人民出版社, 1998.

[219] 谭崇台. 发展经济学的新发展 [M]. 武汉: 武汉大学出版社, 1999.

[220] 汪川, 赵亚奎. 重视"李约瑟之谜": "统一增长理论"的视角 [J]. 经济学动态, 2011 (12): 61-66.

[221] 汪雷, 向国成. 诺斯的制度变迁与经济增长理论 [J]. 财贸研究, 1996 (02): 65-69.

[222] 汪伟. 经济增长、人口结构变化与中国高储蓄 [J]. 经济学 (季刊), 2010, 9 (01): 29-52.

[223] 王诚德. 创立社会主义经济增长理论的尝试: 卡莱茨基社会主义经济理论初探 [J]. 经济研究, 1989 (07): 66-71+12.

[224] 王弟海. 宏观经济学数理模型基础 [M]. 上海: 上海人民出版社, 2011.

[225] 邬沧萍, 王琳, 苗瑞凤. 中国特色的人口老龄化过程、前景和对策 [J]. 人口研究, 2004 (01): 8-15.

[226] 舒尔茨. 报酬递增的源泉 [M]. 北京: 北京大学出版社, 2001.

[227] 肖特. 社会制度的经济理论 [M]. 上海: 上海财经大学出版社, 2003.

[228] 熊彼特. 经济发展理论 [M]. 北京: 商务印书馆, 1997.

[229] 亚当·斯密. 国民财富的性质和原因的研究 [M]. 北京: 商务印书馆, 1972.

[230] 严成樑. 现代经济增长理论的发展脉络与未来展望: 兼从中国经济增长看现代经济增长理论的缺陷 [J]. 经济研究, 2020, 55 (07): 191-208.

[231] 严成樑, 龚六堂. 熊彼特增长理论: 一个文献综述 [J]. 经济学 (季刊), 2009, 8 (03): 1163-1196.

[232] 颜鹏飞, 崔孟修. 卡莱茨基经济学理论述评 [J]. 教学与研究, 2000 (04): 60-66.

[233] 杨天宇, 朱诗娥. 卡莱茨基和温特劳布的有效需求理论述评 [J]. 南开经济研究, 2005 (03): 106-110.

[234] 杨小凯, 张永生. 新兴古典发展经济学导论 [J]. 经济研究, 1999 (07): 67-77.

[235] 杨小凯, 张永生. 新兴古典经济学超边际分析 (修订版) [M]. 北京: 社会科学文献出版社, 2003.

[236] 杨小凯. 经济学: 新兴古典与新古典框架 [M]. 北京: 社会科学文献出版社, 2003.

[237] 叶静怡. 发展经济学 [M]. 北京: 北京大学出版社, 2003.

[238] 张宝鹏. 卡莱茨基及其经济增长理论 [J]. 世界经济, 1989 (07): 90-92.

[239] 张志超. 对卡莱茨基增长模型的初步分析和验证 [J]. 南开经济研究, 1990 (03):

58-63.

[240] 赵崇龄,任佳. 评斯拉法不变价值尺度体系 [J]. 思想战线,1989 (04): 6-11.

[241] 赵茂林. 马克思与琼·罗宾逊分配理论范式的比较研究 [J]. 经济问题探索,2009 (03): 8-13.

[242] 朱勇,徐广军. 现代增长理论与政策选择 [M]. 北京:中国经济出版社,2000.

[243] 庄子银. 高级宏观经济学 [M]. 武汉:武汉大学出版社,2004.

[244] 左大培,杨春学. 经济增长理论模型的内生化历程 [M]. 北京:中国经济出版社,2007.